能源科学与管理论丛

主编　雷仲敏

Energy Economics

能源经济学

张同功◎编著

山西出版传媒集团

山西经济出版社

总　序

当青岛科技大学雷仲敏教授主编的《能源科学与管理论丛》这样一套巨著摆在我面前时，我只能当学生了。虽然花了不少时间阅读，但感觉还是没有学透。

首先，作者们三年耕耘的认真治学态度和《论丛》涉猎内容的广度与深度均令我十分感动。其次，这套《论丛》有一个视野广阔的顶层设计，从已读到的《能源系统工程学》《能源工程学》《能源经济学》《能源环境学》《能源政策学》《能源管理学》和《能源法学》等，便可看到其内容的丰富和重要的参考价值。

能源是一个应用领域，也是一个综合性交叉学科。它既涉及科学、技术、工程与产业实践，又横跨自然科学、社会科学与哲学，并深度交叉于经济学、管理学、环境学、政策学与法学等各个方面。科学地规划和把握能源的发展，这些方面的知识真是一样都不能少。

在世界各国面临的能源问题中，恐怕中国的能源问题是最复杂、最费思索的。我们既面对着全球能源向绿色、低碳、高效转型的共同机遇，又需直面中国能源结构的高碳天然禀赋、资源环境制约、气候容量有限等严峻挑战。中国的能源工作者有责任深入研究我国能源问题的各个方面，推动能源革命、重塑能源发展路径、建设创新中国，实现中国的可持续发展。这条中国特色新型道路的创新将是中国对人类做出的最重要贡献。从这个意义上说，这套丛书作为宝贵的教材，对各行各业均是十分有益的参考书。

是为序。

杜祥琬

2016年元月6日

低碳时代能源科学研究的若干思考

（论丛前言）

人类社会发展的历史表明，人类关于社会与自然发展的科学认识，都是建立在特定历史时期人类关于自身与可感知的自然世界水平之上的。人类对其生存所依附生态环境的认识水平、价值观念、道德伦理等，必然会对包括能源科学在内的科学理论产生深远而又广泛的影响。当前，以全球碳失衡为主要标志而引发的低碳研究热潮，必将引发一系列新的产业革命，并进而有可能推动能源科学研究的历史性变革。

一、碳失衡与当代能源科学研究的历史使命

自人类社会诞生以来，人类的社会生产和生活方式大体经历了狩猎、农耕、前工业社会、后工业社会等四个阶段，目前正在向信息化社会过渡。在不同的经济发展阶段，人类社会面临的困难和矛盾也各不相同，因而能源科学研究也有其所不相同的历史任务。从不同时代人类社会经济增长的主要制约因素看，人类先后经历了体能约束和资源约束，目前正面临着以全球碳失衡为主要标志的生态约束挑战；从人类与自然生态的关系看，在不同社会生产生活方式下，人类对自然生态的扰动程度和扰动模式也不尽相同，并相应建立起与自然生态所不相同的关系，即由被动接受型、盲目破坏型到协调共存型。

在狩猎生活方式下，人类的生存是建立在大自然形成的自然生物环链基础之上的，人类对自然生态没有选择的余地，只能被动地接受大自然的恩赐。人类作为自然界的一个物种，其活动能力、活动范围还十分有限，特别是工具的使用还十分简陋，人类所面临的主要任务是如何克服体能的不足，在现实自然条件下，实现自身的生存发展。因此，对自然生态几乎没有任何扰动。

在农耕生活方式下，人类为了满足自身日益增长的需求，开始以耕作的方式对自然界的土地资源施加人类的影响，以种植、养殖的方式开始对自然物种进行选择，形成了以人类为中心的对自然界生物群进行选择淘汰的过程，优选并扩大了在既定生产生活方式下对人类社会生活有用的生物物种，而尽力淘汰或消灭对人类有害的物种。人类社会所面临的主要任务是如何扩展自身的活动空间，开拓更多的可赖以生存的土地。但此时，人类的社会生产活动仍停留在以自然界可再生资源为劳动对象的阶段，社会生产活动的规模较小且相对稳定。

18世纪发端于英国的产业革命，使人类社会的生产和生活方式发生了第一次革命性变迁。工业文明的诞生使人类开始步入前工业社会生活的新阶段。以能源变革为核心的现代科学技术由于极大地解放了人类的四肢，完成了人类的体能革命，因而也大大拓展了人类的资源选择空间，并进一步丰富了人类的社会生活内容。在现代科学技术的帮助下，人类不仅开始对自然界的各种不可再生矿产资源进行了史无前例的大规模开发，而且对各类生物资源也进行了掠夺性的利用。

20世纪50年代以来，第三次技术革命的出现，使人类社会的生产、生活方式开始了第三次大变迁。航天技术使人类实现了对宇宙空间的探索，自动化技术使人类体能和智能得到进一步的解放，机器体系不仅普遍地运用于各产业的生产，其在人们生活过程中的使用也日益普遍化，煤、石油、天然气等不可再生资源已成为人类特定生产和生活方式维系的战略资源。人类占统治地位的文化价值取向是对高品质生活的追求，是消费较多数量且经过深度加工的产品，而社会生产规模的急剧膨胀，全球经济一体化格局的形成，地球数十亿年所沉积的化学物质在人类无节制的使用下，其物质循环的生态平衡逐渐被打破，人类社会面临的全球性生态环境问题日益严重。

可见，人类文明总是伴随着能源的变革而不断进步，而人类文明的进步也对能源变革提出新的更高水平的要求。当前，随着新一轮能源科技革命的快速演进，全球能源科技创新进入高度活跃期，呈现多点突破、加速应用、影响深远等特点。而以资源枯竭和全球碳失衡为标志，以绿色低碳为理念的生态文明发展观必将引发新一轮产业革命，并进而再一次推动人类生产生活方式的变革，这无疑将对能源科学研究产生深远而广泛的影响。

二、低碳时代经济发展表现出的新特点

当前，尽管人们还难以看到以绿色低碳为核心价值的新经济体系的全貌，对其认识和分析也仅仅停留在感性阶段，还难以对其给予人类未来社会生活的影响做出理性的科学判断。然而，它的出现无疑将会给我们传统的思维方式、社会生活、经济结构、管理模式等带来巨大的震撼，进而将会使人类社会的生产、生活方式发生更为深刻的第五次大变革。

（一）低碳经济时代的基本特征

1. 主导产业的绿色化。绿色化是以某个产业绿色化程度以及所提供的绿色产品或服务的数量多少为标志的，即当某一产业所提供的绿色产品和劳务形成一定数量规模时，可以认为是形成了绿色产业。绿色产品分为绿色用品和绿色食品两大类。绿色用品是指在使用过程中不产生或较少产生对环境或人有害的废弃物的产品；绿色食品是指无公害、无污染的安全、优质营养类食品的统称。绿色企业就是采用绿色技术、进行绿色管理、生产绿色产品、实行绿色包装、通过绿色认证并获得绿色标志的企业。只有生产过程和产品都符合绿色标准时，企业才是绿色企业。

2. 资源利用的循环化。资源循环利用是在不断提升物质重复利用水平的基础上实现发展经济的目的的。与传统工业社会的经济单向流动的线性经济，即“资源→产品→废弃物”相比，循环经济的增长模式是发展路径和模式的根本变革。循环经济通过生产、流通和消费等过程中的减量化、再利用、资源化活动，实现资源节约和保护环境，最终达到以较小发展成本获取较大的经济效益、社会效益和环境效益的目标。

3. 消费选择的理性化。随着消费者生态价值观的演变和经济生活的个性化，经济活动的各方面主体行为在消费选择上更加理性，绿色低碳的理念将贯彻于设计、生产、流通、消费等各个环节，工业革命时代高耗能、高污染的大批量、标准化生产和销售模式，将被极具理性思维的消费主体所主宰。

4. 市场主体的低碳化。全球生态失衡所构造的低碳发展平台将成为社会经济活动的重要舞台，在这一舞台上，人们将构建起一系列新的经济运行理念，制定出新的游戏规则，建立起与传统经济生活相对应的各类经济机构，包括低碳产品生产企业、低碳服务组织，甚至包括低碳政府，从事包括低碳设计、低碳生产、低碳交易、低碳营销、低碳消费等在内的一系列经济活动。低碳经济活动在整个社会生产和生活中所占的比重越来越大，低碳行为所创造的社会财富越来越多，为人们开创出一个全新的经济世界。

5. 生态约束的全球化。碳失衡所产生的全球性生态灾难使得生态影响呈现出人人不能幸免的特征，生态约束成为一种不受时间、空间局限的全天候持续影响。随着人类发展空间的不断拓展，未来还有可能将外空间联结为一个整体，全球乃至外空间范围内的生态问题将会呈现，生态影响把整个世界变成了“地球村”，生态影响越来越趋向薄平化、网状化、墨迹化、立体化和跨代际化，不同区域空间的生态依存性将大大提高，一个动态开放、不断变化的生态经济命运体将会应运而生。

6. 贸易规则的道德化。随着生态约束的日益刚性化，其对市场分工和全球贸易格局必然产生多方面的影响，世界经济发展的不平衡和利益的不一致将会进一步被拉大。因此，有必要在全球低碳生态价值共识基础上形成具有普世价值的生态道德贸易规范，即要求企业在生产商品赚取利润的同时，承担起全球生态失衡的历史责任和社会责任。

（二）低碳经济体系的基本规律

1. 交易原则不同。传统经济是以物质所表现、以商品为载体的能量交换型经济，自然界客观存在着的不可再生资源的有限性，使其交易通行“物以稀为贵”的原则，商品价格对供求变化的刚性较大，资源匮乏是导致经济运行受阻的根本原因。低碳经济是以生态价值所表现、以生态道德为载体的质量型经济，人类全球生态保护意识的增强，使其交易通行“碳耗越少，价值越大”的原则，在这一原则下，其商品价格可最大限度地接近严格反映生态价值供求关系变化的市场价格，买卖双方可实现互动协商、互利双赢的结局。

2. 经济运行的表现形态不同。传统经济运行表现出一定的周期性波动，其很难摆脱高增长、高通胀的发展怪圈；低碳经济则表现出一定的持续性，在一定程度上可实现“两高一低”（高增长、高就业、低通胀）的目标，并使经济运行的周期性波动幅度明显减缓。

3. 经济运行的规律不同。低碳经济运行主要受三大规律所支配：一是低碳技术功能价格比法则，此法则决定了低碳经济快速发展的动力根源；二是全球政府间合作机制及其各自公共政策的约束法则，此法则决定了低碳市场的供需数量；三是全球经济活动中优劣势反差的马太效应法则，低碳信息不对称使得交易双方处于不平等的地位，为信息优势者站在道德高地提供了操纵控制信息弱势者的现实可能。

三、低碳时代能源科学研究的新课题

建立在生态文明价值观基础之上的低碳经济时代的出现，使建立在化石能源开发利用基础之上的传统能源科学理论面临着一场新的革命。尽管目前还难以对低碳经济时代的能源科学理论框架进行勾画，但至少可以从以下几方面提出新的理论命题：

（一）能源科学研究的基本使命——维护人与自然界碳生态系统的动态平衡

传统能源科学理论最基本的特征是关注人及其周围的物质世界，是建立在自然人能源需求保障这一最基本的命题之上的。低碳研究则把目光转向人类及其生存所需的碳生态世界，将理性生态人及其生存所维系的碳动态平衡确定为人类社会发展的基本经济问题。以此为基点，将人类对全球碳属性资源的开发利用、全球碳生态演变的基本规律、不同主体的碳生态经济行为、不同低碳干预方式的生态经济绩效、碳生态均衡的全球合作等问题，作为能源科学理论研究的基本使命。

（二）能源科学研究的基本逻辑起点——人类与自然界碳生态系统共存的理性生态人、碳权公平与责任对等的前提假设

以这一前提为逻辑起点作为构建能源科学研究的理论基础。以低碳价值为核心的生态加权价值论，即低碳价值及其产生的规律、价值基本构成、价值实现途径及其评估等成为能源科学体系推演的基本逻辑。

（三）能源科学研究的新领域——低碳生态伦理约束

在传统能源科学理论中，科技要素被认为是价值中立的，属于事实判断；而在低碳研究理论中，所有的生产要素均被赋予了生态学意义上的伦理道德属性，因而属于价值判断。这便为能源科学理论研究开拓出新的领域，使生态伦理学在这一背景下获得新的成长空间。

（四）能源经济研究的主要内容——低碳资源的横向优化配置与纵向可持续均衡

由于全球自然生态基础、经济社会发展水平和低碳资源控制等方面所存在的严重不对称，再加上不同国家体制、文化背景、经济发展阶段所存在的差距，使得低碳资源在全球的配置不仅存在一个横向的公平问题，更面临一个纵向代际之间的可持续均衡。这便使得以低碳资源横向公平配置和代际可持续均衡为基本使命的低碳经济学研究，必须把“应该怎么样”或“应该是”的问题放在更为优先考虑的位置上。缓解全球低碳资源不对称将成为各国政府的重要职责之一，低碳生态价值的道德约束使规范分析成为具有更重要主导地位的分析方法。

（五）能源管理研究的新焦点——低碳价值管理体系

低碳领域中的全球合作及其法规约束体系创造出全新的低碳市场需求，并由此而诞生了新的贸易规则和市场体系，进而使厂商的组织行为和经营方式也发生新的衍变。碳收支、碳成本、碳标识、碳绩效、碳核算、碳价值等一系列新的管理理念将会伴随着企业核心价值观的转变而流行。在全球低碳监测技术及其信息日益清晰的状况下，低碳价值将会明显提升企业产品和服务的附加价

值，并改写现有的会计准则，进而将使传统的产权理论面临着新的挑战。低碳价值将成为一种新的对经济运行过程产生重大影响的制约因素。企业竞争的重点也将会从传统的质量、成本、服务、技术等生产要素，转移到低碳价值的挖掘和维护上。

（六）能源法学研究的新内容——低碳权利识别及其维护规律占主导地位的规律体系

低碳权利识别及其维护规律将与经济领域、社会领域、自然领域等共同组成法学研究的四个部分。其中，低碳权利识别及其维护规律将占据支配地位。

（七）能源行为分析的基本着力点——低碳行为的无边界分析

低碳时代在对人的社会活动行为分析时，更注重分析的是人类作为一个物种，其个体生存和自然界碳生态系统整体之间均衡的生态行为。在进行宏观分析时，更注重国家之间的全球合作与共识，更注重协调不同发展阶段、不同发展水平的国家权益的维护。可见，在科学技术高度发展和全球化背景下，任何个人、组织和国家的经济行为都将会突破其所生存的空间边界。因此，能源科学中关于经济行为的研究事实上是一种无边界分析，其对微观及宏观经济行为的分析，建立在对个人、组织生态经济行为进行理性把握和分析的前提条件之下。

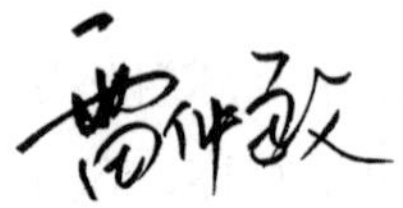

2015 年 9 月 28 日于青岛

前　言

能源是人类社会赖以生存和发展的重要物质基础。能源在其开发利用过程中，存在着诸如市场、价格、供求关系、效率、外部性等各种各样的经济现象，它与人们的日常生活及社会的经济发展息息相关。能源经济学正是在这种背景下发展起来的一门年轻的科学，并逐渐成为经济学的研究热点。

从能源经济学研究的任务来看，大体经历了三个阶段：一是在能源生产供给相对较充裕的阶段，能源经济学所研究的任务主要是如何有效地生产、加工、转换、输送能源产品，以满足经济发展的大量需求。如20世纪70年代以前，人们对能源供给充满乐观的态度，似乎能源是一种取之不尽而可有效保障需求的资源，因而，能源经济学研究便侧重于能源开发利用的政策研究；二是20世纪70年代中期，随着能源危机的爆发，能源资源的有限性，片面追求增长而导致的大量资源浪费等问题摆在人们面前，使人们感到传统的经济学观点、传统的经济发展模式，已远不能解决社会经济发展所面临的能源矛盾，能源经济学研究开始步入一个新的阶段，即着重对能源资源的公平分配、能源资源的有效配置、能源效率的提高、能源经济协调发展等问题展开研究；三是20世纪80年代中期以来，能源环境等外部不经济问题开始引起人们的关注，能源、环境与经济增长的关系，寻求持续协调的发展目标，便成为能源经济学研究的重点与前沿。可见，能源经济学的研究内容是随着时代变迁和能源形势的变化而不断丰富和完善的，也表明人们对能源经济运行规律的认识经历了一个由浅入深、由局部到全局、由简单到复杂、由具体到抽象的过程。而能源经济学正是在人们认识的不断深化中逐步完善成熟并发展起来的。

能源经济学包含着极其丰富的内容，而且随着社会经济的发展和日益严重的能源紧缺，能源经济学的研究范围与对象将不断扩大。中国能源经济学的研究具有其重要性与紧迫性。基于此，《能源科学与管理论丛》编委会经过认真研究，将能源经济学作为本系列丛书的一部，希望通过本书的研究，一方面在总结国内外最新成果的基础上，探求能源经济学的本质、内涵和外延，进一步丰富能源经济学的内容，形成系统性的能源经济学理论框架；另一方面，通过对能源经济运行规律的总结和研究，为能源经济发展提供理论和方法指导，为政府部门制定能源战略与能源政策提供必要的智力支持。

能源经济学属于经济学的一个分支，与其他经济学分支有着密切的联系。研究能源经济学必须以经济学基本原理为基础，用基本的经济学原理指导能源经济活动，除经济学各分支学科外，能源经济学还与工学、理学、社会学、政治学等学科紧密相关。因此，能源经济学与多种学科关联、交叉与融合，在研究能源经济学过程中必须兼顾这种客观的关联性，不能孤立地看待问题，要在复杂的学科系统内研究能源经济问题。基于此，能源经济学以能源系统的经济运行规律为基本研究对象。不仅包括能源的勘探、生产、加工、贮运和利用各个环节，更包括各个环节的相互关系及其与其他经济要素的关联关系。而能源经济学的研究内容主要就是能源系统内各种具体的经济现象与现象背后隐藏的规律性，即能源系统在宏观—中观—微观不同层面的经济现象，如能源短缺、过剩、价格波动、生态破坏、环境污染等等，及其背后所隐含的基本经济学机理与规律。具体包括微观层面的能源供给、需求、市场、价格与效率；中观层面的产业发展和资源型经济转型，以及宏观层面的经济、能源与环境系统和涉及面较广的能源安全问题。

总之，能源经济学的研究内容需要根据政治、经济和能源形势的变化不断丰富，研究方法也要不断创新。本书紧紧围绕能源经济运行规律这条主线，对能源经济学理论体系进行了比较系统、全面的分析和研究，以理论研究为主体，以实践研究为辅助，力求把理论性、前沿性与实践性、可操作性融为一体。既可以为读者学习和研究能源经济提供必要的支持和指导，也可以为政府部门解决能源经济问题提供一定的理论支撑。

青岛科技大学　张同功

2014 年 8 月

目 录

第一章　导论

能源是人类社会赖以生存和发展的重要物质基础。能源经济学是研究能源经济问题规律的学科，其研究范围与方法将随着政治、经济和社会背景的变化而不断丰富。为了更加深刻和全面地研究能源经济问题，在研究能源经济学之前，必须对能源经济学的研究背景、逻辑前提、与其他学科的关系、研究范围与方法等进行全面的分析，以指导后续具体内容的研究。

第一节　能源经济学的研究背景

一、能源在经济社会发展中的地位

能源又称能量资源或能源资源，是指可产生各种能量（如热量、电能、光能和机械能等）或可做功的物质的统称，包括煤炭、原油、天然气、煤层气、水能、核能、风能、太阳能、地热能、生物质能等一次能源和电力、热力、成品油等二次能源，以及其他新能源和可再生能源。

能源是人类活动的物质基础。世界各国经济发展的历史表明，能源消费与国民经济之间存在着明显的关系。能源在国民经济和社会发展中发挥着十分重要的促进和保障作用。列宁曾说过："煤是工业的粮食，石油是工业的血液。"能源是推动经济社会发展必不可少的助动力，是重要的战略资源，是国民经济的基础产业，对国民经济持续、快速、健康地发展和人民生活的改善，发挥着十分重要的促进与保障作用。

以工业发展为例，能源不但是珍贵的化工原料，而且各种锅炉、窑炉都要用油、煤和天然气作燃料；钢铁冶炼要用焦炭和电力；机械加工、起重、物料传送、气动液压机械、各种电机、生产过程的控制和管理都要用电力；交通运输需要动力、油和煤；国防工业也需要大量的电力和石油。同样，在现代化农业生产中，农产品产量的大幅度提高，也是和使用大量能源联系在一起的。

能源与人类的关系非常密切，既是同人们生活密切相关的重要资源，也是实现国民经济现代化的物质基础，能源的替代和变革是人类社会不断发展进步的标志。每一次变革的结果，都必然促进人类社会产生质的飞跃。尤其是对工业的发展起到直接的作用，能源为工业发展提供了原动力，这正是它对国民经济发展的重要性所在。

可以毫不夸张地说：21 世纪，谁掌控了能源，谁就掌握了发展的主动权。能源是经济、社会发展的物质基础和先决条件。随着经济、社会的发展与进步，人类社会对能源的依赖也日益加深。因此，可以说，能源在经济、社会发展中具有举足轻重的地位。

二、能源经济学研究的重要性

能源经济学作为经济学一个新的分支，起始于 20 世纪 70 年代的石油危机。在此之前，人们对生产要素投入的认识一直笼统地满足于劳动力、资本和土地，能源通常被看作是原材料的一部分，没有引起经济学家必要的注意，也谈不上对能源经济的研究。1973 年开始的石油危机，以及随后的石油价格上涨使商品能源的消费增长率大幅度下降，进而引起经济增长率的大幅度下降，这一现象使经济学家们很快地把目光转移到能源上来，开始了能源经济的研究。在国内，长期以来，由于中国能源消费总量相对于储存量来说一直很小，能源资源似乎无穷无尽，能源问题主要是如何开发利用，因而能源的研究在中国也主要围绕开发和利用。总体来看，我国能源经济学研究进展缓慢，理论研究尚不成体系，无法满足能源经济发展的需要。

近年来，大量事实表明我国的能源增长不能满足国民经济发展的需求，能源消费总量明显地受到储存量约束，能源短缺与高能耗的粗放经济增长方式，以及由能源消费所带来的环保影响，成为国民经济发展的“瓶颈”。能源的稀缺性明显体现。中国能源研究的重点必须由如何开发利用转换为资源有效率和优化配置等经济问题，包括需求预测与规划问题，能源资源合理结构问题，经济增长模式和速度与能源需求的关系问题等。由于我国能源经济相关研究的不足，许多能源经济问题不能得到及时解决，所以必须加强能源经济学的研究，以求为解决经济社会发展过程中出现的能源经济问题提供必要的理论支撑。

总之，能源经济学包含着极其丰富的内容，而且随着社会经济的发展和日益严重的能源紧缺，能源经济学的研究范围与对象将不断扩大。中国能源经济学的研究具有重要性与紧迫性，需要社会各方增加投入，有效地开展能源经济学的研究工作。①

三、能源经济学的起源、兴起与发展

（一）起源

能源是国民经济最基本的物质基础之一。在自然科学范畴内，“能源”仅表示一种做功“能力”，如抬高或加热物体；在经济学范畴内，“能源”涵盖了所有因内含物质能量而能够提供作业能力的能源资源和能源商品。能源资源，如原油、天然气、煤炭、生物质、水力、铀、风能、太阳能和地热资源，均可以被采集和产生；能源商品，如煤炭、汽油、柴油、天然气和电力等，可直接为人类活动提供能源服务。当能源作为投入生产过程的一种必需商品时，与能源商品相关的所有方面构成了能源经济。能源经济是指那些产生能量的物质的生产、交换、分配和消费的经济活动，是能源各类产业经济的总和，是国民经济的重要组成部分。

18 世纪中叶的第一次工业革命以来，经济增速逐步加快，当时是以大量利用和消耗自然资源（尤其是煤炭能源）为前提的。此间，西方经济学开始蓬勃发展，经历了从古典主义到新古典主义的发展，由此孕育了能源经济学的萌芽和基本思想。古典主义着重经济总量研究，相关经济学著作中最受关注的两个问题是提高资源利用效率和经济长期增长的前景，而新古典主义是建立在“边际效用论”和“均衡价格论”基础上的，其以需求为核心的分析代替了古典经济学以供给为核心的分析。边际效用价值论、边际分析法和均衡分析法、均衡价格理论、资源优化配置和外部性理论是新古典主义对能源经济学的贡献。可以说，在能源经济学的孕育和认识阶段，经济学大师的诸多论著构成了能源经济学的基本思想和内容，为能源经济学的产生做好了必要的基础理论和分析工具的准备。这一阶段，能源经济学的初步研究侧重于煤炭的开发利用。②

---

① 林伯强. 应该大力推广能源经济学的研究［EB/OL］. 新浪财经：http：//finance.sina.com.cn 2006-06-28.

② 林伯强. 能源经济学的探索之路［EB/OL］. 新浪财经：http：//www.sina.com.cn，2007-11-16.

能源资源是有限的，而且与人类多项活动有密切联系。能源经济学的起源可以追溯到经济学界对自然资源的可耗竭性的关注。19世纪，得益于以蒸汽机为代表的第一次工业革命，英国成为世界制造中心。煤炭需求量急剧增长，英国煤炭产量曾一度占据全球产量的80%。[①]煤炭需求量有没有顶峰？何时达到顶峰？世界煤炭储量是否会耗尽？这些问题在当时已经引起了一些从事经济学研究的学者的关注。1865年，英国经济学家威廉·杰文斯出版了《煤的问题》一书，杰文斯在详细论述了煤的情况和各种替代能源非对称性的特点之后，认为英国的煤储量有限，靠煤炭而繁荣起来的英国经济总有一天不得不停止发展。[②]这是文献中最早从经济学角度全面分析能源问题的专著。可认为是能源经济学研究的起源和先驱。

知识窗 1-1　威廉·杰文斯简介

威廉姆·斯坦利·杰文斯（1835年9月1日~1882年8月13日），生于利物浦，英国著名的经济学家和逻辑学家。他在著作《政治经济学理论》（1871年）中提出了价值的边际效用理论。杰文斯同奥地利的卡尔·门格尔（1871年）、瑞士的利昂·瓦尔拉斯（1874年）共同开创了经济学思想的新时代。

1854年，正在学习自然科学的杰文斯穷困潦倒地离开了伦敦，去悉尼做了一个分析员，在那里他迷上了政治经济学。1859年他回到了英格兰，于1862年发表了《政治经济学数学理论通论》，概括出了价值的边际效用理论。1863年发表了《黄金价值暴跌》。杰文斯以为，消费者从最后一单位产品得到的效用或者价值与他所拥有的产品数量有关，这个数量也许会有一个临界值。他在1865年的《煤炭问题》中提醒英国煤炭逐渐枯竭，受到了社会的赞誉。他最重要的逻辑学和科学方法论著作是1874年的《科学原理》、1871年的《政治经济学理论》和1882年的《劳工问题介绍》。

资料来源：http：//baike.baidu.com/view/745878.htm

① 魏一鸣，焦建玲等. 能源经济学［M］. 第一版. 北京：科学出版社，2011.

② 林伯强. 能源经济学的探索之路［EB/OL］. 新浪财经：http://www.sina.com.cn，2007-11-16.

（二）兴起

尽管能源资源的可耗竭性在19世纪已经引起人们的注意，但当时在经济学界还未引起广泛关注。其后虽然随着能源结构和供需的变化，相关研究不断增加，如1963年美国未来资源研究所的Barnett和Morse出版了著名的《稀缺与增长：关于自然资源可获得性的经济学》，引起了全球经济学界对能源经济问题的重视。但是直到20世纪70年代之前，世界范围内的能源生产和供给相对较充裕，能源被当作是一种取之不尽、可有效保障需求的资源，因此能源资源的稀缺性还不是一个大问题。直到1973年第一次石油危机爆发，带动了能源经济学研究的兴起。大量曾经获得诺贝尔科学奖的经济学家对能源经济问题开展了系统、深入的研究。自此，能源经济学成为经济学的一个重要分支。大量的相关研究文献见诸主流经济学期刊。能源经济学研究迅速兴起。1975年，H. A. Merklein的《能源经济学》问世，标志着能源经济学作为经济学一个新的分支正式兴起。其他相关的能源研究著作还有《只有一个地球》（1972）、《生存的蓝图》（戈德史密斯，1972）、《经济理论与耗竭性资源》（Dasgupta，1978）等。其中，英国的能源经济学家迈克尔·G. 韦布和马丁·J. 里基茨1979年合作出版的《能源经济学》、理查德·艾登1981年出版的《能源经济学》对后来能源经济学的发展产生了较大影响。

（三）发展阶段

人类对能源资源稀缺性的认识有一个历史过程，而能源经济学也是随着这一认识的逐步加深而建立和发展起来的。纵观能源经济学发展过程，大体经历了四个逐步深化的阶段：

第一阶段是对某一种具体能源产品开发利用及其有效供给研究的阶段。20世纪20年代以前，人们侧重于对煤炭的开发利用研究。20年代后，人们侧重于对石油开发输送利用的研究，开始形成了许多能源工业的部门经济学，如煤炭经济学、石油经济学等。

第二阶段是对各类能源之间相互替代与互补关系，以及能源与经济发展相互关系研究的阶段。1973年开始的石油冲击，以及随之的石油价格上涨使商品能源的消费增长率大幅度下降，进而引起经济增长率的大幅度下降。能源危机的发生，使人们开始注意对不同能源替代性与互补性的研究，开始注意从各单元研究向系统的综合研究转化，开始注意对能源与经济社会发展相互关系的研究。

第三阶段是对能源开发利用外部影响给予关注研究的阶段。人们在对经济增长的研究中注意到这样一个现实，即经济增长为什么未能与人类的进步同步，以资源大量耗竭所维持的增长为什么会带来生态失衡、环境恶化等种种弊端。于是与能源开发利用相关联的外部影响问题开始引起人们的关注。同时，能源供需平衡及安全战略的研究也逐渐得以开展。

第四阶段，对碳排放及由此引出的社会、经济等问题的研究。从京都会议到哥本哈根会议，能源供需平衡下的低碳经济、低碳技术及与之相适应的生产、消费方式的改变等，越来越引起国际社会广泛关注。关于气候变化下和经济增长下的能源经济发展与低碳经济协调发展问题的研究已成为当前的热点。

能源经济系统从定性研究到定量研究，从能源经济发展到联动生态环境发展等的研究，表明人们对能源经济运行规律的认识经历了一个由浅入深、由局部到全局、由简单到复杂、由具体到抽象的过程。所以能源经济学是在人们认识的不断深化中逐步完善成熟和发展起来的。伴随着能源经济学研究的发展，一批能源经济学期刊相继出版，如 1973 年创刊的 *Energy Policy* 和 1979 年创刊的 *Energy Economics* 等；同时一批能源经济学研究机构、组织和学会相继成立，如知名的国际能源经济学会（IAEE）等。能源经济学研究逐渐成为学界热点。但至今能源经济学在中国还仅仅是作为资源经济学的一个组成部分来研究，专门的能源经济学科还没有真正建立起来，有关的研究力量和研究水平都有待于提高和扩大。①

第二节　能源经济学研究的逻辑前提

一、经济学是一门研究稀缺资源合理配置的科学

研究能源经济学必须以经济学的研究为基础，因此首先要了解经济学是一门怎样的学科？这一学科主要研究的问题是什么？只有系统地了解了这些，我们才能从经济学的视角去研究能源问题。

经济学的定义是：一门研究稀缺资源合理配置的科学。这一定义给我们提

① 林伯强. 能源经济学的探索之路［DB/OL］. http://blog.sina.com.cn/linboqiang 1957，2009-10-23.

供了以下几个方面的信息：首先，经济学研究的对象是稀缺的资源。如果某种资源是不稀缺的，也就是人们可以随意获取，并且取之不尽，用之不竭，那么这种资源的配置就不会成为经济学研究的对象；其次，由于资源是稀缺的，就有一个对这些稀缺资源进行配置的问题，实际上就是对这种稀缺资源的用途进行选择问题。因此也可以把经济学看成是研究个人、厂商、政府和其他组织如何进行选择的学问；再次，由于资源是稀缺的，因此这些资源就有价格。由于不同资源的稀缺程度不同，因此它们的比价也就不一样；最后，由于人们的选择是有成本的，因此人们对稀缺资源的配置既是一种价格的比较，也是一种成本的比较。

能源资源是有限的，而且与人类多项活动有密切联系，能源资源相对于人类需要在数量上的不足，是人类社会与资源关系的核心问题。能源经济学正是以主流经济学为主线，结合运用其他学科，来探索人类如何面对有限的能源资源并做出权衡取舍的科学。研究能源经济学必须以能源资源相对于经济社会发展需要的稀缺性为其基本逻辑前提与起点，除此之外，考虑到能源资源的特殊性，还必须兼顾经济学研究假设与前提的局限性，它们同样是能源经济学研究的逻辑前提。

二、能源经济学研究的基本逻辑前提

众所周知，随着科技革命和经济社会的发展，能源的基础性作用变得越来越重要，逐步成为国家经济的命脉。能源危机是指因为能源供应短缺或是价格上涨而影响经济发展造成的危机。能源危机已经成为困扰人类经济发展的主要障碍。能源经济学必须以能源的稀缺性为前提展开研究。能源的稀缺性不仅包括不可再生能源（化石能源）的稀缺性，也包括可再生能源的替代性。

（一）不可再生能源的稀缺性

世界经济的现代化，得益于化石能源，如石油、天然气、煤炭与核裂变能的广泛投入和应用。因而它是建立在化石能源基础之上的一种经济。然而，这一经济的资源载体将在21世纪迅速地接近枯竭。石油储量的综合估算，可支配的化石能源的极限，大约为1180亿~1510亿吨，以1995年世界石油的年开采量33.2亿吨计算，石油储量大约在2050年左右宣告枯竭。天然气储备估计在131800兆~152900兆立方米。年开采量维持在2300兆立方米，将在57~65年内枯竭。煤的储量约为5600亿吨。1995年煤炭开采量为33亿吨，可以供应

169 年。铀的年开采量目前为每年 6 万吨，根据 1993 年世界能源委员会的估计可维持到 21 世纪 30 年代中期。核聚变到 2050 年还没有实现的希望。化石能源与原料链条的中断，必将导致世界经济危机和冲突的加剧，最终葬送现代市场经济。[①] 事实上，近 10 多年来，中东及海湾地区与非洲的战争都是由化石能源的重新配置与分配而引发的，这种军事冲突，今后还将更猛烈、更频繁。总之，能源危机迟早会爆发，如何应对能源危机是世界各国迫切需要解决的问题，各经济活动主体的行为活动必然在化石能源日益短缺的条件下展开，因此必须基于不可再生能源的稀缺性展开能源经济学研究。

（二）可再生能源的替代性

面对化石能源危机，大力发展可再生能源成为世界各国应对能源危机形势的主要手段与策略，世界各国纷纷谋求用可再生能源和原料全面取代化石能源，进行一场新的工业革命。这不仅是出于生存的原因；与之相连的是世界经济可获得持续的发展。在这种世界经济中，高新技术和生态可以承载的区域性经济形式将得以发展。可再生能源是指从自然界获取的、可以再生的非化石能源，目前主要是指太阳能、风能、水能、生物质能、地热能和海洋能等各种新能源。这些能源的开发和利用能够在一定程度上替代化石能源，缓解化石能源资源稀缺性对世界经济发展的冲击，对人类经济的可持续发展至关重要。

需要说明的是，虽然可再生能源的替代性能够在一定程度上缓解能源危机，但限于技术、管理、资金等瓶颈，无法从根本上解决能源供需矛盾。能源供需在总体上依然是稀缺的。具体而言，人类经济的进一步发展对能源的需求日益增加，面对不可再生能源的有限性，可再生能源能在一定程度上替代化石能源，促进经济的可持续发展，因此可再生能源产业的发展将成为能源经济的一个重要方面。但是，可再生能源并不是取之不尽、用之不竭的能源，人类利用可再生能源受到诸多条件的限制。相比人类经济的快速发展，能源供应短缺将是一个永恒的话题。

三、能源经济学研究的一般逻辑前提——经济学研究假设的局限性

经济学是建立在逻辑演绎基础之上的一种理论，其特征为从基本前提假设

① 百度百科：能源危机，http：//baike.baidu.com/view/25178.htm

出发，通过数学演绎推理，得出结论。除了资源稀缺性之外，经济学研究还有经济人、信息完全和市场出清三大假设。考虑到能源资源、能源市场等能源经济要素的特征，经济人、信息完全和市场出清三大假设并不完全适用于能源经济领域，因此这三大假设的局限性成为能源经济学研究的一般逻辑前提。

任何一种假设都与各自的研究目的有关，它必然会为了分析和解决某一种问题、现象或过程而忽略掉一些因素。对于同一个研究者，讨论重点的差异，也可以使假设条件出现差异。实际上，研究者的研究水平、研究能力和时间期限，也决定着其假设条件的选择。而且，随着研究目的和领域的变动，其假设条件也随之变动。有相当多的研究领域，如经济体制、经济分配、福利有效性、就业、货币、资本流动、区域合作等就不适合运用三大假设。这就是说，这样的假设只是适合于提出该思想的经济学领域，主要是古典经济学和新古典经济学，适用于探索完全市场经济条件下的价格机制、资源配置与优化、经济增长等问题。总之，并不是所有的经济问题都可以适用“经济学假设”。在研究具体的经济学问题时，必须考虑到“经济学假设”适用的对象。在“经济人假设”等三大假设提出时，很少有人考虑经济产品的公益性与私利性问题，但随着人们认识的进步，几乎大多数经济产品都存在公益性与私利性问题，只是程度不同而已，这样，相关的运用就更受局限了。以“经济人假设”为例，现代经济学研究发现，无论是有形产品，还是服务产品，随着它们本身的公益性和私利性的差异，“经济人假设”适用的程度也有很大的不同。可以说，“公益性”程度越高的产品，如教育、桥梁、国防等，其“经济人假设”适用的程度就越低，因为人们在消费和购买这些产品时，常常无法根据“利益最大化原则”做出选择。

于是，在经济学中对不同产品的消费者选择进行研究时，原来的假设就要部分或全部放弃，而必须具体问题具体分析。鉴于能源资源在国民经济发展中的重要地位，能源市场具有其不同于其他市场的特征，所以能源经济学的研究，必须从能源产业的基础性和战略性出发，除了“经济人假设”之外，受限于诸多条件，能源经济领域也不可能做到市场出清和信息完全。因此，能源经济学研究必须摒弃经济学假设的约束，从其假设的局限性出发分析和研究问题。但是经济学研究又不能没有假设，其关键在于分析其“假设条件”与研究动机、研究过程和研究结论是否匹配，进而去探讨这种“假设条件”是否成立。

第三节　能源经济学与其他相关学科的关系

能源经济学属于经济学的一个分支，与其他经济学分支有着密切的联系。研究能源经济学必须以经济学基本原理为基础，用基本的经济学原理指导能源经济活动。而能源作为一种稀缺资源，与资源经济学紧密相关，鉴于经济活动的复杂性，各经济学亚学科之间或多或少都存在一定的联系。如图 1–1 所示：

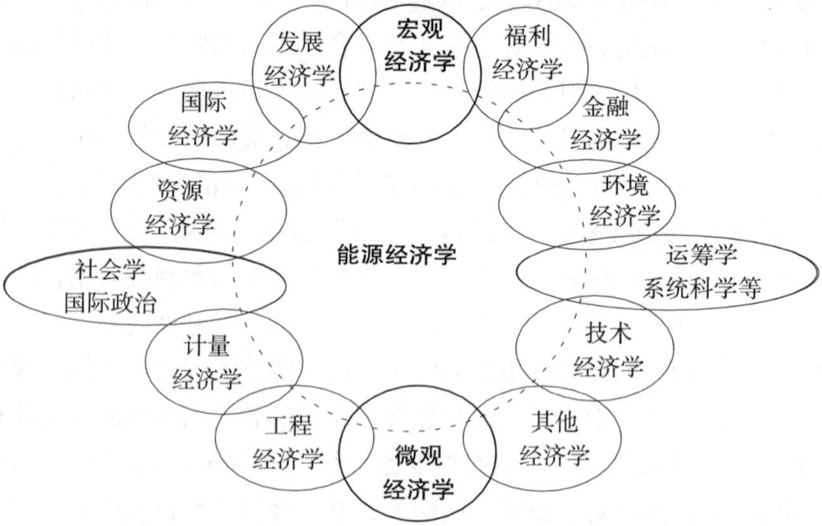

图 1–1　能源经济学与其他学科的关系

一、能源经济学与宏微观经济学

能源经济活动必须在经济学原理的指导下运行，微观经济学与宏观经济学是能源经济学研究的基础。能源经济学研究必须以经济学的基本原理为指导。比如古典经济学中的比较优势原理在研究能源国际贸易方面将发挥重要的指导作用；又如亚当 – 斯密“看不见的手”的经典原理始终作用于人类的能源交换活动；再如凯恩斯主义在政府进行能源管理方面发挥重要的指导作用。因此，研究能源经济学的前提是全面掌握经济学原理，用经济学原理指导能源经济学的研究与实践工作。

二、能源经济学与资源、环境经济学

化石能源的开发和利用导致了严重的环境污染、生态恶化和碳排放等诸多问题，因此资源经济学、环境经济学与能源经济学存在一定的交叉性。目前，关于经济、能源和环境、生态的协调发展问题是世界范围内研究的热点。所以研究能源经济学不能脱离资源与环境经济学，所有能源经济活动与研究，都必须兼顾资源、环境和生态问题。能源经济学发展的过程也越来越成为能源、经济、环境协调发展的过程。因此，在研究能源经济学时，必须重点关注能源活动中的环境问题，积极寻求能源与环境的协调发展。

知识窗 1-2 经济学十大原理

1. 人们如何做出决策

原理一：人们面临权衡取舍；

原理二：某种东西的成本是为了得到它所放弃的东西；

原理三：理性人考虑边际量；

原理四：人们对激励做出反应；

2. 人们如何相互交易

原理五：贸易可以使每个人的状况都变得更好；

原理六：市场通常是组织经济活动的一种好方法；

原理七：政府有时可以改善市场结果；

3. 整体经济如何运行

原理八：一国的生活水平取决于它生产物品与劳务的能力；

原理九：当政府发行了过多货币时，物价上升；

原理十：社会面临通货膨胀与失业之间短期权衡取舍。

资料来源：〔美〕曼昆. 经济学原理［M］. 第一版. 北京：北京大学出版社，2012.7.

三、能源经济学与其他经济学学科

除资源与环境经济学外，能源经济学与其他经济学分支同样存在千丝万缕的联系。如能源问题归根结底是发展问题，对广大发展中国家更是如此，因此能源经济学和发展经济学密切相关；研究能源公平与能源贫困问题必须借助福利经济学的理论方法；研究能源国际贸易必须以国际经济学原理为指导；而研究能源产业发展融资问题必须借助于金融经济学的若干原理；此外能源产业的开发、能源工程建设离不开技术经济学、工程经济学等原理与方法的指导与帮助；而计量经济学的方法将充斥在能源经济学研究的方方面面。因此，能源经济学的研究过程，同时也是研究能源经济学和其他经济学分支交叉和融合的过程。

四、能源经济学与其他学科

除经济学各分支学科外，能源经济学还与工学、理学、社会学、政治学等学科紧密相关。如能源技术是能源经济学的重要方面，而任何一项技术的开发与应用都离不开基本科学原理和技术的支持。最常见的例子如太阳能产业的发展离不开光伏原理和技术的支撑；又如能源是一种国际性战略资源，能源问题已经广泛政治化了，中东的多年战乱就是明证，因此有时候能源经济问题又是政治问题，能源经济学与国际政治学存在交叉和联系。

总之，能源经济学与多种学科关联、交叉与融合，在研究能源经济学过程中必须兼顾这种客观的关联性，不能孤立地看待问题，要在复杂的学科系统内研究能源经济问题。

第四节　能源经济学的研究范围和方法

一、研究对象与内容

能源经济学以能源系统的经济运行规律为研究对象。能源系统不仅包括能源的勘探、生产、加工、贮运和利用各个环节，更包括各个环节的相互关系及其与其他经济要素的关联关系。而能源经济学的研究内容主要就是能源系统内各种具体的经济现象与现象背后隐藏的规律性，即能源系统在宏观—中观—微观不同层面的经济现象，如能源短缺、过剩、价格波动、生态破坏、环境污染等，及其背后所隐含的基本经济学机理与规律。由于中国能源经济学研究起步相对较晚，国内学者对能源经济学这门科学的内容有不同的看法。归纳起来，能源经济学至少应该包括以下七个方面的研究：

（一）能源供给与需求

能源供需和可持续发展受经济发展速度、能源投融资状况、新技术的应用、消费模式及能源政策等多种因素的影响。通过研究能源供需的概念、影响因素、供需预测与供需矛盾等能源供需问题，能够进一步把握能源经济活动的规律性，对加强能源供需管理、缓解能源供需矛盾具有较强的指导意义。

（二）能源市场与价格

能源市场是能源经济活动的舞台，涵盖的内容非常丰富，不仅包含石油、煤炭、天然气、新能源等众多的能源商品市场，还包括能源勘探权市场、开采权市场、碳排放权等其他能源市场；此外还有国内能源市场和国际能源市场之分。除各种类型的市场外，能源市场的内涵更多的是指能源市场的各种运行机制，其中价格机制是最重要的市场机制。能源的供应量和需求量都是价格的函数，价格是调整供求达到平衡的有效手段。能源价格应该成为最有活力的能源经济杠杆。

（三）能源效率与节能

改善与提高能源效率是应对能源危机的重要且有效的途径。提高能源效率与节能是能源管理的核心内容之一。能源效率与节能研究应该包括能源效率的概念、能源效率的测度、影响能源效率的因素，以及提高能源效率的对策等内容。我国节能潜力很大，能源经济研究应为政府降低单位产值能耗的努力提供理论和实践的建议，从而制定合理可行的节能目标。

（四）能源产业发展

目前，国内外能源经济学研究主要关注微观和宏观层面的能源经济问题，而中观产业层面的研究相对薄弱。通过研究能源产业发展模式、产业关联、产业组织，以及产业规制与政策等内容，能够为能源产业发展提供相应的理论支持，对目前我国迫切需要发展的能源产业具有较强的理论意义。

（五）能源资源型经济

能源资源型经济是能源经济学的一个重要方面。随着地区能源资源的逐渐枯竭，我国很多资源型经济地区和城市面临着转型发展问题。研究能源资源型经济形成的规律、特征、转型障碍因素、转型模式与对策对我国能源资源型地区与城市转型发展具有较强的理论和现实意义。

（六）能源与经济、环境、社会发展的关系

能源、经济、环境和社会协调发展是世界各国能源管理的主要目标，同时也是能源经济学研究的主要内容。通过研究能源与经济发展和环境保护的相互关系、作用机制以及能源与经济发展、环境保护的各种关系模型等相关内容，能够为世界各国加强能源经济管理，协调能源、经济、环境和社会的均衡和谐发展提供必要的理论支撑。

（七）能源安全与预警

能源安全是非传统安全中的一种。是指为保障一国经济社会和国防安全，使能源特别是石油可靠而合理供应，规避对本国生存与发展构成重大威胁的军事、政治、外交和其他非传统安全事件所引起的能源供需风险状态。国际能源地缘政治纷繁复杂，国际原油价格波动剧烈，给石油贸易带来巨大风险，直接影响能源进口国的能源安全。通过研究能源安全的特征、能源安全观和能源安全战略能够为世界各国加强能源安全管理提供必要的理论支持。

二、研究方法体系

开展能源经济学研究，首先要树立全局观、系统观和动态观。然后在经济学、管理学基本原理的指导下，综合运用多种方法来分析和研究能源经济问题。具体研究过程中将借鉴国内外相关领域的先进研究方法，采用宏观、中观和微观分析相结合，逻辑与历史分析相结合、理论分析与经验分析相结合、定性与定量分析相结合、静态与动态分析相结合等方法，全面、细致地开展能源经济研究工作。具体的研究方法体系如图 1–2 所示。

（一）宏观、中观和微观分析相结合

宏观分析法主要从经济总量出发，分析整体经济运行的动态过程，并从中揭示出宏观经济运行的特征与规律，中观分析主要是从产业层面分析问题；微观分析法则主要从总量分解、要素分析等角度出发，分析整体经济各个部分之间的关系机理并从中揭示出经济发展的客观规律。本书将从微观层面的能源供需、市场、价格出发，进而研究能源产业发展等中观层面、能源与经济、环境协调发展，以及能源安全等宏观层面的问题。宏观、中观、微观相结合全面研究能源经济问题。

（二）逻辑与历史分析相结合

历史分析是对事物发展的历史进行研究，通过历史分析，研究事物发展的

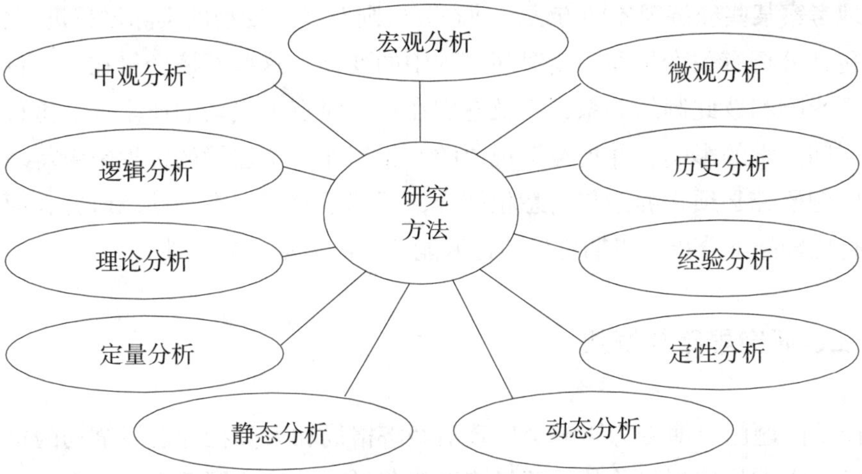

图 1-2 能源经济学的研究方法体系

过程，进而发现事物存在的规律性。而逻辑分析是在历史分析的基础上对事物发展客观规律的概括与归纳，即历史的东西在理性思维中的再现。本书对能源经济学的研究必须从能源经济发展的历史出发，概括与归纳能源经济发展过程中的规律性，用于指导能源经济活动与管理。

（三）理论与经验分析相结合

理论分析是研究一切问题的基础。能源经济学的研究方法应当以基本经济学原理、资源经济学、统计学理论等相关科学理论为基础，同时还需要大量的实践经验支撑。当前，能源经济学研究大多是经验研究和实证研究。理论与实践相结合才能够更深入地分析和研究问题。因此本书将尽可能地理论联系实际，深入探讨能源经济问题。

（四）定量与定性分析相结合

定性分析要求运用所学知识对积累的资料进行归纳、梳理，以期对经济运动过程及其关系进行逻辑分析和逻辑阐述，从而揭示出一般性的规律；定量分析则是在定性分析的基础上，对客观实际情况、经济事实、经济现象和统计数据进行"量化处理"，以期达到对定性分析的深化和精确化。本书将以定性分析为主，定量分析（模型分析）为辅，在定性研究的基础上，尽可能地通过数据和数理方法证明和阐述问题。

（五）静态与动态分析相结合

静态分析就是分析经济现象的均衡状态以及有关的经济变量达到均衡状态所需要具备的条件，它完全抽调了时间因素和具体变动的过程，是一种静止地孤立地考察某些经济现象的方法。动态分析则对经济变动的实际过程进行分析，其中包括分析有关变量在一定时间过程中的变动，这些经济变量在变动过程中的相互影响和彼此制约关系，以及它们在每一时点上变动的速率等。这种分析考察时间因素的影响，并把经济现象的变化当作一个连续的过程来看待。能源经济问题研究必须将静态与动态相结合，不仅要进行静态和动态研究，而且还要进行比较静态分析，以期更好地把握能源经济活动的规律性。

三、研究思路与框架

能源问题已经演变为影响全球政治经济格局和人类社会发展全局的重大战略问题。本书将依据目前的能源经济形势背景，从理论层面出发，全面研究能源经济发展中微观、中观和宏观方面的问题。以求总结能源经济发展的规律性，为能源经济活动提供必要的理论支撑。具体研究思路与框架如图 1–3 所示。

第五节　本章小结

综上所述，本章作为导论部分，首先分析了能源经济学研究的背景，以便于根据能源经济学发展的脉络来分析问题；其次从经济学原理的角度分析了能源经济学研究的逻辑前提，对能源经济学的基本性质进行界定；再次阐述了能源经济学与其他学科之间千丝万缕的联系，以利于界定能源经济学研究的对象与范围；最后是在确立研究对象与内容的基础上阐述了能源经济学的研究方法与逻辑思路。总之，导论部分为本书后续的研究确立了研究范围、厘清了研究思路，是本书研究的基础和指针。

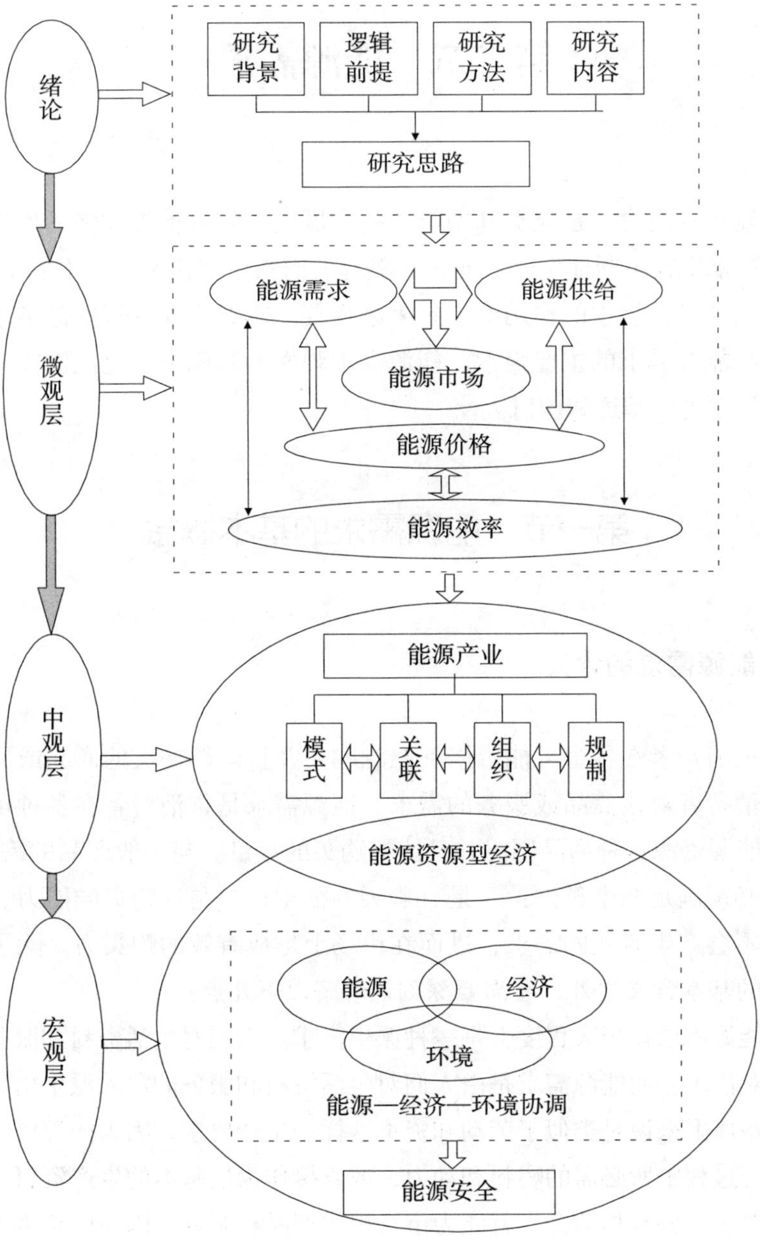
绪论
研究背景
逻辑前提
研究方法
研究内容
研究思路
微观层
能源需求
能源供给
能源市场
能源价格
能源效率
中观层
能源产业
模式
关联
组织
规制
能源资源型经济
宏观层
能源
经济
环境
能源—经济—环境协调
能源安全

图 1-3 本书的逻辑框架

第二章　能源需求

世界经济发展史就是人类利用能源的发展史，随着世界经济的发展，人类对能源的需求也在不断地发生着变化。随着人们物质文化生活水平的不断提高，能源需求在经济发展中的作用变得越来越重要。本章将在分析能源需求的基本概念，影响能源需求的主要因素，能源需求弹性的基础上，就能源需求预测建模等有关问题进行阐述和探讨。

第一节　能源需求的基本概念

一、能源需求的含义

我们把消费者在各个可能价格下愿意购买并且能够购买的商品或服务的数量，称作消费者对该商品或服务的需求。能源需求是指消费者在各种可能的价格下，对能源资源这种商品愿意并且能够购买的数量。与一般产品的需求一样，能源需求必须满足两个条件：一是有购买的欲望；二是有购买的能力。缺少任何一点都不会产生有效的需求，进而在市场上形成有效的购买力。除了解上述能源需求的基本含义之外，还需要深刻地理解以下几点：

一是能源需求在很大程度上是一种派生需求。人们对生活资料和服务的需求是一种绝对需求，而能源需求是由人们对生活资料和服务的需求派生出来的。能源需求从本质上来说是类似于劳动和资本这样的生产要素，因为能源可以转换为现代化生产过程中所必需的燃料和动力，或直接作为最基本的生产资料，它与劳动、资本等生产要素相结合，就能为市场提供产品和服务。因为能源需求的派生性质，在其他条件不变时，能源需求水平会随着市场产品需求的变动而变动。[①]

---

① 魏一鸣，焦建玲等. 能源经济学[M]. 第一版. 北京：科学出版社，2011. 2：13.

二是能源需求不能完全等同于能源消费。能源需求和能源消费都是能源经济学的重要概念，在实际应用中容易把二者混为一谈。实际上能源消费是有效能源需求的反映，当能源供给充足，且不存在库存时，能源需求在量上几乎等同能源消费。但是能源需求一般很难准确度量，因此实际分析与核算中仍经常用能源消费代替能源需求。可以认为需求是对未来消费量的基本预测，而消费是已经发生了的需求。二者在量上大致接近，在变化趋势上也基本相同。

三是可以将能源需求分为个体需求和市场需求。所谓个体需求是指单位消费者在各种可能的价格下，对能源资源这种商品愿意并且能够购买的数量。而市场需求是指市场上所有的消费者在各种可能的价格下，对能源资源这种商品愿意并且能够购买的总数量。

二、能源需求总量

能源需求总量是指所研究的一定范围内各种能源需求量之和，如一次能源需求总量、化石能源需求总量等，通常能源需求量指的是一次能源需求量。能源需求总量由终端能源需求量、能源加工转换损失量和损失量三部分构成。

终端能源需求量，按照经济合作与发展组织 / 国际能源署（OECD/IEA）的定义，终端能源需求（消费）是终端用能设备人口得到的能源。因此，终端能源需求量等于一次能源消费量减去能源加工、转换和储运这三个中间环节的损失和能源工业所用能源后的能源量。其中，中间环节损失包括选煤和型煤加工损失，炼油损失，油气田损失，发电、电厂供热、炼焦、制气损失，输电损失，煤炭储运损失，油气运输损失等。在中国能源平衡表统计中，按等价值计算的终端能源消费中只扣除选煤、炼焦、油田、炼油、输配电损失，未扣除发电损失和能源工业所用能源。因此，计算得出的终端能源消费量远高于按照国际通行准则计算得出的数量。①

能源加工转换损失量，指一定时期内投入加工转换的各种能源数量之和与产出各种能源产品之和的差额，是观察能源在加工转换过程中损失量变化的指标。

能源损失量，指一定时期内能源在输送、分配、储存过程中发生的损失和由客观原因造成的各种损失量，不包括各种气体能源放空、放散量。

---

① 魏一鸣，焦建玲等. 能源经济学[M]. 第一版. 北京：科学出版社，2011. 2：14.

能源消费总量，是一定时期内某国或某地区用于生产、生活所消费的各种能源数量之和，是反映全国或全地区能源消费水平、构成与增长速度的总量指标。通过把握能源消费总量有利于更好地理解能源需求总量。

总之，理解能源需求总量必须认真把握能源消费与损失量，可以认为：能源需求总量（Q_d）= 潜在能源消费总量（Q_{pc}）+ 潜在能源损失总量（Q_{pl}），因此为了降低能源需求量，除了节约用能之外，降低能源损失也是有效策略之一。

三、能源需求结构

能源种类繁多，不同能源种类经济特性不同。能源需求结构是指能源需求总量中各种能源品种的比例构成。目前，世界上一次能源需求以油气、煤炭和天然气等化石能源为主，不同的国家和地区因资源禀赋及其他因素不同而有所差异。我国能源消费结构中煤炭比例一直居高不下，最近 10 年基本都在 70%左右，主要发达国家一次能源需求结构已实现了以煤炭为主向油气为主的需求结构转换，以石油为主的液体能源成为主要的一次能源；天然气具有高效、安全、净化环境的优点，一直倍受青睐；此外、太阳能、风能、水能、潮汐能、地热能等新型能源也在不断地开发之中，在能源需求结构中比重也在逐渐增加。因此能源需求结构也包括传统化石能源与新能源之间的比例构成，以及不可再生能源和可再生能源之间的比例构成。最近 40 年全球一次能源消费结构如图 2-1 所示：

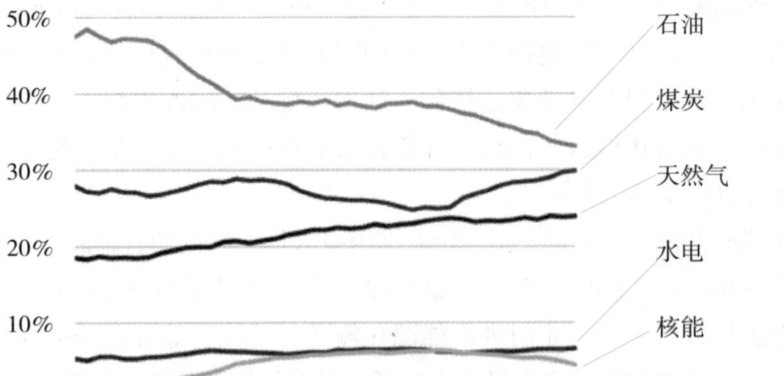

资料来源：BP 世界能源统计年鉴(2013)．

图 2-1　1972~2012 年全球一次能源消费（需求）比重

四、能源需求品质

能源种类繁多，品质各异，首先不同类型的能源其品质不同，如高品质的清洁能源与低品质的煤炭的区别，不同的能源消费行为需要不同种类的能源，如汽车对汽油的需求，燃煤火车对煤炭的需求等；其次同种能源其品质也千差万别。以煤炭为例，根据煤化程度，煤炭可以分为无烟煤、烟煤和褐煤三大类，又可进一步再细分为无烟煤、贫煤、贫瘦煤、瘦煤、焦煤、肥煤、1/3 焦煤、气肥煤、气煤、1/2 中黏煤、弱黏煤、不黏煤、长焰煤、褐煤等很多小类；而按照煤的商业用途，可分为原煤、混煤、末煤、次煤、块煤、洗精煤、煤泥等。此外煤炭还可以按照灰分、硫分和发热量进行煤炭质量分级，据此可以分出很多种。不同类型的煤炭其性能技术指标不同，具备不同的品质，满足不同类型的煤炭需求。所谓能源需求品质是指从需求的角度出发对不同能源类型、不同能源品质的要求。目前的社会发展趋势要求增加对高品质清洁能源的需求使用量，而降低高污染排放等低品质能源的需求，即能源需求品质的变化会引起能源需求结构的变化。

知识窗 2-1 煤炭的分类

煤炭产品按其用途、加工方法和技术要求划分为五大类和 29 个品种〔《煤炭产品品种和等级划分（GB/T 17608-2006)〕。具体分类及品种如下：

（1）精煤：1-1 冶炼用炼焦精煤、1-2 其他用炼焦精煤、1-3 喷吹用精煤。

（2）洗选煤：2-1 洗原煤、2-2 洗混煤、2-3 洗末煤、2-4 洗粉煤、2-5 洗特大块、2-6 洗大块、2-7 洗中块、2-8 洗混中块、2-9 洗混块、2-10 洗混小块、2-11 洗小块、2-12 洗粒煤。

（3）筛选煤：3-1 混煤、3-2 末煤、3-3 粉煤、3-4 特大块、3-5 大块、3-6 中块、3-7 混块、3-8 混中块、3-9 小块、3-10 混小块、3-11 粒煤。

（4）原煤：4-1 原煤，水采原煤。

（5）低质煤：5-1 原煤、5-2 煤泥，水采煤泥。

资料来源：道客巴巴：http://www.doc88.com/p-982342992738.html

五、能源强度

能源强度，也称单位产值能耗或能源密集度（energy intensity），是指一段时间内，某一经济行为体单位产值消耗的能源量，通常以吨（或公斤）油当量（或煤当量）/美元（或其他货币单位）来表示。一个国家或地区的能源强度，通常以单位国内生产总值耗能量来表示。能源强度是反映经济对能源依赖程度的一个重要指标，能源强度高，意味着经济对能源的依赖程度高；反之，则低。

能源强度指标反映了经济行为体利用能源效率的状况，与能源强度相近似的还有一些反映能源技术效率的指标，如能源生产过程用能加工转换效率、贮运效率和终端利用效率。这些指标是指在使用能源（加工、转换、储运和终端利用）的活动中所得到的有效能与实际输入的能源量之比，一般用百分率表示。综合能源效率技术指标更能反映不同经济行为体能源利用的效率，但该指标的计算对数据要求较高，需要有全面、详尽的技术和能源数据基础，实际中不易编制。

能源强度的编制只需要当年的能源需求（消费）总量和当年的国内生产总值（GDP），这两个数据比较容易获得，因此能源强度在实际中得到广泛应用。但是，能源强度指标反映了由技术水平、发展阶段、经济结构、能源需求结构等多方因素形成的能源需求水平和经济产出的比例关系，非单纯技术水平决定的能源利用效率。

一般来说，在一定历史阶段、一定技术水平的条件下，能源强度对能源需求有较大的影响。能源强度高，单位 GDP 能耗相对较高，能源利用效率较低，在保证经济增长的要求下，能源需求量较大；反之，能源强度低，单位 GDP 能耗相对较低，能源利用效率较高，能源需求量会相应降低。

六、能源需求弹性

能源需求量的变化受多种因素的影响，某种因素的变化对能源需求量的影响程度一般用该因素的能源需求弹性来表示。能源需求弹性主要有能源需求价格弹性、能源需求的收入弹性和能源需求交叉弹性。

能源需求的价格弹性是指在其他条件不变时，能源价格的相对变动所引起的能源需求量的相对变动率，是能源需求量的变化率与能源价格变化率之比。

不同类型的能源具有不同的能源需求价格弹性。

能源需求的收入弹性是指在其他条件不变时，能源消费者收入的变动所引起的能源需求量的相对变动率，是能源需求量的变化率与能源消费者收入的变化率之比。能源需求收入弹性系数与一国的经济技术发展水平、产业结构、能源需求结构和消费习惯等密切相关。

能源需求的交叉弹性是指一种能源产品价格的相对变动所引起的有关能源品种需求量的相对变动。

以上是能源需求弹性的基本定义，此外还有需求的预期弹性等，具体的公式和计算将在本章第三节进行详细的研究。

第二节 能源需求的主要影响因素

能源是整个世界发展和经济增长最基本的驱动力量，是人类赖以生存的基础。能源需求既与经济生产密切联系，又与人们的日常生活息息相关，因此影响能源需求的因素非常复杂，此处仅对几个主要因素进行分析。

一、能源价格

任何一种物品的需求量都是由很多因素决定的，但当分析市场如何运行时，有一种因素起着中心作用——物品的价格。[①] 与其他商品一样，能源价格也是影响能源需求的一个主要因素。且能源市场的市场化程度越高，能源价格对能源需求的影响就越大。在市场经济条件下，价格是稀缺资源配置最重要的市场机制。研究能源价格与需求的关系，需要从以下三个方面理解：

一是能源价格与能源需求的基本关系。与其他经济产品一样，能源价格和能源需求二者之间呈反向关系。即在其他因素不变的情况下，能源价格上涨，能源需求减少；反之，能源价格下跌，能源需求增加。如图 2-2 所示。

需要说明的是，图 2-2 表示的是其他影响因素不变的情况下，能源价格和需求的一般关系，不同的时期与地区、不同的能源类型其需求曲线的斜率会有

① 〔美〕曼昆. 经济学原理[M]. 第 1 版. 梁小民等译. 北京：北京大学出版社，2012. 7.

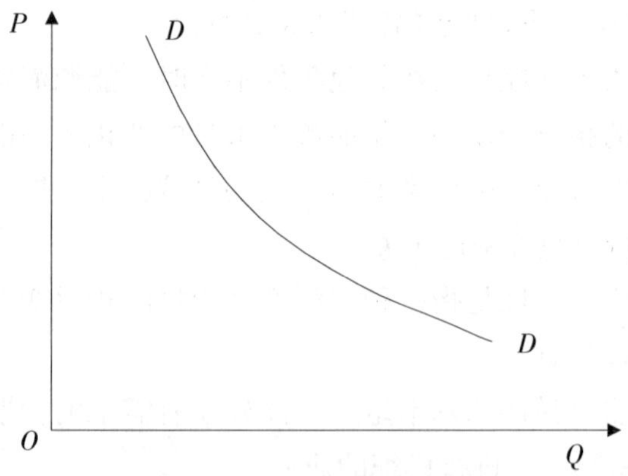

图 2-2　能源商品需求曲线

所不同。如 ARC Financial 公司执行总监 Peter Tertzakian 在“cippe2011 国际石油石化装备产业发展论坛”上提出，由于中国的经济发展越来越快，而且有很多财富的创造，到 2020 年，中国的能源需求曲线会非常陡峭，就像日本跟韩国过去的情况一样。① 由于经济增长对能源需求量的需求旺盛，能源需求相对价格的敏感性会较低。

典型的能源需求曲线应该是能源价格指数和能源总需求之间的关系。需要说明的是，除对能源需求的总量产生影响外，能源价格波动还会对单位产出能耗产生影响，如能源价格上升引致众多高耗能产业的生产成本大幅上升，促进节能设备的研发和投入使用，单位产出的耗能量将不断下降。

二是能源价格对能源需求的影响往往有一个滞后期。由于能源需求与机器设备（技术水平）有直接关系，能源价格波动对当期能源需求的影响有限，这种影响往往在后期得以体现，有一定的滞后性。如经历了 1973~1974 年和 1979~1980 年两次大的石油危机后，石油价格由最初的每桶 3~4 美元飞涨至每桶 30 多美元，此后世界能源需求一路走低，1986 年降至历史低点。② 可见，能源价格对能源需求的影响往往有一个滞后期。

三是能源价格的不确定性较一般经济产品价格不确定性大。能源价格的不确定性除了来自未来能源市场的可预期性之外，还体现在能源价值的不稳定性

---

① 2020 年中国能源需求曲线会非常陡峭[EB/OL]. 新浪财经，http://www.sina.com.cn 2011-03-22.

② 魏一鸣，焦建玲等. 能源经济学[M]. 第一版. 北京：科学出版社，2011：26.

上。一方面，随着资源日益稀缺，开发成本日益提高，作为经济发展的必要投入因素，能源价值逐渐提高；另一方面，随着替代能源的开发，能源价值趋于下降。能源价值较高的不确定性和能源资源的独特性相匹配，其价值的不确定性使得能源价格不断波动。可见，能源价格的不确定性较一般经济产品价格不确定性大。有时候能源价格波动甚至完全脱离供需基本面，这使得能源价格对能源供需的调节作用大大减弱，进而导致能源市场的复杂性。

二、经济增长

经济增长是推动能源需求总量增加的基本因素。当世界经济稳步增长时，由于各行各业扩大生产，能源作为基本生产要素，需求量必然相应增加；同时，随着生产规模的不断扩大，企业需要更多的工人，或更长的工作时间，或更大的劳动强度，从而增加了居民的收入，居民收入的增加有可能导致居民对生活能源使用的增多，如更多的人购买家用汽车，从而大大增加对汽油的需求；相反，当世界经济发展不景气时，各行业相对缩小生产规模，导致作为原材料的能源需求量减少；此外，由于各部门生产规模缩小，或减少了雇佣劳动力，或缩短了工作时间，或降低了工作强度，这些变化使得居民收入也随之减少，这又进一步减少了居民对生活能源的使用。因此，能源需求量与世界经济活动水平之间存在着正向变动关系。一些研究从实证角度也证实了这种关系的存在。例如，Cheng 和 Lai（1997）与 Yang（2000）研究证明了中国台湾能源需求和 GDP 之间存在因果关系，Aqeel 和 Butt（2001）发现经济增长是巴基斯坦能源需求增长的主要原因。①

工业革命以来，世界经济和能源消费都保持了较快的增长态势。如表 2-1 所示，世界各国总的国内生产总值（GDP）由 1970 年的 152.99 千亿美元（2005 年不变价格）增长到 2010 年的 512.64 千亿美元（2005 年不变价格），年均增长率超过了 4.0%；能源消费量则由 1970 年的 50.2 亿吨油当量增长到了 2010 年的 120.02 亿吨油当量，年均增长率接近 3.0%；同时能源强度也在发生着变化，由 1970 年的 3.3 吨油当量 / 万美元下降到 2004 年的 2.3 吨油当量 / 万美元。

不同国家和同一国家不同经济发展阶段，经济增长对能源需求的影响是不

① 魏一鸣，焦建玲等. 能源经济学[M]. 第一版. 北京：科学出版社，2011：21.

表 2–1　世界和部分主要国家 GDP 和能源消费量

〔单位：GDP——千亿美元，2005 年不变价格；能源消费量——亿吨油当量〕

		1970	1975	1980	1985	1990	1995	2000	2005	2010
世界	GDP	152.99	184.21	222.71	254.32	303.09	336.30	398.10	458.49	512.64
	能源消费量	50.20	57.80	66.40	71.90	81.20	85.40	90.80	105.37	120.02
中国	GDP	1.20	1.60	2.19	3.64	5.32	9.48	14.34	22.84	38.80
	能源消费量	2.30	3.40	4.30	5.60	6.90	8.90	7.70	15.79	24.32
美国	GDP	42.13	48.37	57.96	67.96	79.63	90.20	111.58	125.64	129.92
	能源消费量	16.50	16.90	18.10	17.70	19.70	21.20	23.10	23.37	22.86
日本	GDP	15.82	19.75	24.48	30.18	38.51	41.32	43.08	45.72	46.39
	能源消费量	2.80	3.30	3.60	3.70	4.40	4.90	5.20	5.25	5.00
德国	GDP	13.24	14.92	17.61	18.84	22.16	24.49	26.85	27.66	29.59
	能源消费量	3.10	3.20	3.60	3.60	3.50	3.30	3.30	3.24	3.20
英国	GDP	9.76	10.81	11.83	13.13	15.46	16.77	19.84	22.96	23.63
	能源消费量	2.20	2.00	2.00	2.00	2.10	2.10	2.20	2.27	2.09
法国	GDP	8.94	10.87	12.84	13.86	16.24	17.26	19.73	21.37	22.03
	能源消费量	1.60	1.70	1.90	2.00	2.20	2.40	2.50	2.62	2.52
印度	GDP	1.48	1.71	1.99	2.58	3.51	4.51	5.98	8.37	12.38
	能源消费量	0.60	0.80	1.00	1.40	1.90	2.50	3.20	3.87	5.24

同的，一般可以用能源需求的弹性系数定量反映经济增长对能源需求总量的影响程度。能源需求弹性系数是指能源需求总量相对变动与国民收入总量相对变动之比，是用来衡量整个国民经济生产对能源需求敏感程度的指标，即能源需求弹性系数反映经济总量对能源的依赖程度。通常情况下，发达国家能源需求的弹性系数较小，而发展中国家能源需求弹性系数相对较大。美国是发达国家的龙头，既是经济大国，也是能源消费大国，表 2–1 显示，1970~2010 年40 年间，美国 GDP 由 1970 年的 42.13 千亿美元（2005 年不变价格）增长到 2010 年的 129.92 千亿美元（2005 年不变价格），经济年均增长率超过了 2.86%；能源消费量则由 1970 年的 16.50 亿吨油当量增长到了 2010 年的 22.86 亿吨油当量，年均增长率为 0.82%；1970~2010 年 40 年间，日本的年均经济增长速度和年均能源消费增长速度分别为 2.73%和 1.46%；而我国年均经济增长速度和年均能

源消费增长速度分别为 9.08%和 6.07%。可见我国是一个发展中大国，正处于工业化快速发展阶段，经济总量和能源消费增长都相对较快，2010 年我国能源消费量已经超过美国，成为能源第一消费大国。

能源需求和经济增长之间的正相关可以通过确定定量关系来进一步明确，一般将能源与劳动和资本等同视为经济生产的基本要素，如将传统的柯布－道格拉斯生产函数进一步扩展，就可以得出劳动、资本和能源三要素生产函数。如公式 2–1 所示：

$$Y=A(t)K^{\alpha}L^{\beta}E^{\gamma} \tag{2-1}$$

其中，Y 为总产出，$A(t)$ 为综合技术水平，L、K、E 分别为投入的劳动力、资本和能源数量，α、β、γ 则分别为产出对劳动力、资本和能源的弹性系数。大量实证研究利用上述或其变形、扩展的经济产出函数研究各经济行为体的产出对能源需求的依赖程度。此处仅进行理论阐述。

三、社会发展

社会发展的内涵十分丰富，包含经济、人文、政治等一系列的社会存在的总体发展。但人口是社会系统中最基本的因素，人口总量的多少将直接影响能源需求总量。居民对能源需求分为直接需求和间接需求，直接需求指居民对能源商品的直接购买量，如用于出行、炊事、照明、取暖等的燃料和电力需求量；间接需求指为提供居民生活所需的非能源商品和服务而消耗的能源。如消费者购买的小汽车、衣服、食品等，这些商品及其他几乎任何商品和服务的生产都需要消耗能源。一般来说，居民间接能源需求量远远大于直接能源需求量，因此，在一定的技术水平下，人口总量的增加将直接导致能源需求量增多。世界各国人口增长与能源需求的变化情况可以证明这一点。

表 2–2　1970~2010 年世界人口增长和能源消费量情况

	1970	1975	1980	1985	1990	1995	2000	2005	2010
人口数量（亿人）	36.97	40.77	44.44	48.46	52.85	57.16	60.80	64.58	68.41
能源消费量（亿吨油当量）	50.20	57.80	66.40	71.90	81.20	85.40	90.80	105.37	120.02
人均能源消费（吨油当量/人）	1.36	1.42	1.49	1.48	1.54	1.49	1.49	1.63	1.75

资料来源：国家统计局. 国际统计年鉴. http://www.stats.gov.cn/tjsj/qtsj/gjsj

由表 2-2 中数据可知，1970~2010 年 30 年间，随着社会的发展和进步，世界人口数量和能源消费量都在不断增加，但能源消费量的增长明显快于人口增长。1970~2010 年能源消费年均增长超过 3.0%，而同期人口年均增长仅为 2.08%。与此相对应，人均能源消费量不断增加，从 1970 年的 1.36 吨油当量 / 人增长到 2010 年的 1.75 吨油当量 / 人。如图 2-3 所示：

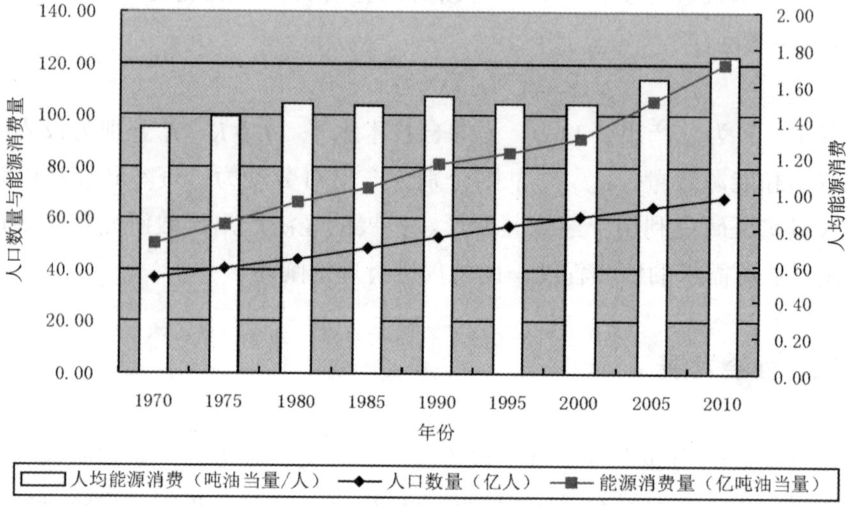

图 2-3　1970~2010 年世界人口增长和能源消费量情况

另有专家实证研究表明：1850~2000 年全球矿物能源消费与人口增长的相关系数高达 0.9844，高于同期铁矿石消费与人口增长的相关系数 0.9515。与 1860 年相比，2003 年世界人均一次能源消费水平增长了 19 倍。总体而言，工业化开始后的 100 年（1750~1850 年）人均能源消费的年递增速度仅为 1.4%；1860~1960 年，增速达到了 2.56%；1960~2000 年，人均一次能源消费的年递增为 1.1%。①

此外，从我们生活的微观层面也可以发现，人们对能源的需求随着社会的进步在不断地增加，如最近几年随着中国社会物质文明的不断进步，家用汽车保有数量的急剧上升，使得对汽油的需求增长迅速。所以，随着社会的进步和发展，人均能源需求量将不断增加。

其次，社会人口结构变化也会对能源需求量产生影响。城市居民和农村居

① 张雷，蔡国田. 中国人口发展与能源供应保障探讨[J]. 中国软科学，2005（11）：11~17.

民的能源利用方式和消费水平有很大差异，一般来说，城市居民无论对能源的直接需求还是间接需求都较农村居民多，因此城市化会增加人口对能源的需求。我国正处于城市化水平快速增长时期，这也是导致我国能源需求快速增加的一个重要影响因素。

经济增长、人口增加，使得能源需求几乎呈刚性增加的趋势，自 20 世纪 60 年代以来，全球一次能源需求仅在 1980~1982 年第二次石油危机期间和 2009 年有一个微弱的负增长外，其余年份均一路上扬。表 2–2 和图 2–3 的数据和曲线都足以说明问题。

四、产业结构与部门能源强度

能源需求的增长除了与经济增长、社会发展等因素有关外，还要受到产业结构的影响，不同的产业结构，其能源需求不同，甚至差别很大。在现有技术水平下，产业结构的变动决定了能源利用效率的高低，无论长期还是短期，产业结构的调整都会影响能源需求量和需求结构的变化。例如，1993~2005 年我国工业部门内部轻工业和重工业结构变化对能源需求的影响大致为重工业比例每增加一个百分点，能源需求量增加约 1000 万吨标准煤。①

产业结构之所以会对能源需求产生重要影响，其主要原因在于不同产业部门能源强度相差较大。一般说来，第二产业属于高耗能产业，能源强度相对较高；第三产业能源强度相对较低，属于低耗能产业。按照配第 – 克拉克定理等产业结构演化和升级理论，在经济水平发展到一定阶段后，第二产业的主导地位将逐渐向第三产业过渡，从而整个经济的能源强度趋于下降。和其他国家相比，我国第二产业比重一直居高不下，如表 2–3 所示，我国第二产业占国内生产总值的比重明显高于其他国家，第三产业比重明显低于其他国家，因此我国能源强度也一直居高不下。积极调整产业结构，促进产业结构的升级和改造是我国迫切需要解决的关键问题。

中国正处于工业化发展进程中，工业部门能源需求量占全国能源需求总量的比重一直保持在 70%左右，1999 年工业能源需求比重有所下降，但是 2003

① 齐志新,陈文颖,吴宗鑫. 工业轻重结构变化对能源消费的影响[J]. 中国工业经济，2007（2）:37~44.

表 2-3 部分国家历年三次产业结构 (单位：%)

国别与产业		1970	1980	1985	1990	1995	2000	2004	2006	2008	2010
中国	第一产业	–	30.1	28.4	27.1	20.5	15.1	13.1	11.9	11.3	905
	第二产业	–	48.5	43.1	41.6	48.8	45.9	46.2	47	48.6	44.4
	第三产业	–	21.4	28.5	31.3	30.7	39	40.7	41.1	40.1	45.9
美国	第一产业	7.3	2.5	2.1	2.1	1.6	1.2	1.3	–	1.2	–
	第二产业	28.7	33.5	31.1	28	26.8	24.2	22	–	21.4	–
	第三产业	64	64	68.8	69.9	71.1	74.6	76.7	–	77.4	–
日本	第一产业	6.1	3.7	3.2	2.5	1.9	1.8	1.7	–	1.5	–
	第二产业	46.7	41.9	41	41.2	38.2	32.4	30.2	–	28.0	–
	第三产业	47.2	54.4	55.8	56.3	59.9	65.8	68.1	–	70.5	–
印度	第一产业	45.2	37.8	33	30.8	28.4	23.4	19.6	17.5	17.6	16.2
	第二产业	21.9	23.8	28.1	27.1	27.2	26.2	27.3	27.7	29	28.4
	第三产业	32.9	38.5	38.8	42.1	44.5	50.5	53.1	54.7	53.4	55.4
韩国	第一产业	25.4	14.4	12.5	8.5	6.2	4.6	3.7	3.2	2.8	2.6
	第二产业	28.7	39.9	41	43.1	43.2	38.1	40.8	39.6	37.1	36.4
	第三产业	45.9	45.7	46.4	48.4	50.6	57.3	55.5	57.2	60.3	61.0

资料来源：国际统计年鉴（1995~2011）.

年又恢复到了 70%的水平，需求量约为 11.96 亿吨标准煤，其后每年工业能源需求比重一直在 70%以上，2011 年工业能源消费比重为 70.82%，数量高达 24.64 亿吨标准煤，在工业部门内部，制造业的能源需求量最大，一直占全国能源需求总量的 50%~60%，其中石油加工及炼焦业、化学原料及化学制品制造业（化学工业）、黑色金属冶炼及压延加工业（钢铁工业）、非金属矿物制品业（建材工业）的能源需求比重较大，此外电力、煤气及水生产和供应业的能源需求比重也较大。除了工业部门以外，交通部门的用能增长也在不断加快。随着全面小康社会的逐步实现，家庭轿车保有量将迅速增长，交通部门的能源需求比重还将进一步增长。① 我国历年各主要产业部门的能源需求数量比重如表 2-4 所示：

① 魏一鸣，焦建玲等. 能源经济学[M]. 第一版. 北京：科学出版社，2011.

表 2–4　我国历年各主要产业部门的能源消费需求数量比重　　（单位：%）

行　业	1995	2000	2005	2006	2007	2008	2009	2010	2011	2012
农、林、牧、渔业	4.20	2.69	2.57	2.45	2.22	2.06	2.04	1.99	1.94	1.88
工业	73.33	71.31	71.49	71.50	71.49	71.81	71.48	71.12	70.82	69.79
采掘业	7.58	7.54	5.90	5.51	5.43	5.85	5.73	5.66	6.75	5.85
制造业	59.74	55.50	58.11	58.48	58.80	59.05	58.89	58.01	57.59	56.86
电力、煤气及水生产和供应业	6.01	8.27	7.49	7.51	7.25	6.91	6.85	7.45	7.47	7.08
建筑业	1.02	1.50	1.44	1.45	1.47	1.31	1.49	1.92	1.69	1.70
交通运输、仓储和邮政业	4.47	7.72	7.79	7.84	7.83	7.86	7.73	8.02	8.20	8.71
批发、零售业和住宿、餐饮业	1.54	2.09	2.05	2.05	2.03	1.97	2.09	2.10	2.24	2.36
其他行业	3.45	3.96	3.92	3.97	3.98	4.04	4.14	4.21	4.36	4.58
生活消费	12.00	10.73	10.72	10.73	10.99	10.94	11.04	10.64	10.75	10.97

资料来源：中国能源统计年鉴（2013）.

此外，对比各行业部门的产值和能源消费情况，不同产业部门能源强度相差较大，即使相同的部门，由于技术水平的不同，能源强度也有较大差别。产业结构不合理和偏高的能源强度使得我国能源需求量一路走高，成为我国经济持续健康发展的一大障碍。面对能源和环境危机，我国必须积极调整目前的产业结构，提高低耗能、高产出产业的比重。

五、能源技术与管理

科技进步和管理都是生产力，实践表明，依靠技术进步，加强管理，采用新技术、新工艺、新材料、新设备，逐步淘汰高能耗低效设备，可以达到有效节约能源、降低需求的效果。

能源技术进步和管理创新对能源需求和供给均会产生积极的影响。例如，勘探开发领域内的能源技术进步，可以提高能源勘探能力，增加探明储量，提高已发现资源的采收率。但是，由于化石能源的可耗竭性在一定程度上抑制了能源技术和管理对化石能源供给的作用，能源技术和管理的作用更多地体现在需求结构优化，以及能源使用效率的提高和可再生能源开发利用上面。

能源技术进步是能源需求结构优化调整的支撑。历史上两次重大的能源需求结构转换都是由于技术进步引起的。蒸汽机的发明和推广应用及有机化工的发展促成了第一次能源需求以薪柴为主转向以煤为主；第二次由煤炭向石油的转换主要是由于燃料汽车、飞机等技术进步促成的。为应对气候变化，世界能源结构正酝酿巨变，世界范围内正在大力发展可再生能源技术，碳捕获与封存技术（CCS）及交通运输用能模式系统技术，一旦这些方面的技术有了实质性突破，人类将可能迎来第三次能源结构大的转型。伴随着能源结构的升级，优质能源将不断替代劣质能源，能源利用效率将得以不断提高。

能源技术进步是提高能源使用效率的核心和关键。能源技术进步一方面通过直接减少能源需求，提高能源使用效率。例如，超超临界火力发电技术，机组热效率能够达到45%左右，据测算，如果我国燃煤发电厂热效率都达到45%的水平，按2006年全国火电发电量计算，相当于全年可以少烧约2亿吨标准煤，减少二氧化碳排放约5.4亿吨。此外，节能灯的使用，建筑中的保温外墙等由新技术生产的新材料、新产品都可以达到节约能源的目的。

能源管理制度创新内涵十分丰富，在能源管理的任何环节，都可以利用先进管理手段和技术进行管理创新。如可以通过对耗能产品制定科学的耗能标准；又如办公场所、营业场所耗能设施的管理制度建设等，规范企业生产行为，降低能耗；再如引导人们树立节能意识，主动使用高能效产品，节约能源。美国“能源之星”计划是能源管理制度创新的一个很好的例子。为减少能源使用并有效保护环境，鼓励开发高效低耗低污染的产品，引导广大消费者购买和使用节能环保设备，同时也为了节约更多的资金，美国环保署（EPA）于1992年开始实施能源之星项目。该项目通过将产品的保证标志与信息、宣传推广活动以及选择性的融资活动结合在一起来提高各种产品的能效。此计划并不具强迫性，但自发配合此计划的厂商可以在其合格产品上贴上能源之星的标签，以促使销售。

知识窗 2-2 能源之星概况

能源之星（Energy Star），是一项由美国政府主导，主要针对消费性电子产品的能源节约计划。能源之星计划于 1992 年由美国环保署（EPA）和美国能源部（DOE）启动，目的是为了降低能源消耗及减少温室气体排放。该计划后来又被澳大利亚、加拿大、日本、中国台湾、新西兰及欧盟采纳。该计划为自愿性，能源之星标准通常比美国联邦标准节能 20%~30%。最早配合此计划的产品主要是电脑等资讯电器，之后逐渐延伸到电机、办公室设备、照明、家电等。后来还扩展到了建筑，美国环保署于 1996 年起积极推动能源之星建筑物计划，由环保署协助自愿参与者评估其建筑物能源使用状况（包括照明、空调、办公室设备等）、规划该建筑物之能源效率改善行动计划以及后续追踪作业，所以有些导入环保新概念的住家或工商大楼中也能发现能源之星的标志。

资料来源：百度百科. ttp//baikebaidu.com/view/563515.htm?fromId=1522973#1

"能源之星"项目自 1992 年执行两年后就有超过 50%的个人电脑和 80%的打印机符合能源之星的高效标准。该项目在短短十几年的时间内已取得了巨大的成功，具体表现在以下几个方面：首先，美国居民的节能意识大幅度提高，节能产品已成为市场的主导产品，"能源之星"已成为居民购买产品的重要参考依据之一；其次，"能源之星"无形中成了国外产品进入美国市场的技术壁垒，未获能源之星认证的产品在美国无法取得市场份额；再次，"能源之星"认证正逐步由美国扩展到其他国家，全球计有七个国家与地区参与美国环保署推动的能源之星计划，分别为美国、加拿大、日本、中国台湾、澳洲、新西兰、欧盟，并自 2001 年起每年一度召开国际能源之星计划会议。可见，"能源之星"计划作为一项管理创新对世界节能产品与技术发展具有十分重要的意义。

此外，能源产业的信息化能够在一定程度上提高能源效率，进而对能源需求产生影响。我国作为能源消费大国，能源技术和管理相对落后，必须积极提高能源技术和管理水平，降低能源消耗，提高能源利用效率。

综上所述，我们分析了影响能源需求的五大要素，除上述介绍的五个主要因素外，季节与气温变化、能源政策、生态环境保护的要求、能源消费结构、消费者的主观偏好、消费习惯、替代产品的价格等也都会在不同程度上影响能源需求。在研究能源需求时，必须综合考虑众多影响因素，进行多因素分析，以客观评判与预测能源需求。

第三节 能源需求弹性分析

如上节分析，商品价格等众多因素的变化将对能源需求量产生影响，那么能源需求量对这些因素的敏感程度如何呢？如何量化这个敏感程度呢？能源需求弹性理论就可以很好地解决上述问题。弹性的概念在经济学中有着广泛的应用，弹性的定义、计算方法和取值情况如知识窗 2-3 所示：

知识窗 2-3 弹性的定义和计算方法

弹性的概念在经济学中有着广泛的应用。只要两个经济变量之间存在函数关系，弹性就表示因变量对自变量变化的反应程度，简言之，弹性表示一个经济变量变动 1%，所引起的另一个经济变量变动的百分比。因而经济学中弹性的一般公式是：弹性 = 因变量的变动比例 / 自变量的变动比例。根据变量变化的连续性，弹性可以分为点弹性和弧弹性。

假设两个经济变量之间的函数关系为：$y=f(x)$，e 表示弹性。

弧弹性的计算公式可以表示为：$e=\frac{\Delta y/y}{\Delta x/x}=\frac{\Delta y}{\Delta x}\cdot\frac{x}{y}$，其中 Δx、Δy 分别表示 x 和 y 的变动量。

点弹性就是当经济变量的变动趋势趋于无穷小时，计算出的弹性，其计算公式可以表示为：$e=\lim\limits_{\Delta x\to 0}\frac{\Delta y/y}{\Delta x/x}=\frac{dy/y}{dx/x}=\frac{dy}{dx}\cdot\frac{x}{y}$

由上述弹性计算公式可以看出，弹性就是两个变量变动比例之间的比值，与变量度量单位无关。

资料来源：石良平、杨继波、蔡庆. 微观经济学[M].北京：高等教育出版社，2008（2）.

一、能源需求价格弹性

能源需求价格弹性是指在其他条件不变时，能源价格的相对变动所引起的能源需求量的相对变动率，是能源需求量的变化率与能源价格变化率之比。根据知识窗 2–3 弹性的定义和计算方法，能源需求价格的弧弹性公式如下：

$$E_{dp}=\frac{\Delta Q_d/Q_d}{\Delta P/P}=\frac{\Delta Q_d}{\Delta P}\cdot\frac{P}{Q_d} \tag{2-2}$$

其中，Q_d为能源需求绝对量，ΔQ_d为能源需求变动量，P为能源价格绝对量，ΔP为能源价格变动量。

当 $\Delta P\to 0$ 时，能源需求价格的弧弹性变为点弹性，公式如下：

$$E_{dp}=\lim_{\Delta P\to 0}\frac{\Delta Q_d}{\Delta P}\cdot\frac{P}{Q_d}=\frac{dQ_d}{dP}\cdot\frac{P}{Q} \tag{2-3}$$

按照经济学的一般需求法则，需求量与市场价格呈反向变动关系，即当价格上升时，需求量一般减少；反之，当价格下降时，需求量会有所上升。即 dQ_d/dP 一般为负值，因此 E_{dp} 一般为负值，即能源需求价格弹性与一般产品需求价格弹性一样，一般为负值。

知识窗 2–4 需求弹性的大小

根据需求弹性的计算公式，一般需求弹性会出现以下几种情况：

（1）需求弹性的绝对值小于 1，即 $-1\leqslant e\leqslant 1$，这表明需求量变动的百分比小于价格变动的百分比，需求是缺乏弹性的。

（2）需求弹性的绝对值大于 1，即 $e<-1$，这表明需求量变动的百分比大于价格变动的百分比，需求是富有弹性的。

（3）需求价格弹性的绝对值等于 1，$e=-1$，这表明需求量变动的百分比与价格变动的百分比相等，需求具有单一弹性。

（4）需求价格弹性等于零，$e=0$，不论价格如何变动或价格的变化有多大，需求量都不会发生任何变化。

（5）需求价格弹性等于负无穷，$e=-\infty$，在某一既定的价格条件下，需求量可以无限制地任意变动。

（6）$e>0$，随着价格的上涨，需求量也会上涨。

当然，在上面的需求价格弹性六种情况中，后面四种需求价格弹性是比较特殊的情形，最常见的需求价格弹性是前面两种情况。

资料来源：石良平，杨继波，蔡庆. 微观经济学[M]. 北京：高等教育出版社，2008（2）.

在技术水平一定的前提下，为保证经济生产的顺利进行，人类生活不受影响，短期能源需求总量和结构难以随价格的变化做出大的调整，能源需求价格弹性一般较小；但在长期，如果能源价格持续偏高，就会激发技术进步和对能源的替代，因此长期能源需求总量和结构随价格调整的幅度会增加，即长期能源需求价格弹性相对加大。此外，能源需求价格弹性与收入水平有关，在历史上收入较低的时期，能源需求主要用于满足基本需求，对价格相对不敏感，随着生活水平的提高和能源产品的日益丰富，能源被应用于更广泛的领域，选择的余地更大，对价格敏感度随之提高，能源需求价格弹性有较大的变化。许多经济学家们也对此进行过验证。

例如，John C. B. Cooper（2003）和 J. E. Hughes，C. R. Knittel，D. Sperling（2006）都曾利用计量经济学模型，对能源需求价格弹性进行过计算研究。以 John C. B. Cooper 的研究为例，其采用多元回归模型，利用 1979~2000 年的数据，对 23 个国家长期和短期石油需求价格弹性进行了估算。其建立的多元回归模型如下：

$$\ln D_t=\ln\alpha+\beta\ln P_t+\gamma\ln Y_t+\delta\ln D_{t-1}+\varepsilon_t \tag{2-4}$$

其中，D_t 为人均原油消费量序列，P_t 为实际原油价格序列，Y_t 为实际人均收入（用人均 GDP 代替）序列，ε_t 为残差序列。β 为原油短期需求价格弹性，$\beta/(1-\alpha)$ 为原油长期需求价格弹性。其实证结果如表 2-5 所示。

John C. B. Cooper 的实证结果显示：第一，无论长期还是短期石油需求价格弹性一般情况下都是负数，个别国家除外；第二，长期价格弹性明显大于短期价格弹性，说明长期来看，人们调整能源需求的空间较大。第三，无论长期还是短期来看，能源需求价格弹性的绝对值小于 1，这表明需求量变动的百分比小于价格变动的百分比，能源需求相对价格是缺乏弹性的。

此外，研究能源需求价格弹性，需明确两点：一是能源品种十分丰富，不同能源品种的能源需求价格弹性大小不同，根据能源品种，可以有煤炭需求价格弹性、石油需求价格弹性、电力需求价格弹性等，而且诸如煤炭和石油有许多亚种，在进行需求弹性计算时最好采用标准单位和价格指数进行测算，如计算我国煤炭需求价格弹性时，可以采用通用的煤炭价格指数变动一个点时，煤炭需求总量变化的万吨标准煤来衡量煤炭需求价格弹性的大小。二是在特殊情况下，和某些商品一样，能源需求价格弹性的大小也可能出现正值，如在石油价格猛涨阶段，可能会引起需求恐慌，造成抢购增加库存现象，需求量反而随价格的上升而上升，石油需求的价格弹性出现正值。当然，这种情形一般出现

表 2–5 主要国家原油需求价格弹性

国家	人均石油消费增长率	人均实际 GDP 增长率	原油需求价格弹性	
			短期	长期
中国	3.6	8.6	0.001	0.005
日本	–0.1	8.1	–0.071	–0.357
韩国	8.3	6.4	–0.094	–0.178
法国	–1.5	1.7	–0.069	–0.568
德国	–1.4	1.2	–0.024	–0.279
英国	–1.1	2.0	–0.068	–0.182
意大利	–0.4	2.2	–0.035	–0.208
葡萄牙	3.0	2.9	0.023	0.038
西班牙	1.3	2.1	–0.087	–0.146
希腊	2.2	1.5	–0.055	–0.126
美国	–0.7	2.0	–0.061	–0.453
加拿大	–1.3	1.6	–0.041	–0.352
澳大利亚	–0.3	1.7	–0.034	–0.068

资料来源：John C. B. Cooper. Price elasticity of demand for crude oil: estimates for 23 countries. OPEC Review，2003，27（1）：1~8.

在短期阶段，长期能源需求价格弹性应该为负值。

知识窗 2–5 中国煤炭价格指数

“中国煤炭价格指数”创建于 2006 年，并从 2006 年 1 月开始在“中国煤炭市场网”按周发布。在价格指数的研究和编制过程中，认真借鉴了国际煤炭价格指数的通行做法，根据我国煤炭生产消费布局及市场结构的实际，设计了采价样本，按区域、分品种布局了采价点，构建了价格采集体系，确定了计算模型和方法。

“中国煤炭价格指数”以 2006 年 1 月 1 日为基期（100 点），每周作为一个基本采价周期和发布周期，在每周五编制、每周一发布。自试运行以来，经过了多次论证，广泛听取了行业内外、政府有关部门、相关研究机构的意见，并根据煤炭生产与消费布局和市场发展变化情况及时进行调整和改进。从“中国煤炭价格指数”的试运行情况看，指数数据校验符合市场走势。2012 年，中国煤炭工业协会和中国煤炭运销协会组织国内外专家对中国煤炭价格指数进行了充分论证，在对前 6 年价格指数符合性检验的基础上，专家认为，“中国煤炭价格指数”数据采集体系完整、方法科学，系统运行正常，指数编制及时、准确，与市场实际价格变化趋势和幅度基本吻合，反映了我国煤炭市场变化的客观情况，已具备向全社会正式发布条件。

资料来源：百度百科. http://baike.baidu.com/view/8990536.htm#refIndex_1_8979340.

二、能源需求交叉弹性

需求交叉弹性是需求交叉价格弹性的简称，它表示一种商品的需求量变动对另一种商品价格变动的反应程度。能源需求交叉弹性是指一种能源产品价格的相对变动所引起的有关能源品种需求量的相对变动。其计算公式如下：

能源需求交叉弧弹性：

$$E_{ij}=\frac{\Delta Q_{dj}/Q_{dj}}{\Delta P_i/P_i}=\frac{\Delta Q_{dj}}{\Delta P_i}\cdot\frac{P_i}{Q_{dj}} \tag{2-5}$$

其中，Q_{dj} 为能源品种 j 的需求量，ΔQ_{dj} 为能源品种 j 的需求变动量，P_i 为能源品种 i 的价格绝对量，ΔP_i 为能源品种 i 的价格变动量。

当 $\Delta P_i \to 0$ 时，弧弹性变为点弹性，公式如下：

$$E_{ij}=\lim_{\Delta P_i\to 0}\frac{\Delta Q_{dj}}{\Delta P_i}\cdot\frac{P_i}{Q_{dj}}=\frac{\mathrm{d}Q_{dj}}{\mathrm{d}P_i}\cdot\frac{P_i}{Q_{dj}} \tag{2-6}$$

需求交叉弹性反映了相应于其他商品价格的变动，消费者对某种商品需求量变动的敏感程度，其弹性系数定义为需求量变动的百分比除以另外商品价格变动的百分比。交叉弹性系数可以大于 0、等于 0 或小于 0，它表明两种商品之间分别呈替代、不相关或互补关系。需求交叉弹性可以是正值，也可以是负值，它取决于商品间关系的性质，即两种商品是替代关系还是互补关系。对于替代商品来说，一种商品需求量与另一种商品价格之间呈同向变动关系，所以其需求交叉弹性系数为正值。一般来说，两种商品之间的功能替代性越强，需求交叉弹性系数的值就越大。两种能源产品往往具有替代关系，所以两种能源产品之间的需求价格交叉弹性往往是正值。

三、能源需求收入弹性

需求收入弹性被用来表示消费者对某种商品需求量的变动对收入变动的反应程度。能源需求的收入弹性是指在其他条件不变时，能源消费者收入的变动所引起的能源需求量的相对变动率，是能源需求量的变化率与能源消费者收入的变化率之比。其计算公式如下：

能源需求收入弧弹性：

$$E_y=\lim_{\Delta Y_i\to 0}\frac{\Delta Q_d}{\Delta Y}\cdot\frac{Y}{Q_d} \tag{2-7}$$

其中，Q_d 为能源需求绝对量，ΔQ_d 为能源需求变动量，Y 为能源消费者收入的绝对量，ΔY 为能源消费者收入的变动量。

当 $\Delta Y\to 0$ 时，弧弹性变为点弹性，公式如下：

$$E_y=\lim_{\Delta Y_i\to 0}\frac{\Delta Q_d}{\Delta Y}\cdot\frac{Y}{Q_d}=\frac{dQ_d}{dY}\cdot\frac{Y}{Q_d} \tag{2-8}$$

能源需求收入弹性与一国的经济技术发展水平、产业结构、能源需求结构和消费习惯等密切相关。从长期趋势来看，能源需求收入弹性系数有一定的变动规律。英、美等发达国家的经验数据表明，能源需求收入弹性系数伴随着工业化进程，呈现倒 U 形变动轨迹。短期来看，能源需求受多种因素影响，会在一定水平上下波动。

能源需求收入弹性系数是衡量经济对能源依赖的一个重要指标。$E_y>1$，表明能源需求增长率快于经济增长率，此时经济增长一般是一种粗放式增长；$E_y=1$，表明能源需求增长与经济增长同步；$0<E_y<1$，表明能源需求增长率低于经济增长率；当 $E_y<0$ 时，表明经济增长，能源消费不仅不增加，反而减少，这是一种可喜的局面，意味着能源效率的极大提高，节能效果显著。这应该是各国经济调整所追求的目标。

此外，需要说明的是上述的能源需求收入弹性与常见的能源需求弹性系数不是一回事。能源需求弹性系数是指能源需求总量相对变动与国民收入总量/GDP 相对变动之比，是用来衡量整个国民经济生产对能源需求敏感性程度的指标，即能源需求弹性系数，反映经济总量对能源的依赖程度，能源需求收入弹性系数反映消费者对能源商品需求量的变动对收入变动的反应程度，也反映出消费者收入对能源的依赖程度。二者有一定区别。

四、能源消费弹性系数

能源需求，从另一个角度来说就是能源消费需求，上述能源需求弹性系数基本就是指能源消费弹性系数（E_c），是从总量的角度来衡量经济发展对能源的依赖程度。世界各国经济发展的实践证明，在经济正常发展的情况下，能源消耗总量和能源消耗增长速度与国民经济生产总值和国民经济生产总值增长率成正比例关系。这个比例关系就是能源消费弹性系数。

从定量的角度来说，能源消费弹性系数一般用年均增速来进行计算，等于能源消费的年平均增长速度除以国民经济年平均增长速度，即：

$$E_c=v_{qc}/v_g \tag{2-9}$$

其中，E_c 是能源消费弹性系数；v_{qc} 指能源消费的年增长速度；v_g 指 GDP 的年增长速度，式中的分子项为能源总消费量的增长率，但一般只计算商品能源消费量的增长率。分母项为国民经济发展增长率。在西方国家，一般用国民生产总值来表示。能源消费弹性系数的发展变化与国民经济结构、技术装备、生产工艺、能源利用效率、管理水平乃至人民生活等因素密切相关。当国民经济中耗能高的部门（如重工业）比重大，科学技术水平还很低的情况下，能源消费增长速度总是比国民生产总值的增长速度快，即能源消费弹性系数 >1。随着科学技术的进步，能源利用效率的提高，国民经济结构的变化和耗能工业的迅速发展，能源消费弹性系数会普遍下降。

一般，一个国家在工业化的初期阶段，由于能耗少的农业生产比重逐渐下降，能耗大的工业生产比重逐步上升，因此，能源消费量每年平均增长速度都比国民经济的每年平均增长速度要快些，一般是能源消费弹性系数大于 1。

一个国家或地区的国民经济部门结构和生产部门结构是影响能源消费系数的因素之一。在国民经济的各部门中，有的能源消耗较多，有的则较少。一般来说，工业与农业相比，工业消耗能源多；重工业与轻工业相比，重工业消耗能源多，重工业中的有色金属冶炼部门消耗能源多等。

能源利用效率也是影响能源弹性系数的一个重要因素，能源不仅从生产地区运达消费地区过程中会有所损耗，并且在利用过程中也不能全部发挥效益。

一般，能源利用效率越高，能源消费系数越小，反之，能源利用效率越低，能源消费系数越大。

能源与国民经济之间的这种“弹性”关系，决定了我们在开发利用能源为国民经济发展服务的时候，一方面要适应国民经济发展的需要，广泛地挖掘和利用能源以提供社会发展的动力；另一方面，又要在利用“开源”的同时，全面“节流”，通过调整地区产业结构和改进技术设备等手段，努力提高能源使用效率，以最少的能源促进国民经济的最快发展。我国这几年能源消费弹性系数有增高趋势，这和我国不合理的产业结构和能源利用效率较低有关，所以必须积极进行产业结构调整，提高能源利用效率。

综上所述，我们研究了能源需求的价格弹性、交叉弹性和收入弹性，以及能源消费弹性系数，此外还有能源需求预期弹性等，因为预期很难量化，所以能源需求预期弹性也很难计算，要想计算能源需求预期弹性，我们必须寻找预期的替代变量。最后需要说明的是，和其他商品弹性系数计算一样，计算能源需求的价格弹性、交叉弹性和收入弹性的前提是其他因素不变，只有通过计量模型处理好其他因素的影响，才能精确计量某种因素的能源需求弹性系数。

第四节　能源需求预测

一、能源需求预测概述

能源需求预测是通过研究能源供需的历史和现状，预测未来能源需求状况。能源需求预测是能源市场管理的重要组成部分。国家能源需求预测是政府制定能源发展战略的基础，同时也是能源企业编制企业生产规划，确定投资和生产经营活动的依据。预测结果的好坏直接与国家或地方经济发展息息相关，因此，做好能源需求预测对经济发展和社会的稳定有着重要意义。

国内外目前从事能源需求预测的机构非常多，一方面，有很多从事全球能源需求预测的机构，他们会定期发布较大范围内的能源需求预测报告，比较典型的如国际能源署（IEA）、国际能源公司或石油公司（如 BP）等；另一方面，很多国际机构和国内机构以及有关领域的学者也有针对某国家或地区进行的大量能源需求预测研究。主要目标是为各国的政策服务，如美国、日本等国的诸多预测机构。在这些对某个国家的预测中，对中国能源需求的预测在近些年变得越来越多，这主要是因为中国经济发展拉动能源需求不断快速增长，中国的能源需求变化对全球的经济、能源、环境体系都产生着越来越重要的影响。

能源需求预测往往都是通过建立计量经济模型进行研究。从国际范围来看，能源系统模型的研究可追溯到20世纪60年代，而真正比较集中的、大量的研究是从20世纪70年代初期的石油危机开始的，它的发展演变经历了“能源部门模型—能源系统模型—能源/经济模型”三个历程。总体来看，建模方法越来越多，如时间序列法、灰色理论方法、人工神经网络方法、投入产出法等单一方法，以及运用这些模型的组合模型方法。每种方法都有其优点和适用范围，同时也有其缺点和局限性，不能简单地说哪个模型好与坏，而是根据预测需要选择适合的模型。计量模型分析是能源需求预测的基本工具，在进行能源需求预测时，应该根据研究需要选择合适的模型进行研究分析。

二、能源需求预测的方法

能源需求预测要求定性与定量相结合，一般以建立计量模型，定量分析为主，目前，能源需求预测模型主要有以下几种：

（一）部门分析法

该方法是为了直接预测在一定经济发展速度以及一定技术进步条件下的能源需求量。根据实际情况把国民经济根据部门进行划分，利用能源需求与经济发展速度之间的关系，使用单位产值能源消费量来综合反映各部门能源消费的技术水平和管理水平。模型把国民经济现状作为分析和计算的出发点，直接应用基期年份的产值水平与能源消费量等参数，在对各部门的产值增长速度与单位产值能耗变化率做出假设后，就可预测出各部门能源消费需求量、总能源需求量和增长趋势。部门划分越细，预测的准确率就越高；反之，预测的准确率就越低。

例如，王家诚、阎修桐（1983）就根据我国能源消费的实际情况，采用部门分析法，把能源消费总量（E）划分成物质生产部门的能源消费量（E_1）、民用能源消费量（E_2）、非物质生产部门能源消费量（E_3）和能源转换贮运损耗量（E_4）。建立以下基本模型：

$$E=E_1+E_2+E_3+E_4 \tag{2-10}$$

然后再运用具体的方法进行部门能源需求和总量需求的预测。①

(二) 趋势分析法

趋势分析法是指根据历史上，特别是近期的发展趋势推测未来的一种方法，主要采用的是传统的时间序列分析方法。时间序列分析方法是将历史资料按时间排列并对它进行分析，找出它随时间变化的趋势与规律，并用数学关系式把它表示出来。然后根据这个关系式对今后进行预测。其主要优点是灵活简便，短期预测较准确。主要缺点是没有揭示影响事物变化的原因，仅从时序数据中寻找变化规律，因而不适用于长期的、特别是其发展阶段不同变化过程的预测。此外，对于大起大伏的发育不成熟的事物，则预测效果也差。具体到能源需求预测，此类方法主要是从能源消费量的历史统计数据出发，寻找能源消费量序列随时间变动的规律，并利用该规律对未来某时刻的能源需求量进行预测。该方法的基本思想是能源消费量在将来随时间变化的规律同过去能源消费量随时间变化的规律一致。适用于国家、地区或企业从事短期或中期的能源消费预测。当遇到历史数据起伏较大，或未来趋势可能会出现拐点等变化时，必须同其他预测方法相结合。Dahl 和 Sterner（1990）对 100 多个实证研究进行汇总，发现估计能源需求的最常用模型是以能源需求为被解释变量，以能源价格、能源需求滞后变量和收入为解释变量的模型形式。

趋势分析方法分为确定性方法和随机性方法两种。

1. 确定性趋势分析模型

（1）滑动平均预测模型。该方法假设某预测量时间序列数据为 x_1，x_2，$\cdots x_t$，那么第 t+1 时期的预测值为：

$$x_{t+1}=（x_t+x_{t-1}+K+x_{t-N+1}）/N \qquad (2\text{–}11)$$

即以 N 个实际值的平均值作为预测值，N 的大小依时间序列数据显示的规律而选定。

若以加权平均数为预测值，则有：

$$x=（a_0x_t+a_1x_{t-1}+K+a_{N-1}x_{t-N+1}）/N \qquad (2\text{–}12)$$

公式 2–12 被称为加权滑动平均预测模型，其中 a_0 到 a_{N-1} 为加权因子，也依时间序列数据显示的规律而选定，满足（$a_0+a_1+K+a_{N-1}$）/N＝1。若对实际时间序列数据进行一次滑动平均，得到滑动平均数序列，再对该平均数序列运用滑动

① 王家诚，阎修桐. 用部门分析法预测能源需求量[J].中国能源，1983（1）.

平均预测模型，求得第 t+1 时期的预测值，称为二次滑动平均预测模型。

(2) 指数平滑预测模型。该方法以 t 时期实际值 x_t 和预测值 x'_t 的加权平均值作为第 t+1 时期的预测值，即：

$$x'_{t+1}=ax_t+(1-a)x'_t \tag{2-13}$$

其中，0<a<1。进一步推导可得：

$$x'_{t+1}=ax_t+a(1-a)x_t+a(1-a)^2x_{t-2}+K+a(1-a)^{t-2}x_2+(1-a)^{t-1}x_1 \tag{2-14}$$

即预测值为历期实际值指数形式的加权和。如对一次指数平滑后形成的序列数据再作一次指数平滑，称为二次指数平滑预测模型。

(3) 分解预测模型。将时间序列数据进行分解，求出趋势因素 (y_t)、季节因素 (s_t)、循环因 素 (c_t) 和随机因素 (ε_t)，分别预测各种因素的预测值 y'_{t+1}、s'_{t+1} 和 ε'_{t+1}，利用模型 $x'_{t+1}=y'_{t+1}\cdot s'_{t+1}\cdot \varepsilon'_{t+1}$，求得第 t+1 时的预测值。在分解模型中，滑动平均是常用的分解长期趋势因素的方法。分解预测模型适用于季度能源消费量的预测。

2. 随机性趋势分析模型

(1) 自回归模型。基本模型如下：

$$x_t=a_1x_{t-1}+a_2x_{t-2}+K+a_px_{t-p}+\mu_t \tag{2-15}$$

公式 2-15 被称为 p 阶自回归模型，简记为 AR (p)。a_1、a_2、K、a_p 为自回归参数，μ_t 为随机误差项。利用回归分析技术估计参数，得到参数估计量 a'_1、a'_2、K、a'_p，于是第t+1 时期的预测值为：

$$x'_{t+1}=a'_1x_{t-1}+a'_2x_{t-1}+K+a'_px_{t-p+1} \tag{2-16}$$

(2) 自回归滑动平均模型。基本模型如下：

$$x_t=a_1x_{t-1}+a_2x_{t-2}+K+a_px_{t-p}+\mu_t-\beta_1\mu_{t-1}-\beta_2\mu_{t-2}-K-\beta_q\mu_{t-q} \tag{2-17}$$

该模型称为 (p，q) 阶自回归滑动平均模型，简记为 ARMA (p，q)。a_1、a_2、K、a_p、β_1、β_2、K、β_q，分别为自回归和滑动平均参数，由回归分析技术估计得到其估计值。

我国采用此类方法研究能源需求的较多。例如佟阿思根、侯俊芝 (2008) 运用时间序列数据，采用回归分析方法对我国的能源需求及其缺口进行了预测。[①] 其选取的变量、建立的模型如下：

①内生变量：XF——能源的消费总量，万 t；QK——能源缺口总量，万 t。

---

① 佟阿思根，侯俊芝. 中国能源消费现状及能源需求预测[J]. 内蒙古民族大学学报，2008 (3)：83~85.

②外生变量：KJ——全国科技成果登记数，项；SC——能源的生产量，万t；

RK——人口总数，万人。

③模型：对原始数据进行回归分析，求得的基本方程是:

XF = –94044.49+1.088164SC+0.529964RK+0.733737KJ

根据以上构造的消费模型，可知能源缺口为（QK 表示）:

QK = –94044.49+0.088164SC+0.529964RK+0.733737KJ

（三）能源需求弹性系数法

一个国家和地区的能源需求弹性系数可以宏观地反映本国或本地区国民经济发展与能源需求的统计规律。在某一特定的历史发展阶段，能源需求弹性系数有一个大体上比较稳定的数值范围。根据历史上能源需求与经济增长的统计数据，计算出能源需求弹性系数，然后利用能源需求弹性系数值预测今后年份的能源需求量，该预测法的基本思想是假设一国或地区在未来预测年份的经济发展对能源的依赖程度与过去的经济发展对能源的依赖程度相比无明显的改变。当然，也可假定能源需求弹性系数的一个客观变化规律，运用到模型中去。

例如，王文平、姬长生（2006）曾对能源需求弹性进行分析并研究了能源需求函数，可以用于能源需求预测。他们认为能源是现代化大生产中不可缺少的生产要素，设总产出主要取决于资本、劳动力、能源三种投入要素，生产函数为通常的科布－道格拉斯函数，如公式 2-1 所示：$Y=A(t)K^{\alpha}L^{\beta}E^{\gamma}$（其中，Y 为总产出；K 为资本投入量；L 为劳动力投入量；E 为能源投入量；A，α，β，γ 为常数）

企业生产过程中总成本为:

$$C=P_kK+P_LL+P_EE \tag{2-18}$$

式中：P_k、P_L 和 P_E 分别为资本的价格、劳动力价格和能源的价格。假设企业按成本最小化原则进行生产，利用拉格朗日乘数法求总成本最小化，可以得到能源需求量:

$$E=\left[\frac{Y}{A\,\dfrac{\alpha^{\alpha}\beta^{\beta}P_E{}^{\alpha+\beta}}{\gamma^{\alpha+\beta}}}\right]^{\frac{1}{\alpha+\beta+\gamma}} \tag{2-19}$$

对上式两边取对数，可求得能源需求函数如下:

$$\ln E=B_0+B_1\ln P_E+B_2\ln P_K+B_3\ln P_L+B_4\ln Y \tag{2-20}$$

其中：

$$B_0=\frac{1}{\alpha+\beta}[\alpha\ln\alpha+\beta\ln\beta-(\alpha+\beta)\ln\gamma] \tag{2-21}$$

$$B_1=\frac{\alpha+\beta}{\alpha+\beta+\gamma} \tag{2-22}$$

$$B_2=\frac{\alpha}{\alpha+\beta+\gamma} \tag{2-23}$$

$$B_3=\frac{\beta}{\alpha+\beta+\gamma} \tag{2-24}$$

$$B_4=\frac{1}{\alpha+\beta+\gamma} \tag{2-25}$$

从上述能源需求函数可知，能源需求量取决于能源自身价格、资本价格、工资和产出水平四个因素。能源自身价格越高，能源需求量越少；总产出越多，经济规模越大，能源需求量越多。①

（四）投入产出法

能源投入产出分析是研究能源部门与整个国民经济的联系。它从国民经济是一个有机整体出发，同时从能源生产消耗和分配使用两个侧面来全面反映能源产品在国民经济各部门间的运动过程。它不仅能反映能源产品的价值形成过程，也能反映能源产品的使用价值运动过程。

能源投入产出分析法是处理大型能源—经济系统中最重要和最实用的方法。在能源需求预测中应用比较广泛。沈建中（1983）就运用能源动态投入产出模型对天津市能源需求进行了预测研究。②张炎治、聂锐、吕涛（2007）将整个能源经济系统划分为能源供应部门和非能源部门，建立了如表 2-6 九块式能源投入产出表和计量模型：

计量模型如下：

投入产出表的简化表达式如下：

$$AX+F=X \tag{2-26}$$

① 钱永坤，王艳丽. 20 世纪 90 年代中国能源需求影响因素实证分析[J]. 中国矿业大学学报，2003（5）.

② 沈建中. 天津市能源需求预测——能源动态投入产出模型的应用[J]. 能源，1982（5）.

表 2-6 九块式能源投入产出表

	一次能源供应部门（S）	二次能源供应部门（C）	非能源部门（I）	最终需求（F）	总产出（X）
一次能源供应部门（S）	A_{SS}	A_{SC}	A_{SI}	F_S	X_S
二次能源供应部门（C）	A_{CS}	A_{CC}	A_{CI}	F_C	X_C
非能源部门（I）	A_{IS}	A_{IC}	A_{II}	F_I	X_I

资料来源：张炎治，聂锐，吕涛. 九块式能源投入产出模型与能源需求量预测[J]. 科技导报，2007（5）：25~29.

将公式 2–26 按照表 2–6 的结构展开可得：

$$A_{IS}X_S+A_{IC}X_C+A_{II}X_I+F_I=X_I \tag{2–27}$$

$$0+A_{CC}X_C+A_{CI}X_I+F_C=X_C \tag{2–28}$$

$$A_{IS}X_S+A_{IC}X_C+A_{II}X_I+F_I=X_I \tag{2–29}$$

上述模型基本能够代表投入产出的基本思想。张炎治、聂锐、吕涛利用上述九块式能源投入产出表，将整个能源经济系统划分为能源部门和非能源部门。编制基年能源投入产出表并利用 RAS 法将能源投入产出表系数不断向前推进。从而得到预测年份的能源投入产出表。输入能源、人口和经济数据，预测了未来一次能源消费总量和分量。并以江苏省为例，预测了 2010、2015 和 2020 年的能源需求量。结果表明能源消费总量与经济发展变化呈正相关关系：煤炭在能源消费结构中仍占主导地位。但下降空间巨大；能源供需缺口不断拉大，自给率持续下降；能源利用效率有较大幅度提高。①

王会娟、陈锡康、杨翠红（2010）对三种能源投入产出模型——实物型、混合型、含能源实物流量的价值型进行了总结概述，分析了三种能源投入产出模型的优缺点，改进了计算直接、完全能耗系数的方法，证明了混合型能源投入产出模型中完全需要系数矩阵的存在性，以及完善了含能源实物流量的价值型能源投入产出模型的理论基础。对 Miller&Blair 阐述的关于能源投入产出模型的观点进行重新审视，提出相应的改进措施.指出三种模型各有优劣，应根据分

① 张炎治，聂锐，吕涛. 九块式能源投入产出模型与能源需求量预测[J]. 科技导报，2007（5）：25~29.

析需要选择合适的模型。①

（五）人工神经网络模型法

神经网络是一种由若干互连处理单元组成的并行计算系统。前馈神经网络是神经网络体系结构中的一种，它是指一层中的所有权重直接指向下一个网络层的结点，权重不循环回来作为前一层的输入；前馈神经网络通常使用 BP（back propagation）算法作为训练方法。BP 算法是通过从输出层开始修改权重，然后反向移动到网络的隐层来进行反向学习。

此外，还有许多种改良的神经网络模型法，如张婷（2007）基于灰色神经网络组合模型对能源需求进行了预测；②王珏、鲍勤（2010）通过分析影响我国能源需求的主要因素，建立了基于小波神经网络的需求预测模型。主要是采用定性与定量相结合的方式，分析了影响我国能源需求的主要因素，通过将人口总数、GDP、产业结构变化以及能源消费量的一阶滞后作为输入变量，建立了基于小波神经网络的我国能源需求非线性预测模型。实验结果表明，该非线性预测模型与多元回归模型相比更加合理，具有更高的预测精度。③

（六）情景分析法

情景分析预测法又称脚本法或前景描述法，是假定某种现象或某种趋势将持续到未来的前提下，对预测对象可能出现的情况或引起的后果做出预测的方法。通常用来对预测对象的未来发展做出种种设想或预计，是一种直观的定性预测方法。

能源系统是一个复杂的巨系统，影响能源需求的主要社会经济因素的变化具有不确定性。在能源需求分析方面，传统的趋势外推方法只能预测当影响因素按过去的轨迹变化时的需求，无法考察过去未发生过的情况，如突发事件下的需求，预测结果具有片面性。能源需求情景分析法是从未来社会发展的目标情景设想出发，构想未来的能源需求，这种构想可以不局限于目前已有的条件。允许人们首先考虑未来希望达成的目标，然后再分析达成这一目标所要采

---

① 王会娟、陈锡康、杨翠红. 三种能源投入产出模型的分析与比较[J]. 系统工程理论与实践，2010（6）：987~992.

② 张婷. 基于灰色神经网络组合模型的能源需求预测[D]. 天津大学，2007.

③ 王珏、鲍勤. 基于小波神经网络的中国能源需求预测模型[J].系统科学与数学，2009（11）：1541~1551.

取的措施和可行性。如国家发改委能源研究所《中国可持续能源发展暨碳排放分析》课题组（2003）曾采用了情景分析的方法，对我国2020年能源需求变化和相关条件进行了深入分析。课题组在情景分析中，定性与定量分析相结合，充分考虑了未来二三十年可能出现的产业结构调整、能源技术演变趋势，以及社会、经济、环境等种种不确定性因素可能对能源需求产生的影响。共设定三种情景：

情景一：设想经济发展促进能源效率的提高，但市场竞争压力又在某种程度上限制了企业在提高能源效率方面的投入。清洁燃料技术受成本、资源等因素的限制，推广和应用不够广泛。

情景二：以国家和各部门的“十五”计划和后十年展望为依据，假定政府所规定的主要社会经济目标能够顺利实现。可以认为情景二是各部门专家根据政府的“十五”计划和后十年规划目标对可持续经济和能源发展前景的诠释。

情景三：是一个比较理想的情景。该情景要求在提高能效、经济和能源结构调整、环境保护和推动技术进步方面有重大举措，假定宏观调控和推动可持续发展的政策效果十分显著。同时外部环境也比较理想，中国可以充分利用国际能源市场获得优质能源资源，使能源结构的调整取得实质性的进展。中国能够顺利地从国外引进先进的技术、设备等，到2020年中国的能源效率水平在世界上处于比较领先的地位。

三个情景在2020年的能源需求有明显差别。情景一、二、三在2020年的全社会能源需求量将分别达31亿、26.7亿和23.2亿吨标准煤的不同情景。其中煤炭需求量17.6亿～28.1亿吨，石油4.1亿～5.4亿吨，天然气1170亿～1870亿立方米，一次电力229～314GW。

情景分析方法与一般的趋势外推的预测方法不同，它并不是要预报未来，而是设想哪些类型的未来是可能的，通过描述在不同的发展路线下各种“可能的未来”从而考虑能源需求的各种驱动因素的不确定性。情景分析法是目前能源预测比较流行的方法，但最好和其他定量方法相结合使用。

（七）灰色模型预测法

灰色预测是就灰色系统所做的预测。所谓灰色系统是介于白色系统和黑箱系统之间的过渡系统，其具体的含义是：如果某一系统的全部信息已知为白色系统，全部信息未知为黑箱系统，部分信息已知，部分信息未知，那么这一系统就是灰色系统。一般地说，社会系统、经济系统、生态系统都是灰色系统。1982年，我国学者邓聚龙教授创立了灰色系统理论，开辟了控制论新的研究方法。

概括来讲，灰色系统理论是以“部分信息已知，部分信息未知”的“小样本”“贫信息”不确定性系统为研究对象，主要通过对“部分”已知信息的生成、开发，提取有价值的信息，对系统运行行为、演化规律的争取描述和有效监控。

罗文柯、施式亮、李润求、唐如龙（2010）以我国 1998~2008 年度 5 种能源实际消费数据分别作为原始离散数据序列，利用非线性理论中的灰色建模原理，以关联度分析和残差辨识为基础，应用缓冲算子三公理原理对各能源消费的原始序列进行二阶弱化（D2）得序列 X（0）。再通过生成处理和倒数变换获得序列 X（1），借助灰色系统理论数据处理软件、Originapro 作图软件和 Matlable 计算软件求得各模型的待辨参数 a，b 和 c 后，获得基于贫信息的传统 GM（1，1）模型、基于原始数据具有绝对误差的灰色 CompertzI 和具有相对误差的灰色CompertzII 模型。通过残差检验发现，建立的 15 种预测模型的预精度在 85%~98%，属好的预测模型，预测数据可靠。用其预测我国 2015 年度的能源需求发现，煤炭占总量的 66%~70%，说明煤炭依然是未来能源中的主体能源，高效开发与科学利用是未来的重点，同时也揭示开发新能源已成未来社会稳定与发展的重大课题。[①]

（八）组合模型在能源需求预测中的应用

综上，是能源需求预测常见的方法，但是在实际进行能源需求预测中往往需要多种模型组合起来进行能源需求预测，以便预测得更加准确可靠。如神经网络模型与灰色预测模型相结合的“基于灰色神经网络的组合模型”；又如“趋势外推与 ARMA 组合的能源需求预测模型”，而情景分析法更是需要其他定量分析模型的配合使用。

能源的需求预测是一个复杂的非线性系统，其发展变化具有增长性和波动性，组合预测对于信息不完备的复杂经济系统具有一定的实用性。索瑞霞、王福林（2010）利用我国能源消费的历史数据，采用灰色预测的 GM（1，1）模型、BP 神经网络模型和三次指数平滑模型进行优化组合，建立了能源消费组合预测模型，模型如下：

$$f_t=\sum_{i=1}^{N}k_if_{it} \tag{2-30}$$

① 罗文柯，施式亮，李润求，唐如龙. 灰色预测模型在能源消费需求预测中的应用 [J]. 中国安全科学学报，2010（4）：32~37.

其中 k_i、f_t 是 t 时刻组合预测模型的预测值；f_{it} 分别为 t 时刻灰色预测的 GM（1，1）模型、BP 神经网络模型和三次指数平滑模型的预测值；k_i 为每个单模型预测值的权重。

通过最优权重确定，组合模型可以把多个单模型的预测结果进行优化处理，使得预测结果更加可靠。实证分析结果表明：组合预测值和实际结果有很好的一致性，可以作为能源消费预测的有效工具。①

综上所述，能源需求预测方法需要定性与定量相结合，综合利用数学、系统动力学、计量经济学和控制论等理论与方法建立复杂的计量模型进行预测和评价，同时也离不开 Visual Basic、E-views 等计算机软件，将其作为辅助工具，进行精确的处理和运算，以求预测方法更加合理，预测结果更加客观。

三、能源需求预测的内容

能源需求预测的内容主要是指能源需求量的预测，往往依据历史数据和经济发展等因素对能源需求总量、地区需求总量、某种能源需求总量进行预测；能源需求的内容往往包括能源需求数量预测、能源需求结构预测和能源需求品质预测。

（一）能源需求数量预测

能源需求数量预测是能源需求预测的主要内容，为了更好地进行能源管理与决策，各种机构和组织、国家和地区往往依据历史数据和经济发展等因素对能源需求总量进行预测。如 2013 年 2 月 18 日，由 12 个国家组成的国际石油输出国组织——欧佩克公布的数字显示，2013 年度世界石油消费需求比原来预测数每天调高了 84 万桶，也就是在上次预测基础上每天又增加了 8 万桶。预计 2013 年每天原油消费量为 2978 万桶。因此欧佩克认为 2013 年世界经济复苏迹象明显；又如国际能源署预计 2035 年中国能源需求将占全球一半以上；此外，众多学者分别采用情景分析等方法对我国及各地区能源需求量进行了预测研究，对我国未来能源需求总量研究前文已经举过很多例子，如索瑞霞、王福林（2010）预测 2015 年我国能源需求总量将达到 401130.9848 万吨标准煤；肖仁

---

① 索瑞霞，王福林. 组合预测模型在能源需求预测中的应用 [J]. 数学的实践与认识，2010（9）：80~85.

俊、李秀婷、吴迪等（2012）以 TEI@I 方法论为基础，提出新疆能源需求预测的研究框架，通过建立 ARIMA 模型、灰色 GM（1，1）模型以及 BP 神经网络模型对新疆"十二五"期间能源需求总量进行了预测。① 吴英涛、王克强（2011）根据能源需求影响因素，建立了能源需求模型，采用部门分析、情景分析等方法对上海市 2015 和 2020 年的能源需求量进行了预测研究。②

除了预测国家和地区总的能源需求之外，学者们往往就某种热门能源未来需求量进行预测。在西方发达国家，由于石油是其主要的能源品种，对未来石油需求量的预测比较普遍，如 Jonathan E. Hughes， Christopher R. Knittel，and Daniel Sperling（2006）利用弹性系数法对美国未来的石油需求量进行了预测；③ 我国能源消费以煤炭为主，关于煤炭需求量的预测较多，如丛威、张志鹏（2012）运用协整模型，结合马尔科夫模型，对 2015 年煤炭需求量进行了预测。④ 此外，由于目前可再生能源发展迅速，关于可再生能源的预测研究也是研究热点之一。

能源需求结构预测是能源需求预测的另一个重要方面。不同类型的能源需求预测为能源需求结构预测提供了方法、创造了条件。

（二）能源需求结构预测

能源需求结构预测是能源需求预测的重要内容。世界能源需求结构一直在发生着变化，由于种种原因，不同国家能源需求结构也有所不同，利用情景分析等方法进行能源需求结构预测是能源需求预测的核心内容之一，因此也是学界研究的热点之一。如陈正（2010）依据历史数据和能源发展规划数据，采用情景分析和趋势外推等方法对我国能源需求结构进行了预测，其预测结果如表 2-7 所示：

---

① 肖仁俊，李秀婷，吴迪等. 新疆能源需求总量预测——基于 TEI@I 方法论[J]. 新疆财经大学学报，2012（4）19~24.

② 吴英涛，王克强. 上海市能源需求预测研究[J]. 上海经济研究，2011（1）：95~103.

③ Jonathan E. Hughes， Christopher R. Knittel， and Daniel Sperling， 2006， Evidence of a Shift in the Short-Run Price Elasticity of Gasoline Demand， NBER Working Paper No. 12530， http://www.nber.org/papers/w12530.

④ 丛威，张志鹏. 2015 年我国煤炭需求量预测实证研究[J]. 中国矿业，2012（6）：12~15.

表 2-7　我国能源需求结构预测表　（单位：%）

年份	煤炭	石油	天然气	水电、风电、核电
2020	61.4127	16.6180	8.0801	13.8891
2025	58.3994	15.7929	9.3687	16.4389
2030	55.0997	14.8914	10.6574	19.3515
2035	51.5028	13.9108	11.9460	22.6404
2040	41.6085	12.8510	13.2346	26.3059

资料来源：陈正. 中国能源需求结构预测分析[J]. 统计应用与研究，2010（11）：81~85.

结果表明：在能源需求结构中，煤炭和石油的需求比重会逐渐降低，而天然气和可再生能源比重会逐渐增加。如到 2040 年可再生能源需求占能源需求总量的比重将达到 26.3%。但同中国面临的各种挑战和压力相比，即使 26.3%的可再生能源需求比重仍然偏低，应该进一步提高能源发展战略目标，加快可再生能源的开发利用。①

（三）能源需求品质预测

随着社会的发展和进步，对高品质能源的需求日益强烈，因此，在进行能源需求量、需求结构预测的同时，需要关注能源需求品质问题，对能源需求的品质进行预测。随着能源产品向洁净化、精细化、高质量化、多元化方向发展，在能源需求结构多元化的同时，能源总体品质快速提高。能源品质的提高主要包括两个方面：一是把低品质转换成高品质能源，再加以利用。如为了减少煤炭利用的污染，提高利用效率。煤的地下气化、流化床燃烧技术以及煤的气、液化将得到高度重视。通过技术提升，把低品质的煤炭转换成高品质的煤气等产品；二是能源需求结构中，高品质能源的需求比重将逐渐提高。如目前世界各国都普遍重视可再生能源和新能源的利用，积极提高清洁能源的需求比重。

目前，能源需求品质预测仅仅体现在能源需求结构预测中，此处也只是进行简单的定性描述，相信随着能源预测技术的进一步提高，对能源需求品质的

① 陈正. 中国能源需求结构预测分析[J]. 统计应用与研究，2010（11）：81~85.

预测将进一步深化。

第五节　本章小结

能源是人类社会发展和经济增长最基本的驱动力，是人类赖以生存的物质基础与保障。能源需求是构成能源市场活动的一个重要方面，对能源资源配置，市场效率具有重要作用。本章我们从能源需求总量、结构、品质、能源强度和能源需求弹性六大基本概念出发，详细分析了经济增长、产业结构等影响能源需求的五大影响因素，并对能源需求的各种弹性和能源需求预测进行了详细分析。本章的内容将为后续研究能源市场和价格奠定基础。

第三章 能源供给

能源供给是维持社会经济生产和人民群众生活有序运转的重要保证。当今世界，能源供给以化石能源为主，由于化石能源资源的绝对稀缺性和分布区域的高度不平衡性，加之能源需求近似刚性增长趋势，使得能源供给经常处于能源市场供需力量的短边，因此增加能源供给成为世界各国非常关注的一个重要问题。本章将在分析能源供给的基本概念，影响能源供给的主要因素，能源供给弹性的基础上，就能源供给预测建模有关问题进行阐述和探讨。

第一节 能源供给的基本概念

一、能源供给的含义与特点

能源供给是指在一定时期内，能源生产部门在各种可能的价格下，愿意并能够提供的能源数量。如果由于价格太低，厂商不愿意出售，即使有产品也不能在市场上形成有效的供给。

当今世界供应的主要能源为煤炭、石油、天然气等化石能源，这些能源是典型的自然资源，具有有限性和区域性两个显著特点。

有限性是指能源资源总量是有限的，而且这种有限是绝对的，不是相对人类无限需求欲望而言的相对有限，这种绝对有限性与人类社会不断增长的需求构成了供需结构上的矛盾。当然受人类认识世界能力的限制，人类对各类能源资源储量的探明是一个逐步发现的过程，但无论人类探明还是未探明，这些能源资源的总量始终都是有限的。

区域性是指能源资源在世界上分布的不均衡性，存在数量或质量上的显著地域差异，并有其特殊的分布规律。从已探明的石油资源储量看，约 3/4 集中在东半球，储量前 10 位的国家占了全球 83%的份额，中国以 22 亿吨列第 13

位，储量最多的国家是沙特，达 363 亿吨，占全球 21.9%，储量前 5 位的国家都在中东，占有了全球 61.5%的份额，被称为“世界油库”。与此类似，天然气和煤炭资源在全球的分布也具有高度地缘性。

正是由于能源资源的上述两个特点，使得能源供给始终处于能源供需的短边，能源供应安全成为全球关注的一个重点问题，各国都在积极努力，大力促进可再生能源和新能源的开发利用，力求提高能源供给多样化，保证供需平衡。

二、能源供给总量

能源供给总量是指所研究的一定范围内各种能源供给量之和，如一次能源供给量为原煤、原油、天然气、水电、核电等供给量之和，化石能源供给量则为原煤、原油、天然气供给量之和等。

与能源需求一样，能源供给也是能源经济学范畴的一个基本概念。在实际应用中容易与能源供应量或生产量相混淆。能源供应量是有效能源供给在量上的反映，当能源需求充足、不存在库存时，能源供给在数量上等于能源供应量。一国的能源供应量通常包括本国生产量和进出口部分。在不引起混淆的地方，本书不严格区分能源供给和能源供应两个概念。表 3–1 有助于我们理解能源供给量、供应量、生产量、库存量、进出口量等基本概念。

表 3–1　2012 年中国煤炭和石油数量基本情况　　（单位：万吨）

项　目	煤合计	油品合计
可供本地区消费的能源量	380033.22	47864.68
一次能源生产量	364500.00	20747.80
进口量	28841.12	32404.20
境内轮船和飞机在境外的加油量	–	684.61
出口量（–）	927.48	3083.38
境外轮船和飞机在境内的加油量（–）	–	800.91
库存增（–）、减（+）量	–12380.42	–2087.64

资料来源：中国能源平衡表（实物量）–2012.

表 3-2　按照电热当量计算法中国能源生产总量及构成

年份	一次能源生产量(万吨标准煤)	占能源生产总量的比重　(%)			
		原煤	原油	天然气	水电、核电、其他能发电
1980	63735	69.4	23.8	3.0	3.8
1985	85546	72.8	20.9	2.0	4.3
1990	103922	74.2	19.0	2.0	4.8
1995	129034	75.3	16.6	1.9	6.2
2000	135048	73.2	17.2	2.7	6.9
2001	143875	73.0	16.3	2.8	7.9
2002	150656	73.5	15.8	2.9	7.8
2003	171906	76.2	14.1	2.7	7.0
2004	196648	77.1	12.8	2.8	7.3
2005	216219	77.6	12.0	3.0	7.4
2006	232167	77.8	11.3	3.4	7.5
2007	247279	77.7	10.8	3.7	7.8
2008	260552	76.8	10.5	4.1	8.6
2009	274619	77.3	9.9	4.1	8.7
2010	296916	76.6	9.8	4.2	9.4
2011	317987	77.8	9.1	4.3	8.8
2012	331848	76.5	8.9	4.3	10.3

资料来源：中国能源统计年鉴（2013）.

三、能源探明储量与储产比

能源探明储量与储产比是与能源供给密切相关的两个重要概念，其大小往往决定着某个国家或地区的能源供给能力与数量。

能源探明储量通常是指通过地质与工程信息以合理的确定性表明，在现有的经济与作业条件下，将来可从已知储藏采出的能源储量。它是一个国家或地区能源禀赋的直接体现。

能源储产比是指用任何一年年底所剩余的储量除以该年度的产量，所得出的计算结果。能源储产比表明如果产量继续保持在该年度的水平，这些剩余储量可供开采的年限。储产比越来越成为衡量一个国家或地区能源资源状况的主要指标。

根据能源品种的不同，能源探明储量与储产比可分为石油探明储量与储产比、天然气探明储量与储产比、煤炭探明储量与储产比等。

四、能源供给结构

能源供给结构是指能源供给总量中各类能源所占的比例。例如，我国一次能源主要由煤炭、石油、天然气及水电与核电构成，其中煤炭占绝对主导地位，约占一次能源供给总量的70%~80%。一般来讲，能源供给总量的增加并不一定能够满足经济增长的需要，能源供给结构合理才是经济增长和能源安全的重要保障。表 3-2 体现了我国基本的能源供给结构。

可见，我国的能源供给结构基本是以煤炭为主、多能互补的能源供给体系。煤炭在能源供给体系中占据主导地位，原油在一次能源供给中的比重逐年下降，天然气在一次能源供给中的比重增长缓慢，水电、核电等其他能发电同样发展缓慢。以煤炭为主的能源供给结构支撑了改革开放 30 多年我国经济的快速发展，但也引发了环境污染严重等许多问题。因此我国需要下大力气积极调整能源供给结构。

能源供给结构的调整主要应该考虑两个方面：一是积极提高优质能源所占比重。不同的能源品种具有不同的利用效率。此外，单位热值燃烧，煤炭产生的 CO_2 大于石油，石油大于天然气；二是积极提高能源品种多元化程度。一般来说，多元化程度越高，能源系统的安全性越高。一次能源供给结构多元化程度可以用香农 - 威纳指数（Shannon-Weiner Index）或其他多样性指数来度量。香农 - 威纳指数也称为 Shannon 多样性指数。公式如下：

$$H=\sum_{i=1}^{n} S_i \ln S_i \tag{3-1}$$

其中，n 为一次能源供给系统中能源品种数目，S_i 为一次能源品种 i 的供给量占总的一次能源供给量的比例，H 反映一次能源供给系统的多样性程度，当能源种类增加时，H 也相应增大。当一次能源供给中的各种能源所占比例趋于均等时，能源供给的种类越多（即 n 越大），一次能源供给多样性指数也越高。种类数 n 一定时，H 值变大，说明各种一次能源供给在所有一次能源供给中所占比例趋于均等、差距缩小；H 值变小，说明在所有一次能源供给品种中，能源供给相对集中在少数几个品种中，各种一次能源供给在所有一次能源供给中比例的差距扩大。我国目前能源供给品种以煤炭为主，香农－威纳指数较低，应该积极进行能源供给结构调整。

五、能源供给品质

能源供给品质是与能源需求品质相对应的概念，是指从供给的角度出发对不同能源品种与质量的要求。即在一定的开采和生产条件下，社会能够供应的能源品种及其品质情况。目前的社会发展趋势要求增加对高质量清洁能源的供应量，而降低高污染排放等低质量能源的供应量。

目前的气候变化等环境问题使得各国对清洁能源的需求量大增，而社会能源需求品质的变化会引起能源需求结构的变化，进而引起能源供给品质的变化。上文提到能源供给结构调整的一个重要方面就是在能源供应上要积极提高优质能源所占的比重。能源供给品质的提升是大势所趋，各国必须积极采取有效措施，提升能源供给品质，第一就是要积极提高优质能源所占比重。如考虑到煤炭利用的种种弊端，在我国能源供应中尽可能地降低煤炭供应量，提高其他高品质清洁能源的供应量，目前，世界各国十分重视新能源和可再生能源的开发，一方面是考虑到化石能源的有限性，另一方面主要是考虑到此类能源清洁高效的特点；第二是要积极提升某类能源自身的质量，如提升洗选煤技术，促使煤炭的清洁利用，再如提高煤炭转化技术，把低质量的煤炭转换成煤气使用等。扩展阅读 3-1 能够在一定程度体现出人们对高品质能源供给追求的原因很无奈。

扩展阅读 3-1　执着寻求新的能源供给

这是世界能源史上相当艰难的时代，化石能源耗竭的危险日益临近，地缘政治冲突时刻威胁着石油的安全供应，油价高企，碳排放带来的环境污染日益严重；这也是世界能源史上的好时代，能源技术进步突飞猛进，新能源种类不断涌现，人类开始努力向着那些能够带来充足动力、绿色无污染的终极能源发足狂奔。

威胁能源安全的风险不断增加。自20世纪70年代以来，石油勘探开发中遇到的“大象”越来越少了，而人类社会的“能源饥渴症”却越来越严重，不得不重新在一定程度上向煤炭等更高污染的能源回归。化石能源耗竭的丧钟会向我们敲响吗？现在看来还不会。虽然常规油气资源的可发现量越来越少，但是煤炭的储量还很大，更值得庆幸的是，非常规油气资源——油砂、页岩气的商业化开采为能源饥渴危机提供了一个缓冲。不过这个缓冲是短暂的，在有了供给保障的前提下，能源需求也会水涨船高，饥渴症不会得到根本医治。更重要的是，长期依赖化石能源带来的碳排放已经日益威胁着人类赖以生存的环境，非常规油气资源的开发利用会使得这一局面更加恶化。此外，日益加剧的地缘政治冲突正对脆弱的国际能源市场形成持续冲击，国际能源供应中断的阴影挥之不去。

世界经济步入高油价时代。进入21世纪以来，原油供给格局发生了翻天覆地的变化，原先，需求增长主力主要来自欧美等发达国家，如今正转为新兴市场国家。需求刚性增加迅猛，而供给的主导权却又重新回到了对国际石油市场具有高度垄断力的欧佩克手中。供给增长时时受到政治约定的阻碍，石油供不应求的矛盾在加剧，从而导致世界石油价格不断攀升，2008年曾达到147美元/桶的历史新高，即使在发生席卷全球的金融危机以后，国际原油价格只在较短时间内下探40美元/桶后便急速回升。2009年全年国际原油价格平均61美元/桶，2010年回升到80美元/桶，而2011年在世界经济复苏乏力的时候，国际原油价格已回到了危机前的年度最高水平100美元/桶。

人们努力开拓能源“蓝海”。竞争是人类社会不断进步的原动力，寻找能源安全供给只能寄希望于能源开发路径的竞争。于是，在陆上常规油气资源供应日益紧张的情况下，有人把目光投向了海洋，那里油气资源储量丰富，而且还有“可燃冰”，但这仍难以满足日益增长的能源需求，而且对技术的要求越来越高；有人把目光投向了分布、储量广泛，但成藏条件差、开采难度大的非常规油气资源——油砂和页岩气，这些资源的开采尽管可以暂时缓解世界能源的饥渴症状，但在开发和使用过程中对环境的破坏却更加严重；也有人把目光投向了照亮大地的太阳，但风能（间接的太阳能）、太阳能的使用虽具有可持续性和无污染性，却要求更高水平的技术，不会让人类轻易得到。有人认为，这是一个发达国家针对发展中国家的陷阱。但只要认准了这是能源的终极目标，量力而行，加大投入，一旦取得突破，陷阱就有可能变成高地，这样的风险或许值得一搏。

传统能源开发使用伴生严重污染，而不断寻求安全、可持续、无污染的能源供给，展示的是人类对更高生活品质的追求和向往。不管新能源开发中产生什么样的波折，都不会改变它是人类能源开发终极方向的本质，因为那才是人类能够在地球上高质量生活的最终希望之所在。

资料来源：人民网. http://world.people.com.cn/GB/157278/16975059.html.

六、能源供给弹性

与能源需求一样，能源供给量的变化受多种因素的影响，某种因素的变化对能源供给量的影响程度一般用该因素的能源供给弹性来表示。但是和能源需求弹性有能源需求价格弹性、能源需求收入弹性和能源需求交叉弹性不同，一般供给弹性主要是指能源供给价格弹性。即供给价格弹性是指供给量相对价格变化做出的反应程度，即某种商品价格上升或下降百分之一时，对该商品供给量增加或减少的百分比。供给量变化率对商品自身价格变化率反应程度的一种度量，等于供给变化率除以价格变化率。

因此，能源供给价格弹性是指在其他条件不变时，能源价格的相对变动所引起的能源供给量的相对变动，即能源供给量的变化率与能源价格变化率之比。能源供给价格弹性和能源需求价格弹性的变化规律有所不同，具体将在本章第三节进行详细分析。此外，能源供给也可以有能源供给交叉弹性，即指一种能源产品价格的相对变动所引起的有关能源品种供给量的相对变动。能源之间可以相互替代，一种能源的价格变动必然会对其他能源品种的供给量产生影响，其影响程度就用能源供给交叉弹性来表示。

除了能源供给价格弹性与交叉弹性之外，能源生产弹性系数也是能源供给弹性领域的一个重要概念，能源生产弹性系数是指能源产量增长速度相对于国民经济增长速度的比值。国民经济增长速度可根据不同的目的或需要，用国民生产总值、国内生产总值等指标来计算，一般采用国内生产总值指标的增长速度。

第二节　能源供给的主要影响因素

一、能源资源禀赋

资源禀赋指的是一个国家或地区各种资源储量的丰歉程度。因此，能源禀赋的含义是指一个国家或地区各种能源资源的储量情况。显然一个国家的能源禀赋在很大程度上决定了这个国家的能源供给总量和供给结构，能源禀赋是影响能源供给最主要的因素。虽然地球上的能源资源禀赋是一定的，但由于受技术、资金、人力、地质等因素的制约，地球上的能源储量是一个逐步发现的过程，另外有些储量虽然已被发现，但受一定因素制约，这些储量暂不具备开采的条件或价值，因此，能源储量又分为已探明储量和已探明可开采储量。一般已探明可开采储量具有更实际的意义，能在比较明确的时间条件下，形成实际的供给。通过分析世界能源探明可采储量情况可以了解世界不同国家的能源禀赋状况。

（一）世界石油探明可采储量及其分布情况

石油是经济和社会发展不可缺少的重要能源，是全球主导性燃料，据 BP 统计显示，2011 年石油消费占全球能源消费的 33.1%。在过去的 20 年间，世界石油资源探明可采储量呈不断上升趋势，1991 年世界石油资源探明可采储量约为 10327 亿桶，2001 年增加到 126749 亿桶，2011 年年底达到 16526 亿桶。但是，石油资源的区域分布是极其不均衡的，区域特征十分明显。世界石油储备主要分布在中东地区，但中东地区所占比例由 1990 年的 65.70%下降到了 2010 年的 54.40%，下降 10 多个百分点，说明世界各国都在积极进行石油资源勘探。从已探明石油资源储量前 10 位的国家及其储量情况也可大致了解石油资源的分布。如表 3–3 所示：

表 3-3 2011 年石油已探明储量前 10 位的国家及其储量情况

位次	石油储量		
	国家	储量（亿吨）	占世界比重（%）
1	委内瑞拉	46.3	17.9
2	沙特	36.5	17.1
3	加拿大	28.2	10.6
4	伊朗	20.8	9.1
5	伊拉克	19.3	8.7
6	科威特	14.0	6.1
7	阿联酋	13.0	5.9
8	俄罗斯	12.1	5.3
9	利比亚	6.1	2.9
10	尼日利亚	5.0	2.3
合计		201.3	85.9

资料来源：BP 国际能源统计年鉴（2012）.

由表 3-3 可知，石油储备量前 10 位的国家储量占据了世界石油资源的 85%以上，除加拿大和俄罗斯外，其中主要是石油输出国组织（OPEC）成员国，因此，OPEC 及其成员国的行为和政策变化对国际石油市场供给产生较大的影响。

知识窗 3-1 石油输出国组织简介

石油输出国组织，即 OPEC (Organization of Petroleum Exporting Countries)，中文音译为欧佩克。成立于 1960 年 9 月 14 日，1962 年 11 月 6 日欧佩克在联合国秘书处备案，成为正式的国际组织。其宗旨是协调和统一成员国的石油政策，维护各自的和共同的利益。现有 12 个成员国是：沙特阿拉伯、伊拉克、伊朗、科威特、阿拉伯联合酋长国、卡塔尔、利比亚、尼日利亚、阿尔及利亚、安哥拉、厄瓜多尔和委内瑞拉。成立的目的在于协调各国石油政策，商定原油产量和价格，采取共同行动反对西方国家对产油国的剥削和掠夺，保护本国资源，维护自身利益。

资料来源：百度百科. http://baike.baidu.com/view/26745.htm#3.

（二）世界天然气探明可采储量及其分布情况

天然气作为一种清洁高效的能源，具有转换效率高、环境代价低、投资省和建设周期短等优势，积极开发利用天然气资源已成为世界能源工业发展的一个重要潮流。自 20 世纪 80 年代以来，天然气产量增长迅速，截至 2011 年末，全球天然气探明储量足以保证 63.6 年的生产需求。其中，土库曼斯坦天然气储量大幅增长，将欧洲及欧亚大陆的储产比拉高至 75.9 年。中东地区仍然拥有最大规模的天然气储量（占全世界天然气总储量的 38.4%，而欧洲及欧亚大陆则占 37.8%），其储产比超过 150 年。①

世界天然气的分布也是极其不均衡的。主要分布在中东和欧洲地区。从已探明石油资源储量前 10 位的国家及其储量情况也可大致了解石油资源的分布。

表 3-4　2011 年天然气已探明储量前 10 位的国家及其储量情况

位次	石油储量		
	国家	储量（亿立方米）	占世界比重（%）
1	俄罗斯	44.6	21.4
2	伊朗	33.1	15.9
3	卡塔尔	25.0	12.0
4	土库曼斯坦	24.3	11.7
5	美国	8.5	4.1
6	沙特	8.2	3.9
7	阿联酋	6.1	2.9
8	委内瑞拉	5.5	2.7
9	尼日利亚	5.1	2.5
10	阿尔及利亚	4.5	2.2
合计		164.9	79.3

资料来源：BP 国际能源统计年鉴（2012）.

① BP 世界能源统计年鉴（2012）.

由表 3–4 可知，目前，天然气储备前 10 位的国家储量占据了世界天然气资源的80%左右，分布很不均衡，相对比较集中，其中俄罗斯、伊朗、卡塔尔、土库曼斯坦四国占据了世界总可采储量的 60%以上。

（三）世界煤炭探明可采储量及其分布情况

煤炭是地球上蕴藏量最丰富、分布地域最广的化石能源，被誉为“工业的粮食”，至今煤炭资源仍然是钢铁、电力等工业部门的重要原料和燃料。煤炭资源分布于世界近 80 个国家和地区，其中有 60 多个国家进行了有规模的开采。根据 BP 公司 2012 年的统计：2011 年，煤炭消费增长 5.4%，是唯一增幅超过历史平均水平的化石燃料，也是除可再生能源之外增长最快的能源种类。

虽然世界煤炭资源分布广泛，但同样存在着不均衡性。世界煤炭储备主要分布在欧洲及欧亚大陆、亚太和北美地区，中东、非洲和中南美洲地区煤炭储量较少，与石油和天然气的分布相比较可见，不同区域的能源禀赋是不相同的。从已探明石油资源储量前 10 位的国家及其储量情况也可大致了解煤炭资源的地理分布。

表 3–5　2011 年煤炭已探明储量前 10 位的国家及其储量情况

位次	石油储量		
	国家	储量（亿吨）	占世界比重（%）
1	美国	2372.95	27.6
2	俄罗斯	1570.10	18.2
3	中国	1145.00	13.3
4	澳大利亚	764.00	8.9
5	印度	606.00	7.0
6	德国	406.99	4.7
7	乌克兰	338.73	3.9
8	哈萨克斯坦	336.00	3.9
9	南非	301.50	3.5
10	加拿大	65.82	0.8
合计		7907.09	91.8

资料来源：BP 国际能源统计年鉴（2012）.

由表 3–5 可知，目前，煤炭储备前 10 位的国家储量占据了世界煤炭储备的 90%以上，分布很不均衡，相对比较集中。其中美国、俄罗斯、中国三国占世界探明总储量的比重都超过 10%，尤其是美国高达 27.6%。我国的煤炭资源储量也相当丰富，而且煤质较好，但人均煤炭储量依然低于世界水平。

以上是三种化石能源的资源储备和基本分布情况，由于煤炭、石油和天然气等化石能源的可耗竭性，以及化石能源燃烧所带来的环境污染和温室气体等负面效应，世界各国都在致力于发展清洁、可持续的可再生能源。2011 年，可再生能源的发展可谓喜忧参半。全球生物燃料生产增幅仅为 0.7%，即每日 1 万桶油当量，创下 2000 年以来的最低年增长速度。由于汽油中的乙醇燃料比例已达到“掺混瓶颈”，美国的可再生能源发展速度放缓（增速为 10.9%，即 5.5 万桶油当量 / 日）。由于甘蔗歉收，巴西生物燃料产量出现了我们统计数据历史上最大幅度下滑（降低 15.3%，即减少 5 万桶油当量 / 日）。与此形成鲜明对比的是，可再生能源发电量增长 17.7%，超过历史平均水平，而风电增长独领风骚（增 25.8%），在可再生能源发电中所占比例首次超过了一半。美国和中国依然是风力发电增长的主要贡献者。太阳能发电增长更为迅速（增长 86.3%），但基数较小。2011 年，各种可再生能源在全球能源消费中所占比例从 2001 年的 0.7%上升至 2.1%。① 总之，可再生能源是清洁、可循环使用的能源，太阳能和风能等资源储备丰富，是未来增加清洁能源供应的发展方向之一。

二、能源价格

与其他产品一样，能源价格也是影响能源资源供给的主要因素之一。一般来说，在其他条件一定的情况下，能源价格走高。意味着能源供给企业利润增加，追逐利润最大化会使得企业增加供给；反之，能源价格走低，能源供给企业利润减少，企业就会相应的减少能源供给。

与其他产品不同的是，首先，能源生产或供给在短期几乎不受价格的影响。因为能源生产前期的要素投入比重非常大，而生产过程中要素投入所占的比重较小。产量对生产过程中的要素投入是不敏感的，且要素投入对产出有一个明

① BP 国际能源统计年鉴（2012）.

② 魏一鸣，焦建玲等. 能源经济学[M]：第一版. 北京：科学出版社，2011：54~55.

显的较长的时滞②。其次，能源供给受到已探明可开采储量的限制，在技术不变的情况下，一定时期可开采的数量是一定的，同时，能源投资期长，短期内调整产量的能力很有限，因此能源价格对能源资源供给的影响较一般产品小。短期内，能源供给对价格的反应主要通过剩余产能来实现。

例如，在国际石油市场上，石油供需一直比较紧张，非 OPEC 国家基本上已开足马力，按最大生产能力进行生产，这意味着其短期能源供给曲线为一条垂直线，供给价格弹性为 0，只有沙特这样的 OPEC 成员大国才留有一定的剩余产能，当市场供不应求时，增加产出、平衡供需。① 如 2008 年 9 月国际原油价格达到约 104 美元 / 桶的高位，此时 0PEC 剩余产能很低，只有 1.31 百万桶 / 天，此后随着国际原油价格逐渐回落，剩余产能逐渐增加，至 2009 年 1 月，国际原油价格降到了 41.92 美元 / 桶，此后剩余产能增加到 3.79 百万桶 / 天。可见国际油价和 0PEC 剩余产能存在着此消彼长的关系。2001~2010 年原油产量与价格的波动情况也能反映能源供给与能源价格的关系。如图 3-1 所示：

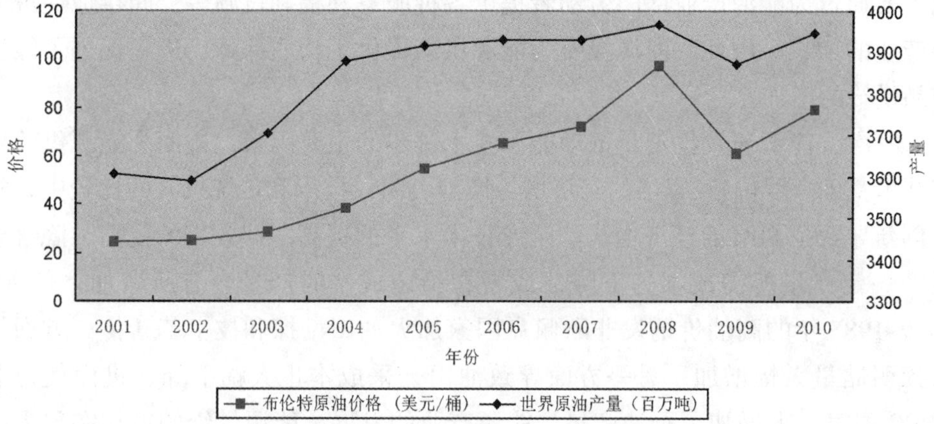

图 3-1 2001~2010 年世界原油产量与价格变化情况

由图 3-1 可发现，2001~2010 年，随着原油价格的上升，原油产量也在不断上升，其波动规律基本一致。当今世界以不可再生的化石能源为主要能源。能源价格应当充分反映资源稀缺程度，反映市场供需状况，反映生态保护和环境治理成本，这样才能向各类市场主体传递正确信号，从根本上促进能源供给朝着多元化、高效化、清洁化的方向发展，促进能源节约和合理利用。因此，

① 魏一鸣，焦建玲等. 能源经济学[M]：第一版. 北京：科学出版社，2011：55.

要维护能源市场稳定，完善能源定价机制，使能源价格更趋合理，以达到更充分、有效地配置能源资源的目的。随着能源供需形势的进一步紧张，能源价格对供给的调节作用将进一步加强。

三、能源投资

能源投资是能源供给的基础，从能源勘探到能源开采，再到能源输送无不需要能源投资的支持。能源投资对能源供给的影响主要体现在几个方面：

首先，能源投资是能源供给物质体系形成的基础，是能源能否稳定、经济、清洁供给的根本保障。能源投资供给主要是指能源产业交付使用的固定资产，既包括生产性固定资产，也包括非生产性固定资产。生产性固定资产的交付使用，直接为能源产业的再生产过程注入新的生产要素，增加生产资料供给，为扩大再生产提供物质条件，进而促进能源部门产值的增长。非生产性固定资产则主要通过为能源产业部门劳动者提供各种服务和福利设施等，间接地促进能源产业的增长。因此，能源投资为能源供给提供了物质保障，进而促进了能源产品供给的增加。

其次，能源研发投资是推动能源技术进步的主要因素，进而为能源供给奠定技术基础。罗伯特·索洛的经济增长模型表明：技术和传统投入的比较中，技术创新导致了80%的经济增长。生产技术水平的提高，即效率的提高，隐含着生产一定产量所需成本的下降，或者在给定成本时产量会有所增加。例如，1979~1985年的高油价诱发非欧佩克国家加大油田勘探和技术革新，一方面导致探明储量大幅增加；另一方面导致油田开采成本也大幅下降，进而使得非OPEC国家大大增加了石油产量。能源产业的发展，能源供给的增加在很大程度上得益于能源技术的不断创新。因此，能源研发投资引发的技术进步是影响能源供给的主要因素之一。

再次，合理的能源投资分配有利于改善能源供给结构，进而促进能源需求结构的变化。稀缺资源的配置既是经济学的主要研究对象，也是经济学面临的挑战。能源投资同样也是一个稀缺资源配置问题，合理的投资结构十分重要。在进行能源投资时，企业和政府往往面临如下决策：一是投资规模的大小；二是有限的投资多少该用于基础设施建设？多少该用于技术研发？三是用于研发的投资，多少该用于煤炭、石油技术研究？多少该用于可再生能源技术研究？也就是说，能源投资决策中，首先要解决的是投资额的问题，在投资额一定的情况下，投资方向和在不同能源品种、技术间的投资分配也是一个重要决策，合理的能源投资结构有助于改善能源供给结构，进而引导能源需求结构优化。总体而言，结构的改善往往伴随着资源配置效率的提高。我国历年国有经济能源工业分行业固定资产投资情况如表 3–6 所示：

表 3–6　我国历年国有经济能源工业分行业固定资产投资　　（单位：亿元）

项　目	1995	2000	2005	2006	2007	2008	2009	2010	2011	2012
能源工业	2025	2840	4766	5687	6715	7940	10003	11219	11468	12402
煤炭采选业	282	199	624	759	836	1014	1241	1477	1635	1784
石油和天然气开采业	500	356	279	387	586	740	1271	1798	2009	1963
电力、蒸汽、热水生产和供应业	1043	2130	3451	4042	4611	5336	6686	7054	6806	7670
石油加工及炼焦业	162	95	299	369	549	698	561	556	653	540
煤气生产和供应业	39	60	113	129	133	153	244	336	365	446

资料来源：中国能源统计年鉴（2013）.

从表中可以看出，我国能源工业投资增长迅速，2005 年后几乎每年一个台阶，这跟我国经济及快速发展对能源的需求分不开。从目前来看，我国能源投资规模较大，但投资结构不尽合理。为了适应能源发展形势，我国应该通过引导能源投资的方向，促进能源供给结构的调整。如应该通过研发资金支持、税收优惠等方面的措施，鼓励各种所有制类型的企业在风能、太阳能、地热能等可再生能源领域及传统能源清洁利用领域的投资热情，尽快提高我国在新能源、可再生能源和能源清洁利用领域的技术和装备水平，缩小与世界先进水平的差距。

综上所述，能源投资是保证能源稳定、高效、清洁供给的根本保障。能源投资不足必将导致能源供给短缺，从而阻碍经济发展。必须树立“经济发展，能源先行”的指导思想，大力推进能源投资和能源建设。由于能源投资资金量大，投资回收期长，因此，能源投资必须做好长期规划，同时，能源投资还必须注意投向和结构问题。这些都是能源投资的关键。

四、能源储运

能源储运是能源生产到利用之间的一个环节。它分为能源储存和能源运输。

因各类能源的形态、性质不同，其储运的方式各异。通常包括煤炭储运、石油天然气储运、核燃料运输、电力输送（即输电）等。对于煤炭，主要有煤仓储存和露天储存，其运输主要通过铁路和船运，也可用管道进行煤浆运输。石油、天然气储存用石油库（包括地下洞库）和气柜；运输主要用管道，海上则用大油轮。核燃料运输包括将燃料元（组）件从核燃料加工厂到核电站的运输和将反应堆卸出的乏燃料从核电站到离堆贮存设施的运输。燃料元（组）件的 γ 放射性比活度很低，对其运输容器的防护要求相对简单，但应在正常运输条件下保证不会被破坏；在事故情况下允许损坏，但绝不允许发生临界情况。乏燃料具有很强的放射性和衰变热，其运输容器设计时，除按一般压力容器考虑外，还要考虑临界、传热、屏蔽和力学等问题。核燃料的运输必须由承运单位验明有关批准证书后方可装运。电力输送又分交流和直流两大类，两类又都按电压等级有高压、超高压和特高压之分。

能源储运是能源供给的关键环节，能源储运和物流合理规划与运作能够提高煤炭供给的效率，解决区域能源供给不足的问题。如由于我国煤炭分布和消费区域的不对称性，一直存在“西煤东运”和“北煤南运”的问题，给我国，尤其是南方省份的煤炭供应造成了很大的压力，甚至出现“拉闸限电”的情况。做好煤炭储运工作，是解决该问题的关键。如是否可以考虑把煤炭运输转换成电力运输，以缓解煤炭火车运输的压力。又如，从世界范围内来说，煤炭储运的合理化与高效率有利于全球能源资源的合理配置，进而促进全球经济的发展。所以，做好煤炭储运工作是煤炭供给管理的关键一环。

五、能源技术与管理

能源技术和管理同样是能源供给的关键环节。从能源勘探、开采到能源储运，再到能源利用，能源产业的每一个环节无不需要技术与管理的支撑。好的能源技术与管理有利于提高能源使用效率，增加能源供给能力。因此，目前能源相关技术研发与管理提升是能源领域的热门问题。

在技术方面，为了提高能源供给能力，比较核心的技术应该是开源和节能技术，这两类技术对提高能源供给有着直接的推动作用。具体而言，一是能源勘探与开发技术，二是节能技术，在能源勘探与开发方面，世界各国一直致力于提高技术，以技术为支撑勘探和开发新能源。如页岩气勘探开发已在北美洲、亚洲、欧洲、南美洲、大洋洲等地区蓬勃兴起，爆发一场“页岩气革命”。美国是页岩气开发最早、最成功的国家。1981年，第一口页岩气井压裂成功，实现了页岩气勘探开发的突破。21世纪以来，随着水平井大规模压裂技术的成功应用，美国页岩气开发利用快速发展。在美国页岩气开发过程中，技术进步起到了巨大的推动作用。美国政府于20世纪70年代，就设立专项资金用于页岩气基础研究和关键技术攻关，率先在世界成功研发了页岩气水平钻井和多段压裂技术并加以大规模应用，直接推动了页岩气的商业开发。目前，世界许多国家正在效仿美国发展页岩气，以期降低对中东、北非和俄罗斯进口天然气的依赖。又如目前世界各国正大力发展可再生能源技术，开发可再生能源，增加能源供应已成为一种世界潮流。节能技术是指采取先进的技术手段来实现节约能源的目的。具体可理解为，根据用能情况、能源类型分析能耗现状，找出能源浪费的节能空间，然后依此采取对应的措施减少能源浪费，达到节约能源的目的。通过节能技术的提升和实施，可以节约能源，进而增加能源供应。总之，通过节能开源，以及其他能源领域的技术提升，可以增加改善能源供应情况，缓解能源危机。

近些年来，能源管理创新不断涌现。如合同能源管理是一种起源于欧美的节能机制，目前在各国被广泛应用，我国自1998年引进合同能源管理机制以来，在国家和政府对合同能源管理的立法和政策引导下，合同能源管理已经从单纯的引进逐渐被实践所检验、改进和创新，在实践中落实得也越来越理想，取得了可喜的成绩。据“十一五”中国节能服务产业发展报告显示，从2006年到2010年，合同能源管理项目节约能力从86.18万吨标准煤增加到1064.85万吨标准煤，节能效果显著。又如电力需求侧管理对节约用电具有十分重要的作用。需求侧管理是指在政府法规和政策的支持下，采取有效的激励和引导措施以及适宜的运作方式，通过发电公司、电网公司、能源服务公司、社会中介组织、产品供应商、电力用户等共同协力，提高终端用电效率和改变用电方式，在满足同样用电功能的同时减少电量消耗和电力需求，达到节约资源和保护环境，实现社会效益最好、各方受益、最低成本能源服务所进行的管理活动。美国、日本、加拿大、德国、法国、意大利等国家都有一支庞大的队伍从事需求侧管理工作。如仅2000年，美国投入约15.6亿美元实施需求侧管理工作，节电537亿千瓦时，减少高峰负荷2200万千瓦。[①]

---

① 什么是电力需求侧管理（DSM）[EB/OL]．中国节能产业网. http://www.china-esi.com/pat/6440.html，2007-12-01.

总之，通过能源技术与管理的提升，能够不断地增加或改善能源的供给，在能源供应的每一个环节都存在着能源技术和管理问题，任何一个环节的改善和提高都将对能源供应产生影响。因此，在能源供给形势日趋严峻的情况下，应该积极提升能源管理与技术水平，以改善能源供给状况。

六、生态环境约束

能源在供应至生活和生产系统之前，必要的程序是开发和加工，能源开发和加工不可避免地要面临生态环境问题。煤炭在开采过程中会造成矿山生态环境的破坏,威胁生物栖息环境，而煤层甲烷排放等的污染物是造成大气污染和酸雨的主要原因。石油和天然气勘探开采和加工利用对环境有不利影响，如油田勘探开采过程中的井喷事故、采油废水等。值得注意的是，产生的污水排放，使土壤盐渍化，海上采油影响海洋生态系统，石油因井喷、漏油、海上采油平台倾覆、油轮事故和战争破坏等原因泄入海洋，对海洋生态系统产生严重影响；此外，还有核能开发利用对环境造成的影响和防不胜防的核事故问题。风能、水能等可再生能源的开发依然都会面临生态环境约束问题。

随着工业的迅猛发展和人民生活水平的提高，能源的消耗量越来越大，对生态环境的影响也越来越大，面对来自生态环境的巨大威胁和压力，合理开发和利用能源，缓解能源开发和利用引起的生态环境污染问题早已成为各国制定能源政策的重点。因此，生态环境约束对能源供应的品种和质量带来了巨大的影响，进而改变能源供给结构和数量。

七、能源制度与政策

产业制度与政策是政府为了实现一定的经济和社会目标而对产业的形成和发展进行干预的各种制度和政策的总和。产业制度和政策的功能主要是加强产业管理与监督，弥补市场缺陷，有效配置资源。能源制度与政策是政府管理能源产业的主要手段，合理的能源制度与政策体系有利于提升能源供给能力，改善能源供给状况。

世界各国都通过制定一系列制度与政策来规范能源产业发展。如目前各国均在大力实施可再生能源和新能源发展激励政策。通过财政和货币政策手段鼓励可再生能源和新能源企业的发展，以丰富能源品种，增加能源供给。以我国为例，2005 年，为了促进可再生能源的开发利用，增加能源供应，改善能源结构，保障能源安全，保护环境，实现经济社会的可持续发展，制定并颁布了《中华人民共和国可再生能源法》。该法律从可再生能源资源调查与发展规划、产业指导与技术支持、推广与应用、价格管理与费用分摊、经济激励与监督措施、法律责任等多个方面以法律的形式确立了产业发展的支持制度和政策，为我国可再生能源发展提供了制度与法律保障，大大促进了我国可再生能源产业的发展，对能源供给的改善起到了非常大的作用。

能源制度重在规范能源领域各主体的行为，能源政策体系旨在引导和激励能源产业的发展。完善的能源制度和政策体系对一国能源供给能力的提升作用非常重要。因此各国必须制定和完善能源制度与政策，以保障能源供给，进而保障经济的运行。

综上所述，我们从资源禀赋、能源价格、能源投资等六个方面分析了影响能源供给的因素，同时，能源价格、能源投资、能源制度与政策、能源技术与管理等之间也存在着千丝万缕的联系，能够相互影响与制约。除上述主要因素外，生产者未来的预期等也会影响能源供给，如预期将来的价格会上涨，则生产者宁愿现在少开采，而让它埋在地下增值；反之，则会增加当期开采。此外，能源供给还受到国际政治、经济、军事，以及自然灾害、气候变化等事件的影响。如世界已发生的三次大的石油危机，以及与能源资源相关产品价格的变动都会对能源供给产生影响。

第三节　能源供给弹性分析

如上节分析，能源价格、能源投资等众多因素的变化将对能源供给量产生影响。能源供给弹性是定量衡量这种影响大小的主要指标。弹性的基础理论我们在能源需求弹性部分已经进行分析，此处仅研究能源供给价格弹性、能源供给交叉弹性和能源生产弹性系数。

一、能源供给的价格弹性

能源供给价格弹性是指在其他条件不变时，能源价格的相对变动所引起的能源供给量的相对变动率，是能源供给量的变化率与能源价格变化率之比。根据知识窗 2–3 弹性的定义和计算方法，能源供给价格的弧弹性公式如下：

$$E_{SP}=\frac{\Delta Q_S/Q_S}{\Delta P/P}=\frac{\Delta Q_S}{\Delta P}\cdot\frac{P}{Q_S} \tag{3–2}$$

其中，Q_S 为能源供给的绝对量，ΔQ_S 为能源供给的变动量，P 为能源价格绝对量，ΔP 为能源价格变动量。

当 $\Delta P\to 0$ 时，能源供给价格的弧弹性变为点弹性，公式如下：

$$E_{SP}=\lim_{\Delta P\to 0}\frac{\Delta Q_S}{\Delta P}\cdot\frac{P}{Q_S}=\frac{\mathrm{d}Q_S}{\mathrm{d}P}\cdot\frac{P}{Q_S} \tag{3–3}$$

按照经济学的一般法则，供给量与市场价格呈正向变动关系，即当价格上升时，供应量一般增加，反之，当价格下降时，供应量会有所减少。即 $\mathrm{d}Q_S/\mathrm{d}P$ 一般为正值，因此 E_{SP} 一般为正值，即能源供给价格弹性与一般产品供给价格弹性一样，一般为正值。

一般商品供给价格弹性的大小受多种因素的影响。一是时间因素，当商品的价格发生变化时，厂商对产量的调整需要一定的时间。短期内，厂商若要根据商品的涨价及时地增加产量，或者根据商品的降价及时地缩减产量，都存在不同程度的困难，相应地，供给弹性比较小。但是长期内，生产规模的扩大与缩小，甚至转产，都是可以实现的，供给量可以对价格变动做出充分的反应，弹性就比较大了。二是生产成本随产量变化而变化的情况。如果产量增加只是引起边际成本的轻微的提高，则意味厂商的供给曲线比较平坦，供给弹性可能比较大，反之，则弹性较小。三是产品生产周期的长短。周期短的，厂商可以及时根据市场价格进行调整产量，弹性较大，反之较小。

在技术一定的前提下，由于能源产业属于资本密集型产业，投资大，周期长，能源供给无法随市场价格的变化同步变化，短期能源供给总量和结构也难以随价格的变化做出大的调整，能源供给价格弹性一般较小，但在长期，如果能源价格持续偏高，能源生产企业利润增加，就会刺激能源企业增加投资，增加供给，能源消费企业则会增加研发投资，促进技术进步，提高能源使用效率和用相对便宜的能源品种替代较昂贵的能源品种，因此长期能源供给总量和结构随价格调整的幅度会增加，即长期能源供给价格弹性相对较大。可以用图 3–2 简单地描述能源供给的即时 MS、短期 SS 和长期供给曲线 LS。因此，能源供给价格弹性由于调整产量的难度较大，加上化石能源产品还要受到储量的限制，决定了能源供给价格弹性一般较小，且通常情况下，供给价格弹性小于需求价格弹性。较小的需求和供给价格弹性，以及供给价格弹性小于需求价格弹性的特点，导致了当供求关系出现小幅度的失衡就会导致价格较大的波动幅度。如即图 3–3 中 ΔQ<ΔP。

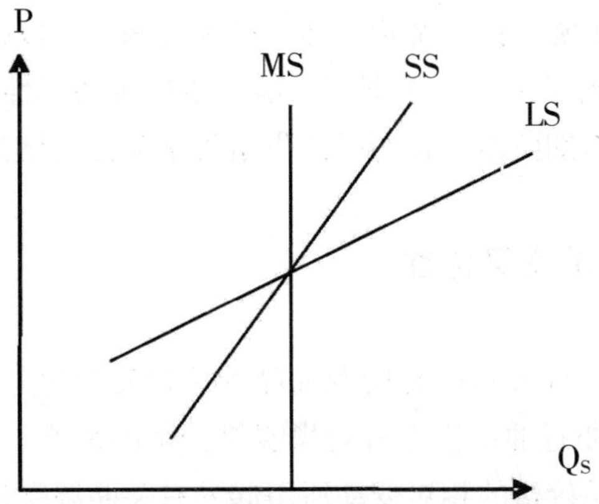

图 3–2 能源供给的瞬间、短期和长期价格弹性

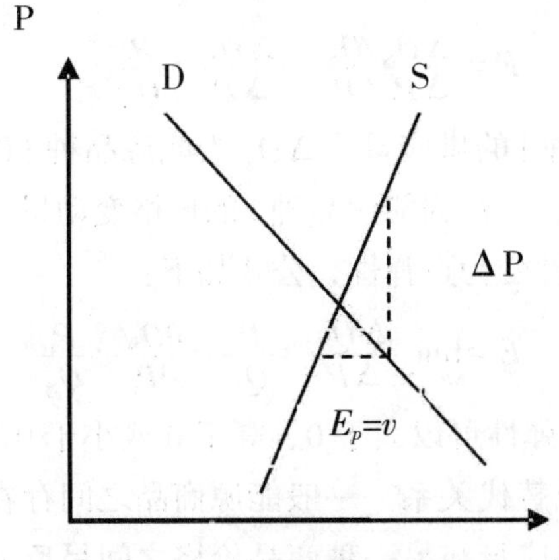

图 3–3 弹性对均衡的影响

此外，能源品种的边际生产成本相对较低，而产品生命周期较长，这些都会影响到能源供给价格弹性的大小，但是不同类型的能源品种其影响程度会有所不同。

和能源需求价格弹性一样，研究能源供给价格弹性也需明确两点：一是能源品种十分丰富，不同能源品种的能源供给价格弹性大小不同。根据能源品种，可以有煤炭供给价格弹性、石油供给价格弹性、电力供给价格弹性等，这些不同能源品种特征不同，供给量对价格的敏感程度自然不同。在进行供给弹性计算时最好采用标准单位和价格指数进行测算，如计算我国煤炭供给价格弹性可以采用通用的煤炭价格指数变动一个点时，煤炭供给总量变化的万吨标准煤来衡量煤炭供给价格弹性的大小。二是在特殊情况下，和某些商品一样，能源供给价格弹性的大小也可能出现负值，如在能源价格上涨阶段，能源供应商考虑价格可能会进一步上涨，能源奇货可居，减少能源供应以推动价格进一步上涨。因此供给量反而随价格的上升而下降，能源供给价格弹性出现负值。当然，这种情形一般出现在短期阶段，长期能源供给价格弹性应该为正值。

二、能源供给的交叉弹性

能源供给交叉弹性表示一种能源商品的价格变动对另一种能源商品供给量变动的影响程度。如石油价格上升对煤炭供给量的影响。所以能源供给交叉弹性是指一种能源产品价格的相对变动所引起的有关能源品种供给量的相对变动。其计算公式如下：

能源供给交叉弧弹性：

$$E_{ij}=\frac{\Delta Q_{Sj}/Q_{Sj}}{\Delta P_i\,/\,P_i}=\frac{\Delta Q_{Sj}}{\Delta P_i}\cdot\frac{P_i}{Q_{Sj}} \tag{3-4}$$

其中，Q_{Sj} 为能源品种 j 的供应量，ΔQ_{Sj} 为能源品种 j 的供给变动量，P_i 为能源品种 i 的价格绝对量，ΔP_i 为能源品种 i 的价格变动量。

当 $\Delta P_i \to 0$ 时，弧弹性变为点弹性，公式如下：

$$E_{ij}=\lim_{\Delta P_i\to 0}\frac{\Delta Q_{Sj}}{\Delta P_i}\cdot\frac{P_i}{Q_{Sj}}=\frac{\mathrm{d}Q_{Sj}}{\mathrm{d}P_i}\cdot\frac{P_i}{Q_{Sj}} \tag{3-5}$$

普通商品的供给交叉弹性可以大于 0、等于 0 或小于 0，它表明两种商品之间分别呈互补、不相关或替代关系。一般能源商品之间存在替代关系，对于替代商品来说，一种商品供应量与另一种商品价格之间呈反方向变动关系，所以其供给交叉弹性系数一般为负值。一般来说，两种商品之间的功能替代性越强，需求交叉弹性系数的绝对值就越大。

三、能源生产弹性系数

除上述两个能源供给弹性之外，能源生产弹性系数是能源供给弹性的一个重要相关概念。能源生产弹性系数是指能源产量增长速度相对于国民经济增长速度的比重。

根据定义知其计算公式为：

$$E_p=v_{qp}/v_g \tag{3-6}$$

其中，E_p 是能源生产弹性系数；v_{qp} 指能源生产总量的年均增长速度；v_g 指 GDP 的年增长速度，即式中的分子项为能源总生产量的增长率，但分母项为国民经济发展增长率。

能源生产弹性系数小于 1，表明能源生产增速慢于经济增长的速度；反之，能源生产弹性系数大于 1，则能源生产增速快于经济增长的速度；如果等于 1，表明能源生产增速与经济增速同步。类似地，电力生产弹性系数是指电力生产总量年平均增长速度与国民经济年平均增长速度之比。我国改革开放 30 多年以来，能源与电力生产弹性系数情况如表 3-7 所示：

表 3-7　我国 1980~2012 年能源与电力生产弹性系数

年 份	国内生产总值增长速度（%）	能源生产增长速度（%）	电力生产增长速度（%）	能源生产弹性系数	电力生产弹性系数
1980	7.80	–1.30	6.60		0.85
1985	13.50	9.90	8.90	0.73	0.66
1990	3.80	2.20	6.20	0.58	1.63
1995	10.90	8.70	8.60	0.80	0.79
1996	10.00	3.10	7.20	0.31	0.72
1997	9.30	0.32	5.10	0.03	0.55
1998	7.80	–2.72	2.70	–	0.35
1999	7.60	1.62	6.30	0.21	0.83
2000	8.40	2.36	9.40	0.28	1.12
2001	8.30	6.54	9.20	0.79	1.11
2002	9.10	4.71	11.70	0.52	1.29
2003	10.00	14.10	15.50	1.41	1.55
2004	10.10	14.39	15.30	1.43	1.51
2005	11.30	9.95	13.50	0.88	1.19
2006	12.70	7.38	14.62	0.58	1.15
2007	14.20	6.51	14.50	0.46	1.02

续表

年份	国内生产总值增长速度（%）	能源生产增长速度（%）	电力生产增长速度（%）	能源生产弹性系数	电力生产弹性系数
2008	9.60	5.40	5.60	0.56	0.58
2009	9.20	5.40	7.10	0.59	0.78
2010	10.40	8.10	13.30	0.78	1.28
2011	9.3	7.1	12.0	0.76	1.29
2012	7.7	4.4	5.8	0.57	0.75

资料来源：中国能源统计年鉴（2013）.

如表 3-7 所示，我国仅在 2003~2004 年两年出现了能源生产增长快于经济增长的现象，1997~1998 年亚洲金融风暴期间，能源产量甚至出现了负增长，其他年份慢于经济增长的速度，因为能源生产周期长，资金需求量大，所以，能源生产应该有所超前。但是，从能源生产弹性系数看，我国能源生产不仅没有超前，反而落后于经济生产增长速度，这在长期将严重影响能源供给的保障能力。相比能源总量的生产，电力生产增速多数年份高于国民经济增长速度，如 2000 年以来，电力生产增速，除 2008~2009 年金融危机期间之外，明显高于国民经济增长速度。

总之，能源是经济发展的驱动力量，能源生产与供应是经济发展的基础。能源生产弹性系数反映了能源生产增长与国民经济增长之间的数量关系，要根据经济发展的需要确定合理的能源生产弹性系数。

第四节　能源供给预测

一、能源供给预测概述

能源是人类生存和发展必不可少的物质基础，任何一个国家和地区的社会经济发展都离不开能源的支撑。因此能源一直是关乎世界各国经济发展和民众生活的重要议题。进入 21 世纪后的绝大部分时间里，能源供应趋紧。紧张的能源形势给经济社会发展带来了威胁，必须对能源供给的未来进行合理预测与判断，正确估测未来的能源形势，并采取积极的应对措施，以保证未来经济和社会发展的能源供应。这是任何一个国家和地区都必须重视的问题。

与能源需求预测一样，能源供给预测是进行能源发展规划的一个重要组成部分。世界上很多组织和机构在对能源需求进行预测的同时，同样也开展能源供给预测，以服务于经济和社会发展的需要。能源供给预测和能源需求预测十分类似，但能源供给预测与能源需求预测不同之处在于：能源供给很大程度上要受到资源禀赋的限制，不同能源品种，资源禀赋和市场结构等因素会有所不同，因此，分能源品种进行供给预测是必要的，所以，一般能源供给预测往往包括煤炭能源供给预测、石油能源供给预测、电力能源供给预测、天然气能源供给预测，以及可再生能源预测等，不同国家和地区资源禀赋相差很大，其能源供给预测研究往往要根据客观条件和需要展开进行。

二、能源供给预测方法

能源供给与需求的预测方法基本相同，即很多方法既可以用于能源需求预测，又可以用于能源供给预测。如可用于能源需求预测的趋势外推方法基本上都可以用于能源供给预测，同样，这些方法仅利用历史数据信息，假设将来沿着历史趋势发展，外推能力有限，仅适合用于短期能源供给预测。趋势预测法在第二章能源需求预测部分已经进行详细介绍，此处仅重点介绍生命模型拟合法、灰色系统方法、“储量—产量”双向平衡控制模型和随机模型四种预测方法。

（一）生命模型拟合法

建立一个模型去逼近实际数据序列的过程称为拟合。判断拟合模型与实际体系的符合程度有多种标准，例如最小二乘法、最大离差为最小的最大最小原则、最大似然性、最小绝对偏差等，其中根据最小二乘法原理用拟合模型方程去逼近实际观察值是一种最常见的拟合方法。

根据拟合模型函数形式的不同，拟合形式有多种多样，诸如线性拟合、多项式拟合、对数拟合、指数拟合及生命模型拟合等。其中生命模型拟合是油气储量、产量预测的重要方法。生命模型函数是一类收敛型数学模型，常用的有翁氏生命旋回模型、逻辑斯谛（Logistic）模型、龚帕兹（Compertz）模型等，它适用于石油、天然气、煤炭等勘探开发过程中类似生命总量有限体系的发展、消亡过程的描述和预测。它通过对过去油气储量、产量的变化趋势进行拟合，获取有关模型参数，再用相应的模型公式预测未来储量、产量的发展趋势。

1. 翁氏生命旋回模型

翁文波教授创建的生命旋回理论认为：一切事物的发展变化可以划分为兴起、成长、达到鼎盛，然后逐渐衰亡 4 个阶段，从而形成一个完整的生命周期。油、气、煤等化石能源是一种不可再生资源，资源总量是有限的，就勘探开发的全过程来说，其发展规律总体上是符合生命旋回理论。

翁文波认为这种旋回的发展合乎泊松分布函数，就把它称为“泊松旋回”。“泊松旋回”问世后，立即得到石油界的广泛关注。1986 年，石油工业部石油勘探开发科学研究院成立了项目组进行专题预测。从事数学地质研究的项目负责人高级工程师赵旭东利用半年时间，对国内外 150 多个油气田年产量和最终可采储量进行预测。他惊奇地发现，这些油气田的实际产量与预测值的相关系数，绝大多数都大于 0.9，而正规开采的油气田的相关系数，一般都在 0.95 以上。这一系数的重要意义在于，能够根据油气田的以往产量非常准确地预测出最终可采储量。特别是可以发现不少油气田在原来计算时，没有包括进去的潜在可采储量，而且这部分可采储量往往是相当可观的。

赵旭东在实际预测中，发现“泊松旋回”的命名不当。不久，赵旭东写了一篇题目为《用 Weng 旋回模型对生命总量有限体系的预测》的文章，在中国科学院《科学通报》上发表。从此，国内外即正式称这种生命旋回为翁氏旋回或翁氏生命旋回。

该模型有 3 个假设：

（1）有一个起始点 x_0，在该点前系统 x（t）不存在；

（2）过程开始后，x（t）的增长速率与系统 x（t）本身成正比；

（3）增长率有一个比例因子使系统在某一时刻“b”达到有限极值时增长率为 0。当 t<b 时，增长率为正，当 t>b 时，增长率为负。这个因子可假设为（t/b–1）。

根据第（2）、（3）假设，可以建立下列微分方程：

$$\frac{dx(t)}{dt}=x(t)\left(\frac{b}{t}-1\right) \tag{3-7}$$

解上述方程并考虑第一个假设，则生命旋回模型可表达为：

$$x(t)=\begin{cases}\text{不存在} & t<x_0 \\ 0 & t=x_0 \\ at^{b}e^{-t} & t>x_0 \\ 0 & t=+\infty\end{cases} \tag{3-8}$$

式中：a，b 为拟合系数；x_0 为预测初始时间；x 为预测时间。根据最小二乘法原理，利用历史数据可以求出拟合系数 a 和 b。

x（t）的总和是收敛的，从 t=0 至无限的积分为：

$$s=\int_0^\infty x(t)\mathrm{d}t=\int_0^\infty at^b e^{-t}\mathrm{d}t=a\Gamma(b+1) \tag{3-9}$$

因为 x（t）的总和是收敛的，这一模型只能用于总量有限的体系，如矿产资源的产量和储量等。

2. 逻辑斯谛（Logistic）模型

逻辑斯谛（Logistic）预测模型是一个属于增长类型的模型。逻辑斯谛并非是人名，而只是 Logistic 英文一词的中文译名，它表示增长曲线的数学逻辑推理之义。美国哈伯特（Hubbert）于 1962 年首次提出逻辑斯谛曲线（logistic curve）预测方法，因此，该法又被称为哈伯特模型。该模型已被用在勘探开发阶段的新老油气田可采储量的预测。

逻辑斯谛模型的微分方程为：

$$\frac{\mathrm{d}y}{y\mathrm{d}t}=a\left(1-\frac{y}{b}\right) \tag{3-10}$$

式中：y 为模型函数；t 为时间变量；a、b 为模型参数。对公式 3–10 积分后可得：

$$y=\frac{b}{1+ce^{-at}} \tag{3-11}$$

公式 3–11 就是逻辑斯谛模型的表达式。由公式 3–11 可以看出，当 $a<0$，$t\to\infty$ 时，y 趋向于它的极值 b。

由于油气田的累积产量随时间的变化属于增长曲线的类型，因此，为了预测油气田的可采储量，可把公式 3–11 改写为如下表达式：

$$N_p=\frac{N_R}{1+ce^{-at}} \tag{3-12}$$

式中：N_P 为油气田的累积产量；N_R 为油气田的最终可采储量；t 为开发年限。将公式 3–12 对时间求导数可得到预测油气产量（q）的关系式：

$$q=\frac{acN_Re^{-at}}{(1+ce^{-at})^2} \tag{3-13}$$

当公式 3–13 的 $\frac{\mathrm{d}q}{\mathrm{d}t}=0$ 时，可求得油气田最高年产量发生时间（t_m）的表达式：

$$t_m=\frac{1}{a}\ln c \tag{3-14}$$

把公式 3-14 分别代入公式 3-13、公式 3-14，可得到油气田最高年产量（q_{max}）和最高年产量发生时的累积产量（N_{pm}）的表达式：

$$q_{max}=\frac{1}{4}aN_R \tag{3-15}$$

$$N_{pm}=\frac{1}{2}N_R \tag{3-16}$$

逻辑斯谛模型预测油气田的产量与时间的变化关系时，它是一个带峰值的函数，而且最高年产量（峰值）刚好发生在累积采出可采储量 50%的时间。因此，对于那些采出可采储量 50%左右进入递减阶段的油气田，利用该模型可以得到相当满意的预测结果。否则，只能对油气田的可采储量进行有效预测。

3. 龚帕兹（Compertz）模型

龚帕兹（Compertz）模型的数学表达式为：

$$y=e^{(k+ab-t)} \tag{3-17}$$

式中：t 为预测时间；k、a、b 均为模型参数。

该模型属于增长曲线函数，而且具有极限，即当 $t\rightarrow\infty$ 时为极限值。故利用该模型可以预测气田储量增长趋势及最终可探明储量。

（二）灰色系统方法

灰色系统理论是我国学者邓聚龙于 1982 年创立的。灰色系统是指信息不完全的系统。所谓“信息不完全”，一般是指系统因素不完全明确，因素关系不完全清楚，系统结构不完全知道，系统作用原理不完全明了等。“信息不完全”是“灰”的基本含义。灰色系统理论就是研究本征性灰色系统的量化问题，是研究系统的建模、预测、分析、决策和控制的理论。

灰色预测是指采用 GM（1，1）模型对系统行为特征值的发展变化进行的预测。GM 即 GREY MODEL 的缩写，GM（1，1）是指一个只包含单变量的一阶微分方程。根据不同的预测目的可分为数列预测、灾变预测、季节灾变预测、拓扑预测和系统预测等。

石油、煤炭、天然气工业是一个庞大的系统，它没有客观的物理原型，是本征性灰色系统。影响其发展因素除地质条件、科技进步、资金投入、交通运输和自然地理条件等以外，还有政策、策略，国内及国际石油价格，其他能源工业的发展以及国内、国际的政治局势变化等。从灰色系统理论的观点出发，影响化石能源储量、产量变化的因素都代表着系统低层次的灰色量，对它们逐一做出定量的描述显然是困难的，也是很不现实的。而这些因素的共同目的和作用方向是增长或降低石油、天然气的储量和产量。因此可以认为，石油天然气的储量、产量是这些低层次灰色量（或称灰色过程）综合作用结果的集中体现，是系统的总体输出，代表着系统的未来发展方向。运用系统的总输出预测系统的未来变化态势是灰色系统理论处理这类问题的基本出发点，而且已被实践证明是行之有效的。

1. GM（1，1）模型

GM（1，1）模型是最常用的一种灰色模型，它是由一个只包含单变量的一阶微分方程构成的模型，GM（1，1）模型及解法具体如下：

设变量 $x^{(0)}$原始数据序列为：

$$x^{(0)}=\{x^{(0)}(1), x^{(0)}(2), \cdots\cdots, x^{(0)}(k)\} \tag{3-18}$$

用 AGO（Accumulated Generating Operation）生成一次累加模块 $x^{(1)}$：

$$x^{(1)}=\{x^{(1)}(1), x^{(1)}(2), \cdots\cdots, x^{(1)}(k)\} \tag{3-19}$$

$$x^{(1)}(k)=\sum_{j=1}^{k} x^{(0)}(j) \tag{3-20}$$

由灰色模块 $x^{(1)}$构成的一阶微分方程：

$$\frac{dx^{(1)}}{+x^{(1)}}+ax^{(1)}=b \tag{3-21}$$

解微分方程得：

$$x^{(1)}(t)=[x^{(1)}(1)-\frac{b}{a}]e^{-at}+\frac{b}{a} \tag{3-22}$$

写成离散型，则为：

$$x^{(1)}(k+1)=[x^{(0)}(1)-\frac{b}{a}]e^{-akt}+\frac{b}{a} \tag{3-23}$$

式中，a，b 为待定系数，可用向量 $B=[a,b]^T$ 来表示，并利用最小二乘法原理求解。

$$B=[x^Tx]^{-1}x^Ty \tag{3-24}$$

$$x=\begin{pmatrix} -\frac{1}{2}[x^{(1)}(1)+x^{(1)}(2)] & 1 \\ -\frac{1}{2}[x^{(1)}(2)+x^{(1)}(3)] & 1 \\ \cdots\cdots & \\ -\frac{1}{2}[x^{(1)}(n-1)+x^{(1)}(n)] & 1 \end{pmatrix} \tag{3-25}$$

$$y=\begin{bmatrix} x^{(0)}(2) \\ x^{(0)}(3) \\ \cdots\cdots \\ x^{(0)}(n) \end{bmatrix} \tag{3-26}$$

经过累加后生成的数据序列，已失去原来的物理意义，所以由 GM（1，1）模型求解的结果，必须通过累减还原到原序列：

$$\hat{x}^{(0)}(i)=\begin{cases} x^{(0)} & i=1 \\ x^{(1)}(i)-x^{(1)}(i-1) & i\geqslant 2 \end{cases} \tag{3-27}$$

由于灰色系统理论研究的是信息不完全的对象，在建立 GM（1，1）模型前先对原始数据进行累加处理，消除原始数据序列的随机性，使之呈现一定的规律性。它的主要特点为：①系统要求数据量不多，并且不需要从数据中找出规律；②系统适用于非线性、非指数或者非对数分布；③系统通过原始数据的处理将灰色量变换成生成数，从生成数进而得到规律性较强的生成函数，即系统的处理对象是生成数而不是原始数据，这是与其他模型的最大区别。

20 世纪 90 年代中期，我国曾用截止到 1994 年的数据，应用灰色系统方法，建立 7 个 GM（1，1）模型，在综合分析的基础上预测 2000、2005 年的石油产量。2000 年的预测中值为 15633×10^4 t、上限值为 15761.4×10^4 t。而该年实际值为 15760.2×10^4 t，与预测中值、上限值间的误差分别为 0.81% 和 0.0076%。可见该方法的运用还是相当恰当的。国家统计局（2009）以 1991~2008 年的能源产量数据为原始序列，建立了 GM（1，1）模型，对我国 2011~2020 年的能源产量进行了预测。模型精度检验该方法是可行的，GM（1，1）模型可以用于能源生产量预测。

2. 费尔哈斯（Verhulst）模型

比利时生物学家费尔哈斯从马尔萨斯（Malthus）的生物增长规律模型出发，提出种群在有限生存空间下的数量动态模型，经过变换后得到了著名的逻辑斯谛方程，其解的轨迹为 S 形曲线。邓聚龙教授把费尔哈斯（Verhulst）模型作为灰色系统的一个特殊预测模型。

费尔哈斯（Verhulst）模型与 GM（1，1）模型的主要区别在于：① GM（1，1）模型仅适用于短期预测，费尔哈斯（Verhulst）模型可用于中期预测；② 费尔哈斯模型模拟了生命旋回过程，而且该模型较广泛地应用于人口、生物生长、市场消费和能源储量、产量的预测。

下面简要介绍费尔哈斯（Verhulst）模型的数学表达式和解法。费尔哈斯（Verhulst）模型的微分方程如下：

$$\frac{dx^{(1)}}{dt}=ax^{(1)}-b(x^{(1)})^2 \tag{3-28}$$

解微分方程得：

$$x^{(1)}(t)=\frac{\frac{a}{b}}{1+(\frac{a}{bx^{(0)}}-1)e^{-at}} \tag{3-29}$$

式中：a，b 为待定系数，可用向量 $B=[a,b]^T$ 来表示，并利用最小二乘法原理求解。

$$B=[x^Tx]^{-1}x^Ty \tag{3-30}$$

$$x=\begin{pmatrix} \frac{1}{2}[x^{(1)}(1)+x^{(1)}(2)] & -\frac{1}{2}[x^{(1)}(1)+x^{(1)}(2)]^2 \\ \frac{1}{2}[x^{(1)}(2)+x^{(1)}(3)] & -\frac{1}{2}[x^{(1)}(2)+x^{(1)}(3)]^2 \\ \cdots & \cdots \\ \frac{1}{2}[x^{(1)}(n-1)+x^{(1)}(n)] & -\frac{1}{2}[x^{(1)}(n-1)+x^{(1)}(n)]^2 \end{pmatrix} \tag{3-31}$$

$$y=\begin{bmatrix} x^{(0)}(2) \\ x^{(0)}(3) \\ \cdots \\ x^{(0)}(n) \end{bmatrix} \tag{3-32}$$

最后，通过累减还原到原来序列。

$$\hat{x}^{(0)}(i)=\begin{cases} x^{(0)}(1) & i=1 \\ x^{(1)}(i)-x^{(1)}(i-1) & i\geqslant 2 \end{cases} \tag{3-33}$$

由于费尔哈斯模型和翁氏旋回模型所描述的是较简单的“自然”生命过程，在应用它们对油气田、油气区储量、产量变化预测时就产生了局限性。它们的生命曲线都近似于正弦曲线，但实际上，人们为了经济利益及满足社会需求，而对油气田生命过程以很大的干预，往往使它们脱离“自然”生命曲线。由于后期施加了许多增产、稳产措施，使生命曲线的稳产部分加长了，往往出现一个稳产平台，而下降期被推后了，下降的速度也可能减缓了。我们将多数这类曲线称为不对称似正弦曲线。这是费尔哈斯模型和翁氏旋回模型所不能完全预料的。

（三）“储量—产量”双向平衡控制模型

“储量—产量”双向平衡控制模型[①]（万吉业，1994 年）把各油气区乃至全国规划的油气产量与油气储量增长目标有机地联系起来，即规划期内新增可采储量等于规划期内累积产量加上规划期内剩余可采储量增减量。产量增长规模取决于储量增长规模。具体模型如下：

(1) 假设在规划期内，油（气）产量按指数关系变化时，则某一年的油（气）产量 Q_t 为：$Q_t=Q_0D^t$ (3–34)

其中：$D=\left(\frac{Q_t}{Q_0}\right)^{\frac{1}{t}}$ (3–35)

式中：Q_0 为规划期前一年年产量，D 为年指数递增或递减率。

(2) 规划期内阶段累积产油（气）量为公式 3–34 的积分，具体如下：

$$\Delta N_P=\int_0^t Q_t\,\mathrm{d}t=\int_0^t Q_0D^t\mathrm{d}t=\frac{Q_0}{\ln D_0}\left(D^t-1\right) \quad (3\text{–}36)$$

(3) 规划期内油（气）剩余可采储量的增减量 ΔN_{RR}，为规划期末的剩余可采储量减去规划期前一年的剩余可采储量，即：

$$\Delta N_{RR}=Q_tR_t-Q_0R_0 \quad (3\text{–}37)$$

式中：R_0 为规划期前一年油（气）剩余可采储量的储采比；R_t 为规划期末第 t 年油（气）剩余可采储量的储采比。

(4) 根据规划期内油（气）新增可采储量 ΔN_R，等于规划期内阶段累积产量 ΔN_P 与规划期内剩余可采储量的增减量 ΔN_{RR} 之和，可以得到如下“储量—产量”双向平衡控制模型的数学表达式：

$$\Delta N_R=\frac{Q_0\left[D-D^{(t+1)}\right]}{1-D}+\left(Q_tR_t-Q_0R_0\right) \quad (3\text{–}38)$$

该方法的最大优点是把产量与储量变化有机地统一起来，实质上是一种正反演结合模型，可以相互验证，避免两者脱钩而产生错误的结论，这是其他预测模型无法比拟的。其他模型在预测产量时，一般很少考虑到资源的保证程度，

① 万吉业. 石油天然气“资源量—储量—产量”的控制预测与评价系统[J]. 石油学报，1994（3）：51~60.

预测结果有可能因为未来资源不到位很难实现而产生较大的误差，甚至是很荒谬的：但是，其不足之处在于把油（气）产量变化的过程简单化、理想化，即简单的匀速变化过程，忽略油价变化对石油产量的影响。

（四）随机模型

油气勘探开发存在一定的风险性和随机性。正由于这种性质，基于某些特定的随机分布函数，可以建立油气储量、产量预测模型。但是这类模型一般比较复杂，计算过程较繁杂，而且仅适用于勘探开发程度较高的地区或油气田，平时采用相对不多。下面仅简单介绍威布尔（Weibull）和对数正态分布两种模型，仅供参考。

1. 威布尔（Weibull）模型

Weibull（威布尔）于 1939 年提出的统计分布模型已成为生命试验和可靠性理论研究的基础。该模型的分布密度函数为：

$$f(x)=\frac{\alpha}{\beta}x^{\alpha-1}e^{-\frac{x^{\alpha}}{\beta}} \tag{3-39}$$

式中：$f(x)$为分布密度函数；x 为分布变量，根据实际问题，分布区间为 0~∞；α 为控制分布形态的形态参数；β 为控制分布峰位和峰值的尺度参数。

由于 Weibull 分布密度模型，在 x 从 0 到 ∞ 区间的分布函数 $F(x)=1$，这相当于实际开发的油气田，在 t 从 0 到 ∞ 区间内的累积产量，即油气田的最终可采储量。为此，陈元千教授基于威布尔分布模型，经过推导并提出了油气田产量和储量的威布尔（Weibull）预测模型，其表达式为：

$$q=\frac{N_R\alpha}{\beta}t^{\alpha-1}e^{-\frac{t^{\alpha}}{\beta}} \tag{3-40}$$

式中：q 为油气田的年产量；N_R 为油气田最终可采储量；α、β 为模型参数；t 为油气田的开发时间。

2. 对数正态分布模型

根据概率统计理论，对数正态分布的密度函数为：

$$f(x)=\frac{1}{\sqrt{2\pi}\,\beta x}e^{-\frac{(\ln x-\alpha)^{2}}{2\beta^{2}}} \tag{3-41}$$

式中：$f(x)$为对数正态分布的密度函数；x 为分布变量，分布区间为 0~∞；α、β 为控制分布形态的参数。

$f(x)$在 x 从 0 到 ∞ 区间的分布函数 $F(x)=1$。对于具体油气田来说，开发时间

t 从 0 到 ∞ 区间内的累积产量可视为油气田的最终可采储量，即为 $N_R=\int_0^{\infty} q\mathrm{d}t$。因此，若把（3-40）式转化为预测油气产量的模型时，需要在（3-40）式右边乘以最终可采储量 N_R。令 $t=x$ 和 $q=f(x)$，并引入模型转化参数 N_R，由（3-40）式可以得出预测油气田产量和储量的对数正态分布模型，其表达式为：

$$q=\frac{N_R}{\sqrt{2\pi}}\frac{1}{t}e^{-\frac{(\ln t-\alpha)^2}{2\beta^2}} \tag{3-42}$$

式中：q 为油气田的年产量；N_R 为油气田最终可采储量；α、β 为模型参数；t 为油气田的开发时间。

综上所述，仅为能源供给预测的基本模型与方法，主要以油气为例进行了简单分析。能源供给预测需要定性与定量相结合，综合利用数学、系统动力学、计量经济学和控制论等理论与方法建立复杂的计量模型进行预测和评价，同时也离不开 Visual Basic、E-views 等计算机软件作为辅助工具，进行精确的处理和运算，以求预测方法更加合理，预测结果更加客观。

三、能源供给预测内容

（一）能源供给数量预测

能源供给数量预测是能源供给预测的主要内容，上述模型主要用于对能源供给数量进行预测。学术界关于供给预测的研究主要也是对能源供给总量或者分能源品种进行数量的预测。

国际知名能源研究机构一直致力于能源供给的预测研究。如 2012 年，IEA 的一份研究报告称，随着页岩革命的兴起，2015 年，美国将超越俄罗斯，成为最大的天然气生产国；2017 年，美国将超越沙特阿拉伯，成为世界上第一大石油生产国。按照 IEA 的预测，2035 年，美国将不再需要进口石油，实现自给自足。甚至从 2030 年开始，北美就将能够净出口石油。《华尔街日报》对此评论称，如果 IEA 的预测成真，不仅会深刻改变世界能源供应状况，还会导致世界地缘政治发生变化。[①] 另据《BP 能源展望 2030》显示：能源来源的多样化将得

① 金微. IEA 预测美将于 5 年后成头号能源生产国[EB/OL]. 每经网：http://www.nbd.com.cn2012-11-16.

以加强，核能、水电和可再生能源等非化石能源有望首次成为供给增长的主要来源。可见，国际知名能源组织和机构始终密切关注能源形势，对能源供给的数量和结构进行预测研究。

与此同时，各国政府与学术界也都进行了大量的相关研究。如我国杜元伟、段万春、李亚群（2011）结合我国能源储备与消费的特征，分别针对煤炭、石油、电力和天然气的能源预测问题，提出了“先细后粗，多寡有序，效果为先”的能源需求与供给的预测思路。提出能源供给预测需要分煤炭、石油、电力和天然气进行预测。[①]又如艾德春（2008）在理论分析和实证分析相结合的基础上，利用 Eviews 和 SPSS 统计软件，详细地分析了影响我国煤炭供给和需求的主要因素，从而初选了影响煤炭供需的指标，然后，根据时差分析理论和因果关系理论，从影响煤炭供需初选指标中，构建了煤炭供需预测预警指标体系。[②]我国是煤炭生产和消费大国，其对煤炭供给量的预测研究较具意义。其他关于石油、天然气、可再生能源等的供给预测研究也非常多，此不赘述。

总之，能源供给预测的研究首先是能源供给量的预测，以服务于经济发展需要。但是，对不同能源品种供给量的预测同时也是能源供给结构与品质的预测，也需要对此做出研究。

（二）能源供给结构与品质预测

历史经验表明，从 18 世纪产业革命以来，在世界范围内，煤炭逐渐成为主要能源，但到 21 世纪中叶，石油、天然气逐渐取代煤炭成为主要能源。随着人们对环保的重视，根据可持续发展的要求，一次能源充分利用太阳能、风能、海洋能与地热能，逐步取代化石燃料成为主要能源，是能源供给发展的必然趋势。因此，能源供给结构是随着经济和社会发展的需要不断改变的，目前各国无不致力于能源供给结构的调整，努力增加清洁能源的供给比例，减少化石能源的供应。能源供给结构调整的同时，也是能源供给品质变化的过程，人类能源利用的历史表明，不断提高能源供应品质，清洁、高效利用能源乃大势所趋。

根据 BP 能源展望的预测，未来 20 年，能源来源的多样化将得以不断加强，核能、水电和可再生能源等非化石能源有望首次成为供给增长的主要来源。

---

① 杜元伟，段万春，李亚群. 能源需求与供给的预测思路[J]. 现代管理科学，2011（3）：33~35.

② 艾德春. 我国煤炭供需平衡的预测预警研究[D]. 中国矿业大学，2008.

2010~2030 年间，包括太阳能、风能、地热能源和生物能在内的可再生能源对能源增长的贡献率将从 5%增至 18%。能源结构多元化趋势在未来各种能源品种份额增减中得以显著体现。石油的市场份额将在相当长的时期内持续下降，天然气的市场份额则会稳步提升。随着工业化迅速发展，尤其是中国和印度的发展，煤炭市场份额近期会有所增长，但在 2030 年前这种趋势将会逆转。到 2030 年，以上 3 种化石燃料市场份额将会趋同，各占 27%左右。1990 年至 2010 年期间，化石燃料占能源增长的 83%，而在未来 20 年中，化石燃料有可能占能源增长的 64%。2030 年可再生能源（水电除外）和生物燃料将占能源增长的 18%。[①]可见，随着人类社会与经济的发展，世界能源供给结构将不可避免地发生变化。

总之，人类经济与社会发展需要能源供给结构与品质不断地优化，目前，优化能源供给结构，提升能源供给品质已经成为世界各国能源管理与发展的核心内容。

第五节　本章小结

能源是人类社会发展和经济增长最基本的驱动力，是人类赖以生存的物质基础与保障。能源供给是构成能源市场活动的一个重要方面，充足的能源供给是一国经济和社会发展的必要保障，严峻的能源供给形势使得能源供给研究更加必要。本章我们从能源供给总量、结构、品质、储量和能源供给弹性等六大基本概念出发，详细研究了资源禀赋、能源价格与投资、能源技术与管理、能源政策等影响能源供给的六大影响因素，并对能源供给的各种弹性和能源供给预测方法进行了详细分析。本章的内容将为后续能源市场和价格的研究奠定基础。

① BP 世界能源展望 2030（英文）[R]. 百度文库：http://wenku.baidu.com/view/6acc20681eb91a37f1115c97.html.

第四章 能源市场

能源资源的配置是通过能源市场来实现的，能源市场可以简单地理解为通过能源的供给与需求运动，实现能源资源配置的机制和形式。能源供需是能源市场的主要内容，作为一种重要的生产要素，能源需求受社会经济发展、人口增长等因素推动，具有刚性增长的特点，而能源供给受制于资源的有效性、分布的高度地缘性，以及能源投资等因素的影响。因此，能源市场资源的配置问题较一般产品更加困难和复杂。更需要从市场的角度对有关问题进行深入分析。本章将从能源市场原理出发，详细分析能源市场体系及其运行机制。

第一节 能源市场概述

一、能源市场的内涵

能源市场是指以能源资源及其相关产品与服务为交易对象而形成的供求关系及其机制的总和。它包括以下三层基本含义：

首先，它是能源资源及其相关产品与服务进行交易的一个有形或无形的场所。交易场所是市场最基本的部分与内涵，如中国能源矿产交易中心、太原煤炭交易中心等众多能源交易中心的办公大楼、大连和天津等各港口码头能源仓库和交易场所等有形的市场，以及网络与电子交易等无形与虚拟的场所。能源资源及其相关产品与服务交易形成的有形与无形的场所是能源市场有机的组成部分。

其次，它反映了能源资源及其相关产品与服务的供应者和需求者之间所形成的供求关系。以煤炭为例，煤炭价格往往会随着供需的变化而发生波动，这些波动都是受煤炭的市场供求和运输成本的变化而变化的。最明显的一点是煤炭价格受季节性供求关系的影响较大，每年随着冬季用煤高峰的来临，煤价会在

8、9月份逐渐上升。可见，能源资源的供求关系是能源市场的核心内容之一。

再次，它包含了能源资源及其相关产品与服务交易过程中所产生的各种运行机制。市场机制是通过市场竞争配置资源的方式，即资源在市场上通过自由竞争与自由交换来实现配置的机制，也是价值规律的实现形式。具体来说，它是指市场机制体内的供求、价格、竞争、风险等要素之间互相联系及作用的机理。一般市场机制主要包括供求机制、价格机制、竞争机制和风险机制。其中最主要的是价格机制。市场机制是市场的核心组成部分，是决定市场效率的关键因素。健全能源市场机制是各国能源市场发展与管理最基本的要求。

二、能源市场的发展与特征

能源是人类活动的物质基础。伴随着人类社会的发展，能源市场也在不断地发展和演变，从刀耕火种到煤炭的大量利用，再到目前新能源市场的发展，能源市场不断地涌现出新的特征，纵观能源发展历史，能源市场的发展大致经历了以下三个阶段：

第一阶段是单一能源市场时期，主要是20世纪之前煤炭市场的发展。人类对煤的认识最早可追溯到公元前，中国是世界上采煤和用煤最早的国家之一。考古学家证实中国先民早在6 000～7 000年前的新石器时代，就已认识和利用了煤炭；西汉（公元前206～公元25年）时期，开始采煤炼铁。唐朝开始用煤炼焦。但是，由于生产力水平的限制，人们对煤炭的认识尚处于早期，柴草仍是最主要的能源。18世纪60年代，瓦特发明了蒸汽机，英国产业革命由此兴起，直到19世纪，西欧和美、日等国先后完成资产阶级革命和产业革命。蒸汽机对动力燃料的需求急剧增加，促进了能源结构向以煤为主的方向转变。同时，煤的开采、加工技术得到发展，炼焦化学工业与钢铁工业相互促进，共同发展，使煤成为19世纪资本主义工业化的动力基础。由于当时尚未充分认识煤炭资源的有限性及其对环境的影响，能源市场相对单纯，主要是能源供需问题，能源市场矛盾并不突出。

第二阶段是能源品种日益丰富时期，石油资源逐渐成为世界主要能源资源。19世纪后期以来，随着人类社会、经济的发展，应能源形势发展的需要，在煤炭发挥作用的同时，石油市场迅速发展起来。到了20世纪，石油工业所带动的能源、材料革新使得工业文明高度发展。能源逐渐取代煤炭成为世界能源市场的第一能源。石油是现代工业文明的血液。石油的大规模使用影响了一个半世纪以来的世界政治经济格局。现代社会对石油高度依赖。作为可耗竭资源，石油无法被制造，作为现代社会的基本动力，让人类对这种商品产生了极大的依赖性，具有不可替代的地位。目前，石油作为世界大宗生产、消费、贸易、流通的商品对世界经济发展和政治格局变化都有着十分重要的影响。这一阶段能源市场的特点：一是能源市场在人类社会、经济发展中的地位更加突出，石油危机的爆发就是明证；二是能源市场品种日益丰富，需要考虑能源替代和互补问题；三是人们开始重视化石能源开发利用的种种不利影响，能源市场日益复杂。

第三阶段是能源市场复杂化时期，20 世纪 50 年代中期，世界石油和天然气的消费便超过了煤炭，成为世界能源供应的主力，这是一场具有划时代意义的能源革命，对促进世界经济的繁荣和发展有非常重要的作用。但是自 20 世纪 70 年代以来，随着石油危机的爆发和环境的日益恶化，人们开始充分认识到能源市场的外部影响。这一阶段能源市场更多的是考虑能源市场发展与经济、环境的协调问题。从京都会议到哥本哈根会议，能源供需平衡下的低碳经济、低碳技术及与之相适应的生产、消费方式的改变等，越来越引起国际社会广泛关注。这一阶段新能源和可再生能源的发展将成为能源市场发展的主流。太阳能、风能、海洋能、地热能、生物质能、核能、氢能等各种能源在能源市场上的比重将不断增加。展望未来，更多清洁、高效、低成本的能源得到应用。能源市场品种日益丰富，不同能源品种之间的替代、互补问题，能源、经济和环境的博弈和协调问题将使得能源市场日益复杂和多变。

总之，随着能源市场的发展，能源市场各要素发生着不断的变化，能源市场主客体不断丰富，交易方式和技术逐步现代化，能源市场体系不断丰富，从勘探权和开采权市场到能源商品市场，再到能源服务市场，再辅以能源产品与服务现货、远期、期货、期权等多种交易方式，世界范围内，一个多元化的能源市场体系逐步形成。同时，伴随着能源市场体系的发展，能源市场管理与约束逐步规范化，各国纷纷制定和完善相关法律制度，以规范和管理能源市场，同时，诸如《国际能源方案协定》等国际能源法也在不断完善，以规范和约束国际能源市场。

三、影响能源市场的因素

影响能源市场的因素颇多，各种影响能源供需的因素都将对能源市场的发展产生或大或小的影响。可以分为一级因素和二级因素来进行分析。

（一）一级因素

1. 经济因素

能源是国民经济的命脉，在国民经济和社会发展中发挥着十分重要的促进和保障作用。可以说能源是经济发展的物质基础，离开能源的供应，经济发展将无法继续。缘于能源在经济发展中的重要地位，经济因素的变动将对能源市场产生重要的影响，经济发展和能源市场是一种相互影响和制约的关系。石油价格和经济发展状况的辩证关系可以证明这一点。如由于2009年发达国家金融危机的连续爆发，经济极度不景气，各行各业对石油的需求大幅减少，石油市场供求关系随之发生转变，表现在石油价格上，就是石油价格的回落，即期布伦特原油平均价格从2008年的97.26美元/桶跌落到2009年的61.27美元/桶。2010年以来，随着经济的逐渐复苏，石油价格又逐渐回升，即期布伦特原油平均价格从2009年的61.27美元/桶回升到了2010年的79.50美元/桶，较2009年上涨了29%。能源市场将随着经济周期的变化而波动，经济因素将通过影响能源的需求，进而影响能源供给、价格、运行机制等一系列市场因素。随着能源供需形势的日趋紧张，能源市场与经济的联动将越来越明显，经济因素对能源市场的影响也将越来越显著。

2. 政治因素

国际政治关系等政治因素一直对能源市场产生着重要的影响。作为重要的战略物资，随着能源供需形势的日益紧张，各国对能源资源的争夺将日趋激烈。在现有人类生产生活方式没有发生根本性变化的情况下，能源需求，特别是石油天然气需求将持续增长，并在现有巨大基数上对能源生产提出越来越高的要求。因此，虽然欧债危机给全球经济复苏蒙上了一层阴影，美国经济走势只能持以谨慎的乐观，面临经济结构调整的中国可能放缓增长步伐，但总体来看全球能源市场的决定性力量仍将是地缘政治风险引发的供给冲击。如全球一半以上的原油产自中东、中亚及非洲等世界上政局最不稳定的地区，能源储备与经济发展在地理上的不均衡性决定了各国对能源的争夺永不停滞。暂且不论中东地区30多年来的复杂形势，最近论及北极地区，各国纷纷认为这一地区可能成为今后能源争夺焦点之一，现阶段，不少环北极国家宣称对北极部分地区拥有主权或者经济专属权。俄罗斯、美国、加拿大、丹麦等国纷纷实施大规模北极考察和北冰洋海床测绘项目，对该地区能源争夺势在必行，政治纷争也将随之而起，进而影响世界能源市场的变化。此外，全球环境的严重恶化，应该能够推动全社会，尤其是政府，在寻找新能源方面加大投入。从现在到 2020 年，科学家关于全球变暖现象的发端及其影响这一问题的共识，肯定会继续加强，并不断深化，由此也会引发世界各地的政治争论。

以上仅仅分析了经济和政治两大基本因素，此外消费观念等文化因素，能源效率等技术因素等都将对能源市场产生重要影响。

（二）二级因素

和其他市场一样，能源市场受多种因素的影响，能源资源的品种、地理分布、物流运输能力、区域经济发展状况等都会影响能源市场的供求状况，以我国为例，综合来看，影响能源市场的二级因素有以下几个方面：

1. 能源资源禀赋

一国能源资源禀赋状况决定着该国能源市场的基本状况。我国煤炭资源丰富决定着煤炭市场在我国能源市场中的重要地位，使得煤炭市场的规模与复杂程度远远超过其他能源子市场。受环境保护压力等多种因素的影响，清洁能源开发成为各国能源发展的主题。我国新能源品种开发必须根据我国能源资源禀赋情况制订规划，合理发展。西部风力的利用、南部水电的开发、沿海海洋能的利用等都是根据资源禀赋来确定的。可以说，能源资源禀赋决定着我国能源子市场的类型、规模和发展前景等诸多方面。

2. 能源资源的地理分布

能源资源的地理分布决定了能源市场的基本贸易流向，进而影响到能源市场的方方面面。我国能源资源总量分布北多南少、西富东贫的基本格局决定了能源大规模、远距离的西气东输、西电东送的能源运输基本格局。如前文所述，对于东南沿海地区所利用的煤炭资源，物流和运输成本占据了其价格一半以上，甚至高达 2/3，而价格作为能源市场的核心要素，对能源供求有着直接的影响。因此，能源资源的地理分布决定了能源市场的基本贸易流向，进一步决定了能源市场供求状况，对市场发展有着较大的影响。

3. 能源物流能力

能源物流在一国能源市场中具有十分重要的地位。能源物流一旦出现问题，将会影响到区域能源供应，使得能源供需无法衔接，引发能源市场危机。我国东南沿海很多地区用能高峰时期经常出现煤炭等能源资源供应不力的情况，其归根结底就是受限于我国运输能力。因此，我国一直在致力于提高能源物流与运输能力，推动能源物流改革，构建现代化的能源物流体系。能源物流能力的提高能够弥补能源分布不均的不利影响，保证我国能源供需的衔接，促进能源市场的良性发展。

4. 经济发展状况

经济发展需要充足的能源供应，我国能源市场的主要矛盾就是能源资源分布与经济布局的矛盾。东南沿海发达地区恰恰是能源产量较低的地区。经济发展，尤其是区域经济发展状况往往决定着能源的流入和流出情况，在影响能源市场地理方向的同时，影响到能源的供求。如何调整能源产出和区域经济发展的平衡是一国能源管理的主要内容，我国必须充分重视能源资源分布与经济布局的不平衡问题，统筹兼顾，提高能源供应能力，以保障经济发展对能源的需求。

5. 国家能源政策

能源政策是一国根据其能源市场情况，体现政府意图的政策措施。因此一国能源政策对一国的能源市场往往有着举足轻重的影响。不仅能够影响到该国能源的供应和需求，进而影响到该国能源市场的平衡，而且对一国能源市场结构也有着十分重要的影响。如目前我国对发展可再生能源的鼓励与扶持政策大大推动了可再生能源的发展，必将增加可再生能源在我国能源供应中的比重，进而改善能源供应状况；又如我国一系列节能减排政策必然对能源的开发和利用产生较大的影响，进而影响到能源市场。可见，国家能源政策是影响能源市场主要因素之一。

综上，以我国为例，分析了影响能源市场的五大二级因素。能源市场是一个动态的系统，受多种因素的影响，能源市场发展过程中必然面临诸多问题，需要国家政府根据能源市场状况相机而动，实施不同的能源政策，以调控市场，促进能源市场的健康发展；广大能源供应和需求企业等众多能源市场主体也需要根据能源市场的发展情况，不断调整自身能源策略，做好能源管理工作。

四、能源市场分类与体系

能源市场有很多种分类方法，如根据能源交易商品类型的不同，可以把能源市场分为煤炭市场、石油市场、天然气市场、可再生能源市场，以及电力市场；按照能源交易范围的不同，可以把能源市场分为能源国内市场与能源国际市场；按照能源交易标的的不同可以把能源市场分为能源资源性市场、能源产品性市场和能源衍生性市场，能源资源市场主要是指能源勘探权与开采权市场，能源产品性市场主要是指煤炭、石油、天然气等各种产品市场，能源衍生性市场主要是指能源期货市场、能源服务市场和碳排放权市场等在能源产品性市场交易的基础上，随着经济社会发展的需要，衍生出来的与能源相关的市场；而按照能源市场交易发生的时序，又可以把能源市场分为上游市场、中游市场和下游市场，上游市场主要是指能源资源性市场，发生在实体能源开发利用之前，中游市场主要是指能源开发利用和消费环节发生的交易行为形成的市场，而下游市场主要是指能源消费完成之后所发生的碳排放权交易等后期的市场。

本章主要是按照交易标的的不同进行分类，并据此展开研究。具体的能源市场体系与分类如图 4-1 所示：

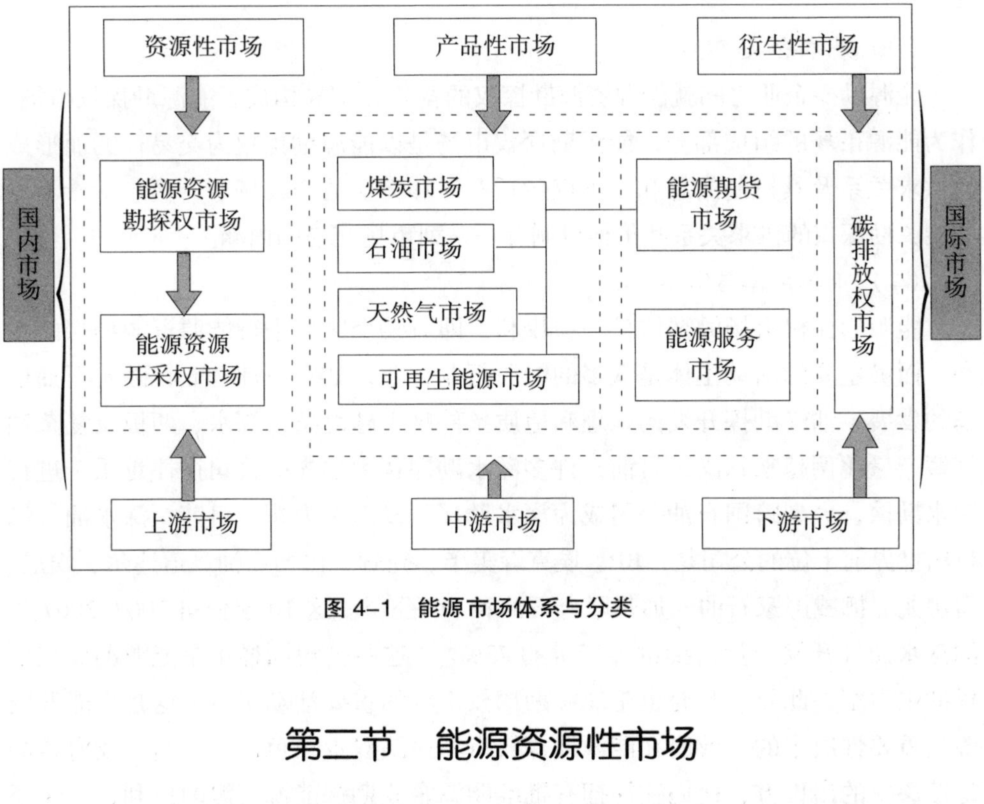

图 4-1 能源市场体系与分类

第二节 能源资源性市场

资源是人类社会发展的基本动力，自然资源勘探与开采权早已成为各国争夺的焦点，能源资源概莫能外，而且由于能源资源的重要性，能源资源的勘探与开采权的争夺显得更加激烈。能源资源勘探权与开采权市场是指两权交易流转所形成的市场，能源资源的特点决定了一般能源资源的勘探与开采权市场具有一定的垄断性质。

一、能源资源勘探权市场

能源资源勘探是寻找和发现能源资源的过程，在勘探的同时，还要研究能源资源开发的可行性。在对某个区域进行能源勘探之前，必须取得能源资源的勘探权。以我国煤炭资源为例，由于我国煤炭资源的所有权归国家所有，因此勘探企业为了获得在一有利的含煤区域进行勘探的权利，必须通过市场，向资源的所有者（即国家）购买勘探权。然后，勘探企业应作为独立的经济实体，通过其成果的转让，使其投入的物化劳动和活劳动得到补偿，同时获得投资利润。

（一）基本含义

能源勘探企业之间就能源资源勘探权的竞争和交易构成了能源勘探权市场，作为能源市场的组成部分，能源勘探权市场是以能源勘探权为交易标的而形成的供求关系及其机制的总和，不仅包括有形和无形的交易场所，更包括看不见的能源勘探权的供求关系和价格机制等一系列市场交易的内涵。

（二）市场主体与客体

能源勘探权市场的客体是一项权利，即对某个区域进行能源资源勘探的权利。而最主要的活动主体是众多的能源行业企业，如在石油行业，随着石油市场的发展，油气勘探开发的地理和地质条件越来越复杂，深水、两极及复杂油气藏产量比例越来越高，目前，许多深水勘探技术领先的公司往往更乐于进行深水勘探，大型跨国石油公司成为深水勘探开发的主力军。目前，深水油气储量居世界前十位的公司是：BP、埃克森美孚、壳牌、巴西石油、道达尔、埃尼、雪佛龙、挪威国家石油、加州联合石油和 BG 公司。这 10 家公司 2003~2007 年的深水油气开发产量占到世界产量的 73%。[①]这些公司同样也是能源勘探权市场的主力军。此外，政府也是能源勘探权市场的重要活动主体，这是由能源资源的重要性决定的。政府在能源勘探权市场扮演双重角色，一方面，政府是能源勘探权的出售方，他们往往拥有批准能源企业勘探能源资源的权利，同时还要承担保护和协助能源企业开展勘探活动的责任；另一方面，一国政府往往会支持和协助本国能源企业参与能源资源勘探权的市场争夺。

① 世界石油勘探开发趋势分析[EB/OL].中国行业咨询网：http://www.china-consulting.cn

（三）市场运行机制

能源勘探企业往往要通过竞标等手段获取能源勘探权，而且能源勘探权能够在能源勘探企业之间转换交易，构成了能源勘探权交易的一级和二级市场。如 2012 年 5 月，我国国土资源部发布了《页岩气探矿权投标意向调查公告》，公开对外招标，对投标人要求是注册资金 3 亿元以上的内资企业。这是我国首次全方位放开油气资源的勘探权。结果显示，70 多家企业有意参标。其中，五大电力央企和各省能源（电力）集团、投资集团成为主力军，其中地方电力企业广州控股、川投能源也都积极参与勘探权投标。可见，在能源形势日趋紧张的情况下，能源资源勘探权已经成为能源企业争抢资源的主要目标，市场竞争激烈。

目前，国际上能源勘探权市场竞争激烈，各国政府和能源企业纷纷寻求机会，从能源勘探开始展开能源资源争夺。

二、能源资源开采权市场

采矿权是指具有相应资质条件的法人、公民或其他组织在法律允许的范围内，对国家所有的矿产资源享有的占有、开采和收益的一种特别法上的物权，在《中华人民共和国物权法》概括性规定基础上由《中华人民共和国矿产资源法》予以具体明确化。采矿权可有限制地转让，法律应明确并完善采矿权的抵押、出租和承包等流转形式。能源资源采矿权的交易流转就形成了能源资源开采权市场。

（一）基本含义

能源资源勘探完成后，就是能源资源的开发工作，能源企业在开发能源资源之前，必须通过市场取得能源资源开发的权力，能源企业就能源开采权所进行的竞争就构成了能源开采权市场。而能源开采权市场就是以能源资源采矿权为交易标的所形成的各种供求关系和运行机制的总和。

（二）市场主体与客体

能源资源开采权市场的客体是一项权利，即对某个区域进行能源资源开采的权利。开采权的客体应包括能源资源和矿区，具有复合性，并且矿区及其所蕴涵的矿藏种类规模不同对采矿权的取得及行使有着重要影响。而最主要的活动主体是众多的能源行业企业。能源资源开采是大型能源企业的主要业务，能源企业只有不断地开采能源资源，才能在激烈的竞争中站稳脚跟。此外，政府同样是能源资源开采权市场的重要活动主体。和在众多市场上扮演的角色一样，政府在能源资源开采权市场上既是运动员，又是裁判员，它既要控制和出售能源资源开采权，又要不断地根据能源资源开采权市场的变化情况制定市场“游戏规则”，加强对市场的管理与约束。

（三）市场运行机制

和勘探权一样，能源企业往往要通过竞标等手段获取能源开采权，而且能源开采权能够在能源企业之间转换交易，构成了能源开采权交易的一级和二级市场。目前我国能源开采权一级市场比较活跃，各级政府往往通过招投标工作完成能源资源开采权的转让。如为了使矿业权交易做到规范、公正、高效运行，2011 年宁波市对采矿权市场做出重大改革，自 2011 年 11 月 1 日起，取消原来设置的各县（市）区交易平台，采矿权出让交易活动统一在市国土资源局建立的市采矿权交易机构进行，打造一个更加“高效、便捷、公开、阳光”的有形市场，采矿权出让对社会公开，采取招标、拍卖、挂牌、协议等多种方式。

我国自 1986 年《矿产资源法》修订允许勘探权和开采权两权可以有限制地转让以来，我国能源开采权市场逐渐繁荣。1998 年国务院颁布《矿产资源开采登记管理办法》和《探矿权采矿权转让管理办法》以来，能源采矿权市场逐渐走向规范。经过 20 多年的发展，如今我国能源开采权市场已经比较繁荣和规范。同样，国际上能源开采权的争夺一直比较激烈。如 2011 年阿富汗政权变换 10 年来首次对外招标开发油田，中石油出高价击败来自澳大利亚、英国和巴基斯坦的三家国际能源巨头，拿下阿富汗北部地区三个区块的石油开采权。为此，中石油将向阿富汗政府支付 15%的开采税，及将利润的 30%作为企业所得税，同时承诺斥资 3 亿美元在当地修建一座炼油厂。

总之，能源资源的重要性决定了能源勘探权和开采权的重要性，一国在建设和规范自身能源勘探权和开采权的同时，必将积极支持本国能源企业参与国际竞争，争取在世界能源市场上的有利地位，国家政府在能源资源性市场上将继续扮演重要角色。可以预见，今后相对落后国家尚未开发的能源资源已经成为各国能源企业争夺勘探权和开采权的主要目标，能源勘探权和开采权的争夺将愈演愈烈。

第三节　能源商品市场

能源商品投入能够直接转化为生产力。在众多能源市场平台中，能源商品市场是能源市场的基础市场，也是能源市场中最重要的子市场，甚至在大部分人眼中，能源市场就是指能源商品市场，国家和企业对围绕能源领域展开的争夺主要是基于对能源商品的争夺。目前主要的一次能源商品是石油、煤炭、天然气、核能和可再生能源。本部分主要选取煤炭、石油、天然气和可再生能源等一次能源市场和电力市场进行分析研究。

一、煤炭市场

煤炭市场就是指以煤炭产品为交易标的所形成的供求关系及其相关交易机制的总和，不仅包括有形和无形的交易场所，更包括看不见的供求关系和价格机制等一系列市场交易的内涵。

（一）煤炭市场的主体

煤炭市场的主体包括煤炭的产、运、销、需、管各方。正是它们在市场上的各种主体活动使得煤炭市场正常运转，并得以不断发展和完善。

“产”方主要是指众多的煤炭生产企业，它们构成了煤炭市场的主要供给主体。知名煤炭生产商主要分布在煤炭主产区，如美国的皮博迪煤炭公司、阿齐煤炭公司、澳大利亚的 BHP 公司、加拿大的拉斯科煤炭公司等。我国知名的大型煤炭生产企业如神华集团有限责任公司、山西煤炭运销集团有限公司、中国中煤能源集团有限公司、山西大同煤矿集团有限责任公司、山东兖矿集团有限公司等，当然除了知名煤炭供应商之外，还包括众多的中小型煤炭生产企业。煤炭企业属采掘业，是以天然资源为劳动对象的，与其他企业相比，煤炭企业的建设过程和生产过程，具有显著的单件性特点，每个矿井、各个水平、各个采区，甚至每个工作面，都各不相同，而就每项工作而言，都具有相应的目标和约束条件，这就决定了每一项工作都是一个“项目”，完全可以采用项目管理的方法对其进行管理，以取得最佳的经济效益和社会效益。

“运、销”方主要是指煤炭运输、物流与贸易企业，它们是连接煤炭供需企业的纽带和桥梁。首先煤炭运输方式多种多样，公路、铁路、水路都是煤炭运输的途径。以我国为例，由于煤炭资源分布的不均衡性，我国煤炭运力一直比较紧张，凡是能够提供煤炭公路、铁路与水路运输的企业都是煤炭市场主体之一。很长一段时间以来，我国煤炭的生产成本仅占到最后消费价格的百分之十几，中间环节的费用和成本高得惊人，运输和仓储等物流成本对煤炭价格的影响也是举足轻重的。除了运输，大量煤炭贸易公司在煤炭市场充当贸易中介的角色，成为煤炭市场上连接供需的主要中介机构，包括国内、国际各种规模的煤炭贸易公司都是煤炭市场不可或缺的运行主体。需要说明的是，很多大型煤炭生产企业能够集产、供、销、储、运等职能于一体，直接参与煤炭市场的各种活动，如澳大利亚的BHP公司，不仅生产、经营煤炭，还生产石油等其他矿产品，而且还拥有船队、信息咨询公司和国际贸易公司等，是一家实力雄厚的跨国公司。而众多的煤炭贸易公司，尤其是大中型贸易公司很多也是多种经营，煤炭只是其经营的产品之一。总之，众多的"运、销"企业构筑了煤炭市场的中介机构体系，是煤炭市场顺利运转的桥梁和纽带。

"需"方主要是指众多的煤炭需求企业，既包括作为非终端需求企业的煤炭贸易商，又包括作为终端需求企业的煤炭消费企业。此处主要是指后者，根据煤炭的用途，煤炭需求企业主要包括火力发电厂、建材行业相关企业、供热企业、钢铁企业等。其中电厂是主要动力煤的需求方，世界上半数以上的动力煤用于发电，电煤是煤炭市场最活跃的交易标的，电煤的市场运行态势基本能够代表煤炭市场行情走势。鉴于我国的资源条件，我国火电厂基本都以煤炭为原料进行火力发电。我国火电厂的分布与煤炭资源分布呈相反的格局：火电厂大多集中在负荷中心地区即东部电能消费大省。东南沿海发达地区几乎都以自己的火力发电企业，构成了我国电煤的主要需求方。这种煤炭资源分布与火电厂分布的不均衡性是形成我国电煤运输压力的主要原因。

"管"方主要是我国煤炭市场的监督管理方。国家能源局以及各地能源监管部门都是煤炭市场的活动主体之一，它们通过监管煤炭市场的运行来规范煤炭市场各主体的行为，以治理煤炭市场，促进煤炭市场的完善和发展。相关政府部门应该分工明确、各司其职，为煤炭市场交易主体提供监督、引导、信息等一系列的政务性服务。一直以来我国煤炭市场管理混乱，有人把我国当前煤炭管理的现状戏称为"九龙治煤"，如国有煤炭企业负责人由国资委或组织部管，社保劳资由劳动保障部门管，财务上由财政部门管，资源由国土资源部门管理，安全监察由国家煤矿安全监察机构管理等。多头管理的弊端造成我国煤炭市场诸多问题。需要不断通过管理体制和组织机构改革来进一步完善我国煤炭市场管理主体，以配合我国现代化煤炭交易体系的建设。

（二）煤炭市场的客体

煤炭市场的客体是指煤炭产品市场上众多的煤炭类型及其加工制品。众所周知，依据不同的标准，煤炭有很多种分类方法，如前文提到的根据煤化程度，我国将所有的煤种分为褐煤、烟煤和无烟煤三大煤类；按照煤的加工方法和质量规格可被分为原煤、精煤、粒级煤、洗选煤和低质煤等五类。此处我们主要从煤炭市场占有率出发来分析煤炭市场的交易标的，煤炭市场上主要交易品种有动力煤和炼焦煤，以及各种各样的煤炭制品。

从世界范围来看，动力煤产量占煤炭总产量的80%以上，是煤炭市场的主要交易品种。世界十大煤炭公司主要生产动力煤，其比重约占该十 大公司煤炭总产量的82%；美国动力煤产量占其总产量的90%以上；我国动力煤产量也占到煤炭总产量的80%以上。在国外，动力煤绝大部分用来发电，工业锅炉也有一些用量。全世界约有55%的煤炭用于发电，煤炭需求的增量部分基本上都在电力部门，但中国例外，在中国实施工业化的进程中，各行各业都需要大量的动力煤。因此，动力煤是国内外煤炭市场最主要的交易品种。

炼焦煤也是煤炭市场的重要产品之一。焦炭由焦煤或混合煤高温冶炼而成，一般1.3吨左右的焦煤才能炼1吨焦炭。焦炭多用于炼钢，是目前钢铁等行业的主要生产原料，被喻为钢铁工业的“基本食粮”，是各国在世界原料市场上必争的原料之一。以我国为例，我国虽然煤炭资源比较丰富，但炼焦煤资源还相对较少，炼焦煤储量仅占我国煤炭总储量的28%左右。炼焦煤类包括气煤、肥煤、主焦煤、瘦煤，其他为未分牌号的煤；非炼焦煤类包括无烟煤、贫煤、弱黏煤、不黏煤、长焰煤、褐煤、天然焦，未分牌号的煤和牌号不清的煤。

除动力煤和炼焦煤之外，煤炭加工品同样是煤炭市场的交易标的之一。焦炭、煤焦油、煤气是其典型代表产品，焦炭是冶金工业重要的原料，也是铸造的主要原料，煤焦油中含有大量的工业上稀缺的多环芳烃，煤气是民用和工业燃料。它们都是由煤炭加工制成的。可见，煤炭市场交易产品品种繁多，不同类型的煤炭产品储量不同、品质不同、用途各异，其市场特征也往往不同。

（三）煤炭市场特征

1. 煤炭市场产需的空间不平衡性

煤炭市场产需的空间不平衡性主要是指煤炭主要生产地和主要消费地区的不一致性。这是由不同地区的煤炭资源禀赋和经济发展决定的。因此就引发了煤炭的国际和国内贸易与运输。如我国西部和北部煤炭储量丰富，但东南沿海经济比较发达，煤炭消费较多；又如世界煤炭市场产需的空间不平衡性同样明显，日本作为经济大国，其煤炭资源十分匮乏，主要依靠进口。

煤炭市场这种产需空间的不平衡性决定了煤炭贸易和物流的重要性，同时也使得煤炭市场格局相对稳定。如由于各个国家煤炭资源条件不同，国际煤炭市场存在供给与需求不相匹配的格局，主要依赖海运贸易来均衡资源。煤炭作为价格低、体积大的大宗商品，运费占交付价格的比重较大，因而根据运距自然形成了大西洋和太平洋两大煤炭贸易圈。其中太平洋地区的动力煤贸易量通常占全球煤炭海运贸易量的60%以上。与两大煤炭交易圈相对应，国际煤炭市场大致可分为两个区域市场：亚太市场和欧美大西洋市场。亚太煤炭市场的煤炭出口国家及地区主要有：澳大利亚、印度尼西亚、中国、俄罗斯、越南、朝鲜等；亚太煤炭市场的煤炭进口国家及地区有：日本、韩国、印度、中国台湾省、中国香港特别区、菲律宾、马来西亚等。欧美煤炭市场的煤炭出口国家及地区主要有：澳大利亚、南非、俄罗斯、波兰、美国、加拿大、哥伦比亚、委内瑞拉等；欧美煤炭市场的煤炭进口国家及地区主要有：英国、法国、德国、意大利、荷兰、比利时、丹麦、希腊等。总体来看，近年来主要煤炭出口国和进口国如表4-1所示：

表4-1 近年来世界十大煤炭进出口国

大致排序	出口国	进口国
1	澳大利亚	日本
2	印度尼西亚	韩国
3	俄罗斯	中国台湾省
4	哥伦比亚	印度
5	美国	德国
6	南非	英国
7	中国	中国
8	加拿大	美国
9	哈萨克斯坦	俄罗斯
10	越南	意大利

注：根据最近几年各国煤炭进出口数据整理所得。

2. 煤炭市场是垄断竞争性市场

无论是国内，还是国际煤炭市场基本都呈现垄断竞争性的特点。近些年来，皮博迪公司等世界十大煤炭公司依托核心竞争力，通过兼并重组等方式，大大提升了世界煤炭工业的集中化水平。十大公司核心竞争力优势明显。如皮博迪公司拥有世界上最大的露天煤矿，露天采煤技术和管理水平世界一流；鲁尔公司采煤技术和煤矿机械制造水平一直处于世界领先地位；固本能源的长壁采煤技术、煤层气的开采和高硫煤使用技术也处于世界领先水平；萨索尔公司的煤化工技术具有竞争优势；力拓公司和 BHP 比利顿公司的全球煤炭资源调配供能力世界第一，能够提供世界上任何市场、任何品种的煤炭。Xstrata 是世界上最大的出口动力煤炭生产商。十大公司正是依靠核心竞争力，实现了做强做大，提高了全球煤炭产业的集中化程度。国际煤炭市场正是以大型煤炭公司为主体，众多小型公司为补充的垄断竞争性市场。

3. 低碳经济影响煤炭市场需求

所谓低碳经济，是指在可持续发展理念指导下，通过技术创新、制度创新、产业转型、新能源开发等多种手段，尽可能地减少煤炭石油等高碳能源消耗，减少温室气体排放，达到经济社会发展与生态环境保护双赢的一种经济发展形态。目前，各国都在大力发展低碳经济，控制煤炭消费。以我国为例，2013 年 9 月，国务院发布《大气污染防治行动计划》，提出制定国家煤炭消费总量中长期控制目标。到 2017 年，煤炭占能源消费总量的比重降低到 65%以下，京津冀、长三角、珠三角等区域力争实现煤炭消费总量负增长。为此，我国部分地区提出煤炭消费减量目标，加快煤炭替代步伐。可见发展低碳经济，替代能源的开发与利用，势必造成煤炭市场需求量的减少，打破能源市场平衡，给煤炭企业造成巨大的压力。使得全球煤炭市场不断发生变化。

4. 煤炭市场供需品种的不平衡性

经济社会发展将对不同煤炭产品的需求造成一定的影响。如低碳经济的发展要求煤炭品质不断地提高，需要不断提高煤炭开发与利用技术，来提高煤炭产品的清洁程度。在这种要求下，大型跨国煤炭公司的产业呈现出多元化的格局，基本形成了产业链，煤炭等产品在集团内部直接进行消化和深加工，大幅度减少了初级产品直接进入市场的数额，提高了产品的附加值，把集团产业优势转化成了竞争优势，提高了综合赢利水平。尽管它们的煤炭生产规模很大，但煤炭收入所占总收入的比重并不高，主要是深加工和相关产业规模很大。但是限于技术水平等原因，煤炭市场供需品种的不平衡性依然存在。

5. 煤炭市场国际化程度日益提高

随着经济全球化和国际化程度的提高，煤炭市场的国际化程度也在不断提高。如全球大型煤炭公司都是跨国经营公司。前十位的跨国煤炭公司业务地域覆盖世界各大洲，生产企业所在国的数量一般在 10～20 个国家之间，其中部分公司海外经营盈利能力超过了本土。如美国煤炭产量前 6 名公司，澳大利亚煤炭产量前 5 名公司，南非煤炭产量前 4 名公司，均属于世界跨国煤炭公司。力拓公司生产业务遍及 20 多个国家，BHP 比利顿公司生产业务遍及 17 个国家。主要产煤国澳大利亚 80%的煤炭产量由跨国公司生产。1998 年全球四大主要动力煤出口企业占世界市场份额的 40%，2002 年则提高到 63%，近些年来已达到 80%。大型跨国公司的活动推动煤炭市场国际化程度日益提高。

（四）煤炭市场的交易机制

煤炭市场上众多活动主体围绕煤炭产品所展开的业务活动能够顺利运转有赖于煤炭市场机制的良性运转，煤炭市场的交易机制是煤炭市场重要的组成部分。煤炭市场机制既包括煤炭市场组织管理体系，也包括煤炭交易所形成的供求关系及价格机制等一系列的内容，其中组织管理体系和价格机制是煤炭交易机制的核心内容。

组织管理体系是煤炭市场交易的主要平台和窗口。以我国为例，以前一年一度的煤炭订货会是主要的组织管理模式，在煤炭市场交易中扮演着重要的角色。目前，诸如中国（太原）煤炭交易中心、陕西煤炭交易中心、秦皇岛煤炭交易中心、徐州华东煤炭交易中心、内蒙古煤炭交易中心、东北亚煤炭交易中心等众多的煤炭交易中心和中国煤炭工业网等众多的煤炭专业网站，以及煤炭行业组织、能源管理部门等作为煤炭市场组织管理体系中的一员，都发挥着重要作用。

价格机制是所有市场的核心机制。以我国煤炭市场为例，我国从 1993 年开始进行煤炭价格部分市场化改革，国家为了确保电价稳定，设定了国有大型电厂的电煤价格，“计划煤”与“市场煤”之间的价格双轨制度从此形成，全国煤炭订货会议也从计划经济时期延续下来几十年，这也是多年来煤电矛盾的根源所在。认识到价格双轨制度的问题之后，2006 年，国家发改委将全国煤炭订货会改成仅一天的视频会议，以及一周的煤炭合同汇总会，“煤炭订货会”也从此改为“煤炭产运需衔接会”。但随后四年的“衔接会”中，以煤炭和电力为代表的煤炭供需双方往往是不欢而散，无果而终。目前煤炭订货会已经基本失去了衔接产运需的作用。创新煤炭市场交易机制是我国煤炭市场化的发展方向。

2009年12月15日，国家发改委发布了《国家发展改革委关于完善煤炭产运需衔接工作的指导意见》，终止了一年一度的煤炭订货会，取而代之为网络汇总。国家发改委表示，煤炭价格由供需双方企业协商确定，鼓励供需企业之间签订5年及以上的长期购销合同。同时，要完善煤电价格联动机制。2012年12月31日国家发展改革委下发《关于贯彻落实〈国务院办公厅关于深化电煤市场化改革的指导意见〉做好产运需衔接工作的通知》（以下简称《通知》），意欲建立电煤交易新机制，指导做好煤炭产运需衔接工作。《通知》的核心内容基本就是：实现煤炭市场"单轨制"、实现煤炭价格"市场化"、对煤炭交易"少干预"、对煤电企业"促合作"，以及对电煤价格并轨"高度重视"等。少干预、多引导、市场化的运行机制是我国煤炭市场未来发展的方向。

可见，随着我国社会主义市场经济的发展和深化，我国煤炭市场化改革在所难免，国家宏观调控下市场机制将成为煤炭市场运行的基本机制模式。世界主要发达国家的煤炭市场运行机制也大抵如此。但是考虑到煤炭资源的重要性，可以预见，今后国家政府对煤炭市场的干预将逐渐增加，其中宏观调控的方向与力度的强弱把握至关重要。

二、石油产品市场

就世界范围内而言，石油是最重要的能源资源，而且是一种极其重要的战略资源。因此，石油的安全供应不仅关系到人们的正常生活，也关系到一个国家的经济发展和社会稳定。通常，石油的安全供应也总是与国际政治斗争、全球战略利益争夺，甚至社会意识形态、人权、民族宗教冲突和矛盾交织在一起。历史上的石油危机也证明和奠定了石油资源的重要战略地位，因此，石油市场的竞争非常激烈。

（一）石油市场的主体

和煤炭市场一样，石油市场的主体也由石油的产、运、销、需、管各方组成。"产"方是主要的石油供应商，一般大型供应商集"产运销"于一体。在2012年《财富》世界500强排名中，石油公司占据了前10名的7席（如表4-2所示），昭显了石油行业在世界经济中的重要地位。

这些大型石油公司往往集"生产、加工、运输、销售"于一体，控制着世界石油市场上的主要石油产品供应。使得世界石油市场具有一定的寡头垄断性质，如我国的中石油和中石化在中国石油市场上的市场垄断。而石油市场上的

表 4-2 2012 年《财富》世界 500 强排名前十位的公司情况

排名	中文常用名称	总部所在地	主要业务	营业收入（百万美元）
1	皇家壳牌石油	荷兰	炼油	484489
2	埃克森美孚	美国	炼油	452926
3	沃尔玛	美国	一般商品零售	446950
4	英国石油	英国	炼油	386463
5	中国石化	中国	炼油	375214
6	中国石油天然气	中国	炼油	352338
7	国家电网	中国	公用事业	259142
8	雪佛龙	美国	炼油	245621
9	康菲	美国	炼油	237272
10	丰田汽车	日本	汽车	235364

资料来源：http://economy.enorth.com.cn/system/2005/07/05/001060964.shtml.

需求方相对更加复杂，几乎各行各业、生产生活都离不开石油产品的消费，更不用说大型石油需求商，如石油发电厂、炼油厂等，石油产品种类繁多，几乎所有工业部门都需要石油制品。而现代每个人的生活几乎都和汽车等耗油产品分不开。相对于石油供应商的集中，石油需求方往往种类、数量众多，相对分散。

（二）石油市场的客体

石油市场的客体是指石油市场上众多的石油产品。众所周知，依据不同的标准，石油产品有很多种分类方法，如可以根据其密度、硫含量、酸值进行分类，此处，我们主要从用途的角度出发对石油产品进行分类。具体可分为9 类，如表 4-3 所示。

表 4-3 是石油及其加工品的分类，本书所研究的石油市场主要是指石油燃料类产品，即汽油、喷气燃料、煤油、柴油和燃料油等。其他类型的石油产品受石油燃料市场的影响，也有其不同的个性特征。

（三）石油市场的交易机制

石油市场上众多活动主体围绕石油产品所展开的业务活动能够顺利运转有赖于石油市场机制的良性运转，市场机制既包括市场组织管理体系，也包括市场交易所形成的供求关系及价格机制等一系列的内容，其中价格机制是交易机制的核心内容。

表 4–3　石油产品分类

	类别	产　　品
1	石油燃料类	包括汽油、喷气燃料、煤油、柴油和燃料油等
2	溶剂油类	包括石油醚、橡胶溶剂油和油漆溶剂油
3	润滑油类	包括内燃机润滑油、齿轮油、车轴油、机械油、仪表油、压缩机油和汽缸油等
4	电气用途类	包括变压器油、电容器油和断路器油等
5	润滑脂类	包括钙基润滑脂、钠基润滑脂、钙钠基润滑脂、锂基润滑脂和专用润滑脂等
6	固体产品类	包括石蜡类、沥青类和石油焦类等
7	石油气体类	包括石油液化气、丙烷和丙烯等
8	石油化工原料类	包括石脑油、重整油、AGO 原料、戊烷、抽余油和拔头油等
9	石油添加剂类	燃料油添加剂和润滑油添加剂

资料来源：http://zhidao.baidu.com/question/419839011.html.

就世界范围内而言，目前国际市场原油贸易大多以各主要地区的基准油价为定价参考，以基准油价在交货或提单日前后某一段时间的现货交易或期货价格加上升贴水作为原油贸易的最终结算价格。具体讲，全球石油定价基本以纽约商品交易所的 WTI（美国轻质原油）价格、伦敦国际原油交易所的布伦特原油价格、新加坡市场上普氏能源咨询（Platts）评估的石油基准价为主要参考标准。这些价格基本能够反映石油国际市场的供求情况，市场化程度较高。

目前，世界各国成品油价格的形成机制主要分为市场竞争形成机制和政府定价机制两种，一般来说，发达国家和竞争机制完善的国家多采用市场竞争方式，而一些市场经济尚不完善的国家多采用政府定价方式，但总的趋势是不断向开放、竞争的市场形成价格机制靠拢与过渡。竞争，是打破市场垄断的先决条件。然而，多年来，我国成品油一直采用政府定价的方式，以布伦特、迪拜和米纳斯三地的原油价格为基准，加上炼油企业一定的成本和利润的定价公式而产生国内成品油价格。这种定价方式主要是从生产者利益出发，保障的是供应方的利益，而忽略了需求方的利益，显然不利于形成公平竞争的市场氛围。

我国石油价格机制一直处于不断改革之中，从 1982 年之前的完全计划价格体制到 1982~1994 年的“双轨制”价格阶段，再到 1994~1998 年的并轨阶段，总之，1998 年之前我国成品油一直实行政府定价制度。1998 年以来，我国成品油价格改革踏上征途，且朝着国际化方向发展。遗憾的是，这项改革多年来似乎只是停留在让油价与国际接轨，而在定价机制与国际接轨方面却裹足不前，没有从根本上改变行政定价的实质。既非完全的行政化，又非完全的市场化，无疑是现行成品油定价机制的最大弊端。彻底消除眼下我国成品油市场的怪现状，关键是加快推进成品油市场化改革进程，促进充分市场竞争的形成。要打破现行的“原油 + 成本”的基本定价框架，实行市场化定价，并彻底地开放市场，逐步破除行业垄断，促进和实现经营主体多元化。

（四）*石油市场的国际贸易格局及流向*

世界能源贸易以石油贸易为主，BP（2012）统计数据表明，2011 年石油贸易量达到了 5460 万桶 / 日，占全球石油消费量的 62%，而该比例在 10 年前为 58%。其中，2011 年约 2/3 的石油贸易量增长源自中国，而中国的石油净进口量增长 13%（600 万桶 / 日）。美国净进口量比 2005 年的峰值降低了 29%。2011 年，81%的石油出口增量来自中东国家。原油在 2011 年的全球石油贸易量中占 70%，但 2011 年全球石油贸易增量的 2/3 为成品油。世界石油国际贸易流向如图 4-2 所示：

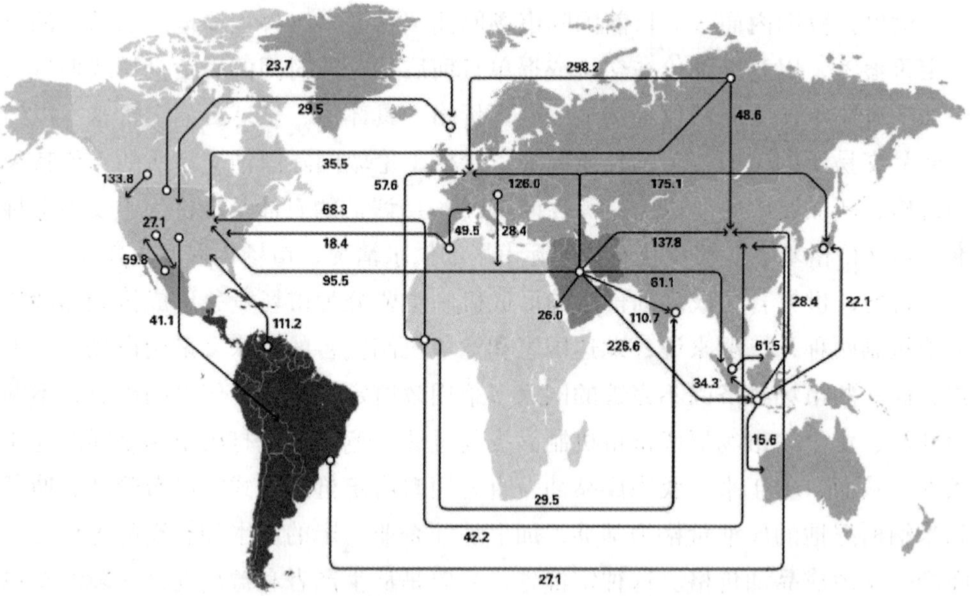

资料来源：BP 国际能源统计（2012）.

图 4-2 世界石油国际贸易流向

由图 4-2 数据可知，中东、苏联、西非地区是主要的石油输出地区，其中中东地区输出979.4百万吨，占据了总出口量的36.47%，俄罗斯石油出口占据了总出口量的15.94%，两地区合计占比超过了世界石油出口的1/2；美国、欧洲、中国、日本、印度和新加坡是主要的石油进口地区和国家，其中美国、欧洲、中国进口量分别是559.8百万吨、596.4百万吨和328.1百万吨，合计占据世界石油进口量的55.27%。

鉴于中东地区在国际石油市场上的地位，目前，世界著名的石油运输路线主要有以下三条：

(1) 波斯湾—好望角—西欧、北美运输线：这条航线一般是VLCC级船舶航行的路线，也就是大于25万级别的巨轮。路线是这样的：印度洋—好望角—挂靠南非（德班或开普敦）—南大西洋—西欧（利物浦、鹿特丹）—北大西洋—美东（查尔斯顿、纽约、诺福克）；

(2) 波斯湾—马六甲海峡—日本运输线：这条航路的路线是：印度洋—马六甲海峡—新加坡—太平洋—南中国海—日本（东京、横滨、神户、大阪）；

(3) 波斯湾—苏伊士运河—地中海—西欧、北美航线：这条航路路线是印度洋—苏伊士运河—地中海—意大利（热那亚、拿波里）—法国（马赛）—西班牙（巴塞罗那、瓦伦西亚）。

三、天然气市场

天然气与煤炭、石油并称目前世界一次能源的三大支柱。天然气的蕴藏量和开采量都很大，其基本成分是甲烷。它除了是廉价的化工原料外，主要作为燃料使用，它不仅作为居民的生活燃料，而且还被用作汽车、船舶、飞机等交通运输工具的燃料。由于天然气热值高，燃烧产物对环境污染少，被认为是优质洁净燃料。随着世界经济的发展，石油危机的冲击和煤、石油所带来的环境污染问题日益严重，使能源结构逐步发生变化，天然气的消费量急剧增长。天然气用于联合发电、供冷和供热、燃料电池等方面都具有十分诱人的前途，发达国家都在竞相进行应用开发。

(一) 天然气市场的主体与客体

天然气市场的主体同样由“产、供、运、销、需、管”多方组成。世界大型能源供应商往往都涉足天然气行业，如皇家壳牌石油集团和中国石油天然气集团等。在天然气市场上，大型能源商的竞争日趋激烈。除了生产和供应商外，根据天然气的用途，发电企业、化工企业、供热企业，以及造纸、冶金、采石、陶瓷、玻璃等行业企业都是天然气市场的需求主体。产供需各方在市场上的交易博弈，促进了天然气市场的发展。

天然气市场上的交易客体主要是各种类型的天然气，按照不同的分类标准，天然气可以划分成不同的种类，按照天然气的性质来划分，除了常规的天然气之外，还有非常规的煤层气、页岩气等。如图 4–3 所示：

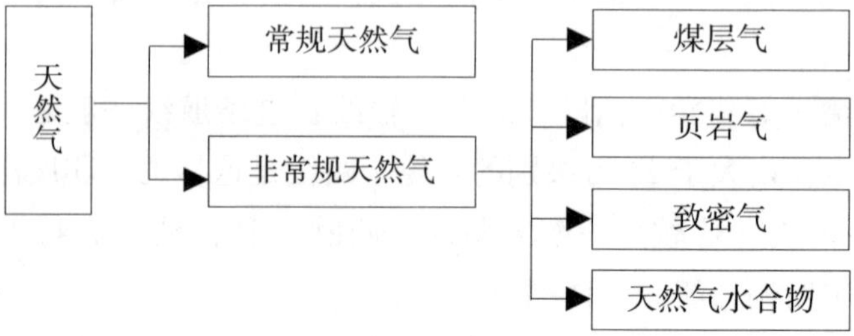

图 4–3　天然气的分类

相对于煤炭和石油，天然气往往可以直接利用，加工品与衍生品相对较少，常见加工就是天然气液化，以方便储存、运输和利用。天然气用途广泛，主要被用于发电，且有不少优势，效率高、成本低、速度快，此外废物排放水平大大降低；天然气也可用作化工原料，使用其加工的物质就有 50 种左右。天然气还被广泛地应用在民用及商业燃气灶具、热水器、采暖及制冷、造纸、冶金、采石、陶瓷、玻璃等行业，还可用于废料焚烧及干燥脱水处理。

（二）天然气市场的交易机制

和所有商品一样，天然气的开发、利用也受到其价格的严重影响。价格机制是所有市场机制的核心内容。作为重要的战略物资，天然气定价机制在很多国家都比较特殊。同法国、荷兰、日本，以及多数发展中国家一样，我国目前的天然气市场已经形成了一个垄断市场，定价机制也采用垄断定价法。具体而言，我国天然气的定价机制是根据天然气产业的上游生产、中游运输及下游销售三个环节进行定价。其中中上游价格由国家发改委制定，下游销售价则由地方发改委定价。另外，从天然气的产业链上来看，天然气价格也体现为三个部分：出厂价格、管道运输价格和终端市场价格。出厂价格加上管道运输价格形成了所谓的城市门站价，之后再加上城市输配费，才最终形成了终端市场价格。

近些年来，我国天然气消费量、进口量的“双升”催促着我国天然气定价机制的不断改革，和煤炭、石油市场一样，我国天然气改革势必取消之前的“双轨制”，市场化趋势明显。早在 2005 年，国家曾决定取消价格“双轨制”，但鉴于当时计划内、外气价差距较大，一步取消存在困难，决定采取分步实施的办法，在当年推出天然气价格改革方案时，将计划内气量和部分计划外气量统一归并为一档气，其余为二档气，实行不同的价格。归并后一档气量占全部气量的85%以上。2009年，决定取消“双轨制”，合并一、二档气。2012年天然气工作会议上提出了要不断推进天然气市场的体制机制创新，尤其是必须进一步完善天然气价格机制。由于现阶段我国天然气的进口比例还很低，定价的原则还是应该更多地考虑国内的因素。但是，由于天然气出口国的高度垄断地位，我们的议价能力受到较大的制约。不过当前如果进行定价改革具备一个最有利的外部环境，那就是目前从全球范围来看，由于非常规天然气的大量开采，总体供应比较宽松，且俄罗斯等传统出口大国的定价能力受到较大的挑战，使得天然气的现货价格跌得很低，已经与国产气的价格比较接近。综上所述，尽管我国天然气定价机制改革还面临许多问题，尤其在各方利益的均衡方面。但是，由于进口气源的快速增长，以及我国总体天然气资源的相对匮乏，基于与进口天然气价格的适当联动机制应当尽快推出。总之，随着能源形势的不断变化，我国必须积极进行天然气市场的市场化改革，积极与国际接轨。争取在国际竞争中的有利地位。

目前，世界各国对天然气的争夺程度也越来越激烈。2008年12月23日，世界几大天然气国家也形成了类似于欧佩克（OPEC）组织的联盟——天然气出口国论坛（GECF）。由于天然气没办法装在桶里卖，而液化天然气成本又很高，组织刚刚起步，发展还不成熟，故在世界范围内还未形成太大的影响力。积极改革我国天然气的定价机制，优化我们的能源消耗结构，有利于我国争取在世界天然气定价问题上的话语权，提高中国在世界能源领域的地位。

（三）天然气的国际贸易格局及流向

作为三大化石能源之一，天然气的国际贸易在运输方面要求较高。BP（2012）统计数据显示，2011年全球天然气贸易的涨幅相对偏低，增长速度为4%。液化天然气贸易增长10.1%，而贸易增量几乎完全来自卡塔尔（增长34.8%）——卡塔尔在贸易增长中所占份额高达87.7%。在液化天然气进口国中，进口气量增幅最大的是日本和英国。液化天然气在全球天然气贸易中所占份额现在已达到2.3%。管道天然气贸易量仅增长1.3%，德国、英国、美国和意大利进口量的减少抵消了中国（从土库曼斯坦进口）、乌克兰（从俄罗斯进口）和土耳其（从俄罗斯和伊朗进口）进口量的增长。

四、可再生能源市场

可再生能源主要包括太阳能、风能、水能、生物质能、地热能和海洋能等。目前可再生能源在一次能源中比重还比较低，但由于石油、煤炭等化石能源具有不可再生、储量有限、使用带来高污染等特点，可再生能源已经成为世界各国比较重视并大力发展的能源。因此，可再生能源市场成为能源市场的重要组成部分。

（一）可再生能源市场的主体和客体

可再生能源市场的主体同样由“产、供、运、销、需、管”多方组成。相对于煤炭和石油等传统能源大型供应商的垄断性，可再生能源作为新能源，市场供应商相对规模可大可小，市场不完全竞争特征突出，如水电、生物质能等都可以小规模生产，许多传统能源经营商也投资一些可再生能源项目。除了生产和供应商外，根据可再生能源不同的用途，电力、供热、化工等行业企业都是可再生能源市场的需求主体。产供需各方在市场上的交易博弈，促进了可再生能源市场的发展。

可再生能源市场客体是指各种类型的可再生能源，主要包括太阳能、风能、水能、生物质能、地热能和海洋能等。风能是指风所负载的能量，风能的大小决定于风速和空气的密度；太阳能是指太阳所负载的能量，它的计量一般以阳光照射到地面的辐射总量，包括太阳的直接辐射和天空散射辐射的总和。太阳能的利用方式主要有：光伏（太阳能电池）发电系统，将太阳能直接转换为电能；太阳能聚热系统，利用太阳的热能产生电能、被动式太阳房、太阳能热水系统、太阳能取暖和制冷；水的流动可产生能量，通过捕获水流动的能量发电，称为水电；生物质能包括自然界可用作能源用途的各种植物、人畜排泄物以及城乡有机废物转化成的能源，如薪柴、沼气、生物柴油、燃料乙醇、林业加工废弃物、农作物秸秆、城市有机垃圾、工农业有机废水和其他野生植物等；地热能是贮存在地下岩石和流体中的热能，它可以用来发电，也可以为建筑物供热和制冷；海洋能是潮汐能、波浪能、温差能、盐差能和海流能的统称，海洋通过各种物理过程接收、储存和散发能量，这些能量以潮汐、波浪、温度差、海流等形式存在于海洋之中。例如，潮汐的形式源于月亮和太阳对地球的吸引力，涨潮和落潮之间所负载的能量称之为潮汐能；潮汐和风又形成了海洋波浪，从而产生波浪能；太阳照射在海洋的表面，使海洋的上部和底部形成温差，从而形成温差能。所有这些形式的海洋能都可以用来发电。

（二）可再生能源市场交易机制

可再生能源产业的发展有赖于各种机制的完善。目前来看，各国发展可再生能源应推动完善市场机制、价格形成机制、投融资机制、补偿机制等一系列产业发展机制，并随着产业发展不断完善相关政策措施。关于价格形成机制，应逐步建立能够反映资源和地域差别、电能供应质量、产业技术进步的，并与竞争性电力市场相接轨的可再生能源价格；关于投融资机制，应深化能源投资体制改革，鼓励各类市场主体参与可再生能源资源的开发，加快培育多层次资本市场，大力发展灵活多样的融资模式；关于补偿机制，应推进化石能源资源资产化管理，大幅提高资源权益金和级差收益比例，研究推进化石能源环境税或能源税，探索通过化石能源资源税费及国有能源企业资本预算收益对可再生能源进行支持；关于市场机制，应建立可再生能源并网接入标准，完善促进可再生能源供应质量提高的经济激励机制，必要时对可再生能源实行市场配额制政策。

价格机制同样是可再生能源交易的核心机制，由于各国经济发展水平、资源环境状况、电力市场发育程度不同，世界各国在基本定价理论基础上选用的定价方式也有所不同。经统计，35 个已经基本建立电力市场化发展机制的经济发达国家，大体有 5 类定价机制，分别是固定电价、招标电价、溢价电价、配额电价、绿电电价。其中实行固定电价的国家 26 个，实行招标电价的 8 个，实行溢价电价的 6 个，实行配额电价（包括实行配额制和强制市场份额制）的19 个，实行绿电电价的 1 个。每种定价机制在不同国家实施情况各有不同，如表 4–4 所示：

表 4–4 可再生能源发电上网电价政策统计表

国家	固定电价	招标电价	溢价电价	配额电价		绿电电价
				配额制	强制市场	
澳大利亚	√			√	√	
奥地利	√				√	
比利时			√	√	√	
加拿大	√	√	√	√		
克罗地亚	√					
捷克	√		√		√	
丹麦	√	√			√	
爱沙尼亚	√					
芬兰					√	
法国	√	√			√	

续表

国家	固定电价	招标电价	溢价电价	配额电价		绿电电价
				配额制	强制市场	
德国	√					
希腊	√					
匈牙利	√				√	
爱尔兰	√	√			√	
意大利	√		√	√	√	
以色列	√					
日本	√		√	√	√	
韩国	√					
拉脱维亚	√	√				
立陶宛	√					
卢森堡	√					
荷兰	√				√	√
新西兰						
挪威		√			√	
波兰		√		√		
葡萄牙	√					
罗马尼亚						
俄罗斯					√	
斯洛伐克	√					
斯洛文尼亚	√					
西班牙	√					
瑞典				√	√	
瑞士	√					
英国				√	√	
美国	√	√	√	√	√	

资料来源：Renewables. Global Status Report. 2007.

由此可见，可再生能源定价机制各国依据区域和能源种类等情况会有所不同。总之作为新能源，可再生能源市场的发展有赖于各种交易机制的完善，尤其是价格机制和补偿机制十分重要。

（三）可再生能源市场发展前景广阔

可再生能源因其可持续性、清洁、环保，是未来能源的发展方向。世界许多国家制定了可再生能源发展规划和战略目标。欧盟是世界可再生能源发展最快的地区，也是受益最多的地区。1997 年，欧盟颁布了可再生能源发展白皮书，制定了 2010 年可再生能源要占欧盟总能源消耗的 12%、2050 年可再生能源在整个欧盟国家的能源构成中要达到 50%的宏伟目标。2004 年，主要的欧盟国家达成共识，分别制定了 2010 年和 2020 年可再生能源的发展目标，英国和德国都承诺，2010 年和 2020 年可再生能源的比例将分别达到 10%和 20%。西班牙表示，2010 年，其可再生能源发电的比例就可以达到 29%以上。北欧部分国家提出了利用风力发电和生物质发电逐步替代核电的战略目标，并均已付诸行动。今后，随着技术的进步，可再生能源成本将进一步降低。预计 2020 年风电和生物质能发电以及 2030~2040 年太阳能发电成本将降低到可以与常规化石能源电力相竞争的水平。使得可再生能源实现快速发展，从补充能源上升为世界的主导能源之一。

我国有丰富的可再生能源资源。2005 年我国出台《可再生能源法》以及国家制定《可再生能源中长期发展规划》，都表明了我国政府支持推动可再生能源发展的决心和行动。2005 年，我国可再生能源开发利用总量约 1.5 亿 tce，为当年全国一次能源消费总量的 7%，根据政府的规划目标，到 2010~2020 年可再生能源利用总量将达到 2.7 亿和 5 亿 tce，分别占届时能源消费总量的 11%和16%。目前，我国正重点支持并网风电、光伏发电、太阳能热利用、生物质发电和制气、生物液体燃料等技术的研发，并促进这些技术和水电的产业化和市场发展。

由此可见，可再生能源优势明显，能够有效地补充和替代化石能源，随着世界各国可再生能源的发展，可再生能源市场在能源市场中的地位将日益突出，前景广阔。

五、电力市场

（一）电力市场的主体和客体

电力市场的主体同样由“产、供、运、销、需、管”多方组成。相对于一次能源市场，电力市场在一定的区域内垄断性更强。电力市场的供应方主要是各地的电力集团，一般地方电力集团往往集产供运销于一体。而需求方相对供应方要复杂得多，各行各业，生产生活都离不开电力。由于电力的特殊性，目前供电企业对电力市场客户主要有如下分类：按销售场所、渠道可分为直供、趸售、城市、农村市场；按客户用电量大小可分为大客户与中、小客户；按电价类别可分为工业用电、农业用电、商业用电与居民生活用电等客户；按可靠性要求可分为一、二、三类负荷客户。这在一定程度上也体现了电力需求方的多样性。此外,在电力市场上，政府扮演着重要的角色。电力市场的客体相对于一次能源中的石油和煤炭而言，非常单纯，无论是火电、还是水电，电力基本是同质的。

（二）电力市场的特征

一是电力市场总体上具有较为显著的规模经济性和自然垄断性。在电力市场的发电、输电、配电和供电四个业务领域中，发电具有一定的规模经济性，相关理论与实践证明：太小的发电单位是低效率的。但即使在一个独立的区域性电网内，也不能只建一家电站，仅仅从供电的安全和可靠性角度考虑，也需要对电源结构和布局做多源化安排。因此，电力生产显然不具有自然垄断性。但输电和配电领域具有自然垄断性，因为输电和配电是通过物理电网进行的，如果有两家或两家以上的企业分别建设电网，就会造成低效率的重复建设。当然，输电和配电业务的自然垄断性也存在明显的差别，由于输电网是电力系统的主要网络，因此输电领域具有显著的自然垄断性。而配电网是一种区域性的电网，它从高压电力输送网中取得电力，然后把电压降到适宜工商企业和居民用电所需的水平，最后输送给最终的用户，因此，配电领域的自然垄断性并没有像输电领域那么显著。但是，从总体上来讲，电力市场具有较强的自然垄断性特征。

二是各业务领域具有紧密的垂直关系。发电、输电、配电和电力供应业务共同组成一个“电力产业供应链”，从发电到电力最终消费，各业务环节缺一不可，具有一定的系统性。因此，根据经济学的“木桶原理”，为保证“电力供应链”的增值能力和运行效率，必然要求各业务领域协调发展。因此，系统性和协同性也是电力市场的主要特征。

外部性是电力市场的又一经济特征。从电力产业的正外部性而言，电力产业作为国家的先行产业，与国民经济发展及其他产业具有密切的相关性。电力产销适度增长是国民经济持续、快速、顺利发展的前提。其作用主要体现在以下三个方面：一是为各行业提供动力支持，保障供给；二是通过电力建设带动机械制造等相关产业的发展；三是通过推行合理电价，降低国民经济运行成本。电力市场的负外部性主要是环境成本问题。由于电力产业主要的投入物是能源，所有能源都涉及环境成本问题，如化石能源发电过程中污染物排放的高污染性、核事故对环境灾难性的破坏、水力发电对生态平衡的破坏等。

总体来看，电力市场的运行包括四个垂直相关的阶段：发电、输电、配电和供电。发电由发电厂完成，电能产生之后，还要通过输电和配电环节才能到达电力用户。在电力市场发电、输电、配电和售点四个业务环节，发电业务和售电业务具有竞争性或可竞争性，但发电业务存在一定的规模经济性，特别是核能发电和火力发电。输电业务和配电业务则具有自然垄断性，两者的区别是输电业务具有强自然垄断性，而配电业务则属于弱自然垄断性。虽然电力市场还包括发电能源供应、各种电力设备的生产和销售等业务，但这些业务属于一般性的竞争性业务。电力市场的主要业务及其性质特征如表 4–5 所示：

表 4–5 电力市场的主要业务及电力特征

电力市场业务	市场特征
发电	可竞争性
输电	强自然垄断性
配电	弱自然垄断性
售电	潜在竞争性
发电能源供应（其他能源市场）	竞争性
电力设备市场（电力市场衍生市场）	竞争性

资料来源：王俊豪.中国垄断性产业结构重组分类管制与协调政策[M].商务印书馆，2006.

（三）电力市场的运行机制

综观世界电力市场，电力市场市场化改革趋势明显。欧美是电力市场市场化改革的先驱，1996 年欧盟颁布了强制性的开放天然气和电力市场的导则，要求其 15 个成员国在规定的时间及范围内分阶段开放电力市场。2003 年欧盟范围内的电力市场开放程度平均已达 80%。其中德国、瑞典、奥地利、芬兰、英国、丹麦、西班牙电力市场已完全开放。2004 年 5 月 1 日后，共有 25 个欧洲国家参与欧洲电力市场，在成为欧盟成员国的同时，10 个新的欧盟成员国也开始逐步开放其国内的电力市场。相对于欧美电力改革的快速进行，日本电力改革相对缓慢。2003 年 6 月，日本对电力事业法进行修订，要求增加用户选择供电商的自由，为日本的电力市场化改革指明了方向。非洲是世界上电气化程度最低的大陆之一，为更好地发展电力，目前非洲已有 30 多个国家开始了电力改革。非洲电力改革主要着眼于引进竞争机制，规范电力市场。①

目前，许多国家的电力工业都在进行打破垄断、解除管制、引入竞争、建

① 中国电力企业联合会. 世界电力工业概况 [EB/OL]. http://www.cec.org.cn， 2010–11–27.

立电力市场的电力体制改革，目的在于更合理地配置资源，提高资源利用率，促进电力工业与社会、经济、环境的协调发展。如为了提高电力工业的营运效率和改善供电服务，早在20世纪90年代初，英国就进行了电力民营化，实行发、输、配电分离，在发电环节实行竞争，输配电环节实行价格管制和统一经营，售电市场逐步开放的电力体制改革。90年代中期，澳大利亚、南美和北欧一些国家以及美国部分州也相继进行了以发、输电分离，发电领域引入竞争机制、开放国家电网、建立电力市场等为内容的改革。旨在打破垄断、实行竞争的电力体制改革浪潮正在进一步扩大。

在我国，电力工业快速发展的同时，电力体制改革也逐步深入，电力工业以“公司制改组、商业化运营、法制化管理”为改革目标的基本取向。2002年国务院颁布的电力体制改革方案（国发〔2002〕5号文件），明确提出了我国电力体制改革的总体目标是：“打破垄断，引入竞争，提高效率，降低成本，健全电价机制，优化资源配置，促进电力发展，推进全国联网，构建政府监管下的政企分开、公平竞争、开放有序、健康发展的电力市场体系。”改革方案颁布之后，我国便实施了“厂网分开”，重组原国家电力公司资产，组建两大电网公司、五大发电集团公司和四大辅业集团公司，成立国家电力监管委员会。今后，在发电领域将逐步引入竞争机制，逐步形成开放发电侧的经营模式，即各发电公司按电价竞争上网的市场机制，即形成了初步的电力市场化。

我国电力市场建设与改革，既要符合市场的一般规律，也要适应我国现阶段经济社会管理方面的要求，即我国电力市场建设应与市场经济体系和电力运行机制相适应，综合考虑能源和电力需求的布局、现行的行政管理、财税体制、电源结构、负荷特性、发电成本、用电效率差异等因素，以科学发展观为指导，以用最小的改革成本获得最大的改革效益为目标，尊重市场自然发展的客观规律，兼顾各个市场主体的利益，确保电力交易与电网安全校核的协同性，并根据客观存在的资源优化配置空间，建立分层、竞争有序、协调运作的三级电力市场体系，从而分层次实现跨大区、跨流域、跨省和省内的资源优化配置，促进区域经济的协调发展。[①] 一直以来，在交易机制方面，我国实行政府计划管理，从发电到用电，电价由政府物价部门核定，电量计划由政府经济运行部门制定下达，电能的生产与使用未形成市场交易的过程。南方区域电力市场建设

① 夏清. 深化电力体制改革，建立科学的三级电力市场体系[EB/OL]. http://finance.sina.com.cn 2006-05-11.

的探索表明，建立以市场手段为基础、辅以必要的行政手段的电能交易机制，更符合我国现阶段的需求。

总之，应能源领域市场化、效率化、清洁化的要求，随着电力行业技术的进步，全球电力行业市场化程度将不断加大，但是考虑到能源和电力行业的重要性，政府干预必不可少，不可能做到充分市场化。而应电力市场发展的需要，新能源和可再生能源、小型分散发电技术等将得到长足的发展。

第四节　能源衍生市场

一、能源服务市场

与能源产品市场紧密相连的是能源服务市场，服务业的发展和社会分工的日益细化在能源市场上就表现为能源服务的发展，专业性能源服务在能源市场逐渐独立成单一的行为主体。合同能源管理（EPC—Energy Performance Contracting/ EMC——Energy Management Contracting）是能源服务市场上典型能源服务模式，本部分将以合同能源管理为例，来分析能源服务市场的主体、客体、交易机制和运行模式等市场内容。

（一）市场主体与客体

1. 合同能源管理的主体

合同能源管理的主体主要是指能源服务合同的签署方。一般一方是节能服务公司（ESCO——Energy Service Company），另一方是用能单位。

节能服务公司是指提供用能状况诊断、节能项目设计、融资、改造（施工、设备安装、调试）、运行管理等服务的专业化公司，ESCO是以提供一揽子专业化节能技术服务的以盈利为目的的专业公司，是集资金、技术、管理、咨询服务等多种功能于一身的服务提供商。在美国、加拿大和欧洲，ESCO已发展成为一种新兴的节能产业。近几年来，我国政府加大了对合同能源管理商业模式的扶持力度，2010年4月2日国务院办公厅转发了发改委等部门《关于加快推行合同能源管理促进节能服务产业发展意见的通知》、财政部出台了《关于印发合同能源管理财政奖励资金管理暂行办法》，从政策上、资金上给予大力支持，促进了节能服务产业的健康快速发展。合同能源管理公司由2000年的3家，发展到

2013年通过国家发改委备案的有3210家，其中含第一批、第二批取消的32家。

合同能源管理的另一主体是社会用能单位，主要是指钢铁、水泥、冶金、焦炭、电石、煤炭、玻璃、电力等高耗能行业的企业。这些企业耗能多，有迫切节约能源的需要，往往需要节能服务公司提供必要的节能服务，以降低耗能成本，提高企业利润。

2. 合同能源管理的客体

合同能源管理的客体是众多的耗能项目，往往由节能服务公司与企业就某个耗能项目签订能源管理合同，通过节能服务公司提供的设备和一系列服务达到节能的目的。如西门子公司能够提供门类齐全的服务产品，帮助中国实现清洁发电、输电和智能配电，并提供节能产品。具体而言，其不但能够提供成熟的高压直流输电（HVDC）、新型直流输电（HVDC Plus）和特高压直流输电（UHVDC）系统，而且可以提供门类齐全的能源效率产品，包括面向整个能源管理流程的驱动解决方案和自动化技术与服务等诸多合同能源服务。

（二）市场运行机制与模式

合同能源管理是国际上普遍推行的、运用市场手段促进节能的服务机制。节能服务公司与用户签订能源管理合同，为用户提供节能诊断、融资、改造等服务，充分调动用能单位节能改造的积极性，是行之有效的节能措施。其基本模式有以下几种：

1. 节能效益分享型

在项目期内用户和节能服务公司双方分享节能效益的合同类型。节能改造工程的投入按照节能服务公司与用户的约定共同承担或由节能服务公司单独承担。项目建设施工完成后，经双方共同确认节能量后，双方按合同约定比例分享节能效益。项目合同结束后，节能设备所有权无偿移交给用户，以后所产生的节能收益全归用户。节能效益分享型是我国政府大力支持的模式类型。

2. 能源费用托管型

用户委托节能服务公司出资进行能源系统的节能改造和运行管理，并按照双方约定将该能源系统的能源费用交节能服务公司管理，系统节约的能源费用归节能服务公司的合同类型。项目合同结束后，节能公司改造的节能设备无偿移交给用户使用，以后所产生的节能收益全归用户。

3. 节能量保证型

用户投资，节能服务公司向用户提供节能服务并承诺保证项目节能效益的合同类型。项目实施完毕，经双方确认达到承诺的节能效益，用户一次性或分次向节能服务公司支付服务费，如达不到承诺的节能效益，差额部分由节能服务公司承担。节能量保证型合同适用于实施周期短、能够快速支付节能效益的节能项目，合同中一般会约定固定的节能量价格。

4. 融资租赁型

融资公司投资购买节能服务公司的节能设备和服务，并租赁给用户使用，根据协议定期向用户收取租赁费用。节能服务公司负责对用户的能源系统进行改造，并在合同期内对节能量进行测量验证，担保节能效果。项目合同结束后，节能设备由融资公司无偿移交给用户使用，以后所产生的节能收益全归用户。

此外，还有混合型合同能源管理模式，是由以上 4 种基本类型的任意组合形成的合同类型。

（三） 市场规范

合同能源管理作为一种行之有效的能源服务形式，在各国都有一定的市场规范，以我国为例，针对合同能源管理模式，为规范合同能源管理服务合同，我国质量监督检验检疫总局和国家标准化管理委员会已经发布《合同能源管理技术通则》GB/T24115–2000，并于 2011 年 1 月 1 日起实施。同时，中国标准化研究院等单位起草的《节能量测量和验证技术通则》国家标准，已于 2011 年 12 月通过审查，已付诸实施，该技术通则主要是解决节能量的计算问题。另外，针对过去几年合同能源管理发展存在的一些问题，我国正实施通过有经验的、独立的第三方机构检测、审核节能量，防止结算出现纠纷，各种审核标准也在进一步出台的过程中。

二、碳排放权（交易）市场

近年来，气候变化问题日益受到国际社会的广泛关注。为了更好地在全球范围内采取有效措施减缓全球气候变暖的进程，联合国于 1992 年 5 月通过了《联合国气候变化框架公约》（简称 UNFCCC），规定发达国家必须将 2000 年温室气体排放量下降到 1990 年的水平；而 2005 年 2 月 16 日正式生效的《京都议定书》则标志着人们用法律法规来规范人类活动的时代已经开始。

（一） 碳排放权市场的主体和客体

碳排放权交易是指各国政府根据其实现对《京都议定书》的减排承诺，对本国企业实行 CO_2 排放额度控制的同时允许其进行交易。一个公司如果排放了少于预期的 CO_2，那么就可以出售剩余的额度；而那些排放量超出限额的公司，则必须购买额外的许可额度，以避免政府的罚款和制裁，从而实现国家对 CO_2 排放的总量控制。可见碳排放市场的主体是国家政府和碳排放企业，而客体是碳排放权本身。

全球碳交易市场可分为配额交易市场和自愿减排交易市场。配额交易市场为那些有温室气体排放上限的国家或企业提供碳交易平台以实现减排目标。自愿交易市场则是从其他目标（如企业社会责任、品牌建设、社会效益等）出发自愿进行碳交易以实现减排。配额碳交易又可以分成两大类：一是基于配额的交易，即在“碳总量与贸易机制”下由管理者确定和分配（或拍卖）的。例如：《京都议定书》下发达国家相互转让的分配数量单位，或在欧盟温室气体排放贸易机制下各成员国所拥有的欧盟配额；二是基于项目的典型交易，即以《京都议定书》中规定的联合履行和清洁发展机制为基础的交易形式。

（二）碳排放权市场交易组织形式

目前，在欧洲、美国等金融发达国家和地区已形成了一些大型的碳排放交易中心。发展比较成熟的有欧盟 CO_2 排放量交易体系、芝加哥气候交易所等。

1. 欧洲 CO_2 排放权交易体系（EUETS）

为帮助其成员国履行《京都议定书》的减排承诺，欧盟于 2005 年 1 月 1 日正式启动了欧盟排放交易体系。交易体系范围涵盖 27 个欧盟成员国，①其概况如下：

（1）欧盟现行的碳排放贸易体系可以概括为“配额—贸易”体系。欧盟所有成员国都制订了国家分配方案，明确规定成员国每年的 CO_2 许可排放量（与《京都议定书》规定的减排目标一致），各国政府根据总排放量向各企业分发配额。如果企业在一定期限内没有用完配额，则可以出售；若企业排放量超出分配的额度，就必须从没有用完配额的企业购买。

（2）EUETS 是世界上第一个国际性的排放交易体系，也是全球碳交易市场的引领者。自运行以来，碳排放许可量的交易量与交易额一直占全球总量的 3/4 以上，成功地通过内部许可量交易实现了欧盟 CO_2 的减排。预计未来一段时期内，EUETS 主导全球碳交易市场的趋势还将继续保持下去。

（3）欧盟正致力于建设一个全球性的排放交易网络体系。目前，它不但能够与《京都议定书》附件 I 国家的排放交易制度连接，还实现了与其他非《京

---

① 孟宪玲等. 全球碳排放权交易市场概述[J]. 当代石油石化，2009，（12）：20~24.

都议定书》机制下交易体系（如美国的区域排放交易体系）的连接。

(4) 作为一个新生事物，EUETS也面临一些问题。最主要的问题是在限额体制下，如何建立一个透明的、合理的配额分配机制。该问题不仅存在于企业间配额的分配，也存在于各成员国间的配额分配。另外，由于市场深度不够、配额频繁调整以及经济萧条等因素，造成市场上排放配额价格波动很大。最近，欧盟考虑采用拍卖和基准机制来修改现行的配额交易体系，希望通过拍卖的形式来发放排放许可证。

由EUETS的运行可见，在推动排放权交易方面，欧盟走在世界前列。欧盟的EUETS交易系统，有一整套成熟的交易规则，制订了在欧盟地区适用的欧盟气体排放交易方案，通过对特定领域的万套装置的温室气体排放量进行认定，允许减排补贴进入市场，从而实现减少温室气体排放的目标。欧盟碳排放市场开始交易以来，交易量和成交金额稳步上升。

2. 美国芝加哥气候交易所（CCX）

芝加哥气候交易所成立于2003年，它是全球第一个，也是北美地区唯一自愿参与温室气体减排交易，并对减排量承担法律约束力的先驱组织和市场交易平台。现已有200多个跨国参与者，分别来自航空、汽车、电力、环境、交通等数十个不同行业，包括美国电力、福特、IBM等公司。

在芝加哥气候交易所的减排计划中，许多北美公司和其他实体（如市政当局）自愿做出了具有法律约束力的减排承诺，以保证芝加哥气候交易所能够实现其两个阶段目标：在第一阶段（2003~2006年），所有会员单位在其基准线排放水平的基础上实现每年减排1%的目标；在第二阶段（2007~2010年），所有成员将排放水平下降到基准线水平的94%以下。

除上述两个比较成熟的交易体系外，其他国家还有一些小规模交易体系，比如：英国排放交易体系（UK ETS）、日本自愿排放交易体系（JVETS）、澳大利亚新南威尔士州温室气体减排计划（NSWGGAS）等。与此同时，我国也在积极建立自己的碳排放交易市场。2012年9月11日，广州碳排放权交易所在广州联合交易园区正式揭牌，当日，中国首例碳排放权配额交易在广州碳排放交易所完成。

（三）全球碳排放权交易市场

1. 全球碳排放权市场架构

综观全球碳排放权交易市场，根据碳排放权交易的分类，全球碳排放权交易市场架构如图4–4所示：

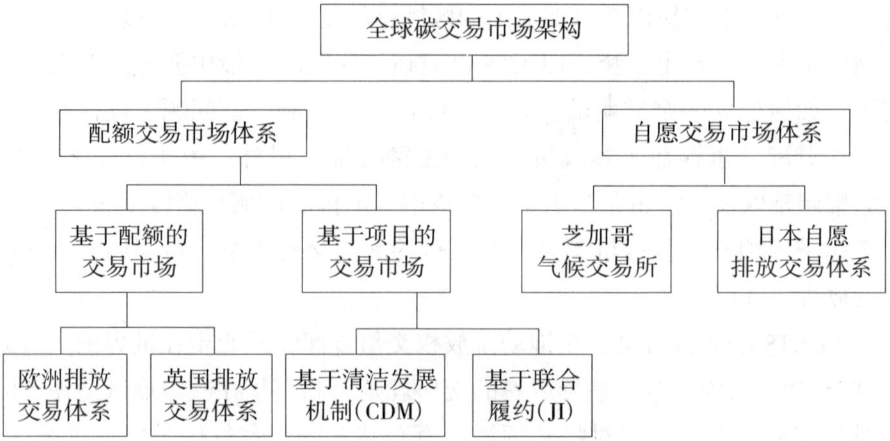

图 4–4　全球碳排放权交易市场架构

资料来源：孟宪玲等. 全球碳排放权交易市场概述[J]. 当代石油石化，2009，（12）：21.

2. 全球碳排放权市场的发展趋势

近些年来，全球碳交易市场以每年 100%多的增量高速成长。各国政府对气候变化问题日益重视，发达国家纷纷公布 2020 年减排目标，其中欧盟各成员国于 2007 年 2 月就减少温室气体排放最终达成一致：保证到 2020 年将温室气体排放量在 1990 年的基础上减少至少 20%，使欧盟经济进一步向高能效、低排放模式转型。2009 年 6 月已获众议院通过的《美国清洁能源安全法案》也设定了美国的碳减排目标，规定美国到 2020 年将使温室气体排放量在 2005 年的基础上减少 17%，到 2050 年减少 83%。法案还制定了详细的碳排放总量与交易体系。尽管该法案在参议院的前途未卜，但美国政府对气候变化问题的重视以及对发展中国家的施压必将对全球碳市场发展产生重大影响。发达国家公布的 2020 年减排目标见表 4–6 所示：

表 4–6　主要国家和地区 2020 年温室气体减排目标

国家和地区	2020 年目标
欧盟	比 1990 年水平降低 20%，有可能降低 30%
美国	比 2005 年降低 17%
澳大利亚	比 2000 年降低 5%~15%，有可能降低 25%
加拿大	比 2006 年水平降低 20%
英国	比 1990 年降低 34%
日本	比 1990 年降低 25%

资料来源：UNFCCC. 2009.

根据发达国家提出的到2020年的减排承诺，发达国家需要实施比第一承诺期大得多的减排量，未来全球碳交易市场仍存在巨大的发展潜力，未来几年有望超越石油市场，成为能源相关市场第一市场。据碳领域分析和预测先驱点碳公司的研究，若美国也加入碳排放交易系统，预计2020年美国将占市场份额的67%，交易额将达到1.25万亿欧元；而EUETS交易体系将占市场份额的23%左右，位居第二；2020年美国和欧洲总的碳交易量将分别达到380亿吨和90亿吨。根据该研究预测，2020年全球CO_2交易市场规模可达到3114万亿美元，美国立法引入“碳总量和贸易制度”将从根本上改变全球的碳市场，造就和欧洲竞争的美国市场。①

可以预见，未来全球碳排放交易市场格局将发生改变，美国将成为欧洲的主要竞争对手。与此同时，亚洲在全球碳排放交易市场中的地位将越来越突出。近些年来，亚洲的中国和印度已成为最主要的CDM市场卖家。2009年8月两国的CDM核准数量占全球总数量的60%，其中中国项目数量和交易量都位居第一。作为最主要的供应方，亚洲对全球碳排放交易市场有较大影响。

（四）我国碳排放权市场

1. 我国碳排放权市场现状

根据《京都议定书》中“共同但有区别的责任”原则，中国目前还不承担温室气体减排义务。但是，中国政府高度重视并积极应对气候变化，先后发布了《应对气候变化国家方案》《中国应对气候变化的政策与行动》白皮书等应对气候变化的政策性文件，并采取了一系列减缓温室气体排放的政策措施。

2009年10月26日，我国政府公布了控制温室气体排放的行动目标：即到2020年全国单位国内生产总值CO_2排放比2005年下降40%～45%，表明了中国政府对全人类长远发展高度负责的态度。目前我国还没有完整的碳交易平台，国内碳交易仍不具备明确的法律框架或政策。随着我国控制温室气体排放行动目标的公布以及重点排放领域统计、监测和考核办法的制定，预计碳排放权交易将成为未来推进我国环境政策发展的一个主要方向。目前我国正在为逐步建立全国性的碳排放权交易市场，做好基础性准备工作。

2. 我国碳排放权市场发展趋势

根据国内外发展背景与要求，我国碳排放权市场发展有三大趋势：

一是碳排放权交易约束性指标出现，碳排放权交易的全面发展是大势所趋。

---

① 点碳公司北美新闻，2009年11月，Vol. 4.

节能减排已经成为我国发展的主要议题，政府已明确把大幅降低能源消耗强度和二氧化碳排放强度作为约束性指标，有效控制温室气体排放，不仅是中国应对全球气候变化的积极表现，为国内碳交易提供了充分的政策保障，更为重要的是为中国碳市场提供了最为急需的发展动力，碳交易的全面发展已是大势所趋。

二是特定地区和特定行业的减排试点，是中国碳排放权市场的真正起步。低碳试点是实现全国碳强度下降目标的关键举措，也是探索绿色低碳发展经验的有效途径。2010 年，国家启动低碳省和低碳城市试点工作。7 月 19 日，国家发改委气候司下发《关于开展低碳省区和低碳城市试点工作的通知》，确定广东、辽宁、湖北、陕西、云南五省，和天津、重庆、深圳、厦门、杭州、南昌、贵阳、保定八市，作为首批低碳试点省和低碳试点市。根据通知，试点省区和试点城市要将应对气候变化工作全面纳入本地区“十二五”规划，研究制定试点省区和试点城市低碳发展规划。结合这些试点的实际减排效果，加快建立以低碳排放为特征的产业体系，建立温室气体排放数据统计和管理体系，积极倡导绿色低碳生活方式和消费模式。这个举动被多方认为是探索开展碳交易历程中具实质意义的一步。

三是将形成强制性碳交易为主、自愿减排为辅的有效机制。强制减排，即政府以法律法规或者政策推动，强制规定某些企业或者行业减排，比如电力、煤炭、有色、钢铁等传统高能耗行业，在政府强制减排下，一旦达不到减排标准，就需要去购买减排额度。全球碳交易市场 99%是强制碳市场，只有 1%不到是自愿碳市场。之前中国的碳交易之所以发展相对乏力，就在于中国没有强制规定减排义务，碳交易还停留在自愿交易阶段，规模极小。中国国内的企业或者其他机构没有必要购买碳指标，反观发达国家，由于对国内温室气体排放总量有严格控制，企业和机构对碳排放权都有着很大需求。随着我国单位碳排放强度降低的减排目标的出现，对于中国的特定行业和企业来说，就相当于减排任务的出现，势必促进碳交易需求的激增。有需求就有发展，因此，这一事件早已成为中国碳交易发展的风向标。

总之，中国碳排放权交易市场已经兴起，中国作为碳排放权的主要售卖方，碳减排市场的潜力在全球首屈一指。长远看来，碳排放权交易作为一种新兴的交易形式，如果我们能够利用好、开发好碳交易的市场，既能给中国带来可观的经济效益，也有助于提高中国能源使用效率，优化、调整中国能源利用结构。但是应当看到，作为一种战略性的资源，碳排放权的低价出售，也可能给中国带来风险。因此，国家在制定碳交易整体战略时应当把握适度原则，合理规范碳交易的领域和规模，防止过量出售碳排放权。中国应结合国际国内应对气候变化工作的进展，尽快规划中国碳排放交易框架，完善有关政策法规；开展建立碳排放交易市场的可行性研究以及碳排放交易的试点工作；设立具有一定官方权威性的交易中心，用市场导向来指导中国温室气体减排项目的实施，实现低成本减排。从国外的实践经验来看，企业是碳排放的主体，也是能最有效地管理自己排放的主体。建议国内企业加强对有关政策环境的认识和对自身排放情况的了解，积极关注应对气候变化的政策发展，努力规避政策环境变化带来的风险，保持竞争优势。①

三、能源期货市场

20 世纪 70 年代初发生的石油危机，给世界石油市场带来巨大冲击，石油价格剧烈波动，于 1978 年催生了原油期货。原油期货诞生以后，交易量一直快速增长，目前已经超过金属期货，成为全球最大的商品期货。自此，能源期货开始迅速发展，在能源市场上发挥着重要的作用。

（一）能源期货的概念

能源期货市场有狭义和广义之分，狭义能源期货市场是能源期货合约交易的场所，即期货交易所。期货合约的种类很多，因此，不同的期货交易所经营不同的期货合约。世界上有许多期货交易所，最著名的有芝加哥商品期货交易所和纽约期货交易所等。广义的能源期货是指以能源期货合约为标的所形成的供求关系及其机制的总和，不仅包括有形和无形的交易场所，更包括看不见的能源期货供求关系和价格机制等一系列市场交易的内涵。

（二）能源期货交易标的及其发展

一般情况下作为商品期货交易的标的物，应该具备四个基本条件，即交易的大宗性、可储藏性、价格波动频繁且幅度较大和品质的可划分性。诸如石油、煤炭、天然气等商品基本能够满足作为商品期货的条件，因此，随着原油期货的诞生，30 多年来，世界各地陆续推出了石油、天然气、煤炭和电力等能源期

① 方虹，罗炜，刘春平. 中国碳排放权交易市场建设的现状、问题与趋势[J]. 中国科技投资，2010（8）：41~43.

货产品。能源期货交易得到了长足的发展。

1. 石油期货

石油期货主要有原油期货和油品期货两种：

原油期货是世界上交投最活跃的能源期货商品，主要集中在纽约商品交易所（NYMEX）、英国国际石油交易所（IPE）和东京工业品交易所（TOCOM）三家期货交易所。NYMEX 的轻质低硫原油期货是世界上最具流动性的原油交易工具，也是交易量最大的实物商品期货合约。凭借卓越的流动性和价格透明度，此合约被用作主要的国际定价标准。交割地点设在俄克拉荷马州的库欣，这里有管道通往国际现货市场，也是美国石油现货市场的交割地。交割货品包括国内和国际市场上交易的多种等级的原油，能满足现货市场上的各种需求。该合约推出后交易活跃，为有史以来最成功的商品期货合约，它的成交价格成为国际石油市场关注的焦点；ICE 布伦特原油期货是一种基于期货转现货（EFP）的可交割合约，也可采用现金结算。布伦特原油是出产于北海的轻质低硫原油，同样是基准品质，被广泛交易；TOCOM 原油期货则以中东原油为标的，将迪拜和阿曼的平均值作为基准价。此外，新加坡交易所（SGX）推出了迪拜酸性原油期货合约等。

油品期货，除了原油期货，其他石油期货品种还有取暖油、燃料油、汽油、轻柴油等。汽油期货的交易量仅次于原油。汽油是美国销售量最大的石油精炼产品，占全国石油消耗量的一半左右。纽约港是美国东海岸油品主要集散地，负责进口产品以及从纽约港和墨西哥湾精炼中心向国内其他地区发货。NYMEX 汽油合约主要基于该港石油价格。NYMEX 与联邦政府及州政府密切联系，不断发展监管手段以使该期货合约价格准确反映现货市场情况；ICE 的RBOB 汽油是一种批发型非氧化库存混合油，在纽约港驳船市场交易；TOCOM 汽油期货的标的是 JIS K2202 2 级普通汽油，最大含硫量不超过百万分之十。合约价格不包括汽油税，买方收货须向卖方支付与汽油税相等的金额。可交割货品是在日本提炼或已结关的 JIS K2202 2 级普通汽油。交割方式是驳船交货，地点由卖方选择，交割日原则上由买方选择，可分批交割。买方和卖方匹配以抽签方式确定，除非交割双方在最后交易日至抽签公布日期间自行找到对方；取暖油又称 2 号燃油，是继汽油之后的第二大提炼产物，一桶原油中大约有 25%的产出是取暖油。目前推出取暖油期货的交易所有 NYMEX 和 ICE。NYME 取暖油期货合约的交割地是美国的金融中心——纽约港，实物交割。通过 NYMEX 的清算系统，还可以完成基于炼油毛利、地区价差以及纽约港取暖油与喷气燃油和柴油价差的取暖油互换期货交易。这些交易都是场外交易；柴油期货是欧洲精炼油、初级分馏油、取暖油以及喷气燃油市场的基准价格。ICE 柴油期货的实体市场在安特卫普、鹿特丹和阿姆斯特丹交割的取暖油驳轮。欧洲及其他地区的所有蒸馏燃油交易均用该期货合约作为定价参考。结算方式为实物交割，在上述地区进行。

我国上海期货交易所 1993 年就推出了原油期货，后由于种种原因被终止。2004 年 8 月 25 日，燃料油期货重新在上海期货交易所挂牌上市，这成为中国重启石油期货的一个重要里程碑。随后几年，我国燃料油期货获得了较大的发展，交易规模不断扩大，市场关注度显著提升。截止到 2009 年 8 月 25 日，共计 1218 个交易日，燃料油期货各月合约累计成交已达 21 亿吨，累计交易金额 6.8 万亿元，累计交割 133.04 万吨。从 2009 年上半年全球能源期货期权的交易量来看，上期所的燃料油期货交易量仅次于纽约商业交易所上市的 WTI 轻质低硫原油期货和洲际交易所上市的伦敦布伦特原油期货，成为全球第三大能源期货期权品种。但是，2012~2013 年，由于产品设计和市场管理与引导的问题，上海期货交易所燃料油期货交易持续低迷，甚至出现单日零成交的现象，市场流动性严重不足，需要我国相关部门加强研究与管理，使燃料油期货真正发挥功能。

2. 天然气期货

目前，推出天然气期货的主要是美国纽约商品交易所（NYMEX）。天然气占美国能源消费的近 1/4，NYMEX 的天然气合约价格被广泛地作为天然气的基准价格。合约的交易单位为每手 10000MMBtu（百万，英国热量单位）。交割地点是路易斯安那州的亨利中心，该地区拥有产量丰富的天然气矿床，有 16 条跨越洲内与洲际的天然气管道系统交会于此，负责美国东海岸、墨西哥湾沿岸、美国中西部，直至加拿大边境的所有市场的天然气供应。鉴于天然气在能源市场上越来越重要的地位，其他国家的交易所也纷纷展开研究。如郑州商品交易所根据我国 2012 年发布的《天然气发展“十二五”规划》提出的完善天然气价格形成机制、深化体制机制改革等配套方案，建立反映资源稀缺程度和市场供求变化的天然气价格形成机制，研究建立国家级天然气交易市场等要求，已把天然气期货作为其开发的重点期货产品。

3. 煤炭期货

相对于其他能源品种而言，煤炭开展期货交易的时间较晚，原因是多方面的。首先，一直到 20 世纪末，煤炭在世界主要工业化国家能源结构中的地位没有原油和天然气重要，国际贸易量有限，产煤国煤炭主要为了满足本国需求，因此，煤炭期货开发落后于原油、天然气等能源品种。其次，煤炭自身存在一些开展期货交易的困难，阻碍了煤炭期货品种的开发。煤炭属于大宗散装货物，种类与等级繁多，对于电煤这样的大类而言，质量等级划分存在一定的模糊性，而虽然一些更细分的子类明确划分不存在问题，但由于产量小，国外开展的期货交易的需求不是特别大。再次，煤炭是发电的主要原料，需求量大，运输需要庞大的运力支持，这在很多国家都是个瓶颈。最后，煤炭若保存期限过长，则存在自燃风险。这些因素给期货品种设计带来一定困难，推迟了煤炭期货的开发。随着全球原油使用量的不断增加，原油价格上升，煤炭的成本和储量优势开始凸现，在能源使用中逐渐得到重视，全球很多国家都开始研究开展煤炭期货交易的可行性。除此之外，很多交易所原有的商品期货品种和新开发的期货品种，由实物交割形式转向现金交割，提高了煤炭交易的活跃度，为煤炭期货的开发提供了新的思路。

目前，全球开展煤炭期货交易的交易所有三家，分别为美国 CME 推出的以中部阿巴拉契亚煤为标的的期货，ICE 推出的以南非里查兹贝港、鹿特丹港煤炭和澳大利亚纽卡斯港煤炭为标的的三个煤炭指数期货以及澳大利亚 ASX 推出的以纽卡斯港煤炭为标的的煤炭期货。美国的煤炭期货上市时间较早，但是自 2001 年上市后，交易一直不活跃，与美国的煤炭市场规模不相称，可喜的是 2008 年下半年开始，交易量开始大幅增加。IPE 于 2006 年上市了煤炭指数期货，由于采取现金交割方式，其交易活跃度大于 CME 的煤炭期货。2009 年，世界上最大的煤炭出口国澳大利亚上市了煤炭期货，但不是很成功，成交一直比较清淡。

4. 电力期货

目前世界上先行进行电力市场化改革的国家都纷纷建立起了电力期货市场。最早引入电力期货交易的是美国的纽约商业交易所（NYMEX）。1996 年，美国针对加利佛尼亚—俄勒冈边界电力市场（COB）和保罗福德地区电力市场（PV）设计了两个电力期货合约并进行交易，在 2000 年的时候又针对 PJM 电力市场设计了 PJM 电力期货合约并进行交易。同年开展电力期货交易的还有芝加哥期货交易所（CBOT），针对 Commonwealth Edison 和田纳西峡谷地区推出两种电力期货合约。北欧电力联营体（Nord pool）以斯堪的纳维亚(北欧）地区的电力交易为对象，进行了电力期货合约的交易。接下来的数年时间里，荷兰、英国、德国、法国、波兰、澳大利亚等国家也根据需要建立了电力期货市场。随着我国电力市场的市场化改革，我国各大商品交易所正在积极开展电力期货的研究，相信随着电力的市场化改革，一旦时机成熟，电力期货将在我国能源市场上应运而生。

综上可见，世界上能源期货已经获得了较大的发展，尤其是石油期货在能源期货中占据比较重要的地位。其次是能源期货品种越来越丰富，交易规模越来越大。随着能源形势的日趋紧张和全球能源市场化程度的提高，能源期货将得到较快发展。

（三）能源期货市场的功能与交易主体

商品期货（市场）往往具有三大基本功能，能源期货概莫能外。根据其功能的发挥可以了解其交易主体的目的与行为。

一是价格发现功能。期货市场上聚集着众多的商品生产者、经营者和投机者，他们以生产成本加预期利润作为定价基础，相互交易，相互影响。各方交易者对商品未来价格进行行情分析、预测，通过有组织的公开竞价，形成预期的能源商品基准价格，这种相对权威的基准价格，还会因市场供求状况变化而变化，具有一定的动态特征。在公开竞争和竞价过程中形成的期货价格，往往被视为国际能源商品现货市场的参考价格，具有重要的价格导向功能，能够引导企业生产经营更加市场化，提高社会资源的配置效率。

二是规避风险的功能。套期保值是能源期货市场基本运作方式之一，企业通过套期保值实现风险采购，能够使生产经营成本或预期利润保持相对稳定，从而增强企业抵御市场价格风险的能力。套期保值的基本做法是企业买进或卖出与现货市场交易数量相当，但交易方向相反的能源期货合约，以期在未来某一时刻通过对冲或平仓补偿的方式，抵消现货市场价格变动所带来的实际价格风险。当然，由于现货价格和期货价格差别现象的客观存在，套期保值并不能完全消除风险，而是用一种较小的风险替代一种较大的风险，用现货价格和期货价格差别风险替代现货价格变化风险。

三是规范投机功能。资本具有天然的投机需求。利用能源期货市场可以吸引大量资金，从而为能源产业发展提供第一推动力。利用期货市场，交易商一方面可以规避国际能源价格波动的负面影响；另一方面，还可通过投机交易从市场价格波动中获取更多的利益。在规范的市场，投机行为要受到严格的监督和管理，投机者是在严格遵循交易规则的条件下获取正常经济利益，监督和管理使投机行为成为调节期货市场的工具。有了投机者的参与，期货市场的交易量增加，市场供求关系也可以更好地得以调节。

根据上述三大功能，能源期货市场的交易主体应该是具有规避风险和投机需求的能源生产、经营、需求者及投机者。其实，期货合约取得成功的一个重要因素就是存在规模巨大的套期保值者和投机者。

第五节　本章小结

综上所述，我们从能源市场基本原理及影响因素出发，按照能源资源型市场、产品型市场和衍生性市场三大类型对能源市场体系进行了分析，能源市场是一个特点鲜明、具有较强战略性的市场。研究能源市场必须在把握原理的基础上，对不同能源市场平台和国内外能源市场进行全面综合的分析和研究，进而为一国经济发展服务。通过研究能源市场的原理和发展现状，以及对未来能源市场发展的预测，可以更好地认识和了解能源市场，进而通过加强能源市场管理，使得能源市场在国民经济发展中更好地发挥作用。

第五章　能源价格

能源价格机制是调节能源资源配置的主要市场机制，但由于受能源资源的特殊性和能源市场结构，以及能源与金融一体化发展等问题的影响，能源市场价格影响因素非常复杂，尤其短期，能源价格更是受到大量来自非市场因素的严重影响。由此形成的能源价格有时甚至完全脱离了能源供需的基本面因素。能源价格形成和作用机制的复杂性要求我们加强对能源价格的研究。本章我们从能源定价的基本原理出发，将对影响能源价格的因素、能源定价模型，以及能源价格对市场的调节机制展开详细研究。

第一节　能源定价的原理与方法

虽然影响能源定价的因素非常多，但能源资源作为经济和社会发展的主要资源，其最终价格的确定必须基于基本的资源定价原理。综合来看，目前资源定价原理主要有资源稀缺理论、马克思主义价格理论和市场经济价格理论三种。

一、资源稀缺理论

资源的稀缺理论是相对于人类无限的需要而言的。人的需要具有无限增长和多样性。为了满足需求，就要生产越来越多的产品，也就需要更多的资源。而资源，尤其是在一定的时期内可用于满足需求的生产资源往往是有限的。并且，一种资源往往具有多种用途。这就使得有限的资源相对于人类无限、多样的需求显得远远不足。经济学所研究的就是如何对有限的且可以有多种用途的资源进行合理的配置以最大限度地满足人们的需要。

资源稀缺与资源短缺是有所区别的，资源稀缺是指经济社会中资源的一般内在性质，是指一般的、所有的资源而言；而资源短缺是资源的一种个别性状，是相对于其他资源而言的一种市场上相对供不应求的现象，反映着某种资源在市场上供应的程度和供求状况。两者之间存在联系但变化不总是一致的。稀缺是永久的，而短缺是暂时的。反映和解释资源稀缺的模型主要有边拓模型和李嘉图模型。基本模型如下：

$$G(t)=f[L_0(t),R_0(t)] \tag{5-1}$$

$$R_0(t)=g[L_1(t)] \tag{5-2}$$

$$L(t)=L_0(t)+L_1(t) \tag{5-3}$$

其中，$G(t)$是国民生产总值；$L_0(t)$是劳动力投入生产最终的财富；$R_0(t)$是指中间产品生产；$g[L_1(t)]$是利用自然资源生产中间产品的过程。

（一）边拓模型（frontier model）

边拓模型也称为边拓经济（frontier economy），是指相对于资本和劳动的供给量来说自然资源的供给量非常充足的一种经济状态。边拓模型中，g(*)函数表现为不变的规模报酬，如图 5-1 所示：

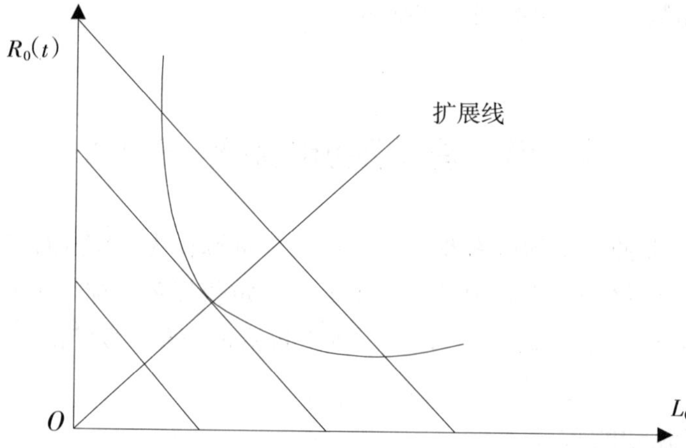

图 5-1　资源稀缺的边拓经济模型

可见，在边拓经济中，由于自然资源充裕，自然资源产品生产函数为不变规模报酬，资源可随劳动和资本的投入而扩大，最终产品 G 的生产受制于劳动或资本的限制，而非自然资源。生产可能性曲线 PPF 为直线，且平行地向外推移。

（二）李嘉图模型（Ricardian model）

李嘉图模型也称李嘉图经济（Ricardian economy），是指原材料生产的单位成本随生产规模的增加而增加，资源可用性受目前利用率和累积用量影响的一种状态。李嘉图模型中，g（*）表现为递减的规模报酬，存在自然资源利用的约束。如图 5-2 所示：

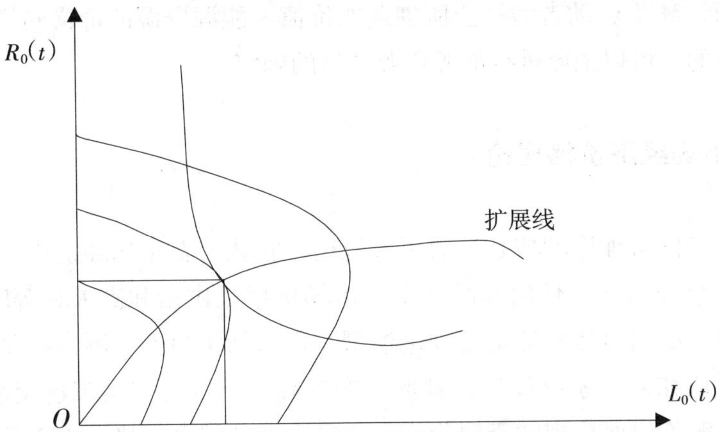

图 5-2　资源稀缺的李嘉图经济模型

可见，在李嘉图模型中，g（*）表现为递减的规模报酬，即 L 的增加速度比R 的增加速度快——成本增加定律，同时，也说明由于资源稀缺，成本递增状况会对 G 的增加起到一种加速抑制作用。生产可能性曲线为弧线形，以一种不对称的方式向外推移。

通过两个模型的比较，可以找到反映自然资源产品稀缺性变化的指标，即生产要素之间的替代率。追求 G 最大化的经济系统中，两种要素的相对价值由它们在生产 G 的过程中相互替代的比率决定，该替代率也就是 G 等产量曲线与 *PPF* 在切点的斜率。在 *PPF* 上，如果斜率越来越小，R_0 就越有价值，或越稀缺；反之，则 L_0 越有价值，越稀缺。在图 *5-1* 中，显示出R_0的相对价值随经济扩张而提高的特征；在图 5-2 中则显示出不变的相对价值和稀缺。

资源的稀缺性制约着经济发展的规模和增长速度。个别资源稀缺成为经济发展的“瓶颈”。能源作为经济发展的战略资源，其稀缺性是客观存在的，将通过影响能源价格和分配对经济的发展形成制约。

二、马克思主义价格理论

马克思主义价格理论的核心是劳动价值论，它认为价格是价值的表现形态，价值是价格的基础，制定价格必须以价值为基础，而价值量的大小决定于所消耗的社会必要劳动时间的多寡。任何商品的价格都可表示为：

$$P= C+V+M \tag{5-4}$$

式中：P 为价格，C 为已消耗的生产资料价值，V 为劳动者为自己的劳动所创造的价值，M 为劳动者为社会所创造的价值。能源资源的价格同样也是由这三部分构成的，可以依此进行能源资源价格的确定。

三、市场经济价格理论

市场经济价格理论的核心是效用价值论，它认为在市场经济中，决定市场价格的是供给和需求。任何商品的实际市场价格是供给和需求相等时的价格，即均衡价格。所谓自然资源价格理论模型是指包括了自然资源内在价值来源和外在价格形成在内的系统设计，其形成的资源价格既可以是市场交易的价格，也可以是资源价值所体现的资源价格，或是二者的综合价格。由于价格理论的不同，对自然资源价格的来源和构成说明不同；即使运用同一价格理论，由于自然资源的复杂性，从不同的角度，对自然资源定价的思路和方法也不同。因而形成了不同的自然资源定价理论模型。本着定价思想和定价方法相统一的原则，主要有以下几种资源价格理论模型。①

（一）影子价格模型

影子价格是针对现实市场价格的缺陷，为实现合理分配稀缺资源而提出的一种理论价格。它是 20 世纪 30 年代分别由荷兰的詹恩·丁伯根（Jan Tinbergen）和苏联的康托罗维奇（Kantofo–vitch）提出的，前者主要是针对市场经济中的市场缺陷而提出的，因而在国外常称之为“效率价格”；后者主要是针对计划经济体系中如何实现全社会资源的最优配置而提出的，因而也称“最优计划价格”。二者都是从资源有限性出发，以资源充分合理分配并有效利用作为核心，以最大经济效益为目标的一种测算价格，是对资源使用价值的定量分析。萨缪尔森发展了丁伯根的影子价格理论。从三个方面对影子价格作了补充：第一，影子价格是以线性规划为计算方法的计算价格；第二，影子价格是一种资源价格；第三，影子价格以边际生产力为基础。

自然资源影子价格的具体计算方法如下：

目标函数：$Z_{\max}=\sum_{j=1}^{n} G_j X_j$ （5–5）

---

① 何承耕,林忠,陈传明,李晓. 自然资源定价主要理论模型探析[M]. 福建地理，2002（9）：1~10.

约束条件：$a_{i1}x_1+a_{i2}x_2+\cdots+a_{ij}x_j+\cdots+a_{mn}x_n\leqslant b_i$。

式中：$i=1, 2, \cdots, m$；$j=1, 2, \cdots, n$；C_j 为各类自然资源单位数量收益系数；X_j 为各类自然资源数量；a_{ij} 为约束系数；Z 为目标值（经济效益等）；b_i 为自然资源总量。

可以利用该规划的对偶规划求解自然资源的影子价格：（U_i），即：

目标函数：$Y_{\min}=\sum_{i=1}^{m} b_i U_i$　　　（5–6）

约束条件：$a_{1j}U_1+a_{2j}U_2+\cdots+a_{ij}U_j+\cdots+a_{mj}U_m\geqslant C_j$；$U_j\geqslant 0$

式中：$i=1, 2, \cdots, m$；Y 为生产总成本；U_i 为决策变量即影子价格。

从数学规划角度来看，影子价格即是线性对偶规划的最优解。其经济含义是：在资源得到最优配置，使社会总效益最大时，该资源投入量每增加一个单位所带来社会总收益的增加量。由于影子价格是根据资源稀缺程度对现行资源市场价格的修正，反映了资源利用的社会总效益和损失，符合资源定价的基本准则，影子价格反映了资源的稀缺程度，为资源的合理配置及有效利用提供了正确的价格信号和计量尺度。自然资源的影子价格可以根据上述有关理论进行测算。

但是影子价格模型在资源定价中仍有很大局限性。主要表现在三个方面：一是理论上可以通过求解线性规划来获得资源影子价格，该方法所需资源和经济的数据量大，计算复杂，在实践中存在很大困难。因而在实际工作中，影子价格的获得常采用以下几种方法：以国内市场价格为基础进行调整；以国际市场价格为基础确定；机会成本法等。二是从线性规划模型来看，影子价格反映的只是一种静态的资源最优配置价格，不能表现资源在不同时期动态配置时的最优价格。三是根据影子价格的定义，影子价格与生产价格、市场价格差别很大，它只反映某种资源的稀缺程度和资源与总体经济效益之间的关系，因此，它不能代替资源本身的价值。

（二）边际机会成本模型

机会成本的概念是新古典经济学派提出的。是指在其他条件相同时，把一定的资源用于某种用途时所放弃的另一用途的效益，其中最高的一种就是它的机会成本。根据机会成本确定自然资源价格，不仅意味着将一部分资源开发利润计入成本，也意味着必须将未来所牺牲的收益计入成本。在无市场价格的情况下，用机会成本来间接计算资源价格，是一个可行的方法，因而机会成本理论被广泛地用于自然资源定价。其中边际机会成本定价模型就是较为先进和流行的一种。

边际机会成本（Marginal Oppotunity Cost，简称 MOC）理论认为：自然资源的消耗使用应包括三种成本：一是边际生产成本（Marginal Production Cost，简称 MPC），它是指为了获得资源，必须投入的直接费用；二是边际使用者成本（MarginalUser Cost，简称 MUC），即将来使用此资源的人所放弃的净效益；三是边际外部成本（Marginal External Cost，简称 MEC），外部成本主要指在资源开发利用过程中对外部环境所造成的损失，这种损失包括目前或者将来的损失。上述三项可以用下式来表示：

$$MOC= MPC+ MUC+MEC \tag{5-7}$$

MOC 理论认为：MOC 表示由社会所承担的消耗一种自然资源的全部费用，在理论上应是使用者为资源消耗行为所付出的价格 P，即 P=MOC。而当 P < MOC 时会刺激资源过度使用，P>MOC 时会抑制正常的消费。

MOC 将资源与环境结合起来，从经济学的角度来度量使用资源所付出的全部代价，它弥补了传统的资源经济学中忽视资源使用所付出的环境代价以及后代人或者受害者利益的缺陷，可以说是一个新突破。另外，MOC 可以作为决策的有效判据用来判别有关资源环境保护的政策措施是否合理，包括投资、管理、租税、补贴以及自然资源的控制价格等。但将其应用于自然资源价格测算仍存在着严重的缺陷，主要表现在以下几个方面：一是应用较困难。在公式 5-7 中， MPC 的获取比较容易，而 MUC、MEC 则比较困难；二是缺乏可比性。由于同一资源在不同地区 MUC、MEC 计算的内容方法不同，这样使 MOC 缺乏可比性，难以进行时空分析和宏观上把握资源价格变化。

（三）可计算一般均衡模型

可计算一般均衡模型（Computable General Equilibrium Model，也称 CGE 模型），它是一种宏观经济的自然资源价格计算模型。它是应用市场经济的一般均衡理论，分析自然资源供需达到均衡时的资源价格或自然资源边际贡献。CGE 模型源于瓦尔拉斯的一般均衡理论，但又不同于这一理论。它取消了完全竞争的必要性假定，把政策的干预引入了模型，使之适合当今许多国家混合经济的条件。因此，它使一般均衡理论更接近经济现实。CGE 模型作为一种建模技术，吸收了投入产出、线性规划等方法的优点，体现了部门间的联系，同时又克服了投入产出模型忽略市场作用等弊端，把要素市场、产品市场通过价格信号有机地联系在一起，既反映了市场机制的相互作用，又突出了部门间的经济联系。CGE 模型 20 世纪 60 年代末出现于宏观政策分析和数量经济领域，随着经济理论的不断丰富、计算技巧的逐步完善，CGE 模型的研究和应用日渐广泛。能有效应用于包括自然资源和环境在内的各种商品价格的计算。

由于 CGE 模型能有效地模拟宏观经济的运行情况，因此，它能用来研究和计算某一区域的经济在均衡条件下各部门商品的相对价格，以及在均衡条件下各部门的生产和消费情况。但把 CGE 模型应用于自然资源商品价格的研究，不仅需处理的数据量非常巨大，更主要的是在我国目前的经济统计工作中，还没有把各类资源及开发状况作为一个单独的部门来处理，因而，无法把资源商品纳入模型，直接计算资源产品的相对价格。较为现实的是，建立宏观经济的投入占用自然资源模型，通过可供资源量的变化，推求 GDP 的变化值；然后确定 GDP 变化值由于自然资源量变化的贡献量，推求资源的边际价格。这种方法只需在现有的 CGE 模型中加入自然资源条件变化的方程，实际操作较方便。

（四）市场估价模型

市场估价模型也称效益换算定价模型，它是基于人们对自然资源的开发利用既会给人类带来经济正效益，也会造成环境负效应的认识，通过自然资源在市场上的价值表现，将两种效益进行换算，通过直接或间接的市场价格来估算自然资源和环境资源的经济价值的定价模型。市场估价理论模型由一系列以市场为主的价值评估方法组成。根据市场信息完备与否，可分为直接市场方法（收益现值法、生产率变动法、疾病成本法和人力资本法、重置成本法、预防支出法等）、间接市场方法（后果阻止法、保护费用法、旅行费用法、工资差额法等），以及以调查为主的主观性较强的模拟市场方法（直接询问调查法、间接询问调查法、德尔斐法等）。除了模拟市场法采用问卷调查外，以上每种定价方法都有其特定的经验模型或具体模型。其中较为常用的模型有：收益现值模型、疾病成本和人力资本模型、资产价值模型等，举例如下：

1. 资源价值的收益现值模型①

资源价值的收益现值模型是根据某种自然资源的收益（或地租）来推算该资源的价格。公式如下：

$$P=\sum_{i=1}^{n}\frac{P_i}{(1+r)^i} \tag{5-8}$$

---

① 邱德华，沈菊琴. 水资源资产价值评估的收益现值法研究 [J]. 河海大学学报，2001 (3)：26~27.

式中，P 为自然资源价格，P_i 为未来第 i 年的资源预期收益额（i = 1，2，3，…，n）；n 为收益年限；r 为折现率。即以未来的收益率进行折现的模型来估算自然资源的价格。

2. 人力资本模型①

人力资本理论用于资源定价的思路是用收入的损失，估算由于环境污染引起的过早死亡的成本，进而推算出环境资源的价值。根据边际生产力理论，人失去寿命或工作时间的价值等于这段时间中个人的劳动价值，一个人的劳动价值是在考虑年龄、性别、教育程度等因素的情况下，每个人的未来收益经贴现折算成的现值。假设一个人在正常情况下，可以活到 t 年，由于环境污染而于 T 年过早死亡，则这个过早死亡的人所损失的劳动力的价值可描述为：

$$L_T=\sum_{t=T}^{\infty} YtP_T^t\ (H\gamma)^{-(t-T)} \tag{5-9}$$

式中，L_T 为一个年龄为 T 的人未来收入的贴现值；Y_t 为预期个人在第 t 年内所得到的总收入扣除他拥有的非人力资本的收入；P_T^t 为个人在第 T 年活到第 t 年的概率，r 为预计到第 t 年有效的社会贴现率。

市场定价模型不仅是以资源使用的市场价值为基础进行定价，比较直观；而且定价的具体方法众多，在实际定价工作中，无论在计算资源商品价值还是计算资源服务价值方面，都有广泛的应用。但它也有明显的局限性。一是无论是直接市场法还是间接市场法，都是有关商品和劳务的市场价格计算，但许多资源根本没有相应的市场和价格。即使有，市场价格也多是扭曲的，无法真实地反映消费者的支付意愿或受偿意愿，不能充分衡量自然资源开发的全部成本。因而，必须把扭曲价格订正为有效价格，而这经常是很困难的。二是模拟市场法主观性较强，且每种方法的使用都有严格的前提和限制，因而调查结果也存在着产生各种偏倚的可能性。

（五）李金昌模型②

我国学者李金昌在综合效用论、劳动价值论和地租论的基础上，建立了独具特色的自然资源的定价模型。该模型认为自然资源的价值 P 包括两个部分：一是自然资源本身的价值，即未经人类劳动参与的天然产生的那部分价值 P_1；

---

① 中国环境与发展国际合作委员会编. 中国自然资源定价研究 [M]. 北京：中国环境科学出社，1997：20~32.

② 张帆.环境与自然资源经济学 [M]. 上海：上海人民出版社，1998：57~10.

二是基于人类劳动所产生的价值 P_2。即：$P=P_1+P_2$。根据地租论，设 R_0 为基本地租或租金，a 为代表自然资源丰度和开采利用条件即地区差别、品种差别和质量差别的等级系数，则该自然资源的地租或租金 $R=aR_0$；I 为平均利息率。则该自然资源本身的价值 $P_1=aR_0/I$；P_2 可以根据生产价格理论来确定。设 A 为支付在该自然资源上的人财物投入总额（折成资金），Q 为受益自然资源总量，N 为受益年限，则资源产业活动对该自然资源的总投入的每年单位资源量的分摊额为 A/（N·Q），再考虑投入资本的平均利润 ρ，即为社会投入单位资源所产生的成本加利润，它相当于（c+v+m）；即：

$$\frac{A}{N\cdot Q}(1+\rho)=c+v+m \tag{5-10}$$

其中，c 为物质消耗；v 为活劳动消耗；m 是利润。这部分价值是该自然资源每年的生产价值，它与地租或租金是同一层次的问题。所以，该自然资源由于社会投入部分产生的价值 P_2 只要考虑平均利息率，即可求得：

$$P_2=\frac{A(1+\rho)}{N\cdot Q\cdot I}=\frac{c+v+m}{I} \tag{5-11}$$

因此，该自然资源总的价值 P 即为：

$$P=P_1+P_2=\frac{1}{I}[aR_0+\frac{A(1+\rho)}{N\cdot Q}]=\frac{1}{I}(aR_0+c+v+m) \tag{5-12}$$

其次，再考虑自然资源价值的大小。这主要取决于它的稀缺性。稀缺性主要体现在供求关系上。在供给量 Qs 一定时，其价格（价值）与需求量 Qd 大致成正比关系；在需求量 Qd 一定时，其价格（价值）与供给量 Qs 大致成反比关系。而在实际上，无论 Qs 还是 Qd，它们与价格之间并不都是固定关系。在不同的价格水平下，Qs 与 Qd 具有不同的伸缩性；在相同的价格水平下，Qs 与 Qd 的伸缩性也不尽相同。把这种伸缩性分别用供给量变化率与价格变化率的比值（即供给弹性系数 Es）和需求量变化率与价格变化率的比值（即需求弹性系数 Ed）来表示。Es 表示供给量变化对价格的灵敏程度，Ed 表示需求量变化对价格变化反应的灵敏程度。加入上述关系，则公式 5-12 变为：

$$P=\frac{1}{I}[aR_0+\frac{A(1+\rho)}{N\cdot Q}]\times\frac{Q_d\cdot E_d}{Q_S\cdot E_s}=\frac{1}{I}(aR_0+c+v+m)\times\frac{Q_d\cdot E_d}{Q_S\cdot E_s} \tag{5-13}$$

第三，凡是资本，都应考虑时间价值。设 P 为现值，Pt 为第 t 年的价值，贴现率用 i 表示；则有：

$$P_t=P(1+i)^t \tag{5-14}$$

所以，公式可变为：

$$P_t=\frac{(1+i)^t}{I}[aR_0+\frac{A(1+\rho)}{N\cdot Q}]\times\frac{Q_d\cdot E_d}{Q_S\cdot E_s}=\frac{(1+i)^t}{I}(aR_0+c+v+m)\times\frac{Q_d\cdot E_d}{Q_S\cdot E_s}$$

(5-15)

上述两式即为确定自然资源价值（价格）的基本理论模型。它符合完全的生产价格应该等于成本加利润再加地租的原则，尤其是从资源租金角度把自然资源本身的价值考虑进去，使自然资源本身的价值有所体现。有关影响自然资源价值（价格）的其他因素均可以在这个公式的基础上加以考虑，对公式做出扩展。

（六）能量定价模型

能量定价的基本思路是，通过计算自然资源中所含有的总能量来确定自然资源价格。能量价值模型是根据自然资源经济系统所生产的总能量折算成货币价格的定价模型。其基本设想是自然资源是人类社会经济系统的组成部分，而能量与货币的转换在经济学上又是完全可能的。实际上，一个国家国民生产总值与它的总能耗的比例可以使能量同货币联系起来。确定能量单位价值的公式为：

UVE（能量单位价值）= GNP（国民生产总值）/ TEC（总能耗）　　(5-16)

按照资源经济学的方法，首先计算出一种自然资源所生产的总能量，然后乘以能量单位价值，就可以得出这种自然资源的总能量价值，其公式即：

TEV（总能量价值）= TE（总能量）× UVE（能量单位价值）　　(5-17)

能量定价理论用能量这个统一标准，将自然环境系统和人类经济系统联系起来，解决了经济学家和资源经济学家在资源价值评估中所遇到的统一性和准确性问题，是一种较好的计量资源价值的方法。

（七）能值定价模型

所谓能值是指某种流动或贮存的能量包含另一种流动或贮存的能量之量，它与能量有着本质的不同，是一种比值定义的概念。20 世纪 80 年代后期，美国著名生态学家 H. T. Odum 在对不同生态系统中的能量流动进行系统研究的基础上，根据不同自然资源对能量吸收转换的效率差异，提出能值转换率（Transformity）的概念，并以此作为评价自然资源和环境价值的尺度。由于地球上各种自然资源的能量都直接或间接来源于太阳能，所以实际应用的是太阳能值转换率，它指形成每单位某种自然资源的能量所需的太阳能数量。因而，太阳能值转换率是一个比值，比值越大，说明某种资源的太阳能值转换率越高，则在能量系统中的等级就越高，其经济效益就越大，价值也就越大。例如，太阳光能的能值转换率为 1，风能的能值转换率为 623，海浪能为 $17\times10^3\sim30\times$

10^3，燃料的为 $18\times10^3\sim40\times10^3$，人类劳务为 $80\times10^3\sim50\times10^8$，信息资源为 $10\times10^4\sim10\times10^{12}$ 等。能值转换率的大小，从本质上揭示了不同资源能量、商品劳务和技术信息等存在价值差别的根本原因。

能值理论解决了一般能量单位难以解决不同类型、不同性质的自然资源的能量相互加减和比较问题，以太阳能值作为资源财富（资源资本）统一度量标准，从而为客观地评价和比较多种类型的自然资源的内在价值及其对人类经济系统的贡献提供了一种新思路。但需要指出的是，能值理论固然承认自然资源和环境的开发利用离不开货币能值的中介作用，但它摒弃了自然资源和环境价值的传统货币尺度，而是提出了用能值转换率（Transformity）、能值投入率（Emergy investmentratio）、能值净产出率（Net emergy yield ratio）等一系列客观的指标来衡量各具体自然资源和环境的内在价值。由于能值和货币价值是两种完全不同的尺度，中间也没有过渡的桥梁，因而在现实资源管理和经济生活中还难以直接应用。

总之，以上是有关自然资源定价的几种主要和常用的定价理论模型。就模型本身而言，它们各有鲜明的特点，并与各自的价格理论相呼应；就实际应用而言，它们也各有长处和短处，对不同的自然资源类型或在不同的情况下，应选择使用。

第二节　影响能源价格的因素

能源价格直接反映着能源商品供需关系的变化，并调节着供需双方的资源配置和生产经营活动。它是国家制定经济政策和企业进行资源配置及生产经营决策的重要基础之一。总体来看，影响能源价格的因素有基本因素和二级因素之分，二级因素往往通过影响基本因素，进而影响到能源的价格。

一、基本因素

能源价格受多种因素的影响而波动，但是能源商品和其他商品一样，其价格由其本身蕴含的价值决定，并受供求关系的影响而波动，所以影响能源价格波动的基本因素是其自身价值和供求关系，其他因素都是通过影响其价值和供求关系来影响煤炭价格的。

(一) 价值因素

能源的生产和传输成本蕴含着人类的社会必要劳动时间，构成了能源自身蕴含的价值，以我国煤炭资源蕴含的价值为例，从煤炭价格结构来看，煤炭价格主要由生产成本和运输成本以及各涉及单位的利润构成。现阶段我国煤炭的生产成本仅占到最后消费价格的百分之十几，中间环节的费用和成本高得惊人。运输对煤炭价格的影响也是举足轻重的，运输成本是影响煤炭价格的主要组成部分。由于我国煤炭铁路运输距离远，线路复杂，而铁路运输不仅各个运行区段价格不同，而且费用构成非常复杂，比如不同技术水平的线路收费不同，不同性质建设资金来源的铁路收费不同，线路建设资金分摊方式不同等，很难对煤炭的铁路运输费用进行详尽描述。以主要运输通道计算，从山西、陕西和内蒙古西部地区运往东南沿海不同地区的运输成本可谓千差万别，铁路运输费用、运杂费（铁路建设基金等）、税金和利润等费用的总和，占到了最终用户煤价的一半以上，甚至高达 2/3；可见能源传输的相关费用构成了能源价值的主要部分。

石油、天然气，以及新能源和可再生能源同样面临着生产和传输问题，能源的生产成本和传输费用是能源成本的主要内容，基本能够代表能源自身价值。是决定能源价格的最基本和核心的因素。此外，近些年来，能源的环境成本也在通过各种税费逐渐地体现出来，成为能源价值的一部分。

(二) 供求关系

供求关系是指在商品经济条件下，商品供给和需求之间的相互联系、相互制约的关系，它是生产和消费之间的关系在市场上的反映。经济学原理告诉我们，价格随供求关系的变化而不断变化，反过来价格同样会影响到供求关系的变化。如图 5–3 所示：

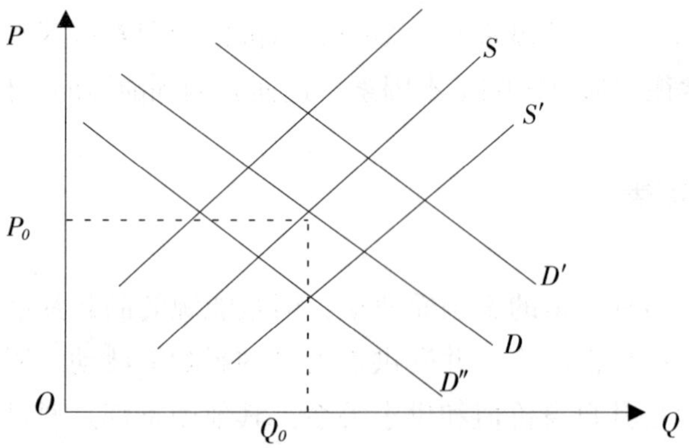

图 5–3 供求关系原理图

各种类型的能源作为商品，其价格变化自然要受到各种供求关系的影响。如国际石油价格一直随着供求关系的变化而变化，一旦供应紧张，国际石油价格就相机而动，随之上升。一旦需求受阻，国际油价往往会有所回落。从2001年到 2010 年能源价格与供求关系的变化基本能看出能源价格和供求的基本关系。如图 5-4 所示：

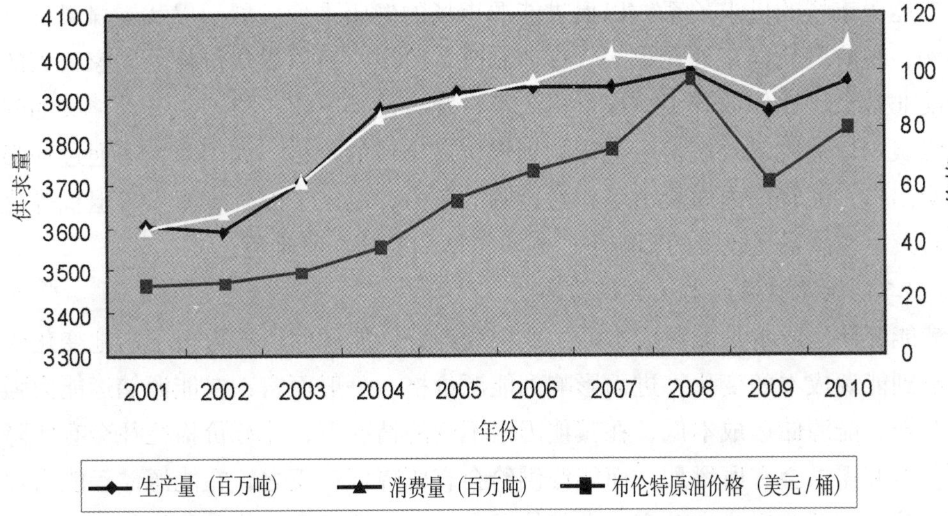

图 5-4　2001~2010 年世界原油价格与供求量变化趋势

从图中可以看出，2001~2010 年间，世界原油价格随着原油供需量的变化不断变化，由于能源需求增长快于能源供给增长，带动原油供给的不断增加。各级能源组织和专家普遍认为，受基本供求关系制约，国际油价长期走高在所难免，供求关系是影响石油价格的主要因素。如中国石油和化学工业联合会认为，目前影响国际原油市场的不确定因素主要是供求关系、中东地区政局变化、美元走势和国际游资炒作等。国际能源署（IEA）2011 年曾预测，未来 5 年的石油需求增长预期是日需求量年均增幅为 1.2%，即每年增长 110 万桶，OECD 以外国家的石油需求增幅将较高。预计到 2016 年，全球石油日需求量达到 9500 万桶，比 2010 年增加 670 万桶。不过，国际能源署还指出，尽管未来 5 年的石油需求年均增幅会有所放缓，但在 2013 年以前，石油需求将保持强劲，供应紧张问题仍将存在。

可见，供求关系是影响能源价格的最基本因素，其他因素往往通过影响能源供求关系的变化而影响价格。

二、二级因素

（一）国家政策

国家政策是影响能源价格的主要因素，政府往往通过控制和调节能源价格调节能源市场的供求关系，以促进能源市场的健康平稳发展。以我国煤炭价格为例，现阶段我国正处在煤炭管理体制改革阶段，所以煤炭价格受国家政策的影响非常大。比如放开了电煤价格政策肯定会使得电煤价格产生波动。又如降低煤炭出口退税率政策肯定会影响到煤炭进出口的价格。如国家为了通过加强煤炭出口，减轻国内煤炭市场相对过剩的压力，制定了鼓励煤炭出口退税等优惠政策。在该系列政策的影响下，煤炭价格的变动在所难免。

（二）能源储运成本及其供需

能源储运成本是能源成本的主要构成部分，能源储运能力会不断地变化将影响到能源成本的变化，进而影响到能源价格。一般而言，在能源储运能力强的时期，能源储运成本低，在其他因素不变的情况下，能源价格往往会有所降低，能源需求会有所增加，而能源供给会有所降低；反之，在能源储运能力弱的时期，能源储运成本升高，在其他因素不变的情况下，能源价格往往会有所上升，能源供给会有所增加，而需求降低；可见，能源储运成本作为能源价格的主要构成部分将很大程度影响到能源价格，随着储运价格的波动能源价格必将同步波动。如我国煤炭市场，由于煤炭储运的压力较大，煤炭市场价格中储运成本占据了很大的比重，而且随着运力紧张程度的上升，煤炭价格也会不断上升。

（三）市场竞争

竞争主要是指能源供给方与能源需求方之间的竞争及其各自内部的竞争状况。能源行业虽然带有一定的自然垄断特征，但不能完全排除竞争。市场有效竞争（或可操作的竞争）的结果将使得价格趋于合理化，使得能源行业的利润率趋向于社会平均利润率。从供给方看表现为不同能源品种之间的竞争，同一能源品种生产企业之间的竞争，如常规能源与新能源之间的市场竞争与相互替代，同是电力企业尚有水电与火电的区分。从需求一侧看表现为不同需求群体之间的竞争，如电力企业用能与非能源企业用能之间的竞争，工业用能与商业、民用能之间的竞争等。

可见，能源市场中无论是供给方和需求方，还是供需双方内部，不同性质和不同类型的企业之间都存在一定的竞争关系，价格是竞争的产物，众多能源市场主体为了获取更高利润率而进行的竞争与博弈将对能源价格的波动带来有利或不利的影响。

（四）能源投资

能源投资是能源供给的基础，从能源勘探到能源开采，再到能源输送无不需要能源投资的支持。能源投资往往通过影响能源供给的变化影响能源价格。如为了缓解日益严重的能源供应和环境压力，目前各国进行大量的清洁能源和可再生能源投资，使得能源供需矛盾在一定程度上得以缓解，进而调节了能源价格，为经济的平稳发展打下了基础。如岩页气的投资和开发，将大大增加能源供给，满足或缓解经济发展对能源的巨大需求，在稳定能源价格方面发挥重要的作用。此外，对能源勘探、开发，以及储运等各方面的投资都将通过影响能源供给进而影响到能源价格。

（五）地缘政治

地缘政治因素对能源价格产生着重要影响，如中东等地恐怖主义活动频繁发生及对能源生产设施的可能破坏引起了全球市场对能否保证正常的能源供给的担忧，从而有可能在国际市场能源价格中形成所谓的“恐怖溢价”，并通过投机活动进一步放大。有分析认为，目前世界市场每桶原油的价格中大约10美元是对恐怖袭击的担忧等因素造成的“恐怖溢价”。此外，能源生产国的政治形势是影响国际能源市场价格的另一重要因素。

（六）其他因素

除了上述各因素之外，所有影响能源成本和能源供需变化的因素都将对能源价格产生影响。如安全生产和环境补偿成本的增加将增加能源供给成本，进而影响到能源的供需平衡，并通过影响能源供求关系影响能源价格。又如第二、三章分析的影响能源供需的因素都将通过影响能源供需对能源价格产生影响。此外，不同类型的能源价格存在一定的联动机制，相互作用与影响；又如上下游产品价格将对能源价格产生重要影响。上游产品价格降低，能源生产成本会随着降低，能源价格一般也会降低，但是对于能源而言，主要是受其下游产品的影响。以煤炭价格为例，主要耗煤行业特别是电力、钢铁、冶金、化工等重点耗煤行业的生产和需求状况是影响煤炭市场最重要的因素，决定煤炭价格的走势。诸如汽车、钢铁、基础设施和能源建设等行业快速发展带动了煤炭需求，进而拉动煤炭价格的上升。

综上所述，能源价格受多种因素的影响，它们往往通过影响能源成本和供求关系来影响能源价格。能源价格波动必将对经济发展造成较大的影响，因而在能源管理体制改革和能源价格形成机制改革过程中，关注这些因素的变化显得至关重要。

三、能源供需模型

众多的相关因素变动将对能源价格产生影响，而这些因素往往通过影响能源供求关系来影响能源价格，如产业结构的升级与调整，居民生活质量的改善等生产、生活因素会直接导致对能源需求的变化；又如替代能源的出现，在改变能源供给结构的同时，也会对能源的需求产生间接的影响；而需求侧管理对能源需求的影响更为直接，由于能源利用过程中各种外部性日益凸显，促使能源开发企业增加资金提高能源使用效率，减少对能源开发领域的直接投资，促使终端能源资源得以有效利用。影响能源的供需变化，进而影响能源价格。因此，总结上述影响因素，可以得出以下能源供需基本图示模型。如图 5-5 所示：

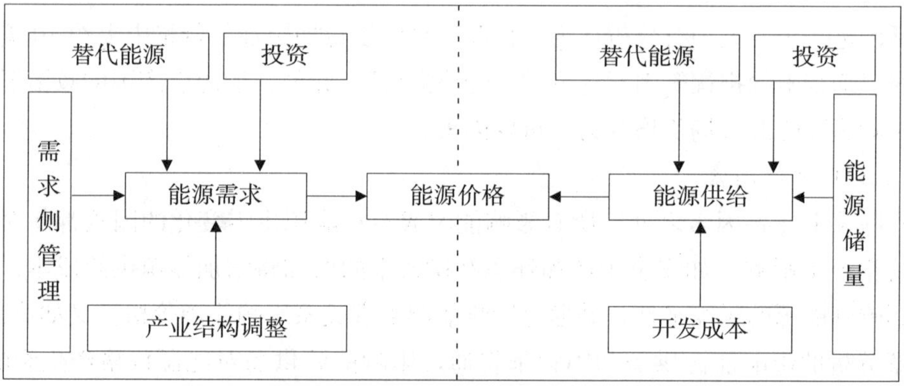

图 5-5　能源价格影响因素图示模型

由图可见，能源价格变化受多种因素的影响，这些因素通过影响供求关系影响到能源价格。需要说明的是图中只标识了部分因素，其他诸多因素以内向箭头表示。同样，对不同类型的能源也可以根据影响其价格变化的因素做出多因素图示模型。如图 5-6 所示是电力价格的多因素图示模型。

可见，诸多因素影响能源价格，任何一个因素的变化都将对能源价格产生影响，根据一般经济学研究方法，在假设条件下，如果这些因素能够以量化指标代替，就可以设计出影响能源价格的多因素数理模型。

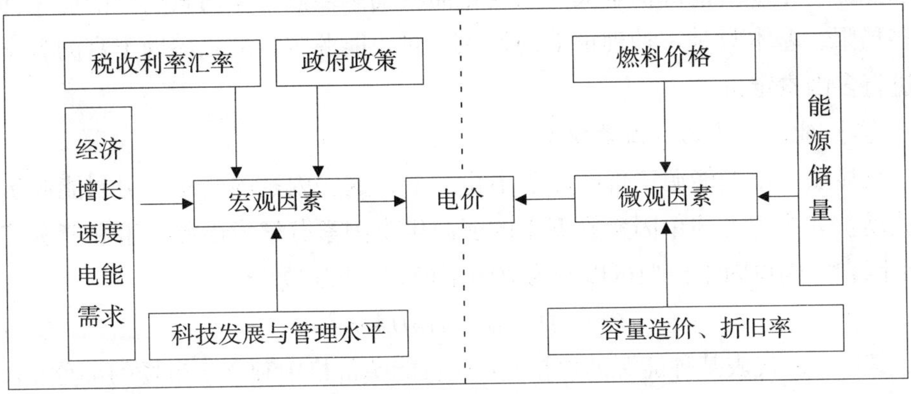

图 5-6　电价格影响因素图示模型

第三节　能源定价模型的设计与选择

一、多因素定价模型

能源价格受多种因素的影响，这些因素都是通过影响能源的供需对能源价格造成影响。完全可以借鉴目前国内流行的多因素模型，设计出能源定价的多因素模型，进一步丰富能源定价理论。

(一) 能源定价的单因素模型

借鉴金融学和其他领域的单因子模型，假定能源价格的变化受单一因素的影响。单因素模型的基本思想就是认为因变量的变化只受一个自变量的影响，此处我们假定能源供求关系是影响能源价格的唯一因素，而且能源供需的平衡程度可以通过能源供需总差额或一个失衡率指标来进行度量。则可以设计出能源定价的单因素模型如下：

$$P_i=f\ (E_{sd})\ =a+bE_{sd}+\varepsilon_i \tag{5-18}$$

其中，P_i 代表某种能源的价格；a 代表能源价格中独立于市场的部分；b 代表该种能源价格对供求关系的敏感程度；E_{sd} 代表该能源供求失衡状况；ε_i 代表随机变量，也叫残差，用于测度 P_i 与平均价格之间的偏差。

如果能够在一系列假设条件下，通过历史经验数据，求得 a、b、ε_i 等，则影响能源价格随着能源供求关系的变化而波动。当然，单因素模型的应用面临诸多局限，基本只是一种理论上的设想，对于能源定价应该借助丰富的数学知识进行多因素定价。

（二）能源定价的多因素模型

很显然，影响能源定价的因素不止一个，这些因素的变动会引起能源价格的波动。如果把上述单因素模型中的能源供求因素分解成能源供给和能源需求两个因素，则单因素模型可以变为双因素模型。公式如下：

$$P_i=f（D，S）=a+bD_i+cS_i+\varepsilon_i \qquad (5-19)$$

其中，P_i 代表某种能源的价格；a 代表能源价格中独立于市场的部分；b 代表该种能源价格对能源需求的敏感程度；c 代表该种能源价格对能源供给的敏感程度；D_i 代表该能源需求状况；S_i 代表能源供给；ε_i 代表随机变量，也叫残差，用于测度 P_i 与平均价格之间的偏差。

同样道理，如果把影响能源供需的经济增长、社会发展、资源禀赋、能源投资、能源技术等多种因素具体化，则影响能源价格的多种因素都可以纳入模型，公式 5-19 双因素模型将变为多因素模型。假定多种因素可以用 F_i 来表示，则能源定价的多因素模型变为：

$$P_i=f（F_1，F_2，F_3，\cdots，F_n）=a+b_1F_1+b_2F_2+\cdots+b_nF_n+\varepsilon_i \qquad (5-20)$$

其中，b_i 代表该种能源价格对对应因素的敏感程度；F_i 代表各种影响能源价格的因素。

上述模型只是多因素模型理论上的基本形式，或者说表达了多因素模型的基本思想。在多因素模型的具体应用中，一般要求各因素 F_i 之间不存在相关关系，即各因素之间的协方差为零。处理因素之间的相关性等问题需要借助主成分分析法、相关性分析、多重共线性分析和检验方法等进行分析研究，不同类型和性质的能源定价可能要采用不同的分析方法，但是，无论哪种分析方法，都需要借助 spss 和 Eviews 等常用的多因素分析软件对大量的数据进行处理。

（三）多因素指数模型

在多种多因素模型中，多因素指数法是一种常见方法。多因素指数分析法是指影响某个总量指标的因素是三个或三个以上的因素分析法。多因素指数分析的原理与两因素指数分析法的原理相同，是两因素分析法的推广。

多因素指数分析法的基本步骤是：

第一步，分析确定要研究的总量指标及影响总量指标的多个因素，并确定多个因素之间的逻辑关系。

第二步，将总量指标表示为多个因素指标的连乘积，并对多个因素指标按照逻辑关系排序，把数量因素排在前面，质量因素排在后面。

第三步，建立指数体系。即总量指标指数等于各个因素指标指数的连乘积，在计算某个因素的指数时，要把其他因素的变动固定下来。其同度量因素的选取原则是：排在前面的因素都固定在报告期，排在后面的因素都固定在基期。

第四步，根据统计资料，分别从相对数和绝对值上逐个分析每个因素的变动对总量指标变动的影响方向、程度和绝对值。

设 E 为某个总量指标，影响它的因素有 a、b、c、d，从逻辑关系上有 E=a×b×c×d，则四个因素的指数体系为：

相对数：

$$\frac{\sum a_1 b_1 c_1 d_1}{\sum a_0 b_0 c_0 d_0}=\frac{\sum a_1 b_0 c_0 d_0}{\sum a_0 b_0 c_0 d_0}\times\frac{\sum a_1 b_1 c_0 d_0}{\sum a_1 b_0 c_0 d_0}\times\frac{\sum a_1 b_1 c_1 d_0}{\sum a_1 b_1 c_0 d_0}\times\frac{\sum a_1 b_1 c_1 d_1}{\sum a_1 b_1 c_1 d_0} \quad (5\text{–}21)$$

绝对数：

$$\sum a_1 b_1 c_1 d_1-\sum a_0 b_0 c_0 d_0=(\sum a_1 b_0 c_0 d_0-\sum a_0 b_0 c_0 d_0)+(\sum a_1 b_1 c_0 d_0-\sum a_1 b_0 c_0 d_0)+(\sum a_1 b_1 c_1 d_0-\sum a_1 b_1 c_0 d_0)+(\sum a_1 b_1 c_1 d_1-\sum a_1 b_1 c_1 d_0) \quad (5\text{–}22)$$

其中：

(1) $\frac{\sum a_1 b_1 c_1 d_1}{\sum a_0 b_0 c_0 d_0}$为总量指标指数，表明总量指标变动的相对程度；

$\sum a_1 b_1 c_1 d_1-\sum a_0 b_0 c_0 d_0$，表明总量指标变动的绝对程度。

(2) $\frac{\sum a_1 b_0 c_0 d_0}{\sum a_0 b_0 c_0 d_0}$表明因素 a 对总量指标变动的影响方向。

$\sum a_1 b_0 c_0 d_0-\sum a_0 b_0 c_0 d_0$表明因素 a 对总量指标变动的影响程度。

(3) $\frac{\sum a_1 b_1 c_0 d_0}{\sum a_1 b_0 c_0 d_0}$表明因素 b 对总量指标变动的影响方向。

$\sum a_1 b_1 c_0 d_0-\sum a_1 b_0 c_0 d_0$表明因素 b 对总量指标变动的影响程度。

(4) $\frac{\sum a_1 b_1 c_1 d_0}{\sum a_1 b_1 c_0 d_0}$表明因素 c 对总量指标变动的影响方向。

$\sum a_1 b_1 c_1 d_0-\sum a_1 b_1 c_0 d_0$表明因素 c 对总量指标变动的影响程度。

(5) $\dfrac{\sum a_1 b_1 c_1 d_1}{\sum a_1 b_1 c_1 d_0}$表明因素 d 对总量指标变动的影响方向。

$\sum a_1 b_1 c_1 d_1 - \sum a_1 b_1 c_1 d_0$表明因素 d 对总量指标变动的影响程度。

如果把上述公式中的总量指标确定为能源价格，a、b、c、d 四大因素确定为影响能源价格的因素，通过一定的数理方法完全可以得出能源定价的多因素指数模型。

以上仅是能源多因素定价模型的基本思想和方法。此处只做理论分析，不做实证研究。希望能够起到抛砖引玉的效果，使得后续研究能够通过实证丰富能源定价的多因素模型。由于本章第一节已经探讨了多种能源定价方法，所以此处仅就多因素分析法的设计思路进行简单介绍，下面主要是根据能源的类型对能源定价方法进行选择。一般而言，根据能源是否具有可耗竭性可以做出不同的选择。

二、可耗竭能源定价模型

考虑到煤炭、石油、天然气等可耗竭能源的特点，在众多的定价方法中，边际机会成本模型最适用于可耗竭能源的定价。在完全竞争市场中，能源资源价格等于其边际机会成本（Marginal Opportunity Cost，MOC）。可耗竭的能源资源的边际机会成本包括四部分：

(1) 边际生产成本（MPC）：指资源勘探和生产过程中每增加一单位产品所消耗的各种生产要素的成本。

(2) 边际使用者成本（MUC）：即可耗竭能源由于当期使用而给未来使用者造成的净利益损失，这部分成本可看作是能源资源的原始价值，可视为能源企业获得能源开发权的全部支出。

(3) 边际外部成本（MEC），指能源开发过程中引起的对生态环境系统的损害以及对他人造成的不利影响。

(4) 能源资源耗竭后的市场退出成本（ME′C），是基于能源行业资本密集度高、资产专用性强等特点考虑，指能源企业调整、关闭导致的资本沉淀、人员重新安置等市场退出成本。

即可耗竭的能源资源的边际机会成本：

$$MOC=MPC+MUC+MEC+ME'C \tag{5-23}$$

根据前文所述，*MOC* 将资源与环境结合起来，从经济学的角度来度量使用资源所付出的全部代价，它弥补了传统的资源经济学中忽视资源使用所付出的环境代价以及后代人或者受害者利益的缺陷，可以说是一个新突破。在理论上应是使用者为资源消耗行为所付出的价格 P，即 $P=MOC$。而当 $P<MOC$ 时会刺激资源过度使用，$P>MOC$ 时会抑制正常的消费。

三、可再生能源定价模型

如果说边际机会成本模型最适用于可耗竭能源资源的定价，那么对于风能、水能等可再生能源，考虑到经济学的基本原理，成本加成定价法是可再生能源定价最合理的方法。

采取成本加成定价，即以平均成本（AC）为基础，追加一个按加成率(s)计算的利润确定价格。成本加成定价法的基本表达为：

$$P_i=AC_i+AC_i \cdot S_i \tag{5-24}$$

其中，P_i 代表某种能源的价格；AC_i 代表该种能源的平均成本，S_i 代表加成率，即该能源销售中单位成本的附加利润。

如果按销售利润率（d）定价的方法（d<1），则有：

$$d_i=\frac{P_i-AC_i}{P_i} \tag{5-25}$$

由公式 5-24 可推出：

$$P_i=\frac{AC_i}{1-d_i}=AC_i\times\left(1+\frac{d_i}{1-d_i}\right) \tag{5-26}$$

即能源的价格决定于能源的成本和利润率。该方法的特点是逻辑关系清晰、应用简便，而且价格通过线性关系直接反映成本变化。此定价方法受到众多企业和政府有关管理部门的认同。进一步可以利用西方经济学原理对能源企业的利润最大化进行管理。

即能源企业利润可以表述为：

$$\pi=TR-TC \tag{5-27}$$

则当利润达到最大化的时候，能源价格 P 可表述为：

$$P_i=MC_i\times\left(1+\frac{1}{|\varepsilon|-1}\right) \tag{5-28}$$

综上所述，能源定价方法非常多，也可以根据不同的能源类型选择不同的能源定价方法。但是不同地区、不同的市场类型、不同的能源形势，不同的国家政策等因素对能源定价造成各种各样的影响，如鉴于能源资源的战略性，国家的能源控制和垄断将使得某地区能源价格完全扭曲，不能再利用市场定价方法。因此，无论采用何种能源定价方法，都必须根据客观形势，考虑多种因素对能源价格的影响，多因素定价法将是未来能源定价的一个发展方向。

第四节　能源价格对市场配置的调节

能源价格的形成受多种因素的影响，而能源价格的变化将通过影响能源供需对经济发展等诸多方面产生影响。本节将在研究能源价格波动特征的基础上，重点研究能源价格对市场的调节作用。

一、能源价格波动的特征

由于能源的重要性和特殊性，以及能源金融化趋势使得能源价格，尤其是石油、电力等能源产品价格与一般实物产品价格有很大不同，价格波动剧烈频繁，表现出金融时间序列的很多特点，如波动聚积、记忆性等特点，而较少表现为完全无记忆的随机游走序列。如国际石油价格由于其特有的现货与期货相连的定价方式，使得石油价格同时具有金融和期货市场的时间序列特点。

在能源市场上，参与市场交易的各方主体，往往根据获取的市场信息，并结合对未来市场的预期和判断，指导它们的实际交易行为。这些实际交易行为将对最终价格的形成产生一定的影响，并反映在最终形成的价格中。能源市场中参与市场交易的主体大致包括：生产方、需求方和由于能源金融化发展而加入进来的投机方。由于信息不完全和信息获取是有成本的，各方只能根据自己所获取的信息，决定自己的交易策略。各方交易策略的实施，通过影响能源现期货的供求，进而影响能源价格。因此，通过分析能源价格波动特征，可以大致了解各交易主体的交易行为特征，以及对价格形成的影响。

理论分析和实证研究表明，能源价格波动的基本特征如下：价格的短期波动主要是由投机者的行为支配，而中长期价格行为是由消费者（需求方）和生产者（供给方）行为控制的。因此，对能源供需状况的分析研究依然是掌握能源价格波动特征的基础。

二、能源价格对市场的调节作用

能源价格特殊的地方主要表现在影响能源价格的因素较一般商品复杂得多，加之能源金融化发展趋势，导致能源价格波动甚至出现混沌等复杂动力学特征。[①]但无论其变化多么复杂，能源价格作为市场最主要的调节机制，其价格变动仍然是实现能源资源优化配置最主要的市场调节者。从长期来看，能源价格和能源供需之间互动影响是能源价格对市场调节的直接体现和反映。能源价格直接影响到能源市场的均衡，能源市场均衡可分为单一能源品种的局部市场均衡和多能源市场品种的一般市场均衡。

（一）能源市场的局部均衡

马歇尔（1920年）创立的局部均衡理论，把单一商品的市场看成是总体经济的一个很小部分。相对于总体经济来讲，单一商品市场的小规模特点给我们分析市场均衡问题带来了两个方便之处。首先，我们可以认为消费者在单一商品上的支出仅占他（她）全部支出的一个很小比例，一元钱的收入中仅拿出很少一点来购买这种商品，因此收入效应很小，可以忽略。也就是说，消费者收入的变动对单一商品的需求量影响甚微，近乎没有影响，因而可以视作无影响。其次，所研究的商品市场的小规模也使得该种商品的价格变化对其他商品几乎没有什么替代效应，因而可以认为其他商品的价格不受所考虑的这种商品价格的影响。即局部均衡是指在假定其他市场条件不变的情况下，孤立地考察单个市场或部分市场的供求与价格之间的关系或均衡状态，而不考虑它们之间的相互联系和影响。例如，在考察石油市场时，假定石油市场价格由石油市场供需决定，而不考虑煤炭、天然气等其他能源品种市场供求和价格变化的影响。

当某种能源品种（或某个局部能源市场）的供给与需求在量上相等时，该能源品种市场（或该局部能源市场）便达到了均衡状态。因为能源市场是由多种能源品种构成，且各能源品种之间存在着相互替代性，所以，单一能源品种市场的均衡是短暂的、不稳定的，一旦与其相关市场发生变化，均衡就有可能被破坏。下面以国际原油市场为例，分析国际原油市场均衡的形成。[②]

---

① 魏一鸣等. 能源经济学[M]. 北京：科学出版社，2011：116.

② 范瑛，焦建玲. 石油价格：理论与实证[M]. 北京：科学出版社，2008.

传统经济学商品价格的形成是当该商品的供给等于需求时，市场达到均衡，由此供给（或需求）量所决定的价格就是该商品的均衡价格。在封闭的市场，且不存在库存的条件下，商品的供给量为产量，需求量为消费量。但是因为石油市场受战争、意外事件的影响较大，战争和意外事件可能造成石油供应中断，由此对全世界经济生产产生较大的影响；所以现在很多国家都建立了相应的石油储备。因为库存的存在，当年的消费量就不等于当年的需求量，当以往的一部分储备转化为供给时，当年的石油产量也不等于当年的供给量；所以原油市场均衡，不能直接利用产量等于消费量关系式进行分析。如果将国际原油市场看作一个虚拟的商品市场，该市场的流入就是国际原油出口国的总出口，流出就是国际原油进口国的总进口。从这个角度来说，可将从国际市场的流出（进口）视为需求（包括当年的消费和储备），将流进（出口）视为供给，国际原油市场出清，意味着进口等于出口，此时国际原油市场达到均衡，由此确定了均衡的国际原油价格。在供给与需求函数变量的选择上，需求（进口）设定为国际原油价格、世界经济活动水平（实际 GDP）和 OECD 国家石油储备量的函数；供给（出口）方程的因变量为国际原油价格，设国际原油价格为原油出口量、OPEC 上期原油产量的函数。根据上述分析，构建原油需求和供给计量经济模型如下：

（1）原油需求函数：$\ln IM=a\ln PC+B\ln G+C\ln SD+d$ （5-29）

其中，IM 为国际原油进口量；PC 为国际原油价格；G 为世界实际的GDP；SO 为 OECD 国家的石油储备量；a、b、c 分别为国际原油需求关于原油价格、世界实际的 GDP 和 OECD 国家的石油储备的弹性；d 为常数项。

根据市场价格机制，原油价格上升，需求减少即进口量与原油价格呈反向关系；当世界经济处于上升期，各部门扩大生产，从而增加对原油的需求，各进口国增加原油进口，即进口量与世界经济活动水平（实际 GDP）呈正向变动关系；同样 OECD 国家增加石油储备需增加原油进口，而减少石油储备，意味着动用一定量的石油储备满足国内需求，这会导致石油进口量的减少，因此 OECD 国家石油储备量与国际原油进口量也呈正向变动关系。即根据理论分析和弹性意义，初步判断：$a<0$，$b>0$，$c>0$。

（2）原油供给函数：

$$\ln PC=\alpha\ln EX+\beta\ln QO(-1)+\gamma \qquad (5\text{-}30)$$

其中，EX 为国际原油出口量；$QO(-1)$ 为 OPEC 上期原油产量；α、β 为国际原油价格关于原油供给和 OPEC 原油产量的弹性系数；γ 为常数项。

对供给方程而言，国际原油出口量越多，表明国际原油市场供给量越多；供给增加，油价走低；反之，国际原油出口量减少，表明供给减少，油价走高，因此，国际原油价格与国际原油出口量呈反向变动关系；由于 OPEC 在国际石油市场上的地位，OPEC 的产量政策通常作为油价变化的一个指标，增加产量会使油价下跌，减少产量会使油价上升，另外假设市场信息不完全，市场对 OECD 的产量变化有一个滞后期，从而 OPEC 上期原油产量与国际原油当期价格之间存在反向变动关系。即从理论上分析，初步判断：α、$\beta<0$。

(3) 市场均衡：

$$IM=EX \tag{5-31}$$

即国际原油市场总出口量等于总进口量，国际原油市场出清，供需达到平衡，由此确定的价格即为原油市场均衡时的价格，还可以进一步利用模型分析各因素（自变量）变化对均衡价格和均衡数量的影响。

上述分析只是对问题的一种简单化处理，实际问题要复杂得多，诸如国际石油市场的结构、OPEC 的石油生产行为、OECD 石油储备的使用机制等可能都会对实际的均衡产生一定的影响。如 OPEC 通过对成员国产量实行配额方式管理，进而对 OPEC 总产量加以限制的产量政策，会对国际石油市场的均衡产生一定影响，如图 5-7 所示：

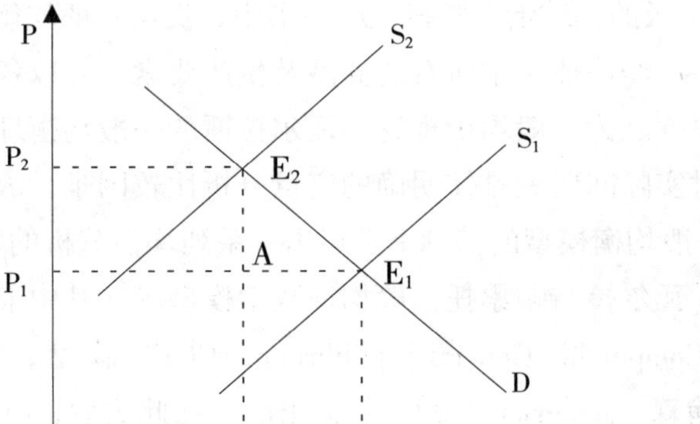

图 5-7 OPEC 限产政策对原油市场均衡的影响

首先，供求定理表示在其他条件不变的情况下，需求变动分别引起均衡价格和均衡数量的同方向变动；供给变动分别引起均衡价格的反方向变动和均衡数量的同方向变动。

其次，石油输出国组织采取配额制方式，在成员国之间分配产量，限制国际石油市场的总产量，因为它们清楚，在石油需求既定的情况下，控制产量就可以达到控制均衡价格的目的，如果他们认为均衡价格偏低，就会减产，削减各成员国份额，使均衡价格回升；如图 5-7，S_1 供给曲线向 S_2 供给曲线移动，均衡点 E_1 向 E_2 移动，致使原油价格由 P_1 升至 P_2；反之，如果它们觉得市场均衡价格偏高，这样不利于 OPEC 成员国长期利益，它们就会要求成员国增产，促使原油价格降低。

最后，由于石油为各国的重要能源，其需求价格弹性较小，需求量的下降幅度会小于价格的上涨幅度，使得价格上升所造成的销售收入的增加量必定大于需求量减少所带来的销售收入的减少量，石油输出国总收益增加。如图5-7所示，价格上升后，需求量由 Q_1 减至 Q_2，但 $Q_2AE_1Q_1$ 小于 $P_1AE_2P_2$，即 OPEC 总收益增加。

因此，石油输出国组织通过限制石油产量，影响和控制石油市场均衡价格和均衡数量，达到保证各成员国石油输出收入的目的。

同样道理，在一定条件下，其他不同品种的能源也可以达到能源价格和能源供需的局部均衡，但是同样要受多种因素的制约和影响。

（二）能源市场的一般均衡

关于市场均衡分析比较经典与常用的是瓦尔拉斯的一般均衡分析方法。瓦尔拉斯在 1874 年出版的《政治经学概论》一书中，提出一般均衡理论模型，该理论模型涵盖了整个经济体系中所有的商品及生产要素，并以各个市场同时达到均衡为目标，故称之为一般均衡理论。瓦尔拉斯的一般均衡理论只是理论模型，利用该模型对实际问题做具体明确的定量分析比较困难，因此，后继的研究者在瓦尔拉斯一般均衡模型的基础上发展出一系列均衡分析的定量分析工具。如投入产出模型、瓦尔拉与帕累托一般均衡数学模型等，其中最流行的是可计算的一般均衡（Computable General Equilibrium，CGE）模型，世界上第一个 CGE 模型应是约翰森（Johansen）1960 年提出的。在此之后，CGE 模型的发展似乎出现了一段时间的中断，直到 70 年代都没有显著进步。在 70 年代，有两个因素引起了人们对 CGE 模型的兴趣。一是世界经济面对诸如能源价格或国际货币系统的突变、实际工资率的迅速提高等较大的冲击；二是促使近 20 年来 CGE 模型的应用不断扩大的因素是其细化处理的能力日益提高。作为政策分析的有力工具，CGE 模型经过 40~50 年的发展，已在世界上得到了广泛的应用，并逐渐发展成为应用经济学的一个分支。基于能源 CGE 模型的能源—经济—环境分析将在本书别的章节进行详细研究。本节对能源市场的分析主要从供需平衡的角度进行。

多种能源品种市场的均衡分析是就所有能源品种市场的供求和价格之间的关系，以及同时均衡问题进行的一种分析。均衡假设各种商品的价格和供求是相互影响的，一种能源市场的均衡只有在其他所有能源品种市场都达到均衡的情况下才可能实现。例如，国际市场达到均衡时，如果煤炭市场未达到均衡，假设供不应求，煤炭价格上涨，此时石油相对于煤炭来说比较便宜，由于石油和煤炭的互补性，必然有一部分煤炭需求转化为石油需求，打破石油市场的均衡。所以，由于能源品种之间的互补性，只有当所有能源品种都达到均衡，且没有其他因素变化时，各能源品种数量和价格才能达到一种稳定状态。

多种能源品种的一般均衡分析，是指各单一能源品种市场同时达到均衡，满足一般均衡的前提条件包括：一是能源经济系统中只存在唯一的信号，即能源价格。经济行为人都是唯一地根据能源价格信号做出自己的行为选择；二是每个经济行为人都能及时准确地获取完全信息；三是从非均衡状态到均衡状态的调整在瞬间完成。即分析过程不涉及均衡状态的变化过程和达到均衡状态所需要的时间，简言之，采用静态均衡分析方法。

假设某一能源市场由煤炭、石油、天然气和电力（水电 + 核电）四种一次能源市场组成。各能源品种的供给量既受自身价格的影响，同时还受其余三种能源价格的影响，以及受到价格之外其他变量的影响，公式如下：

$$S_i=f\ (P_i,\ P_j,\ X_i) \tag{5-32}$$

其中，S_i 表示第 i 种能源的市场供给；P_i 表示第 i 种能源的价格；P_j 表示第 j 种能源的价格，$j\neq i$，i，j= 煤炭、石油、天然气和电力（水电 + 核电），X_i 为除价格外的其他变量或一组变量构成的向量，如对煤炭来说，可以考虑：煤炭生产要素的价格、煤炭生产技术、政府对煤炭供给的相关政策等。同样地，设各能源品种的市场需求函数为：

$$D_i=g\ (P_i,\ P_j,\ Y_i) \tag{5-33}$$

其中，D_i 表示第 i 种能源的市场需求；P_i 表示第 i 种能源的价格；P_j 表示第 j 种能源的价格，$j\neq i$，i，j= 煤炭、石油、天然气和电力（水电 + 核电），Y_i 为除价格外的其他变量或一组变量构成的向量，比如对煤炭来说，可以考虑：煤炭利用技术、煤炭互补品的价格，以及政府对煤炭供给的相关政策等因素的影响。

只有当市场供需平衡，即满足：S_i=D_i，i= 煤炭、石油、天然气和电力（水电 + 核电）时，这四种能源品种构成的多能源品种市场才达到均衡，由此确定的各能源品种价格为均衡价格，各能源品种供需量为均衡数量。只要影响这四种能源市场供需的任何一个因素发生变化，整个市场的均衡就会被破坏，此时，市场参与主体将根据各能源品种变化了的价格信号，对自己的市场行为做出调整，使得所有能源品种重新达到供需平衡。市场迅速从原均衡状态进入一种新的均衡状态。

此时，市场均衡模型是由四种能源的供给函数、需求函数和平衡函数十二个公式构成，如果在上述理论分析中引入时间因素，静态分析就会变成动态分析，模型将会变得更加复杂。由此可见，借助西方经济学原理和数理方法可以对能源价格和能源供求的调节及其互动关系进行全面的分析研究，为能源市场管理奠定一定的理论基础。

三、能源价格与一般价格水平

能源价格一方面作为能源市场的调节机制，发挥能源资源配置的作用；另一方面，能源作为一种基本生产要素，能源价格的变动意味着企业原材料成本的变动，尤其是当能源价格大幅上涨时，追逐利润最大化的企业就会尽可能将产品成本上涨的压力通过产品价格或其他方式向下游使用者转移，如果这种转移比较顺畅，最终将发生大面积产品价格上涨的现象，即一般价格水平的上涨。

（一）能源价格波动的传导

能源在经济生活中往往以一种原材料或是一种生产要素的形式投入到生产中，并扮演着重要的角色，经济中的所有产品的生产都离不开能源这个要素。微观经济活动认为价格是市场最重要的信号机制，同样地，能源价格的波动对经济体系的诸多方面具有很大的影响。

根据价格学原理，市场经济条件下各种商品价格的有机联系构成统一的价格体系，表现出价格链条的系列衔接性。在价格链条上任何一个环节商品价格的变动，都会通过成本推动或需求拉动向其他环节传导，这是价格运行的一般规律。能源作为一种生产要素，处于价格链的最前端，因此，其对其他产品价格水平的影响，主要是通过成本推动形式进行传导的。

能源价格上涨首先会对耗能密集型原材料行业产生影响。例如油价上涨会使得钢铁行业的运输成本增加；钢铁企业的生产离不开电力，平均而言，我国钢铁企业吨钢耗电在 450 千瓦时左右，因此电价上涨将导致钢铁企业的生产成本增加，这些耗能密集型产品将被作为原材料广泛地投入到下游产品的生产中，例如汽车工业是钢材消耗的主要行业之一，在汽车生产过程中，钢铁消耗占原材料消耗的60%~70%。最后，交通工具成本的上涨将使运输成本面临上涨压力，进而使购买运输服务的消费者面临涨价的压力。能源价格上涨通过产业链逐级传递，并最终到达消费者领域，影响一般价格水平。

（二）能源价格上涨对一般价格水平的影响

能源价格上涨最直接的影响是推高产品生产成本，产生成本推动型的通货膨胀。能源价格波动通过产业链以投入成本变化的方式影响与其直接相连的部门。这些部门又根据自己投入成本的变化以不同的形式影响与其相关联的部门，各部门投入成本的变化必然影响这些部门最终产品的价格，进而影响总体价格水平。如原油价格上升，石油炼制部门原材料将大幅上涨；炼制部门投入成本的上升，使其利润减少，对利润最大化的追求，迫使其尽可能将投入成本的上升以各种方式转嫁给其下游化工部门或终端消费部门，下游部门将以相同的方式进一步转嫁，最终传导到消费领域，推动物价总水平的上升。

研究能源价格波动对通货膨胀影响使用的方法主要是时间序列中的自回归（VAR）模型和向量误差修正模型（VECM）方法。与利用时间序列的方法相比，利用投入产出法研究能源价格与通货膨胀之间的关系不需要较长的历史数据，只要一张详细的投入产出表，数据比较容易获得；其次利用时间序列方法需要各研究变量是协整的，这个条件不是任意变量组都能满足的；最后利用投入产出表法可以考虑不同情境下能源价格与通货膨胀率之间的关系，模拟不同情境下通货膨胀的变化轨迹，这是时间序列法和 CGT 模型不容易实现的。以我国 1997 年投入产出表为基础数据，设定五种情景，运用迭代方法经十次迭代，可以看到在不同情景模式下，能源价格上涨对各部门价格和一般价格水平的影响。具体如表 5-1 和表 5-2 所示：

表 5-1 情景设定描述

情景	特征描述
情景 1	以涨价的形式将成本上涨的压力全部向外转移
情景 2	以压缩利润空间的方式吸收成本上涨的压力
情景 3	同时运用涨价和压缩利润空间的方式消化成本上涨的压力
情景 4	以涨价的形式将成本上涨的压力全部向外转移的同时，工资按上次总价格水平上涨幅度调整
情景 5	同时运用涨价、压缩利润空间和减少税收的方式吸收成本上涨的压力

表 5-2　各情景十次迭代后的投入成本

情景	石油开采	煤炭采选	天然气开采	石油加工	化工	农业	交通运输	建筑	其他工业	非物质生产部门	一般价格水平
情景 1	118.6	130.12	136.75	152.66	152.08	121.60	145.16	146.28	140.56	130.97	156.63
情景 2	99.92	99.98	99.94	109.21	100.16	100.00	99.77	99.99	100.00	99.98	100.02
情景 3	100.1	100.28	100.37	102.91	100.57	100.25	100.56	100.61	100.36	100.28	101.62
情景 4	147.5	144.90	159.65	182.86	170.10	129.53	169.73	160.34	156.96	146.61	172.25
情景 5	100.1	100.33	100.47	102.74	100.62	100.27	100.73	100.60	100.40	100.32	101.67

注：情景 2 只迭代一次。

根据上述结果可知情景 2 的结果最好，一次迭代后基本完全吸收了油价波动所产生的影响，达到了新的均衡，且对一般价格水平没有产生影响。情景 3 和情景 5 的结果也是可以接受的，经过十次迭代后的累积效应：一般价格水平上升了约 1.6 个百分点，各部门的投入成本上涨幅度都比较小，只有石油加工部门的涨幅略高，其余部门的投入成本上涨幅度都没有超过 1 个百分点。情景 1 和情景 4 是我们应该力求避免的，这种毫无限制的原材料和劳动投入成本的转嫁会引起各部门投入成本的大幅上涨，引起奔腾式的价格水平上涨，引起恶性通货膨胀，将对经济生产和人民生活造成极为严重的不利影响。①

需要说明的是，上述模拟分析一个重要的假设前提是：价格传导机制是完全畅通的，实际情况可能不完全相同，如我国对成品油价格实行政府管制，这就将原油经成品油的传导机制人为地掐断了，即使不实行政府管制，市场也不是完全通畅的。如有些产品需求价格弹性较大，一旦涨价，产品需求量将大幅减少，这就大大地限制了企业向外转移成本上涨压力的能力。所以实际中能源价格对一般价格水平的影响要小于上述分析结果。

四、能源价格对相关部门生产的影响

根据前文分析，通过产业链的价格传递机制，能源价格波动除影响本行业

① 魏一鸣等. 能源经济学 [M] . 北京：科学出版社，2011：120.

的利润走向外，还对其他相关行业产生重要影响，其影响大小受各工业行业的主要原材料在产业链上距离能源的远近、相互间的关联性等制约，影响程度上存在差异。较其他能源品种而言，石油价格波动相对剧烈频繁，所以下面主要分析石油价格波动对我国相关部门的影响。此处主要分析上游的原油开采行业、中游炼油和石化行业，以及下游的农业、交通运输业和汽车行业。

（一）石油开采业

石油开采行业是国际油价上涨最直接的受益者。石油开采企业是原油的主要供给方，石油价格上涨，在其他条件不变的情况下，该类企业利润率将随之上升。因为 1998 年后，我国原油价格与国际原油价格实现逐步接轨，国际国内油价实现了联动，因此当国际油价上涨时，油价上涨使石油开采类企业在生产经营过程中处于较为主动的地位，行业盈利能力及资金收益达到历史最高水平。如 2011 年 1~12 月，石油和天然气开采业销售收入总额达到 12466.493 亿元，同比增长 29.19%；石油和天然气开采业利润总额达到 4044.293 亿元，同比增长 44.79%。2012 年上半年，我国石油和天然气开采业规模以上企业实现产值 6760.3 亿元，同比增长 12.3%。

但是石油价格的频繁剧烈波动给石油开采行业带来较大的运营风险，而且我国目前大陆多数油田已经进入开发中后期，产量下降，成本增加，油田产量递减和生产成本上升是很难逆转的趋势，随着国际油价的波动起伏，石油开采行业中长期存在一定的风险。

（二）炼油行业

原油成本通常占炼油企业主营业务成本的 80%以上，该行业消耗了原油消费总量的 72%左右，原油价格上涨，将直接增加炼油企业的成本；而且根据目前我国石油定价机制，成品油价格涨幅滞后并小于原油价格涨幅，因此石油加工及炼焦业的利润空间应该明显缩小，近几年原油价格大幅上涨，我国许多炼油企业处于亏损状态。

但是我国石油行业主要由少数几家企业垄断经营，他们大都是上下游一体化经营企业，企业内部上下游之间结算价格通常低于市场原油价格。另外，近几年政府根据国际成品油价格上涨幅度对国内成品油价格进行过几次上调，因此，炼油企业利润虽然受到一定的影响，但作为上下游一体化的石油企业利润却处于历史高位。而对于那些单纯经营炼油业务而并非上下游一体化的公司，影响较大。

（三）石油化工行业

虽然国际原油价格上涨对石化行业成本影响较大，但由于石化行业产品的特性决定了石化行业主要是受经济形势的影响，而不是国际原油价格的影响。如金融危机前几年，虽然国际原油价格大幅波动和上涨，但由于世界经济形势较好，对石化产品需求旺盛，使得石化产业很容易将来自原油价格上涨的压力较为“顺畅”转嫁出去，事实也证明，2005~2008年石化类产品的价格一直处于高位。如2006年聚丙烯平均价格与上年相比就上涨了11.25%，其他如聚乙烯、聚氯乙烯等石油化工产品价格都有较大幅度的上升。

（四）农业

石油价格的上涨给农业带来较大的负面影响，加重了农业生产和农民生活负担。石油价格上涨导致了农用生产资料，如化肥、农药、塑料薄膜等涨价，增加灌溉、耕田、运输等农机具用油的成本。尽管政府为减轻油价上涨对农业的影响，采取了一系列措施控制农资涨价，延缓或小幅调高柴油价格，但这些行政手段执行、监督都比较困难，实施效果不是很好，将来政府应更多地借助经济手段进行调控，世界不少国家政府通过对农用柴油实行减税或补贴的方式，降低农机作业成本，减轻农民使用农业机械的负担。

（五）交通运输业

交通运输业是耗能大户，其能源消费量仅次于工业。油价上涨对航空、铁路、公路、水路运输影响程度不一。影响最大的应该是公路和航空，铁路和水路影响较小。航空燃料油消费占我国民航运营总成本的20%左右，是民航运输成本中最大的一块。航油的涨价明显加大民航运输成本，而目前各航空公司竞争异常激烈，航油价格上升的成本很难转嫁出去；公路运输因为进入门槛低，竞争最为激烈，因此其燃油成本更是难以转嫁，因此公路运输往往以超载、利润吸收方式化解能源价格风险，油价冲击最为严重；城市公交和出租行业的票价由政府确定，因此大部分影响自行消化，所以受油价冲击也较大；铁路和水路运输由于进入门槛高，且具有规模效益，竞争没有公路和航空运输激烈，使得铁路和水路运输受油价波动冲击较小。

虽然交通运输业受油价上涨冲击较大，但由于机场、港口和高速公路具有一定的资源垄断性质。它们短期内受油价冲击较小，另外由于我国目前处于快速增长时期，这些行业能够享受需求快速增长带来的产业机会，只有当原油价格持续或永久性上涨时，对这类企业的影响才会慢慢体现，但受影响的程度远远低于民航、公路运输和市内公共交通，以及铁路和熟路运输。

（六）汽车行业

能源价格上涨不仅造成汽车制造业本身成本的增加，同时拉动了汽车制造业上游钢铁、有色金属、零部件等部门成本上升。由于产能增长远远高于实际需要，导致汽车行业竞争异常激烈，汽车公司竞相降价争夺客户，因此难以将成本上涨压力向消费者转移。最近几年，随着油价的不断攀升，汽车制造业利润一直走低。此外，能源价格的持续上涨将影响到人们对汽车的消费，高油价通过对消费者的购车选择产生影响，进而对汽车制造业产生较大影响，节能型和新能源汽车将成为未来汽车市场的新宠。

五、能源价格调节作用的局限性

由于决定能源价格形成的因素非常复杂，很多时候，尤其是短期受某种突发因素的影响，形成的能源价格根本没有合理地反映能源市场供需状况，甚至完全脱离供需基本面，这样的能源价格将失去调节能源市场的能力和作用。例如，我国煤炭行业集中度低，进入门槛低，小煤窑泛滥，市场过度竞争，形成价格偏低。偏低的价格（低于边际机会成本）进一步刺激过度开发利用，恶化环境，并造成资源的大量浪费。有数据表明，我国煤炭资源平均回收率仅为30%左右，而美国、澳大利亚、德国等发达国家的资源回收率高达80%左右。价格偏高（高于边际机会成本）则抑制合理消费，影响经济发展和社会福利。因此短期内，不合理的价格将造成能源调节作用的失效。这是能源价格调节作用的一大局限。

综上所述，在市场经济条件下，能源价格是不断波动的，能源价格的波动将对经济产生各种各样的影响，能源价格通过影响各行业的发展对经济发展造成一定的冲击和影响，必须重视能源价格的调节作用，管理好能源市场，为经济发展服务。

第五节 本章小结

能源价格是调节能源资源配置最重要的市场机制，但由于能源的基础性和战略性，决定能源价格的因素，除供需外，还存在大量的经济的、社会的，以及政治的、军事的，甚至自然的，一系列错综复杂的因素。多种因素影响能源的价格。因此能源定价必须以资源稀缺理论、市场经济理论等基础理论为指导和基础，根据不同的背景条件，选择不同的定价模型。能源价格除了作为能源市场的调节机制外，能源作为一种基本生产要素，能源价格波动将极易通过价格链导致成本推动型通货膨胀。进而对宏观经济各方面产生影响；此外，能源价格波动将通过影响各行业的发展对经济发展造成一定的冲击和影响。因此，必须重视能源价格的波动特征，及其对经济发展的影响，以求管理好能源市场，为经济发展服务。

第六章 能源效率

能源效率是能源经济学的一项重要内容。能源效率问题不仅仅是科学技术问题，还是经济、社会、环境和发展问题，是高度复杂性、综合性和系统性的能源经济问题。如何在保持经济增长、社会发展、居民生活水平与质量不断提升的条件下，大幅度改善能源效率，从容应对能源开发和利用造成的生态环境问题，是目前世界各国追求的目标。本章将在全面研究能源效率含义、测度和影响因素的基础上，就能源效率提高提出相应的对策建议。

第一节 能源效率的含义

目前，国际上普遍用“能源效率”（Energy efficiency）来替代20世纪70年代能源危机后提出的“节能”（Energy conservation）一词。实际上，从国际权威机构对“节能”和“能源效率”给出的定义来看，两者的含义是一致的。按照世界能源委员会1979年提出的定义，节能是“采取技术上可行、经济上合理、环境和社会可接受的一切措施，来提高能源资源的利用效率”。这就是说，节能是旨在降低能源强度（单位产值能耗）的努力，应在能源系统的所有环节，包括开采、加工、转换、输送、分配到终端利用，从经济、技术、法律、行政、宣传、教育等方面采取有效措施，来降低能源的浪费，提供能源效率。能源效率的内涵十分丰富，需要从多个方面加以考察，本节主要从能源总效率出发，考察能源各个环节的效率及其本质内涵。

一、能源总效率

能源总效率含义丰富，衡量能源总效率往往从能源技术效率和能源经济效率两个方面来考察。

（一）能源技术效率

能源技术效率也称为能源系统效率，是指使用能源活动中（不包括开采）所取得的有效能源与实际输入的能源量之比，是一项由总体能源结构、产业用能比重、能源利用技术等多种因素形成的综合指标，一般用百分率来表示。

能源系统的总效率由能源开采效率、中间环节效率和终端利用效率三部分组成。目前，国际上用于比较分析的能源效率等于能源中间环节效率与终端利用效率的乘积，这一方法是进行国际能源效率比较可比性较强又相对准确的方法。

（二）能源经济效率

能源经济效率是指单位经济量（实物量或者服务量）所消耗的能源量，也称能源强度。能源经济效率指标通常用宏观经济领域的单位 GDP 能耗和微观经济领域的单位产品能耗来表示。

能源经济效率和能源技术效率是两个不同的概念。能源技术效率一般指产出的有用能量与投入的总能量之比，这个技术效率的最高限是受物理学原理的约束，实际值是随科技和管理水平的提高而不断提高。能源技术效率的高低是决定能源经济效率高低的重要因素，但不是唯一因素。它们之间有以下关系：

$$\eta_{能经} = \eta_{能} \times \eta_{经} \tag{6-1}$$

式中：$\eta_{能经}$是能源经济效率；$\eta_{能}$（N' / N）为能源系统效率；N 为总消耗能量，N' 可以指最后利用的有效能量，也可以指产品有效利用的能源数量。$\eta_{经}$为产品产值率（J/G）和产值增加值率（GDP/J）的乘积。由此可见，能源经济效率既和能源技术效率有关，还和经济效率有关。

除了上述总效率之外，由于提高能源效率应在能源系统的开采、加工、转换、输送、分配到终端利用的所有环节做出努力，因此，能源效率还包括能源开采、转换、储运和利用各个环节的效率。

二、能源开采效率

能源开采效率是指能源开采环节的效率，总体而言，能源开采效率是指采收率，即开采出来的能源产量与能源储量的比值。开采环节既是能源利用的首要环节，又是提高能源效率的关键环节。具体而言，能源开采效率应该是在一定的时期内，投入相同的劳动量（成本），能够开采出更多的能源数量。当能源开采环节劳动效率提高，投入相同的劳动量（成本），在一定的时间内能够开采出更多的能源时，能源开采效率得以提高。目前，各国都在通过改进技术、加强管理，在一定的资源条件下，尽可能地提高能源开采效率。

三、能源中间环节效率

能源中间环节效率是指能源储运、转换过程中的效率，通过提高中间环节技术，加强管理，可以提高能源中间环节效率，进而提高能源总效率。中间过程能源效率衡量往往用公式6–2来表示：

$$\eta=Ee/E \tag{6–2}$$

其中，E 表示初始能源；Ee 表示终端能源。所以能源中间环节效率就是指该中间环节终端能源与初始能源的比，该比例越高，说明能源中间环节效率越高。

能源中间环节效率包括加工转换效率和贮运效率，加工转换效率即发挥作用的能源产量与加工转换时投入的能源量之比，贮运效率则用能源输送、分配和贮存过程中的损失来衡量，具体用能源贮运环节初始能源量减去中间环节能源损失量，再除以初始能源量来衡量。即：

$$\eta=\frac{E_{始}-E_{损}}{E_{始}} \tag{6–3}$$

其中，$E_{始}$是指中间环节的初始能源量；$E_{损}$是指中间环节能源损失量。

四、能源利用效率

能源利用效率即终端用户得到的有用能与过程开始时输入的能源量之比。又称能源有效利用率、能源利用率或能源效率。通常是指在使用能源的过程中得到的有用能与实际消费的能源量之比。从使用和消费的观点而论，是指提供的服务能量与能源消费量之比。整个能源系统的利用效率，包括开采到终端利用的各个阶段。在开采方面，以实际采出量的热值与储量的热值之比来度量。在加工转换方面，按加工或转换产品的热值与投入加工或转换的能源的热值之比来确定。在运输和分配方面，按终端用户得到的能源量与生产者送出的能源量之比来计算。在终端利用方面，是指使用能源所产生的有效能与投入的能源量的比值。

一个能源系统的总的利用效率等于该系统中间过程（加工、转换、输送、贮存、分配）的总效率乘以所有终端用户的平均效率。能源利用效率是考察能源利用程度和水平的一项综合指标，它反映能源消费过程中管理、技术、经济等因素的影响及其效果，具有高度的概括性和很强的对比性。按其考察范围和分析对象可分为国家、地区、企业、设备等层次。如一个国家的能源利用效率，取决于能源资源条件、能源消费结构、能源利用技术水平及产业结构和经济社会发展状况；企业能源利用效率是指企业有效利用能量占综合能耗总量的百分比，是衡量企业技术装备水平和管理水平的一项重要指标。我国能源利用效率与国外的差距表明，节能潜力巨大。根据有关单位研究，按单位产品能耗和终端用能设备能耗与国际先进水平比较，目前我国的节能潜力约为 3 亿吨标准煤。

五、能源效率的本质内涵

能源是一种必需的生产资料和生活资料，也是一种战略物资，化石能源还是不可再生的；能源开发和利用可能带来环境污染、生态破坏、气候变化等公共问题。因此，需要从不同层次分别依据成本利润原则、支出或效用原则、供应保障原则、可持续利用原则等来看待能源效率，理解能源效率的本质内涵。能源效率已经不是单纯的能源问题，能源效率的本质内涵在于所消耗的能源量对于维持或促进整个经济、社会和环境系统可持续发展的贡献量。在不同的发展阶段，对“贡献量”的理解和度量也会有所不同。

首先，在宏观层面上，能源效率的含义不仅在于它的工程技术或热力学方面的效率含义，更在于它的经济、社会和环境系统可持续发展的含义。生产者主要从成本或利润视角来看待能源效率，利润是目的，能源效率是手段；消费者主要从支付能力、用能开支和效用视角看待能源效率；政府则需要依据能源的各类功能及其相互关系，制定相适应的能源效率政策。能源利用带来了日益严重的全球气候变化问题，这赋予了能源效率更多的含义。

其次，改善能源效率，不仅可以体现在用能设备的改进方面，而且可以体现在其他诸多方面，即便在一些常用的能源效率统计指标中未能体现出来。有些能源活动，尽管多消耗了能源，但为人们提供了更多的有用的服务，也有可能改善了能源效率。例如，对于同样距离的运输，航空运输通常要比水路运输消耗更多的能源，但并不意味着航空运输不利于改善能源效率，因为航空运输提供了更快捷的服务，具备较好的效用功能；交通道路或交通网络的改善，即使汽车燃油经济性不变也可能减少燃油消耗量；使用新型材料减低飞机机身重量，从而减少航空煤油消耗量；居民住房窗户由单层玻璃改为双层玻璃，减少空调耗电量和暖气散热量；物流企业应用信息和通信技术降低汽车、轮船的空载率，减少能源浪费，用低能耗、低成本、轻便的塑料代替部分高耗能的钢铁产品；降低产品的废品率，可以减少生产这些废品整个生命周期的能源。上述行为，从广义上来讲，都可以视为改善了能源效率，即便这些在一些常用的能源效率统计指标中未能体现出来。

再次，有些能源活动，尽管直接带来的服务产出量没有变化，消耗的能源量也没有变化，但是对于维持或促进可持续发展做出了更多贡献，也可以视为改善了能源效率。改善能源效率的重要原因之一在于能源资源的稀缺性。目前人类所使用的能源大多数是化石能源，储量有限。如果科学技术发展到可以非常轻易地获取太阳能，虽然人类还需要消耗大量能源，但能源效率问题也就不那么重要了。因此，如果能以较低的成本大规模开发可再生能源和新能源，用来代替化石能源，而且不对生态环境带来负面影响，也是改善了能源效率。

总之，能源效率是一个综合的概念，内涵十分丰富，从能源开采到能源转换、从能源储运到能源使用，各个环节的改善都能提高能源效率。除此之外，在能源经济效率不变的情况下，减少能源系统各个环节对生态环境的破坏，降低能源系统各个环节的负面影响，都可以视为能源效率的提高。

第二节 能源效率的测度

一、能源效率的测度方法

如前文所述，能源效率的内涵在于所消耗的能源量对于维持或促进整个经济、社会与环境系统可持续发展的贡献量。能源效率通常用能源服务产出量与能源投入量的比值来度量，但是如何确定或核算能源投入量、服务产出量，不同的应用领域有不同的方法，由此而产生不同的能源效率测度指标。[①]当前的或历史的能源效率水平是一个客观存在，但通常不可能用一个指标把能源效率各方面信息完全涵盖（这既有知识水平的原因，也有数据可获得性的原因）。在实践中，为了便于处理问题，通常力图采用一个一维指标来刻画能源效率。这

① 魏一鸣，廖华. 能源效率的七类测度指标及其测度方法 [J] .中国软科学，2010（1）：128~137.

个指标尽管不能涵盖所有的能源效率信息，但如果能涵盖大部分信息、不会出现较大的有偏性，且能满足通常的应用需要，则是可以接受的。但是，在有的情况下，有的指标不能涵盖或反映所需要的信息。因此，有时需要采用不同的测度指标。每种指标都是基于一定的假设条件（例如，同质性和完全替代性假设），都有其优点，也有其局限性。如果这些假设条件远未满足，则可能对能源效率的认识或测度造成较大偏差，形成错误或者有偏误的判断，从而可能造成决策失误。

根据能源效率的定义，衡量能源效率的指标可分为经济能源效率和物理能源效率两类。经济能源效率指标又可分为单位产值能耗和能源成本效率(效益)；物理能源效率指标可分为物理能源效率（热效率）和单位产品或服务能耗。[①]如图 6-1 所示。

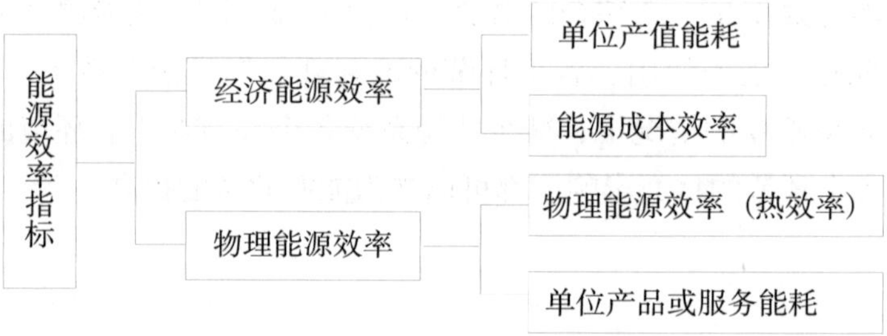

图 6-1　能源效率测度指标

本书将借鉴各家能源效率测度思想、方法与指标体系，对目前较常见的能源效率测度指标进行全面的总结和系统剖析，讨论这些指标的理论基础或假设条件、相互关系、优缺点或适应范围，以及在使用时需要注意的方面。具体包括能源宏观效率、能源实物效率、能源物理效率、能源价值效率、能源要素利用效率、能源要素配置效率、能源经济效率七类指标。

二、能源效率的测度指标

（一）能源宏观效率

在测度一个国家、地区或行业的总体能源效率水平时，目前最常用的是单位 GDP 能耗（或者单位增加值能耗、单位总产出能耗、单位总产值能耗）这一

① 王庆一. 中国的能源效率及国际比较（上）[J]. 节能与环保，2003（8）：5~7.

宏观指标，通常也定义为“能源强度”，可以将其倒数定义为能源宏观效率 Em（energy macro–efficiency）。单位 GDP 增加值能耗越低，能源宏观效率就越高。能源产出（或者能源服务）用经济活动产出量表示（例如增加值或总产出），能源投入用各类一次能源消耗量表示（采用热值法或者发电煤耗法）。单位增加值能耗的高低与发展阶段、经济结构、技术水平、能源价格、社会文化、地理位置、气候条件、资源禀赋等多种因素有关。近 200 年来，英、美等发达国家在工业化进程中单位 GDP 能耗出现了一个上升的过程，直到一个峰值后再下降；越晚进入工业化进程的国家，其单位 GDP 能耗峰值就越低甚至不存在，这主要是得益于技术进步和后发优势。

在有些文献中，有时把单位 GDP 能耗的倒数定义为“能源生产率”。严格来讲，二者略有区别（口径不同）。在计算单位 GDP 能耗时，包含了居民生活直接用能；在计算能源生产率时，从生产法 GDP 核算的角度来看，不包括居民生活直接用能（如同人均 GDP 与劳动生产率的区别一样，前者是指全部人口，后者的计算只包括劳动从业人员数量）。在我国，由于居民生活直接用能所占比重较小，能源生产率与单位 GDP 能耗倒数的差别很小，在地区的横向或纵向比较中，通常不会造成较大偏误。

在能源投入结构不发生较大变化时，用单位 GDP 能耗来测度能源效率，比较简单易行，而且受人为干扰的可能性相对较小。当能源投入结构发生较大变化时，则需要注意各类能源之间的不完全替代性导致一些结果偏差。另外，能源宏观效率隐含假设经济增长主要是依靠能源消耗和技术进步来推动的。而实际上，经济增长还需要其他要素，而且各类要素之间存在不同程度的替代性。因此，能源宏观效率是一个有偏的（partial）测度指标，没有考虑到能源与其他要素的替代弹性。为了克服或减少上述局限性，有时需要采用其他能源效率指标。从微观经济学的视角来看，有的文献把能源宏观效率（或单位 GDP 能耗）称为“能源经济效率”有些不恰当（后面将给出能源经济效率的概念及测度方法）。

从生产法 GDP 的核算视角来看，GDP 是各行业增加值的累计值，能源消耗总量也是各行业能耗的累计值（暂不考虑生活用能），而且各行业还可以进一步分解，直至产品层次。因此，只要数据可获得，能源宏观效率的变化必然可以分解为产业结构（或行业结构）的变化和各行业内部宏观能源效率的变化，即通常所指的结构份额和效率份额。[①] Divisia 方法是迄今为止最好的一种指数分

① 魏一鸣等. 中国能源报告 2006：战略与政策研究 [M]. 北京：科学出版社，2006.

解方法。但是尽管 Divisia 方法可以对能源宏观效率进行逐层分解，在很大程度上只是对由下而上的汇总数据再次由上而下的分解，得到的信息量有限、决策支持功能较弱，获得的节能降耗启示无非是众所周知的两个方面：降低能源密集型行业比重（或能源密集型产品比重），以及加快技术进步。然而，产业结构和技术水平在很大程度上都是内生的，它们是结果，不是原因。[①]各国历年能源宏观效率如表 6-1 所示：

表 6-1　不同收入水平国家能源宏观效率　　（单位：万美元 / 吨标准油）

	2000 年	2004 年	2005 年	2007 年	2008 年	2009 年
世　界	0.33	0.33	0.33	0.34	0.34	0.34
高收入国家	0.49	0.51	0.52	0.53	0.54	0.55
中等收入国家	0.14	0.14	0.14	0.15	0.15	0.15
低收入国家	0.08	0.09	0.09	0.09	0.09	0.10
中　国	0.11	0.11	0.11	0.12	0.13	0.13
印　度	0.10	0.11	0.12	0.13	0.13	0.13
日　本	0.90	0.93	0.95	0.98	1.01	1.04
南　非	0.12	0.12	0.13	0.13	0.13	0.14
加拿大	0.29	0.30	0.30	0.31	0.32	0.33
美　国	0.43	0.47	0.48	0.50	0.50	0.51
巴　西	0.34	0.34	0.34	0.34	0.35	0.34
法　国	0.53	0.52	0.53	0.55	0.57	0.56
德　国	0.56	0.56	0.58	0.59	0.63	0.63
意大利	0.64	0.63	0.63	0.64	0.66	0.67
俄罗斯联邦	0.04	0.05	0.05	0.06	0.06	0.06
英　国	0.66	0.74	0.75	0.79	0.84	0.85
澳大利亚	0.39	0.42	0.41	0.41	0.42	0.42

资料来源：根据《国际统计年鉴（2011）》相关数据计算所得。

① 魏一鸣，廖华. 能源效率的七类测度指标及其测度方法 [J]. 中国软科学，2010（1）：128~137.

由表 6-1 可见，能源宏观效率和国家发达程度紧密相关，但是需要说明的是，在国际比较中，由于国际货币体系的原因，经济产出量要换算成同一货币单位进行度量。通常的转换方法有市场汇率法（MER）和购买力平价系数法（PPP）等。理想地讲，PPP 法更合适，但是其测算比较困难（当然，还存在方法本身的问题）。简单地直接把国内外数据放在一起进行比较，得到的结论有时并不科学或者全面。例如，依据汇率法，2007 年我国的单位 GDP 能耗为 5.78 吨标准油 / 千美元（当年价格），是 OECD 国家的 3.8 倍；而如果依据世界银行的 PPP 数据，则为 2. 75 吨标准油 / 万美元，是 OECD 的 1.7 倍。耶鲁大学的 Nordhaus（2007）针对汇率法和基于世界价格的 PPP 法存在的问题，提出了一种介于二者之间的 Superlative- PPP 法，用于全球能源—经济—环境建模。① 2007 年 12 月，世界银行发布了 2005 年全球国际比较项目（ICP）的研究结果，对之前的 PPP 系数进行了修订。尽管此次修订后的数据相对早期的更准确，但受理论方法、基础数据条件等因素的制约，有关中国 PPP 仍然存在较多问题，在使用时需要谨慎。发达国家市场的一体化程度较高、统计体系相对完善，使用 PPP 系数对发达国家的单位 GDP 能耗进行比较，结果相对可靠。但在使用世界银行的 PPP 数据对中国与发达国家的单位 GDP 能耗进行比较时，得到的序数值相对有意义，而基数值的意义相对较小。

总之，能源宏观效率的测算、比较与评价，还需要根据形势变化，不断地调整与选择更加合理的方法，国际比较时应以 PPP 系数法为基础进行折中处理选择。

（二）能源实物效率

本书把通常所采用的单位产品能耗、工序能耗定义为能源实物效率 Ep（energy physical efficiency），例如吨钢综合能耗、吨钢可比能耗、吨炼铁能耗、发电煤耗、吨水泥能耗等。这是比较常见的一类技术指标。能源实物效率是一种物理能源效率，比较适合用于具有相同生产结构的企业间进行比较，反映微观经济组织的技术装备和管理水平。目前我国很多企业或行业协会推广的“标杆能效法”即以单位产品能耗为基础。在“十五”期间，我国能源宏观效率出现了下降局面（发电煤耗法），但主要耗能产品的能源实物效率仍然在上升，特

① Nordhaus W. Alternative Measures of Output in Global Economic - EnvironmentalModels: Purchasing Power Parityor Market Exchange Rates[J]. Energy Economics, 2007, 29 (3): 349 - 372.

别是钢铁、铜、水泥、平板玻璃等产品。

在进行单位产品能耗、工序能耗的国际或企业比较时，仍然需要统一口径。例如，我国与发达国家的工序吨钢能耗计算口径就存在较大差别，日本炼铁消耗项只计有固体燃料、气体燃料、电、氧、蒸，而我国还计有压缩空气、氮气、水等能源介质；如果高炉采用汽动鼓风机，其风量也要计算到工序能耗中。按照热当量法，我国主要耗能产品单耗较高，除技术装备水平的原因外，原材料质量、能源消费结构也是重要原因。如果不考虑到这些因素，可能会高估我国的节能潜力。例如，在热当量法下，我国钢铁行业的单产能耗比发达国家高，其中铁矿石质量较差、用煤比重较高是重要原因。采用实物效率指标时，有时能源投入品种较多，采用热当量法与发电煤耗法，得到的结论会有所不同，因此，也需要考虑各类能源的不完全替代性。

（三）能源物理效率

能源物理效率是指能源的热效率 Et （energy thermodynamics efficiency），其计算的理论基础是热力学定律。根据能源流的不同环节，通常可以分解为能源开采、加工转换、贮运、终端利用效率。能源物理效率还可划分为热力学第一定律效率、热力学第二定律效率。依据热力学第一定律（能量转换和守恒定律），20 多年来我国的能源物理效率有了显著提高，2005 年能源开采效率、中间环节利用效率、终端利用效率分别为 33. 2%，68. 4%和 52.9%，总的物理效率为 13.0%。[①] 据国家统计局数据，2007 年我国发电及电站供热效率为 40.24%，炼焦效率为 97.78%，炼油效率为 97.17%。[②]

热力学第二定律指出，能量转换是有方向的。根据卡诺定理，由两个等温过程和两个绝热过程所构成的循环称为卡诺循环效率，如公式 6–4 所示：

$$\eta_c=\frac{T_1-T_2}{T_1} \tag{6–4}$$

其中，η_c 为卡诺循环效率；T_1 为高温热源的绝对温度；T_2 为低温热源的绝对温度。由于现实中高温热源的绝对温度不可能为无穷大，而低温热源的绝对温度不可能为 0，因此 $\eta_c<1$，热能不可能全部转换为机械功，依据第二定律计算的热效率要更低（通常用“有效能”来计算）。能源物理效率的计算比较复

① 王庆一. 中国可持续能源项目参考资料：2008 能源数据 [R] . 北京：中国可持续能源项目，2008.

② 魏一鸣，廖华. 能源效率的七类测度指标及其测度方法 [J] . 中国软科学，2010（1）：128–137.

杂，也涉及较多热力学知识，本书对此不作深入讨论。

（四）能源价值效率

由于各类能源的异质性或品质差异，即使是相同热当量的能源，其功效也会不同。有的地区或企业，虽然耗能量较低，但消耗的大多为优质能源（如天然气、净调入的电力），其能源成本并不低。为了对各类能源进行加总，除了可以采用热当量系数作为权重，还可以采用价格作为权重，由此可以计算能源的价值效率 Ev（energy value efficiency）。如果能源服务产出量也用价值量测度，那么把能源价值效率 Ev 与其他效率指标（例如宏观效率 Em、实物效率 Ep）结合起来进行国际比较，可以发现各国能源宏观效率或实物效率存在差异的部分原因（例如能源价格偏低、能源结构不同等）。在计算不同国家或地区的能源消费价值量时，需要统一价格口径（例如是否含增值税销项税额、运输成本等）。在对能源价值效率进行纵向比较时，由于能源价格变化，有时效率值变化会很大。因此，能源价值效率更适用于横向比较。能源价值效率的优势还在于其国际比较不受各国汇率或 PPP 的影响。

依据 OECD 编制的部门口径一致的 OECD 国家及主要发展中国家 48 部门投入产出表，这里考察 2005 年中国和主要工业化国家的能源价值效率。为统一口径，能源消费额按生产者价格计算（终端能源），计算结果如表 6-2 所示。

表 6-2 2005 年中国与主要发达国家能源价值效率比较

国家	能源消费额	GDP	能源价值效率		能源宏观效率	
			绝对比	指数化	绝对比	指数化
法国	1.62	17.26	10.63	1.10	6.75	1.27
德国	2.34	22.45	9.58	0.99	7.28	1.37
意大利	1.51	14.30	9.50	0.98	8.78	1.66
日本	552	4996	9.05	0.94	7.30	1.38
美国	12.9	124.2	9.66	1.00	5.30	1.00
中国	37.45	186.26	4.97	0.51	3.11	0.59

说明：能源价值效率依据 OECD 在 2009 年发布的同部门口径的各国投入产出表计算得到，价值量为本国货币单位（千亿元）。能源宏观效率数据来自世界银行。指数化取美国 =1.00。

资料来源：魏一鸣，廖华. 能源效率的七类测度指标及其测度方法[J]. 中国软科学，2010（1）：128~137.

从表 6-2 中可以看出，美国的能源宏观效率明显要比其他 4 个国家低，但是其能源价值效率并不比其他国家低，甚至要更高。其部分原因在于美国的各类终端用能价格普遍要比其他国家低。而 2005 年中国的能源价值效率是其他发达国家的 50%左右。

从动态性来看，能源价值效率有时也可以定义为设备全生命周期内的服务产出与能源成本比值。例如，购置节能灯，虽然在短期内需要一次性支付较多成本，但在灯泡的长期使用中节约了更多能源，实际上也提高了能源价值效率（相当于部分是通过资本对能源的替代来实现的）。

（五）能源要素配置效率

前面的效率指标主要是依据一些经验常识、统计常识或热力学知识提出的，其经济学依据相对薄弱。这里依据数理经济学理论，提出能源要素配置效率指标 Ea′（energy allocative efficiency），并给出测算思路。资源配置方式属于经济体制、价格机制问题，关系到能否激励能源使用者重视减少能源消耗。能源要素配置效率 Ea 与各类要素的相对价格有关，反映了在既定的要素相对价格体系下，可以通过改变要素组合方式来降低的要素支出成本。为便于直观地分析资源配置方式，这里采用二维的等产量线分析法。如图 6-2 所示：

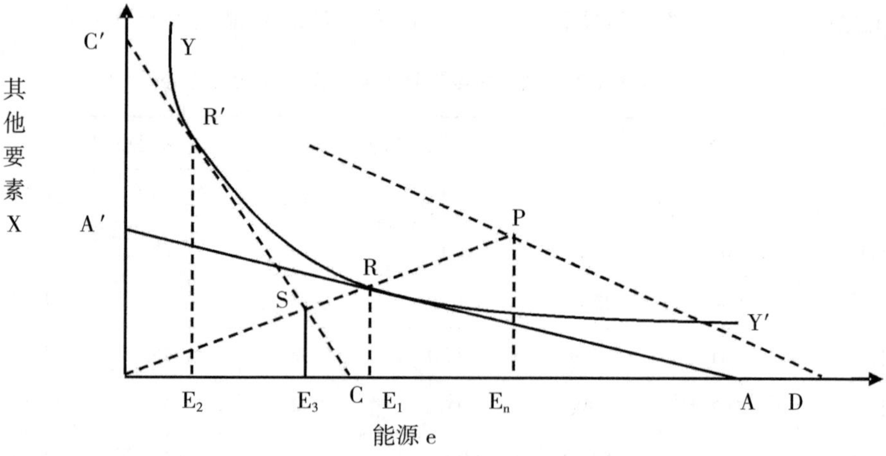

图 6-2 能源要素配置效率计算示意图

如图 6-2 所示，YY′ 是等产量线，表示技术水平不变的情况下生产同一产量 y 的两种生产要素（e 和 x）投入量的各种最小可能组合（不妨假设 e 代表能源，x 代表其他生产要素）。企业以节约成本或者追求利润为原则对生产要素进行组合。在给定产出水平 y 和要素价格水平 Pe，Px 下，追求要素成本最小，则目标函数如下：

$$Min\ (ePe+xPx) \tag{6-5}$$

其约束条件如下：

$$y=f\ (e,\ x) \tag{6-6}$$

据此可以求得要素的最佳组合方式 R（e*，x*），即图中的点 R。等产量线在点 R 上的切线 AA′ 的斜率满足：

$$\frac{f'_e(e^*,\ x^*)}{f'_e(e^*,\ x^*)}=\frac{Pe}{Px} \tag{6-7}$$

各类生产要素的相对价格水平是决定要素投入结构的关键因素。如果各类生产要素的实际相对价格水平 Pe/Px 是扭曲的、能源价格偏低，即切线AA′ 的斜率较低，那么企业选择点 R 作为生产要素组合方式。如果直线CC′ 的斜率表示反映两类要素全部机会成本的相对价格水平（影子价格），即 CC′ 与等产量线相切于点 R′，那么对于全社会而言，企业的最佳要素配置方式应该在点R′。于是，潜在的节能量为：$\Delta e=OE_1-OE_2=E_2E_1$。这是由于要素价格扭曲、要素配置效率低造成的。

全部要素配置效率可定义为：$Ea=\frac{[OS]}{[OR]}$　　　　(6-8)

显然，当 S，R，R′ 三点重合时，配置效率最高。如果能源价格水平偏低，即斜线 AA′ 的斜率过小（绝对值），则企业用于节约能源、改善能效投资所获得的收益，还不如用于其他方面的投资所获得的收益多，因此企业在进行基本建设、技术改造、设备更新、原材料选取时，也不会过多地把改善能源效率放在重要位置考虑。例如，钢铁企业在生产过程中需要同时消耗铁矿石和能源，如果能源价格偏低（低于影子价格），那么企业为了实现成本最小化，倾向于购置劣质铁矿石，而多消耗能源，即用能源去代替部分铁矿石。由于能源成本偏低，在整体的国民经济层次上，这可能引致产业结构向能源密集型方向发展；在行业内部，可能导致能源要素投入比重偏高、其他要素投入比重偏低；从而造成较高的全社会能耗水平。合理的能源价格水平不仅要包括能源的开采、加工转换和贮运成本，还应当包括它的资源不可再生成本和环境污染治理成本（目前所消费的能源大多数是不可再生的化石能源）。上述分析是在二维平面上采用的两要素分析方法，如果在多维空间上分析多要素的情况，也可以得到同样的结论。

能源要素配置效率 Ea' 是全部要素配置效率 Ea 的重要组成部分。依据上面的分析这里提出能源要素配置效率的计算思路：

$$Ea'=\frac{[OE_2]}{[OE_1]} \tag{6-9}$$

在计算能源要素配置效率时，首先需要计算能源经济效率。

能源是一种稀缺的生产要素。采用什么方式实现能源在各个部门、各个企业间的配置，将影响到能源效率。计划经济是一种资源配置方式，但总体而言，其效率很低，点 R 的选择容易偏离点 R′，造成价格扭曲（或者有价无市、供应过剩）的局面。其主要原因在于: ①计划者通常没有足够的能力优化资源配置。不同地区不同部门的技术水平和生产条件千差万别，计划者往往难以准确、及时地掌握各类资源供需矛盾，无法准确测算资源的影子价格。②计划经济不是一种很有效的激励机制。即使生产者或计划者通过努力可以计算出影子价格，并能够计算出最佳的资源组合方式，但其自身不能获得相应收益。因此计划经济很难激励生产者或计划者做出这种努力。③计划经济不是一种很有效的约束机制。在计划经济体制下，资源配置失误造成的经济损失很难归责到哪个单位或个人，计划者往往不需要为这类损失承担相应责任。④如果计划者没有受到有效监督，出于自身或者部门利益需要，计划者可能会人为地扭曲资源配置。在我国过去，能源价格偏低、能源资源的配置和调度大多由计划部门控制，能源资源倾向于分配到能源密集型的重工业部门，部分程度造成轻重工业失调，导致全社会能源要素配置效率和能源宏观效率处于较低水平。

市场经济也是一种资源配置方式。在产权清晰、权责明确、信息完全、法制健全的市场经济环境下，在成本和收入约束条件下，生产者为了获得更多的利润，消费者为了获得更多的效用，会积极主动地根据各类要素和商品的价格信号调整生产和消费结构。把有限的能源资源科学地配置到各类经济活动和社会生活中，把能源资源花在刀刃上，最大限度地发挥能源的使用价值，这也是增加能源服务、改善能源效率所要求的。但由于能源领域的信息不完全、技术不确定等因素较多，完全依靠市场配置能源要素配置也不可行，但这应当成为努力的方向。

（六）能源要素利用效率

能源作为一种生产要素，通常是与资本、劳动、原材料等其他要素共同参与生产过程。能源要素配置效率以各类要素的替代性为基础，来计算各类要素组合方式的优化程度；而能源要素利用效率 Eu （energy utilize efficiency）反映了在既定的要素组合方式下，可以减少的要素需求量。假设需要生成相同数量和质量的产品，所需要的资本、劳动、原材料、能源等各种生产要素可以有不同的组合方式，各种组合方式形成一条等产量线（面）。如图 6-2 所示，假设 R 为实际的生产位置，它与原点的连线 OR 与等产量线相较于点 P。参考 Farrell（1957）和 Fare 等（1985）对生产率的研究，全部要素利用效率 Eu 定义为：

$$Eu=\frac{[OR]}{[OP]} \tag{6-10}$$

如图 6-2，当点 P 与点 R 重合时，全部要素利用效率为 1，达到最高。处在等产量线上的点，要素利用效率均为 1。在大多数数理经济学文献中，要素利用效率也被定义为技术效率（technical efficiency），或者射线效率（radial efficiency），或者 Farell 效率等（也可以用生产可能性曲线来描述）。在实际生产中，投入同样数量和质量的各类生产要素，产出量可能不同，这种差异主要体现在要素利用效率方面。计算要素利用效率，首先需要构建等产量线。等产量线是一条理想的光滑的曲线，但无法直接获得，通常利用生产单元形成的一条包络线来估计（严格来讲，这与潜在的等产量线是有差距的），这样可用数据包络分析方法（DEA）来估计这条包络线。如果把能源要素利用效率定义为“全要素能源效率（total factor energy efficiency）”，就有些恰当（但一般不会引起误解）。

能源要素利用效率 Eu' 可以定义为 OR 与 OP 在能源轴 E 上投影的距离函数比值 OE_1/OE_0。即：$Eu'=\frac{[OE_1]}{[OE_0]}$ (6-11)

等产量线 YY′ 和能源要素利用效率可以用 DEA 计算得到。包络线由一序列折线段连接而成，通常会出现松弛变量。参考 Hu 和 Wang （2006）的工作，计算过程用图 6-3 来表示。X_i=（N，E），E 表示能源，N 表示其他生产要素。①

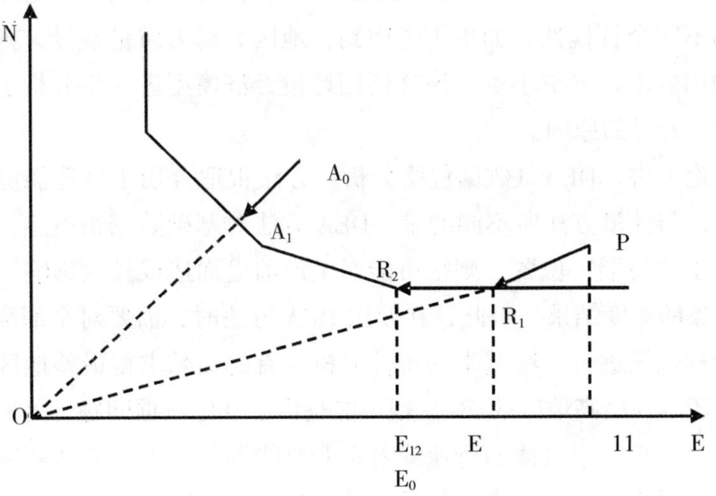

图 6-3 能源要素利用效率计算示意图

① Hu JL，Wang SC. Total－Factor Energy Efficiency of Regions in China [J] . Energy Policy，2006，34（17）： 3206~3217.

于是，能源要素利用效率表示如下：

$$Eu' = \frac{[OE_{12}]}{[OE_0]} = \frac{\left\{\left[\frac{OR_1}{OP}\right]\cdot[OE_0]-[R_1R_2]\right\}}{[OE_0]} = \frac{\{\theta\cdot[OE_0]-[R_1R_2]\}}{[OE_0]} \tag{6-12}$$

其中，OE_0 为 OP 沿 E 轴的压缩映射，其余类似。θ 为 DEA 相对有效值。对于任意一个生产单元 O，其 DEA 相对有效值 θ 可以通过下面的线性规划求得，R_1R_2 是该线性规划的松弛变量，则：

目标函数：$Min\theta$

$$\sum_{i=1}^{n}\lambda_i X_i + S_i^{+} = \theta X_0$$

约束条件：

$$\sum_{i=1}^{n}\lambda_i Y_i + S_i^{-} = \theta Y_0 \tag{6-13}$$

$$\lambda_i \geqslant 0，i=1，\cdots，n$$

其中，S_i^{+}和 S_i^{-}分别为投入、产出的松弛向量（各元素非负且至少有一个元素为零）。廖华（2008）应用该方法计算了我国各地区 2006 年工业部门能源要素利用效率，考虑了同类要素的质量差异，并与有偏的能源宏观效率指标进行对比。该研究表明：2006 年中国各地区工业部门能源宏观效率的差异要大于能源要素利用效率差异（用变异系数测度）。这主要是由于后者考虑了资本、劳动对能源的不完全替代性。如果再考虑到各地区劳动力质量差异，则各地区的能源要素利用效率差异更小了。该文还用计量经济模型进一步分析了地区能源要素利用效率差异的原因。

从理论上讲，DEA（数据包络分析）方法很适合用于计算能源要素利用效率。但是，与计量方法所不同的是，DEA 方法对基础数据很敏感，如果某个测评对象处于“极端”位置，则很可能对生产前沿面造成较大影响，进而影响其他测评对象的测度结果。因此，在使用 DEA 方法时，需要对全部测评对象的投入产出指标数据进行一些基本的统计分析。有的文献求得最差地区的能源要素利用效率还不到最高地区的 5%，很可能是由于基础数据问题。另外，从生产的角度来看，对于一个具体的行业或者企业，能源与资本、劳动和原材料（含外购服务）一同构成投入要素。如果在计算过程中，这四类要素缺失一项，对结果也可能造成一定影响。对于一个国家或地区，能源可能既是投入要素，也可能是产出品，因此在使用 DEA 方法计算要素利用效率时，也应当对此区分，以免混淆投入和产出。

(七) 能源经济效率

能源经济效率 E_e' (energy economic efficiency) 是经济效率 Ee 的组成部分，也可称为能源成本效率 (energy cost efficiency)。经济效率等于要素利用效率和配置效率的乘积，如图 6-2 所示。经济效率公式如下：

$$E_e' = \frac{\widetilde{E}}{E} \tag{6-14}$$

能源经济效率 E_e' 由线段 OP 在 e 轴上各投影部分计算得到，在没有松弛变量的情况下，能源经济效率 Ee' 公式如下：

$$E_e' = \frac{[OE_1]}{[OE_0]} = \frac{[OE_2]}{[OE_1]} \cdot \frac{[OE_1]}{[OE_0]} = Ea' \cdot Eu' \tag{6-15}$$

在计算能源经济效率之前，需要先求经济效率（前者是后者的一部分）。Fare 等 (1985) 提出了用 DEA 方法来求解经济效率，目标函数为总成本最小。对于任意一个评价单元 0，在给定资本、劳动、原材料、能源等要素价格向量 P_0 (影子价格) 的条件下，其潜在的最小投入成本可以通过下面的线性规划求得：

目标函数：$MinP_0$

$$\sum_{i=1}^{n} \lambda_i X_i \geqslant \widetilde{X}_0$$

约束条件：$$\sum_{i=1}^{n} \lambda_i X_i \geqslant Y_0 \tag{6-16}$$

其中，$\widetilde{X}_0$ 表示各类要素的目标需求量（向量），即实现既定产出向量 Y_0 时，满足要素总成本最低的各类要素需求量，Y_0 是产出向量。则经济效率公式如下：

$$E_e = \frac{P_0\widetilde{X}_0}{P_0X_0} = \frac{[OS]}{[OP]} = \frac{[OC]}{[OD]} \tag{6-17}$$

上式可以通过点 P 作 CC′ 的平行线推导出来。CC′ 为等成本线，点 R′ 的生产成本为 OC，而实际的生产成本为 OD。很显然，在采用 DEA 计算经济效率时，已经不存在松弛变量问题了，不会造成这部分信息损失。本文在此基础上，进一步提出能源经济效率的求解方法。则能源经济效率公式如下：

$$E_e' = \frac{P_e\widetilde{E}}{P_eE} \tag{6-18}$$

P_e 表示能源价格（当只有一种能源投入时，$P_e \in P$；当有多种能源投入时，$P_e \subset P$），$\widetilde{E}$ 为目标能源需求量。E_e' 就是目标能源成本与实际能源成本的比率。

当能源投入只有一种时，$E_e'=\frac{\widetilde{E}}{E}$。显然，当经济效率为100%时，能源经济效率也为100%；反之则不一定成立。能源要素配置效率等于能源经济效率与能源要素利用效率的比值（前提是在计算要素利用效率时松弛变量为0）。

除了采用非参数的DEA法以外，还可以通过建立生产函数或成本函数，采用回归方法计算能源要素利用效率、配置效率和经济效率。能源宏观效率与能源经济效率的区别，同劳动生产率与全要素生产率的区别类似（在不考虑居民生活用能的情况下），能源宏观效率是有偏的，能源经济效率是无偏的，二者不完全一致。另外，需要说明的是，DEA方法计算出来的效率是一个相对值概念，效率为1（且松弛变量为0）仅仅表示在所测评对象中是最佳的，但并不表示没有进一步改进的可能性。

能源经济效率的概念或测度实际上是把节约能源与节约成本一致起来了。决策部门在制定能源效率政策时，通常以能源宏观效率或能源实物效率作为测度基准。但是，如果某项举措可以提高能源宏观效率或实物效率，但耗资较多，导致成本没有降低或利润没有提高，则很难激励能源使用者去采取这种举措。政府需要设定合理的激励机制（例如能源、环境税收制度），使得能源使用者在节能的同时也节约了成本，实现激励相容，既提高了能源宏观效率，也改善了能源经济效率。

三、指标应用提示

首先，能源宏观效率、能源实物效率、能源物理效率、能源价值效率、能源要素利用效率、能源要素配置效率、能源经济效率等七类描述能源效率的指标，具有各自的理论基础或假设条件、相互关系、优缺点或适应范围。任何单一指标都不可能完整地反映能源效率水平。

其次，不同的指标，其应用领域不同，具体测度方法和所需要的数据也不同，能源宏观效率和能源实物效率是用得最普遍的。但是，有的时候，由于混淆了能源工作的目的与手段、内生变量与外生变量、原因与结果，简单地把“减少能源消耗”或“降低单位产值能耗”作为追求的目标。由此导致从静态和局部上看，能源消耗减少了；而从长远和全局的角度看，能源效率并未得到改善，甚至还造成经济社会领域的其他方面出现损失，出现节能工作“得不偿失”的局面。因此在应用能源效率指标时，应根据实际需要进行遴选，并对所采用的指标或数据可能造成的偏误有较为充分的估计。在使用能源效率指标时，还需特别注意各类能源的异质性和不完全替代性对计算结果的影响。

最后，对于一个国家或地区，能源经济效率是相对理想的能源效率测度指标，但它需要的基础数据比较多，通常难以获得（甚至本身具有不确性），特别是涵盖环境成本、不可再生成本的各类能源影子价格数据。不论何种指标，在进行横向或纵向比较时，都需要尽可能统一数据口径。尽管能源宏观效率是有偏的，但进行中长期研究仍然是比较合适的。在多数研究中，对能源效率指标绝对值的关注较少；更关注的是能源效率横向或纵向比较，以及不同主体能源效率的差距、能源效率的变化方向和速度。

第三节 影响能源效率的因素

现有研究证实能源效率的影响因素数量较多，且没有对各因素自身的特有属性及彼此之间的相互关系进行深入剖析及有效整理，而各因素本身在所属领域影响范围或作用机制方面存在着一定的交叉甚至重叠，因此，我们首先应该对诸多因素进行有效的划分和归类，在此，按因素的所属范畴将其划分为：结构因素、科技因素、市场因素及人为因素。①

一、结构因素

结构因素主要是通过调整各要素之间的比例结构，提升能耗效率较高的要素比例，降低能耗效率较低的要素比例，以此实现整体能源效率的提升。其中，产业结构、对外贸易结构、城镇化水平、能源消费结构及居民消费结构均可归于结构因素。该类因素对能源效率作用的实质是通过提高能源要素的配置效率来对综合能效进行影响，而非从本质上提高能源技术效率。因此，许多研究者提出“退二进三”的产业调整政策，提高能耗产成品贸易比重，提高城镇化水平，大力发展高能效新能源及提倡低碳消费等建议举措。而对于产业结构、贸易结构、城镇化水平及消费结构等因素具有很强的内生性，其变动主要受整个

① 潘国刚，贾江涛. 能源效率影响因素分析 [J]. 节能技术，2012（1）：76~78.

经济系统内部变化的影响，各因素的发展也有其本身的客观规律。因此，过多的人为干预，一方面会带来巨大的监管、治理成本，另一方面也违背了经济运行规律，同时，各因素在不同领域具有不同的重要作用，如就业、国内外收支平衡、社会稳定等方面，我们在进行结构调整时不能只考虑其对能源效率的影响，而应将其纳入能源—经济—社会系统进行综合考量，以防出现“因小失大”的局面。因此，对于结构因素而言，我们要以监督、引导为主，以科学合理的政策引导各因素健康、协调、可持续发展。

二、科技因素

科技因素对能源效率的影响主要体现在硬件和软件两个方面，硬件方面主要是高能效技术装备水平的提升将有效提高能源利用效率；软件方面，采用科学的管理方法、先进的生产工艺流程将对能源的利用效率产生积极的影响。从科技进步本身来看，其动力来源主要有自主创新及引进学习两种。因此，探究科技进步对能源效率的影响也应从两方面入手。对于自主创新型的科技进步水平，大多学者采用R&D经费投入、国家财政科技支出对其进行刻画，进而探讨其对能源效率的影响；对于外来技术而言，学者主要认为FDI（外商直接投资）能够为东道主带来一定的技术外溢，以此提高其科技水平，进而提高当地能源效率。已有研究认为，不同的FDI来源在不同时期对能源效率的影响存在较大差异，且FDI不仅存在技术外溢，也存在一定的FDI“挤出效应”，而且某些地区后者影响更为明显。也有研究证实，FDI是否能带来技术外溢关键在于东道主国家对外来技术的学习、吸收、转化的能力，因此，以人力资本对地区学习、吸收、转化能力进行刻画，进而探究这种影响的存在性。

三、市场因素

市场因素对能源效率的影响主要是依靠市场自身运行规律自发调节能源资源供需情况，并以价格为主要传导因素影响组织的生产用能成本，以此迫使其提升企业能源利用效率，其中，能源价格市场化程度等因素可归于该类因素。市场因素对能源效率的影响主要存在两条路径：

其一是对能源配置效率的影响，在市场经济体制下，资源供需配置主要依靠市场自发调节，地区间、部门间的调节表现得尤为明显。当能源价格上涨导致用能成本增加时，投资者会考虑将人力、物力、财力等资源投向能源消耗较少，能源利用效率较高的部门或行业，以此实现能源配置效率的改善。因此，市场能否对能源配置效率产生正面影响关键在于由能源价格上涨引致的企业较高的用能成本是否会改变企业的投资决策，即企业是否会由于用能成本的变高而放弃高能耗项目的投产。

市场因素对能源效率的第二条影响路径是通过影响能源技术效率实现的。面对能源价格上涨带来的生产成本的上升，企业会考虑是否要购进或研发低能耗生产装备或是采用科学的管理方法、先进的生产工艺流程来提高企业能源利用效率，从而减少这种冲击。因此，只有当能源价格上涨带来的企业生产成本的上升幅度达到企业必须提升自身能源利用效率的时候，才能实现能源效率的整体改善。而企业一旦完成先进设备的更新或是先进工艺流程的改造，将不会再因为能源价格的下降而采用原有的设备或流程，因此市场因素对企业能源效率的影响具有较强的非对称性，即能源价格的上涨可能带来企业能源效率的提升，但能源价格的下降不会反方向导致能源效率的降低。

四、人为（管理）因素

人为因素主要是政府机构运用公共权力对市场竞争进行限制或排斥。其中以行政垄断最为典型，对于国内而言，电价的行政垄断表现得尤为突出。随着我国能源资源供需矛盾日益凸显以及能源结构与经济结构的逐步转变，电力能源消费比重越来越大。“市场煤，计划电”的能源定价机制表征了我国煤价的市场化定价机制及电价的行政审批机制，这也进一步导致了极为显著的地区间电价差异，加之我国电力产业现行“省为实体”的管理机制，人为设置电力资源跨区域流动的“省际壁垒”，对于行政垄断电价较低的省份而言，其电能的边际产出效应势必小于行政垄断电价较高的省份，最终导致地区电力资源配置效率低下，不利于全国能源效率的提升。

总之，能源效率受多种因素的影响，结构性因素、制度性因素的改进，能源系统各环节技术水平的提高、管理能力的提升都将提升能源效率，因此能源效率的改进和提高也是一个系统性的综合问题。

第四节 能源效率的提高

提高能效是世界经济和社会发展的内在需求。但提升能源效率是一个复杂的系统工程，需要从多视角、多层次全面准确地考察各因素对能源效率的影响。根据能源效率的影响因素，提高能源效率必须从消除不利因素，发挥有利因素着手。开展节能降耗的途径主要有两种，一是直接节能（直接对应的间接节能，此处应为技术节能），二是结构节能。（管理节能——合同能源管理、能效交易、体制政策调整等）直接节能是指从行业角度看，由于技术创新、技术改造、新技术代替旧技术，使得该行业单位产品产出的能耗降低。结构节能是指通过优化整个国民经济的产业结构，提高低耗能行业比重，实现整体降低能耗。可见，调整经济结构与能源消费结构、大力发展节能环保技术、加强经济与能源管理都是提高能源效率的有效手段。

一、积极调整产业结构和能源消费结构

（一）积极调整产业结构，促进产业结构升级改造，降低高能耗部门比重

高能耗部门往往集中于工业部门，通过调整产业结构，降低产业结构中高能耗部门的比重，提高产业结构中低能耗部门的比重是降低能耗、提高能源效率的重要途径。尤其是发展中国家，工业部门在三次产业结构中所占比重较高，能源消耗较大，是能效较低的主要原因。因此，从国家宏观调控的管理层面入手，大力调整产业结构，推动经济增长方式转变，促进传统产业的低碳化升级改造。实现低碳经济，提高能效的主要途径是发展低能耗高效的产业。不同产业的碳排放量可能相差甚远。大量消耗能源的是工业制造业、建筑业和交通运输业，因此对传统产业的低碳化升级改造与调整是当务之急。目前应力争尽快调整、优化产业结构，控制高耗能工业发展，减少和控制高耗能产品出口。不断调整和优化产业结构，大力促进第三产业发展。总之，促进产业结构的升级和改造是提高能源效率的有效途径之一。

（二）调整能源消费结构，大力发展新能源和可再生能源

能源品种多种多样，不同的能源消费结构对能源效率影响较大。如我国目前能源利用的结构性问题比较突出，导致能源消费的增长速度大于 GDP 的增长

速度，因此能耗较低。我国是个“富煤、少油、短气”的国家，这就导致长期以来我国能源消费以煤炭为主，能源消费结构不够合理。以煤炭为主的能源消费结构带来一系列负面效应，最主要的是造成了环境污染；油气短缺极大地抬高了我国能源的对外依存度，对我国的能源安全造成极大危害，同时由于煤炭利用效率较低，各环节浪费严重，也大大影响了我国的能源效率。

尽管今后很长一段时期内我国能源消费还将以煤炭为主，但是通过大力发展新能源和能源进出口战略的调整，可以在一定程度上改善能源消费结构，促进能效不断提高。尽管当前中国利用可再生能源面临诸多技术、成本和资源禀赋约束，但可再生能源作为世界能源未来发展的方向依然是应对化石能源枯竭、提高能效的重要方案。目前，应把节能和煤炭的清洁利用作为工作重点，加快新能源、可再生能源、低碳和固碳技术的研发；大幅提高可再生能源的比重，推进氢燃料电池等新能源技术以及碳收集与埋存技术的应用；更长远看，应建立以可再生能源、洁净煤、先进核能等为主体的可持续能源体系。近几年，中国在风能、水能和太阳能利用方面飞速发展，技术水平得到大幅度提高，同时成本也在不断降低，这为今后更多地开发利用可再生能源提供了物质和技术基础。今后可以进一步加大在太阳能、风能、生物质能以及核能等领域的技术研发与推广应用的投入，培育具有自主知识产权的可再生能源技术，进一步大幅度降低可再生能源技术成本，提高技术的渗透率。通过努力，随着新能源和可再生能源的发展，我国的能源效率必将得到一定程度的改善。

二、加强科技投入与管理，大力发展节能技术

大力发展节能技术是提高能效的有效途径，技术创新包括大力发展新能源技术和减排技术等。无论是节能减排，还是利用可再生能源和开发新能源，都离不开技术支撑。以我国为例，从当前我国的低碳技术发展现状来看，短期内，我们应该大力发展节能与能效提高技术，如煤炭、石油和天然气的清洁、高效开发和利用技术，可再生能源和新能源技术，主要行业二氧化碳和甲烷等温室气体的排放控制与处置利用技术，生物与工程固碳技术，先进煤电、核电等重大能源装备制造技术，二氧化碳捕集、利用与封存技术等。

技术创新离不开有效的资金投入和技术管理，大力发展节能技术，需要不断改善能源技术投融资环境，增加能源技术 R&D 投入，同时加强管理和引导，促进技术产业化应用，为能源技术创新与应用创造条件。以此提高能源效率，

克服能源利用带来的负面影响。

三、加强能源经济管理，减少能源浪费

从能源的开发，到能源的转换，从能源的储运到能源的利用，能源系统是由多个环节组成的。而有效管理是提高部门与企业运行效率的有效因素。通过加强管理，往往可以提高能源效率，减少各环节能源浪费。如目前流行的企业能源管理系统对提高能源效率具有十分重要的作用。

目前，中国企业能源管理系统主要应用在重点用能单位。下面就iES-E1000为例说一下企业能源管理系统的好处。iES-E1000系统是有多项技术创新的大中型应用系统，解决重点用能单位的能源监测计量和用能管理及预测的问题，实现各类能源系统分散数据的采集、集中调度管理和能源供需平衡，为企业建立一个能源管控中心，对生产用能进行实时监测、计算分析和处理，以实现对能源的全方位监控和管理功能，给出能源优化措施，提高能源利用率，达到企业节能增效和环保的目的。通过实地查看系统运行情况，向调度指挥人员了解系统在生产调度中的作用，深入各个车间向技术人员询问，初步总结出该系统具有以下明显节能效果，并核算出各个工序能耗对比情况。

可见，企业通过实施能源管理系统等先进管理技术，可以提高能源效率，同样，煤炭供应企业通过管理改革与创新也能够提高能效。各环节能源效率的提高也将大大促进能源宏观效率的提高。

四、大力发展循环经济，为提高能源效率创造条件

循环经济是物质循环利用、高效利用的经济发展模式。通过大力发展循环经济，可以更有效地利用资源和保护环境，以尽可能小的资源消耗和环境成本，获得尽可能大的经济效益和社会效益，使经济系统与自然生态系统的物质循环过程相互和谐。循环经济的发展是提高能源效率，促进经济可持续发展的手段之一。

循环经济是以减量化、再利用、资源化为原则，以提高资源利用效率为核心，以资源节约、资源综合利用、清洁生产为重点，通过调整结构、技术进步和加强管理等措施，大幅度减少资源消耗、降低废物排放、提高资源生产率，促进资源利用由“资源—产品—废物”线性模式向“资源—产品—废物—再生资源”循环模式转变。循环经济是以低投入、低消耗、低排放、高效率为基本

特征，符合可持续发展理念的经济增长模式。

大力发展循环经济，必须采取综合措施，突破观念、技术、政策、体制、法制等方面的制约，建立长效机制。一是要转变发展观念。要把发展循环经济作为国民经济和社会发展规划的重大战略任务，作为编制各类专项规划、区域规划和城市发展规划的重要指导原则；二是要合理调整产业结构和布局。按照循环经济的发展理念合理调整区域产业布局，各类开发区和重化工业集中地区要按照循环经济的要求规划、建设和改造，发挥产业集聚和生态效应，围绕核心资源发展相关产业，形成资源高效循环利用的产业链；三是要建立发展循环经济的技术支撑体系。加强循环经济共性和关键技术的研究开发、产业化示范和先进适用技术的推广应用。

总之，通过大力发展循环经济，为提高能效创造条件。可以切实做到节约能源，提高能源效率。

五、进行观念创新，为提高能源效率制造舆论

要从精神和生活的价值取向方面，推动人们从根本上改变生活与发展观念，大力提倡低碳消费生活方式。推行低碳经济是一项社会系统工程，需要与建设低碳社会协同发展。低碳社会的提法涉及价值观的转变，政府应大力倡导新观念。低碳消费是与每个人息息相关的事情，从学校到媒体宣传，都要引导人们崇尚“绿色消费”“健康消费”等消费观念，使每位公民深刻理解和认识低碳消费的重要意义。建立全民低碳消费意识，是个长期教育与传承的过程。应通过立法和道德教育等不同层面，提倡和鼓励低碳生活方式，抑制不良的高碳消费。

人们消费观念的改变，对节能环保、低碳经济认识的提升，能够为提高能效制造舆论，创造条件。

综上所述，能源效率的提高需要从多方面着手，我们应该追本溯源，从能源系统各个环节入手，通过加强管理，提高技术水平等手段不断提高能源效率。为我国经济与社会发展做出应有的贡献。

第五节 本章小结

综上所述，我们从能源效率的基本概念入手，在分析研究能源效率基本内

涵的基础上，对能源效率的测度指标和方法进行了全面研究，然后在测度的基础上对影响能源效率的结构因素、科技因素、市场因素和人为因素等各项因素进行了分析研究，并以此为基础提出了提高能源效率的对策建议。目前，我国能源效率低于发达国家，提升能源效率的空间和潜力巨大，大力促进节能减排，发展循环经济，提升能源效率不仅是世界潮流，更是我国经济和社会发展的迫切需要。

第七章　能源产业

能源产业是能源经济学的重要内容之一。能源产业发展对国民经济健康发展至关重要。能源产业健康发展，将为经济和社会发展提供基础的保障和动力，而能源产业一旦出现问题，经济和社会发展的基本保障就会出现问题，使得经济和社会无法正常运转，因此加强能源产业管理至关重要。本章主要从经济学原理出发，对能源产业发展的历程和模式、能源产业关联、能源产业组织，以及能源产业政策与规制进行分析研究。

第一节　能源产业发展

一、能源产业发展历程

作为社会经济发展的基本动力，能源产业发展的历史，是伴随着科技进步和社会经济的发展而发展的。可以说，经济发展的历史同时也是能源发展的历史。伴随着历次产业革命，能源产业也在不断发生着变化，从生物能到煤炭、石油、天然气等化石能源，再到目前的新能源和可再生能源革命，都是随着科学技术的进步和经济的发展而不断变革的。

（一）农耕经济时代以生物能为主

农耕经济时代，自给自足的自然经济时期，虽然煤炭和石油等也有所利用，但生物能是当时主要利用的能源。如当时的农田劳作和运输等活动主要依靠的是人力和畜力；取暖照明主要依赖的是木材和植物油等，虽然也发现了煤炭和石油等化石能源，但由于技术等限制，当时并不是能源利用的主流。

（二）第一次工业革命使得煤炭业快速发展

18 世纪从英国发起的技术革命是技术发展史上的一次巨大革命，它开创了以机器代替手工工具的时代。这不仅是一次技术改革，更是一场深刻的社会变革。这场革命是以工作机的诞生开始，以蒸汽机作为动力机被广泛使用为标志的。第一次工业革命中，发明了以煤为燃料的蒸汽机，煤矿开采迅速发展，以煤为燃料的蒸汽机车、蒸汽轮船先后出现。同时造成了严重的环境污染。但是，在工业化时期很长一段时间内，煤炭业一直是能源产业的主流产业。

（三）第二次工业革命与石油产业的快速发展

第二次工业革命期间内燃机的发明推动了石油的开采和使用。近代化学的进步，拉瓦锡的燃烧和氧化原理；道尔顿的原子论；19 世纪中期物质的分子—原子结构学说的确立，为石油化工发展奠定了基础。随着第二次工业革命的兴起，19 世纪七八十年代，出现了内燃机；90 年代柴油机创制成功，推动了石油开采业和石油化工的产生和发展；汽车、内燃机车、远洋轮船、飞机等内燃机交通工具相继问世，石油成为重要的能源。

石油作为现代最重要最普遍使用的能源，对现代国际关系产生了重要影响。如由于西亚海湾地区石油蕴藏丰富，成为帝国主义长期争夺和控制的焦点。2003 年美国为了控制伊拉克石油，发动了伊拉克战争。1960 年西亚国家成立了石油输出国组织，同西方石油垄断资本家进行斗争。70 年代以后，西亚产油国逐渐全部或大部分控制了本国的石油资源。一方面提高石油价格，增加石油收益，另一方面努力变革单一的经济结构，发展石油化工和其他工业，改善农业，建立较完整的工业体系。第四次中东战争期间，欧佩克以石油为武器对西方国家实行能源制裁，引发了战后资本主义世界最严重的经济危机。由于石油资源分布不匀，导致西亚国家贫富分化加剧、矛盾不断，从而引发了地区局势的动荡，如两伊战争、海湾战争。可见，国际局势的动荡和石油产业密切相关。

（四）第三次科技革命期间原子能技术及其他新能源技术的发展

煤炭业和石油天然气行业的发展，化石能源的利用面临的主要问题是环境污染、化石能源的可枯竭性。因此，自 20 世纪第三次科技革命以来，寻找替代能源已经成为能源科技领域的主要研究方向。

随着物理学的革命，19 世纪末 20 世纪初，伦琴发现“X 射线”；居里夫妇发现、提炼出“镭”；爱因斯坦提出了著名的质能关系式，为原子能的利用提供了理论基础。第二次世界大战中，美国提出“曼哈顿计划”，制造原子弹，1945 年美国成功制造了原子弹；1954 年苏联建成世界上第一座核电站；核能的和平开发与利用，是人类能源开发利用的一场革命，极大地提高了社会生产力，推动了社会进步。一段时间以来，在能源危机的大背景之下，核电作为一种成熟、高效的清洁能源，受到了极大的关注。

但是核能用于军事和核泄漏的巨大危害，将给人类带来毁灭性的灾难。日本福岛核泄漏危机发生之后，全球范围的核电发展都受到不同程度的冲击，人们不得不再次思索“核能利用，何去何从”这个问题。

（五）化石能源危机，促进了新能源革命

能源危机不断威胁着世界经济社会的发展与进步，能源短缺与环境污染，以及气候变暖问题使得世界各国普遍重视新能源的开发和利用，新能源和可再生能源在能源产业的比重正逐年提升，如欧洲风能的发展和北美太阳能的发展。各国纷纷把可再生能源产业发展列入国家战略。

目前，新能源在一次能源中所占的比例总体上偏低，这一方面与不同国家的重视程度与能源政策有关；另一方面则与新能源技术的成本偏高有关，尤其是技术含量较高的太阳能、生物质能、风能等，往往耗资巨大。

不过，据国际能源机构研究预测，在未来 30 年，新能源发电的成本将大幅度下降。这在一定程度上更加增强了新能源的竞争力。新能源革命将大大促进太阳能、风能、核能、地热能、海洋能、生物质能等新能源与可再生能源产业的发展。

（六）能源产业的未来发展趋势

根据目前的能源、环境与经济发展形势，未来能源产业发展应该有以下三个基本趋势：

一是能源多元化。虽然化石能源在很长的一段时间内依然是能源产业的主导产业，但是化石能源的开发和使用的弊端，将促进风能、水能、太阳能、地热能、潮汐能、生物质能等新能源的快速发展，能源品种将日益丰富，呈多元化发展趋势；二是能源清洁化。能源清洁化主要体现在两个方面：①能源开采和使用技术的提高，化石能源利用形成的污染排放将得到有效控制。②风能、水能等清洁能源的生产与使用占所有能源的比重将逐步增加。③能源产业效率化。能效不断提高始终是贯穿能源产业发展的主要趋势，这是节能减排的基本要求。

综上所述，能源产业伴随着经济发展而发展，不同的经济发展时期和阶段，能源产业呈现出不同的特征。具体如图 7–1 所示。

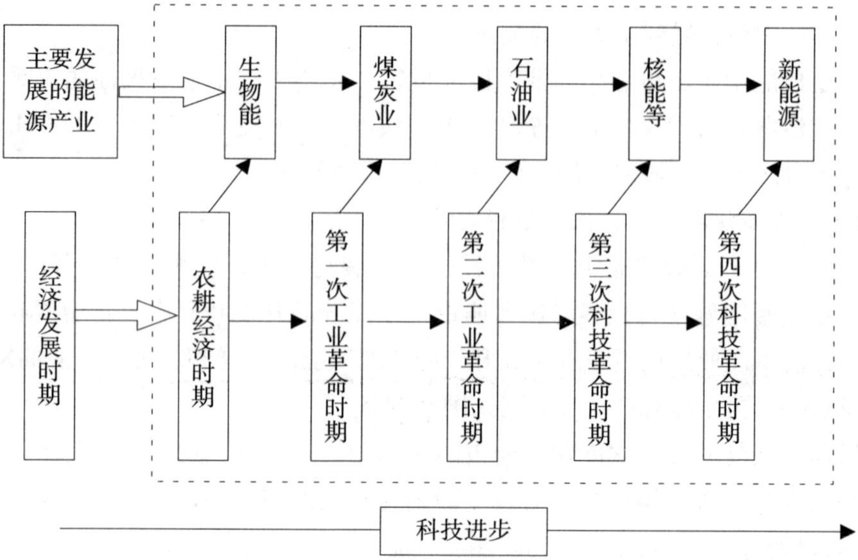

图 7-1　能源产业发展历程

二、能源产业发展模式

纵观能源产业发展的基本模式，和经济增长与发展模式极其相似，基本经历了能源粗放式发展到集约式发展，再到目前各国追求的能源产业循环发展模式。

（一）能源产业粗放式发展

能源产业粗放式发展是指能源产业开发、加工、储运和利用等能源系统循环过程中采用粗放式管理，在产业投入、成本控制、人员管理、质量监管等产业运行环节中没有一套合理有效的运行体制，缺乏系统性的管理和规划，管理中只是为了完成某一既定目标，而没有一个科学有效的过程。能源产业粗放式发展通常以高投入、高消耗、高污染、低产出、低效益为特征。由高投入、高消耗来拉动的，能源产业粗放式发展往往会突破资源和环境的承载能力而无法持久，造成严重的后果。在很多国家和地区，尤其是欠发达地区，在区域能源产业发展初期，由于能源储备充足，且缺乏规划和预见，往往不计后果地开发和利用，这种发展方式往往过度重视产业发展、生产的数量和速度，而忽视产业发展的质量和结构，造成严重的环境污染和生态破坏。目前，我国很多偏远地区依然实行能源产业粗放式发展，有待加强规划和管理。能源产业粗放式发展是城市或地区陷入资源型陷阱，形成资源型经济的根本原因。

（二）能源产业集约式发展

能源产业集约式发展是和粗放式发展相对而言的，指能源产业开发、加工、储运和利用等能源系统循环过程中采用集约式、系统化精细管理，在产业投入、成本控制、人员管理、质量监管等产业运营环节中拥有一套合理有效的运行体制，产业发展有一套系统性的规划，产业发展过程中的决策和管理必须考虑可持续发展的需要，控制运营成本，优化运营流程是产业管理的基本手段。能源产业集约式发展通常以高技术为依托，以低投入、低消耗、低污染、高产出、高效益为基本特征。能源产业的这种发展方式以技术进步为基础和源泉，以制度（政治和法律制度、经济体制、经济结构等）和思想意识的不断调整为必要条件。能源产业的集约式发展是产业健康发展的基本保证，也为能源产业循环式发展创造了条件。

（三）能源产业循环式发展

能源产业循环式发展是指把循环经济理念注入能源产业的发展模式。是指在上述有规划、重技术和质量的集约式发展基础之上，把产业一体化和区域联动等循环发展模式纳入能源产业发展的多产业、多区域的联动发展模式，把能源产业发展纳入其他产业和地区经济发展之中。尤其是在产业发展方面，系统规划和管理能源开采、储运、加工、衍生、利用、废弃物循环利用、污染物处理、环境生态保护、资源型经济转型等一系列能源产业及其衍生产业发展问题，而且对于产业链中的某些加工和利用环节，可能还要考虑到区域之间的协调。

最后，需要进一步说明的是，能源产业集约式发展模式只是能源产业内部的集约式管理和调整，而能源产业循环式发展则要求能源产业纳入整个产业和经济体系之中，既要考虑产业自身的循环发展，也要考虑与其他产业和地区的协同发展问题，是一个系统化的概念。循环式发展是能源产业发展的必然选择。

三、经济全球化与能源产业

经济全球化是指世界经济活动超越国界，通过对外贸易、资本流动、技术转移、提供服务、相互依存、相互联系而形成的全球范围的有机经济整体。经济全球化是当代世界经济的重要特征之一，也是世界经济发展的重要趋势。经济全球化，有利于资源和生产要素在全球的合理配置，有利于资本和产品的全球性流动，有利于科技在全球的扩张，有利于促进不发达地区经济的发展，是人类发展进步的表现，是世界经济发展的必然结果。

（一）经济全球化促进了能源产业的国际化

能源资源作为重要的战略物资和生产要素，经济全球化有利于能源资源在全球范围内的优化配置，促进能源产业发展的国际化，同时加剧全球范围内的能源之争。能源是发展经济的命脉。保障能源安全是当今各经济体发展经济的重要战略课题。第二次世界大战以来，随着人类社会的发展、文明程度的提高，人们对能源的理念发生了极大的变化。进入 20 世纪 90 年代，经济全球化、信息化成为主旋律，各国之间经济互补，相互合作越来越多，经济相互依赖、密不可分。经济全球化的发展，为能源短缺国家利用世界能源资源提供了便利，能源贸易得以迅速发展，能源国际投资已经成为经济大国争夺能源的主要手段。能源国际贸易与投资的发展大大促进了能源产业的国际化。从主要国家和地区关键年份电力进出口总额可见一斑。如表 7–1 所示：

表 7–1 主要国家和地区历年电力进出口总额 （单位：亿美元）

	1995 年	2000 年	2005 年	2010 年	2012 年
美国	9.02	31.08	35.19	27.20	21.46
中国	4.19	6.85	9.76	14.48	15.84
欧盟 27 国	–	19.37	51.51	65.52	75.10
俄罗斯联邦	–	1.48	6.86	10.44	10.97

资料来源：根据联合国网站数据库整理。

（二）大国崛起与能源革命

历史上大国的崛起必然伴随着能源革命。在世界经济发展史上，大国经济的崛起无不伴随着能源产业及相关科技的重大变革。如英国工业革命的成功，便是因为发明了蒸汽机、开拓了煤炭产业，使人类摆脱了自然动力的约束，进入了现代社会。美国经济的崛起，是因为发明了电力，开拓出电力、汽车、石油、飞机等现代产业，使人类在生产和生活中感受到了全新的现代意识。20 世纪 70 年代日本经济崛起的过程中，遇到了两次石油危机，日本通过研发节能与节约资源的新技术，提高了自身的产业竞争力，一举确立了其在世界市场上的优势地位。显然，这三个国家在经济崛起过程中都有一个共性，就是它们都曾在当时掀起和主导了不同方式的能源产业和能源技术革命。在三次能源产业革命过程中，这三个国家也是在不同历史时期最先摸索和总结出一套能源产业发展战略的新思想的国家，并且也是最先以这种新思想、新理念指导新实践的国家，以及最终引发一场世界性能源产业与技术革命的国家。

历史证明了能源产业对一个国家和地区发展的重要作用，经济全球化为各国争夺能源创造了条件，同时也对各国的能源安全造成不利影响，可谓机遇与挑战并存。

（三）经济全球化和能源安全

世界能源安全包括能源生产安全、供应安全和使用安全，世界能源安全既要求以合理的价格保障世界能源的供给，维持世界经济的稳定发展，又要对能源的使用所产生的环境损害给予高度重视，保护好人类生存的自然环境，还要保护国际社会及其成员免遭由于当前和未来世界能源发展趋势变化而可能带来动荡的风险及威胁。当前，随着世界经济联系的不断加深，世界能源安全呈现出一些新的特点和问题，主要体现在以下几个方面：

一是金融危机延误了新能源开发的进程。2005 年以来，全球掀起了替代能源的发展高潮。但是，当前新能源开发仍未取得新的进展和突破，特别是2008年金融危机的爆发大大延缓了新能源开发的进程。此外，新能源开发的技术还没有实现新的突破，新能源很难在短期内大规模替代传统能源。

二是消费的持续上升加大了能源供给的压力。随着世界经济规模的不断扩大，世界能源消费量也呈持续增长的趋势，消费量的加大正逐渐考验着世界能源供给的稳定性和可持续性。据统计，1973 年，世界一次能源消费量仅为 57.3 亿吨油当量，而 2007 年已达到 111 亿吨油当量，年均增长率为 1.8%左右。供需矛盾将会对能源安全体系施加更大的压力。

三是能源争夺不利于国际能源市场的稳定。能源的分布很大程度上受自然条件和环境的限制，在地域上表现出明显的不平衡。中东—北非、中亚—俄罗斯两大板块合计储量占世界储量的 73.4%，而亚太和北美地区的储量明显偏少。这种地域上的分布不均导致了对能源的争夺，中东地区石油资源的战略竞争从未停止过。

四是国际能源价格的非正常波动影响大量实体产业的发展。国际能源市场价格体系较为脆弱，给许多投机行为以可乘之机，能源价格的大起大落对中下游产业带来了不利影响。目前，海湾地区由于金融地位的缺失而无法左右国际油价，决定当前国际油价的仍然是美国金融界。美国拥有强大的经济实力和发达的资本市场，确立了“石油美元”的国际地位和优势，美国金融市场的波动将直接影响到石油价格的波动。此外，投机交易也会对正常价格产生极大的破坏，不利于与能源相关的整体产业的正常运行。

可见，随着世界经济全球化趋势的增强，能源安全问题已是一个世界性的焦点问题。只有构建完善的世界能源安全体系，各国才能在稳定的环境中共同解决能源引发的各种问题。

（四）全球化背景下中国的能源产业国际化

随着经济全球化的发展，中国一直积极活跃在能源国际市场的舞台上，积极地进行能源国际贸易与投资。尤其是金融危机以来，中国更是积极走出去，主动参与全球能源投资布局。国际金融危机导致世界经济增长放缓，部分国家为了吸引投资，拉动经济复苏，扩大了允许投资的领域，一些能源基础性产业也逐步开放，这是我国扩大海外能源开发利用的重要战略机遇期。我国要抓住这一有利时机，不断加强面向全球的能源资源勘探开发，扩大海外能源投资机会。重点推进与巴西、委内瑞拉、墨西哥、加拿大等美洲国家的油气共同开发，加快推进中哈、中土、中俄、中缅等跨境油气运输管道建设，加强远洋石油、液化天然气运输能力建设，建设完善的能源贸易基础设施，增强对国际能源市场的影响力和话语权。

多元化进口能源，保障国际能源输送通道安全。扩大与全球的能源组织 IEA 和 OECD 的能源贸易与投资合作，增进能源技术、管理、人才交流，促进世界各国资源优势互补，实现确保供给安全、降低价格波动和能源来源多样化的战略目标。加强已经建立的双边和多边能源合作机制作用，积极推动与周边地区及对中国影响重大地区的新型多边合作机制，促进能源输出国与中国开展对话，主动发掘合作共赢方式。在实施能源进口多元化战略中，以资源开发和市场贸易为合作重点，进一步稳定中东地区，巩固非洲地区，积极开拓美洲地区，实现互利合作。同时，积极与有关国家开展海上安全合作，进一步加强对海上运输通道的保护和控制能力；努力开拓陆路进口渠道，开展与周边油气富集国家的运输管道建设，降低对海上运输的依赖。

自 20 世纪 90 年代以来，中国能源国际投资和贸易得到了较快的发展。以贸易为例，中国能源进出口总额从 1990 年的 7185 万吨标准煤增加到了 2010 年的 64582 万吨标准煤，20 年增加了 9 倍的进出口量，同时进口量占能源总消费的比重也从 1990 年的 1.33%增加至 2010 年的 17.15%，能源对外依存度在逐渐加大。如表 7–2 所示。从中国能源国际贸易数量的变化，基本可以判断经济全球化背景下能源产业国际化的变动历史与趋势。

表 7-2 中国 1990~2010 年能源贸易基本情况

	1990 年	1995 年	2000 年	2005 年	2010 年
进口量（万吨标准煤）	1310	5456	14334	26952	55736
出口量（万吨标准煤）	5875	6776	9633	11448	8846
进出口总量（万吨标准煤）	7185	12232	23967	38400	64582
消费总量（万吨标准煤）	98703	131176	145531	235997	324939
进口量占消费总量的比重（%）	1.33	4.16	9.85	11.42	17.15

资料来源：中国统计年鉴（2013）.

第二节 能源产业关联

一、能源产业与其他产业的关系

按照我国国家统计局对能源的定义，把能源分为一次能源和二次能源。一次能源包括原煤、原油、天然气、水电及其他动力能（如风能、地热能等），不包括低热值燃料、生物质能、太阳能等，而二次能源一般由一次能源加工转换而成。因此，可以把 2002 年全国投入产出表（122 部门）中的煤炭开采和洗选业、石油和天然气开采业归成一次能源部门，而石油及核燃料加工业，炼焦业，电力、热力的生产和供应业，燃气生产和供应业则归成二次能源部门。能源部门的划分及归类有助于进行能源部门的产业关联分析。

产业关联是指在经济活动中，各产业之间存在的广泛的、复杂的和密切的技术经济联系。产业波及是指国民经济产业体系中，当某一产业部门发生变化，这一变化会沿着不同的产业关联方式，引起与其直接相关的产业部门的变化，并且这些相关产业部门的变化又会导致与其直接相关的其他产业部门的变化，依次传递。这种波及对国民经济产业体系的影响，就是产业波及效果。能源产业作为一种基础的支柱型产业，对国民经济和社会发展起着至关重要的作用。更重要的是，作为最基础的上游资源性产品，能源产业为其他产业提供了发展所必需的动力燃料和初级工业品，与国民经济各部门有着密切的关联。随着我国经济社会的进一步发展，环保高效型的能源供给形式渐次成为主流，其产业关联和经济效应也会随之改变，而对这一动态变动过程加以研究，有利于人们深刻把握能源产业的结构调整状态及其趋势，从而为企业管理决策及政府政策设定提供帮助。

二、产业关联的内容及分析方法

（一）产业关联的方式

产业关联方式是指产业部门间发生联系的依托或基础，以及产业间相互依存的不同类型。

按产业间供给与需求联系可分前向关联和后向关联。前向联系是指某些产业因生产工序的前后，前一产业部门的产品为后一产业部门的生产要素，这样一直延续到最后一个产业的产品，即最终产品为止；后向联系是指后续产业部门为先行产业部门提供产品，作为先行产业部门的生产消耗。

按产业间技术工艺的方向和特点分为单向关联和多项循环关联。单向联系是指 A、B、C、D 等一系列产业部门间，先行产业部门为后续产业部门提供产品，以供其生产时直接消耗，但后续产业部门的产品不再返回先行产业部门的生产过程；多向联系是指 A、B、C、D 等产业部门间，先行产业部门为后续产业部门提供产品，作为后续产业部门的生产性直接消耗，同时后续部门的产品也返回相关的先行产业部门的生产过程。

按产业间的依赖程度可分为直接联系和间接联系。所谓直接联系是指两个产业部门之间存在着直接的提供产品、提供技术的联系；所谓间接联系，是指两个产业部门本身不发生直接的生产技术联系，而是通过其他一些产业部门的中介才有联系。

（二）产业关联的纽带

产业关联的纽带是指不同产业之间是以什么为依托连接起来的，这种产业间连接的不同依托就构成了产业间联系的实质性内容。首先是产品、劳务联系，这是产业间最基本的联系，如石油业为化工行业提供原材料，以产品为纽带形成产业前后关联；其次是生产技术联系，技术进步是推动产业联系方式，即产业结构变动的最活跃、最积极的因素。关联产业之间技术一般也相互关联，而一项技术进步可能会带动关联产业的发展，如运输技术的提升，将促进煤炭和石油等产品运输效率的提高，进而促进产业发展；再次是价格联系，其实质上是产业间产品和劳务联系的价值量的货币表现。比如多向循环关联的产业，其中一个行业成本的降低，将带动循环链上整体产业的成本降低，影响到价值量的变化。如煤炭业、钢铁行业和煤炭重型机械行业中，在其他因素不变的条件下，炼钢技术提升等因素降低了钢铁成本，进而重型机械成本降低，如果利润率不变，煤炭行业购买机械的价格降低，也间接降低了煤炭业的成本；第四是劳动就业联系，一般而言，劳动力将根据市场规律在各行业间流动，但相互关联行业由于某些特征的相似性和人际交往机会较多往往会造成关联行业之间劳务的联系；最后是投资联系。产业关联往往表现为一个行业的产品是另一个行业的原材料，这种关联就决定了产业间投资的联系。

（三）产业关联分析方法

1. 产业关联分析法概述

产业关联分析又称投入产出分析，投入产出分析就是运用投入产出表从数量上分析产业之间的相互依存关系，即投入产出分析是研究经济系统各个部门（作为生产单位或消费单位的产业部门、行业等）间表现为投入与产出的相互依存关系的经济数量分析方法。投入产出中的所谓投入是指产品生产所需原材料、辅助材料、燃料、动力、固定资产折旧和劳动力的投入。它是任何产业从事某种经济活动都必须耗用的物质资料和必须使用的劳动力。所谓产出是指产品生产的总量及其分配使用的方向和数量。如用于生产消费（中间产品）、生活消费、积累和净出口等（后三者总称为最终产品）。它是任何产业从事某种经济活动所得到的成果，即产品和劳务。从国民经济各产业间的联系来看，一个产业的产出就是另一个或一些产业的投入，一个产业的投入就是另一个或一些产业的产出。在市场经济条件下，经济系统各个部门间投入和产出的相互依存关系表现为商品交换关系，即作为商品的相互购买者、作为资源的占用和使用者、作为销售者售给最终消费者等的相互关系。

投入产出分析的这种数量分析方法，最初是由研究一国的国民经济各个产业部门间的联系发展起来的，因而被人们称之为部门联系平衡法、产业关联等。但是，实际上它的应用范围目前已经很广泛。既可以用于分析和计量一个地区、一个部门的经济活动，甚至一个企业的生产经营活动，也可用于研究国际经济关系。因此完全可以用于能源产业关联分析，既可以用于能源产业内部关联分析，也可以用于能源产业外部关联分析。

2. 投入产出模型及其扩展

投入产出分析作为一种定量分析方法，其理论基础是瓦尔拉斯的一般均衡理论，除具有数学模型的形式之外，还具有表格（投入产出表）的形式，而且是它的基本分析形式，通过投入产出分析，可提供经济分析和政策分析的数据，或者利用其提供的资料，作为预测和计划的依据。

里昂惕夫研究和提出的投入产出分析所受的直接启发主要是19世纪下半叶数理经济学派里昂·瓦尔拉斯（瑞斯洛桑大学教授）提出的全部均衡理论及其数学模型。这一理论中关于经济活动间相互依存的观点，构成了投入产出分析的基础。里昂惕夫将瓦尔拉斯烦琐的数学方程体系加以简化，从而建立了投入产出模型。目前，经过半个多世纪的发展，投入产出分析不仅在原理和方法论的深度方面有很大发展，而且在应用范围的广度方面也有所扩大。如反映地区内和地区间的投入产出关系的地区投入产出模型的研究，及由此而进一步扩展的国际贸易和世界模型；把环境污染及其相应的处理污染的劳务纳入投入产出表的核算环境污染的投入产出模型等，投入产出模型的应用领域越来越广泛。

此外，除了实物型和价值型投入产出表之外，由此衍生出来的直接消耗系数、完全消耗系数，以及进一步需要计算的影响力系数、影响诱导系数、推动力系数、推动诱导系数等一系列由投入产出表计算出来的比例和系数都是衡量产业空间和时间关联的模型与指标。

三、我国的能源产业关联的实证分析

能源工业的产业联系可分为产业外部联系与产业内部联系。产业外部联系是指能源工业与国民经济其他产业的联系， 这种联系的分析主要是投入产出分析， 已有成熟的分析方法。产业内部联系是指能源工业内部各行业之间的联系，能源工业的特殊性决定了能源工业产业内部联系比较复杂。本部分将以我国为例对能源产业的内外关联进行详细分析。

（一）能源产业与其他产业的关联分析

中国投入产出学会课题组曾经利用我国2002年投入产出表和改进的结构系数分析了我国主要的能源部门（包括一次能源和二次能源）与国民经济各部门之间的产业关联度。从各个能源部门与国民经济的不同关联效应出发，对我国能源产业多元化的发展策略进行了分析。

1. 方法——改进的结构系数①

在投入产出分析中，一般通过计算影响力和感应度系数来反映某部门对整

① 中国投入产出学会课题组. 我国能源部门产业关联分析 [J]. 统计研究，2007（5）：3~6.

个经济的拉动和推动作用。我国学者经过多方比较研究，给出了四个系数，完全可以用于衡量能源部门与其他产业部门的关联。四个系数的具体公式如下：

（1）影响力系数：

$$\delta_j=\frac{\sum_i b_{ij}}{\sum_j (b_{ij})\alpha_j} \quad (j=0,\ 1,\ 2,\ 3,\ \cdots,\ n) \tag{7-1}$$

其中，b_{ij} 可采用完全消耗系数，也可采用构成列昂惕夫逆矩阵的完全需求系数，只是后者不仅包括对中间产品的需求，还包括对最终产品自身的需求，因而反映了某部门的最终产品对经济活动总产出的影响作用；α_j 作为权重，表示第 j 部门最终产品占国民经济最终产品总量的比例，称“最终产出构成系数”。公式中分子的经济含义是第 j 部门生产一个最终产品对国民经济各部门的完全需求量（对国民经济整体的影响力），分母的经济含义是国民经济整体生产的一个综合最终产品对国民经济整体的完全需求量。改进的影响力系数不再是某部门的影响力与国民经济各部门平均影响力的比例，而是受到年度最终产品的实际构成的影响。

（2）感应度系数：

$$\theta_i=\frac{\sum_j b_{ij}\cdot\alpha_j}{\frac{1}{n}\sum_i\sum_j b_{ij}\cdot\alpha_j}, \quad (i,\ j=1,\ 2,\ \cdots,\ n) \tag{7-2}$$

其中 α_j 作为权数。公式中分子的经济含义是国民经济生产一个综合最终产品对国民经济 i 部门的拉动作用；分母的经济含义是国民经济生产一个综合最终产品对国民经济的平均拉动作用。这样计算的感应度系数表示 i 部门产品影响诱导度与国民经济部门平均影响诱导度相比的程度。

（3）推动力系数：建立在分配系数之上的推动力系数才是真正意义上的感应度系数。推动力系数的计算公式改进为：

$$\tilde{\theta}_i=\frac{\sum_j d_{ij}}{\sum_i\left(\sum_j d_{ij}\right)\cdot\eta_i}, \quad (i=1,\ 2,\ \cdots,\ n) \tag{7-3}$$

其中 d_{ij} 为分配系数，η_i 作为权重，表示第 i 部门产品的初始投入量占国民经济初始投入总量的比例，称为“初始投入构成系数”。分子的经济含义是增加 i 部门一个初始投入对国民经济的推动力；分母的经济含义是增加一个综合初始投入对国民经济的平均推动力。推动力系数$\tilde{\theta}_i$就表示 i 部门推动力相对于整个国民经济各部门平均推动力的大小。

（4）推动诱导系数：

$$\hat{\delta}_j=\frac{\sum_i d_{ij}\cdot\eta_i}{\frac{1}{n}\sum_j\sum_i d_{ij}\cdot\eta_i},\quad (j=1,\ 2,\ 3,\ \cdots,\ n) \tag{7-4}$$

其中仍以 η_i 为权数。公式中分子的经济含义是国民经济增加一个综合初始投入对第 j 部门的完全供给量，也就是对第 j 部门的推动力；公式中分母的经济含义是国民经济增加一个综合初始投入对国民经济的平均完全供给量，也就是对国民经济的平均推动力。这样计算的推动诱导系数表示国民经济 j 部门受到一个综合初始投入推动力与平均推动力相比的程度。如果对所有部门的$\hat{\delta}_j$求和，称为“综合推动诱导”，表示为一个综合初始投入对国民经济的推动力。

2. 我国能源部门的产业关联分析

按照以上改进的系数分析方法进行计算，我们可以看到不同能源产业关联作用的不同。表 7–3 给出了不同能源产业的影响力系数、影响诱导系数，推动力系数、推动诱发系数：

表 7–3　不同能源产业的结构系数

	影响力系数	影响诱导系数	推动力系数	推动诱导系数
煤炭开采和洗选业	0.7957	1.5014	1.4796	1.5612
石油和天然气开采业	0.6607	1.8515	2.4153	1.2702
石油及燃料加工业	1.0056	2.3979	1.6373	2.1297
炼焦业	0.9397	0.2587	1.7132	0.2386
电力、热力的生产和供应业	0.8323	3.2951	1.4971	3.0796
燃气生产和供应业	1.0875	0.1364	0.9384	0.1416

资料来源：基于中国 2002 年投入产出表数据的计算。

通过比较影响力系数，可以分析不同的能源产业作为最终产品对国民经济各部门发展的影响或带动作用。从表 7–3 中可以看出，一次能源产业中的煤炭开采和洗选业、石油和天然气开采业的影响力系数相对偏低，对国民经济总产出的带动不大。由它们转换而来的二次能源产业作为最终产品对国民经济的总产出带动相对较大，其中燃气生产和供应业、石油及核燃料加工业的影响力系数均大于 1，随着经济的不断发展，它们在国民经济中的地位越来越重要，在人民生活、生产活动中扮演着重要角色，而二次能源产业中的电力、热力的生产和供应业的影响力系数相对较小。然而，总体而言能源产业的影响力系数偏低，这与其基础产业的地位是相适应的。

通过比较影响诱导系数，可以分析国民经济一个综合最终产品对能源产业的拉动程度。尽管从影响力系数看，能源产业自身生产过程对整个经济的影响并不大，但从影响诱导系数看，能源产业的产品对整个经济的影响就显著得多。从表中可以看出，在能源产业中，二次能源产业中的电力及热力的生产和供应业的影响诱导系数最大，高于社会平均水平（2.6365）。表明国民经济增加一个综合最终产品对电力及热力的生产和供应业的拉动作用较大，即电力及热力的生产和供应业易成为国民经济发展的“瓶颈”部门。

通过比较推动力系数，可以分析不同种类的能源产业作为初始投入要素对国民经济的推动能力。从表 7–3 中可以看出，不同能源产业的推动力系数均很大，即使是最小的燃气生产和供应业的推动力系数也接近于 1。推动力系数的数值越大，表示该产业对国民经济其他产业的推动能力越强。表明能源部门是国民经济的重要基础产业。在所有能源部门中，石油和天然气开采业的推动力系数最大，且在整个国民经济各产业的推动力系数排序中，处于第 3 的位置，整个经济中推动力系数最大的是电子元器件制造业，它的推动力系数为 2.5061。

通过比较推动诱发系数，可以分析能源产业受到国民经济一个综合初始投入推动的程度。从表 7–3 中可以看出，二次能源产业中的电力、热力的生产和供应业，以及石油及核燃料加工业的推动诱导系数最大，高于社会平均水平，表明国民经济增加一个综合初始投入时，对电力、热力的生产、供应业和石油及核燃料加工业的推动作用较大。

根据计算结果可以看出，总体而言，我国能源产业中的二次能源产业，主要是石油及核燃料加工业、电力热力的生产和供应业表现出相对于其他产业较强的产业关联效应。从能源产业的最终产品对国民经济活动总产出的影响来看，燃气生产和供应业、石油及核燃料加工业作为最终产品对国民经济总产出的带动较大。从国民经济一个综合最终产品对能源产品拉动作用来看，电力及热力的生产和供应业受到的拉动最大。从能源产业的初始投入对国民经济的推动能力来看，石油和天然气开采业对推动国民经济的发展贡献最大。从能源产业受到国民经济一个综合初始投入的推动来看，电力、热力的生产和供应业受到综合初始投入推动相对较大。从目前的形势看，我国经济对能源中石油和电力已经表现出较强的依赖，然而综合考虑我国的资源禀赋和能源安全，我们主张采用一种多元的能源发展战略，也就是在未来的发展中，仍将把煤炭作为重要的能源，通过提高技术水平，降低污染和提高煤炭使用效率；积极拓宽石油进口渠道，建立石油储备；与此同时重点发展对其他能源的开发与使用，包括核能、水电、太阳能和风能等，最终形成一种多元的能源生产和使用的经济体系。

（二）能源产业内部关联

能源工业产业内部联系主要有三种方式：一是能源产品的替代性，即由能源产品在用途上的互换性而导致不同能源行业之间的竞争关系；二是由能源产品的加工转换而形成的上下游之间的产业联系，也可以说是能源产品的互补性；三是世界能源工业的一体化联系，主要是指同一能源行业之间的竞争与合作的关系。①

1. 能源产品的替代性

从消费的角度来看，能源产品可分为煤、电、油、气四大类。而这四种能源产品实际上都是能量存在的具体形式，在用途上可以进行替代和转换。例如，煤、电、油、气均可以作为燃料和动力，相互之间具有较强的替代关系，如煤基醇醚燃料可以替代柴油成为汽车的动力燃料；另外，即使用作工业原料，原油、煤炭、天然气也具有替代性，例如，煤、油、气都可以用作碳氢化合物为主要成分的产品，诸如乙烯、化肥、化纤、橡胶、塑料等的原料。但由于能源品种不同，使得消费部门在使用这些能源时所要求的生产设备和技术路线完全不同，或者由某种能源消费转到另外一种能源消费都会发生沉淀成本。因此，提供不同能源产品的生产部门可在市场上形成相对垄断。

在垄断竞争市场中，由于产品的替代性，一种产品价格的上涨，会使其他替代产品的价格也出现同一方向的反应，即 dPi/dPj 和 dPj/dPi 都是正的，由

① 史丹. 产业关联与能源工业市场化改革[J]. 中国工业经济，2005（11）：14~21.

于不同能源品种存在着替代关系，价格变动对生产和消费的调节作用下降。在产品差别市场中，尽管不能像同质产品市场那样假设削减价格会占有整个市场，但价格仍是生产厂商的重要决策因素。在经济学中，研究垄断竞争市场的均衡有两种假设，一种是零推测，假设某厂商价格调整时，其他厂商不采取相应的价格行动；另一种是非零推测，假设每个厂商都预料他的对手对于他的价格变动做出正向反应。这需要依据经济学原理和能源市场的情况做出综合分析与判断。

2. 能源产品的互补性

能源行业之间的纵向关系是由能源加工转换而产生的上下游的产业联系。例如，原油生产企业与炼油企业之间，煤炭生产企业与发电企业之间，原煤企业与炼焦企业之间等。纵向的产业联系使得上游企业的能源产品是下游企业的主要原料，能源产品之间不再是替代关系，而是互补关系。

能源行业的纵向关联可以用能源的转换率表示。能源转换率等于各个能源工业的中间需求与该能源总需求之比。能源转换率越高，能源行业之间的纵向联系越密切。2003 年我国煤炭和原油的加工转换率分别在 75%和 88%以上，其中，煤炭的加工转换率比 2001 年提高了 6 个百分点。这表明在能源行业中煤炭逐步演变成上游行业，与其他能源产业的联系在加深。由于通常把煤炭采掘、炼焦、制气归为煤炭行业，把石油工业以及石油加工转换作为石油行业，把发电、供热合并为电力行业。因此，在煤、电、油、气四个能源行业中，只有电力行业与其他能源行业构成上下游的关系，其中，发电与供热所消费的煤炭占全部煤炭产量的 52.31%左右，所消耗的原油占 0.39%，所消耗的天然气占 8.04%，纵向联系最为紧密的是煤、电两个产业部门。

上下游产业之间的联系也可以看作供给与需求的关系。当各能源产业是替代关系时，某种能源产品价格的变动虽然会影响不同能源产业的市场份额，但对其他能源行业也是有利的。而在纵向的产业联系中，上游产业生产出来的能源产品是下游产业的投入品，因此，其价格的变动则会影响上游产业的收益与下游产业的成本，价格变动的结果必然使一个产业受益，另外一个产业受损。因此，纵向的产业联系，使得能源工业内部在能源价格上出现利益分歧。然而，除了价格分歧外，价格机制与市场结构的差异也是影响上下游产业绩效与协调发展的重要因素。

3. 能源工业的国际化

能源工业的国际化主要表现为产品市场的融合和能源产业的国际投资。其发展将对我国能源产业产生一定的冲击，促进我国能源工业的市场化改革。

产品市场的融合是指进口产品在国内市场得到同等的待遇，进口产品的关税和非关税壁垒逐步消失，国外生产者在国内能源市场中占有一定市场份额。产品市场的融合，一方面表明贸易的自由化，另一方面也表明国内外产业之间展开了面对面的竞争。进口产品在国内消费总量中所占的比重越高，国内能源工业的竞争压力也就越大。同时，过多地使用进口产品会带来一定的负外部性，即国家能源安全的风险。如随着中国经济自 20 世纪 80 年代以来的快速发展，对国外石油的需求也随之增长，中国自 1993 年起成为石油净进口国，截至 2009 年，中国已成为继美国和日本之后的第三大石油进口国。在未来几年内，中国的石油消费预计还将不断增长，而预测国内石油生产量自 2020 年起将开始下降。2000 年我国石油进口依存度（一国石油进口依存度 = 该国石油年净进口量 / 该国石油年消费量）突破 30%；2004 年突破 40%，而 2008 年突破 50%，由于资源储备等条件所限，该依存度还将进一步攀升。目前来看，无论是出于增加能源工业国际竞争力的考虑，还是出于国家能源安全的考虑，改革石油工业管理体制势在必行。产品市场的融合，加速了能源工业（主要是石油天然气行业）生产集中和建立现代企业制度的步伐，但对推动能源工业非公有制经济发展的作用有限。我国能源工业的所有制改革在一定意义上不能依靠市场的推动，而是要通过建立新的规则与制度，由政府主导进行。

能源工业作为国民经济的战略性基础产业，我国在加入 WTO 的协议中，对外商进入能源工业有较多的限制性条款，如，石油天然气的勘探、开发只允许采取合作的方式，限制外商从事炼油厂建设、经营。原油和成品油的批发零售在 2006 年前逐步对外商放开。外商从事建设、经营的火电站要在 30 万千瓦及以上，核电站建设经营由中方控股，禁止外资进入电网的建设和经营。特种、稀有煤种的勘探开发要由中方控股，等等。外资在能源工业中的投资规模远远低于其他工业行业。鼓励外商投资的前提是打破国有经济的垄断，发展非公有制经济，建立市场竞争机制。否则，在国有经济垄断市场的情况下引入外资，可能只能解决生产建设资金紧缺的问题，而对促进能源工业建立市场竞争机制，提高国际竞争力的作用也是有限的。

总之，能源产业内部各子行业之间存在着纵横向的多项关联，而空间上国内外也存在着诸多替代和互补问题。把握能源产业内部的诸多关联，对于做好能源产业管理，促进能源产业健康发展具有十分重要的意义。

第三节　能源产业组织

产业组织主要是指产业内企业间的市场关系和组织形态。这一概念包括两层含义：第一，产业内企业间的市场关系，是指同类企业间的垄断、竞争关系。它表现为产业内企业间垄断与竞争不同程度结合的四类市场结构，即完全竞争型、完全垄断型、垄断竞争型和寡占垄断型等市场结构。它反映了产业内不同企业的市场支配力差异、市场地位差异和市场效果差异；第二，产业内企业间的组织形态是指同类企业相互联结的组织形态，如企业集团、分包制、企业系列等。这些不同的产业组织形态既根源于企业间技术关联的专业化协作程度，又取决于产业内企业间垄断与竞争的不同结合形态。根据上述含义和能源产业研究的需要，本节我们主要介绍能源产业的组织类型及其行为特征。

一、产业组织理论基础

20 世纪 30 年代，以梅森和贝恩为代表的哈佛学派通过多年对美国不同行业的市场结构和企业行为进行分析、研究，建立了产业组织理论的传统分析框架，即市场结构制约市场行为，进而决定市场绩效，一般简称为哈佛学派的 SCP 范式。的确如此，在不同的市场结构中，企业的行为和决策是不同的：竞争性市场中，单个企业面对水平需求曲线，可以做产量决策，但只是价格的接受者；垄断性市场中，单个企业面对右下方倾斜的需求曲线，不仅可以做产量决策，还可以做价格决策。因此判断一种产品市场价格的高低，并不能仅仅从其生产成本以及市场供求的角度分析，还必须充分考虑到市场结构对产品价格的影响。

霍泰林在其 1931 年的经典论文——《可耗竭资源的经济学》中，详细剖析了完全竞争、完全垄断和寡头垄断三种市场结构中能源产品的最优价格路径。研究表明：在完全竞争市场上，能源产品的最优价格路径，是市场平均利率水平随时间增长；垄断市场上，能源产品的最优价格路径，是确保边际收益以市场平均利率水平稳定增长；寡头市场上，能源产品的最优价格路径则相对比较复杂，要视厂商之间是开展产量竞争、还是价格竞争的行为而定。需要强调的是，学界对于寡头市场已经有很多十分出色的研究，这些研究可能忽略了一些问题：即市场上可能存在不止一种价格，而且即使存在唯一价格，双寡头竞争模型得出的结果往往易于夸大产量，而且会严重低估价格。造成这些偏差的主要原因，一是在于上述理论分析没有充分体现双寡头能源市场中，能源产品可耗竭、不可再生的本质特征；二是在于我们总假定其中一个厂商在修正自己的行为策略时，总是依据他所认为的对手将要采取的策略，总假定两个厂商都不能够在对手不改变价格的时候，单方面通过改变价格提高自身的利润率。但实际上，厂商 1 可能会考虑自己未来行动策略对厂商 2 价格或产量策略的影响。如果其中厂商 1 适度提高自己产品的价格，进而牺牲了一点市场份额，但是厂商 2 可能会发现它也提高一定的价格可以获得更高的利润。这样一来，如果刚开始价格增幅不是太高的话，那么双方都可以获得比所谓的“均衡点”更高的利润，而且，恶性降价的倾向并非如很多理论文献所阐述的那么严重。尤其是针对能源产品而言，相比较于标准的理论模型，双寡头市场中更为一般的均衡情况可能是，价格更高，而产量更低。

二、能源产业组织类型

（一）能源产业垄断性组织

基于能源产业的战略性和重要性等特征，几乎所有国家的能源产业都具有一定的垄断性。诺贝尔经济学奖获得者格里高利·曼昆认为，垄断有 3 种类型：市场垄断、自然垄断和行政垄断。市场垄断是市场竞争自发形成的，少数公司利用其资本、技术或管理优势所取得一种市场势力，并且实现获得超常经济利润的可能。自然垄断主要指在一些生产具有弱可加工性的领域，使得一个市场由一家企业生产所有的产品具有最大市场效率的现象，其呈现出的是一种完全垄断特征。行政垄断是由于行政权力保护所形成的卖者独占或买者独占，它是通过国家法律、政府行政法规或规定的形式取得的一种排他权，是政府凭借公共权力来排除或限制竞争的一种行为。在我国，电力、石油、天然气等能源行业的国有经济垄断不是产生于市场竞争，而是行政权力划分市场的结果。能源行业以属于自然垄断行业或特殊行业为借口，在保障能源安全的政策下，继续维护行业已有的特殊利益，已成为依靠国家特殊政策获取超额垄断利润的行业。目前，一旦提到垄断性行业，大家首当其冲想到的就是能源产业。

一般垄断性组织的定义是指在资本主义社会的一个或几个经济部门中居于重要地位的大企业之间的联合。它们凭借这种联合所建立的统治地位，控制相应部门的商品生产，瓜分销售市场、原料产地和投资场所，规定垄断价格，攫取高额利润。垄断组织是在资本主义生产集中的基础上产生的。由于在资本主义发展过程中生产社会化和生产集中的发展程度的不同，资本主义大型企业之间互相勾结或联合的程度和具体目的也不一样，因而垄断组织便有各种不同的形式。卡特尔、辛迪加、托拉斯、康采恩是垄断组织的四种主要形式。需要说明的是上述定义中的"资本主义社会"只是社会发展到一定历史阶段的特定标识，目前来看，垄断性组织应该是指在一定区域内垄断市场的企业集团，沿用资本主义社会垄断性组织的类型，目前的垄断性组织依然有卡特尔、辛迪加、托拉斯、康采恩四种垄断组织形式（详见扩展阅读 7–1）。能源产业的特征决定了能源行业的垄断性，能源企业集团将以各种形式形成对某一个区域的市场垄断，形成能源产业垄断性组织。大到世界石油输出国组织（OPEC）对世界石油价格的控制（详见扩展阅读 7–2），小到一个城市电力和煤气集团对电力和煤气市场的占有。能源垄断性组织可谓随处可见，它们一般在政府的支持下，能够垄断某一能源领域的价格，获取垄断利润。

经济学家普遍认为垄断对于市场效率的作用是消极的，这主要源于行业中由于在垄断条件下，厂商能够从自身收益最大化（MR=MC）出发，以高于边际成本的价格（P>MC）在市场上进行销售，使市场均衡销售量降低，从而偏离了帕累托最优状态，使市场效率降低。但从另一方面来看，垄断产生后，企业的规模进一步扩大，这自然会有利于劳动生产率的进一步提高。同时，它也使技术发明和改进的过程社会化了。资金雄厚的垄断组织能够提供条件，使科学技术研究能够更大规模和更有组织有计划地进行，科技研究取得的新成果，也能够较快地运用于生产。托拉斯等高级形式的垄断组织的出现，更有利于改善企业经营管理，降低生产成本，提高劳动生产率。这一切都为生产力的进一步发展创造了有利条件。能源垄断性组织可谓兼有上述积极和消极作用。从能源产业的垄断现状来看，国内市场也相对狭小，能源垄断组织极力到全球各地争夺商品市场、原料产地和投资场所，在世界市场的激烈竞争中，形成了国际垄断集团，掀起瓜分世界能源资源和市场的狂潮。

可以说，能源垄断性组织的出现是时代和市场选择的结果，能源垄断性组织将在很长一段时间内控制某些区域的能源市场，并对世界能源市场造成各种各样的影响。但在现实能源市场上，完全竞争市场和完全垄断市场几乎都是不存在的，更为普遍存在于能源行业的是垄断竞争市场与寡头竞争市场。

扩展阅读 7-1 垄断性组织形式

垄断组织是在资本主义生产集中的基础上产生的。由于在资本主义发展过程中生产社会化和生产集中的发展程度的不同，资本主义大型企业之间互相勾结或联合的程度和具体目的也不一样，因而垄断组织便有各种不同的形式。卡特尔、辛迪加、托拉斯、康采恩是垄断组织的四种主要形式。

一、卡特尔

卡特尔，它是生产同类商品的资本主义大企业为了垄断市场、攫取高额垄断利润，通过签订各种协定（如划分销售区、规定商品产量、确定销售价格等）所组成的垄断联盟。参加卡特尔的企业，要受所订协议的约束，但各企业在生产上、商业上和法律上仍然保持独立。卡特尔只是一种初级形式的垄断组织，这种形式最早在1865年出现于德国。比较流行的卡特尔有三种：①划分销售市场的卡特尔；②规定统一价格的卡特尔；③规定生产规模的卡特尔。

二、辛迪加

辛迪加，它是由生产同类商品的各大企业，为了高价销售商品和低价购买原材料，通过签订共同销售商品和采购原材料的协定而建立起来的垄断组织。参加辛迪加的企业在生产上和法律上仍保持独立性，但丧失了商业上的独立性。这种形式19世纪末20世纪初在西欧比较流行。

三、托拉斯

托拉斯，它是由生产同类商品或者与该类商品有密切联系的许多大企业联合组成的，参加托拉斯的各企业在生产、商业、法律上都不再是独立的生产经营单位，由托拉斯组织董事会及其委任的经理来统一全部经营活动。它是比较稳定和比较高级的垄断组织形式。这种垄断组织形式于1882年最先在美国产生，20世纪初迅速发展。

四、康采恩

康采恩是由不同经济部门的许多大企业联合组成的垄断组织。参加康采恩的既有单个的企业，又有其他的垄断组织如辛迪加、托拉斯；既有工业企业，又有商业企业、交通运输企业以及银行和保险公司等。其中最大的银行或企业则是这个庞大复杂组织的核心。康采恩最明显地表现出帝国主义时期银行垄断资本和工业垄断资本相结合的特点。垄断组织形式的不同，主要是由垄断程度和组织方式的不同决定的。不论何种形式的垄断组织，其本质都是一样的。它们凭借在生产和市场上的垄断地位，对国内外广大无产者和劳动人民进行残酷剥削和掠夺，以获取高额垄断利润。

资料来源：百度百科. 垄断组织，http://baike.baidu.com/view/347084.htm.

扩展阅读 7-2 石油输出国组织（OPEC）简介

石油输出国组织成立于1960年9月14日，1962年11月6日欧佩克在联合国秘书处备案，成为正式的国际组织。其宗旨是协调和统一成员国的石油政策，维护各自的和共同的利益。现有12个成员国是：沙特阿拉伯、伊拉克、伊朗、科威特、阿拉伯联合酋长国、卡塔尔、利比亚、尼日利亚、阿尔及利亚、安哥拉、厄瓜多尔和委内瑞拉。

一、成立目的

在于协调各国石油政策，商定原油产量和价格，采取共同行动反对西方国家对产油国的剥削和掠夺，保护本国资源，维护自身利益。

二、组织作用

欧佩克各成员国的代表（主要是代表团团长）在欧佩克大会上对其石油政策加以协调、统一，以促进石油市场的稳定与繁荣。欧佩克秘书处负责该组织的日常事务，接受理事会的指令，由秘书长直接领导。欧佩克下设的经济委员会、部长监察委员会等多个执行机构，则履行咨询、磋商、协调等多项职能。

欧佩克成员国对当前形势和市场走向加以分析预测，明确经济增长速率和石油供求状况等多项基本因素，然后据此磋商在其石油政策中进行何种调整。例如，在以往数次大会中，欧佩克成员国曾分别确定提高或是减少该组织的总体石油产量，以便维持石油价格的稳定，为消费国提供稳定的短期、中期乃至长期的石油供应。

欧佩克组织在近年曾多次使得石油价格暴涨来抗衡美国等西方发达国家。为平衡世界力量有不可小觑的作用。例如，于1973年石油危机，欧佩克拒绝运送石油至于赎罪日战争（十月战争）支持以色列对抗埃及和叙利亚的西方国家，这使油价上升4倍。

欧佩克组织条例要求该组织致力于石油市场的稳定与繁荣，因此，为使石油生产者与消费者的利益都得到保证，欧佩克实行石油生产配额制。如果石油需求上升，或者某些产油国减少了石油产量，欧佩克将增加其石油产量，以阻止石油价格的飙升。为阻止石油价格下滑，欧佩克也有可能依据市场形势减少石油的产量。

欧佩克并不能完全控制国际石油市场，因其成员国的石油、天然气产量分别只占世界石油、天然气总产量的40%和14%。但是，欧佩克成员国出口的石油占世界石油贸易量的60%，对国际石油市场具有很强的影响力，特别是当其决定减少或增加石油产量时。欧佩克旨在保持石油市场的稳定与繁荣，并致力于向消费者提供价格合理的稳定的石油供应，兼顾石油生产国与消费国双方的利益。欧佩克通过自愿减少石油产量，或在市场供应不足时增加石油产量的方法来达成上述目标。

资料来源：依据网络资料整理所得。

（二）能源产业寡头性组织

寡头（Oligopoly）在经济学上主要指寡头市场，又称为寡头垄断市场，指少数几家厂商控制整个市场产品的生产和销售的一种市场组织。寡头市场被认为是一种较为普遍的市场组织。形成寡头市场的主要原因有：某些产品的生产必须在相当大的生产规模上进行才能达到最好的经济效益；行业中几家企业对生产所需的基本生产资源的供给的控制；政府的扶植和支持等。由此可见，寡头市场的成因和垄断市场是很相似的，只是在程度上有所差别而已。寡头市场是比较接近垄断市场的一种市场组织。能源市场的特征决定了能源产业组织大多为寡头型组织。纵观世界石油产业的发展过程，生产集中度越来越高，生产规模越来越向超大型化方向发展的趋势已十分明显，在20世纪60~80年代，强弱联合使石油产业实行了“适度集中”，而到20世纪末，石油产业又掀起了强强联合的并购高潮，连续出现大型跨国石油公司之间的重组并购，使世界石油产业从“适度集中”向“高度集中”转化，形成世界石油产业组织的寡头垄断格局。[①]

① 史丹. 我国入世与能源工业的深层次变革 [J]. 管理世界，2002（8）：64.

又如我国石油业中国石油化工集团公司、中国石油天然气集团公司和中国海洋石油总公司对我国石油市场的分割。此外，2010 年我国国家能源局提出：“不只是要提高煤炭产业集中度，我国所有的能源技术产业应该朝着‘寡头竞争’的模式发展。”所以，基于我国能源市场现状，可以预见，在政府的引导控制下，未来很长一段时间，寡头性能源组织几乎会成为我国能源行业的组织常态。

寡头厂商的价格和产量的决定是非常复杂的问题。主要原因在于：在寡头市场上，每个寡头的产量都在全行业的总产量中占较大份额，从而每个厂商的产量和价格的变动都会对其他竞争对手以至整个行业的产量和价格产生举足轻重的影响。从而每个寡头厂商在采取某项行动之前，必须首先推测或掌握自己这一行动对其他厂商的影响以及其他厂商可能做出的反应，考虑到这些因素之后，才能采取最有利的行动。所以每个寡头厂商的利润都要受到行业中所有厂商的决策的相互作用的影响。一般而言，不知道竞争对手的反应方式，就无法建立寡头厂商的模型。或者说，有多少关于竞争对手的反应方式的假定，就有多少寡头厂商的模型，就可以得到多少不同的结果。因此在西方经济学中，没有一种寡头市场模型能对寡头市场的价格产量的决定做出一般的理论总结。比较经典的寡头模型有：古诺模型、Bertrand 模型、斯塔克博格（Stacklberg）模型、价格领导模型和串通与价格卡特尔模型。这些模型在能源领域都有广泛的运用，如串通与价格卡特尔模型非常适用于 OPEC 对石油价格的控制，OPEC 常常会重新分配石油产量配额，说明在原有的卡特尔协议下已出现了严重的背叛行为，需要新的协议来重新约束各成员国的石油生产。

具体来看，寡头垄断是现代社会大规模生产的客观需要，寡头垄断组织具有综合优势。在资金筹集方面，由于有强大的经济实力，破产风险相对较小，往往能够低成本筹集到巨额资金；在生产方面，由于生产规模巨大，在大多数情况下，都能获得规模效益；在收集市场信息、进行广告宣传和运用销售渠道等方面，比其他企业有更多的优势；在企业内部管理方面，可通过实行统一指挥，分工负责的内部管理体制，节约管理成本，提高管理效率，还可以节约交易费用；在技术进步和创新方面，由于有强大的财力支持，可以投入大量研究和开发费用，因而更有可能不断推出新产品。此外，由于一般实行多样化经营，所以企业总体风险较小，可在各种业务、各个方面平衡盈亏，因而具有较强的应变能力和生存能力；如果说寡头垄断企业在缺乏竞争的环境中，一般不会自觉地追求高效率，从而导致实际效率往往与最大可能效率之间存在巨大偏差，高效率只是寡头垄断企业自身天然优势带来的一种可能性的话，那么寡头垄断企业并非真正独占市场，这一点就使寡头垄断企业不得不追求高效率，从而使其高效率具有现实性。但是，另一方面寡头市场对竞争必然是有影响的。如以前日本的能源也是寡头垄断，电力是东京、关西、中部和西部四大电力公司，天然气是东京、大阪、东邦和西部四大瓦斯巨头，形成寡头割据的局面。结果企业经营成本越来越高，能源价格不断水涨船高，日本经济难以走出滞涨。寡头割据造成日本国内能源企业的"制度疲劳"，企业在利益属地上不求进取，活力日降。近几年，为摆脱这一衰势，日本全面推进能源市场化改革，放松管制，开放市场，鼓励竞争。现四大瓦斯公司、四大电力公司与 243 家大小能源公司都在经营天然气管道及供气和能源增值业务。

综上可见，能源产业寡头性组织也许会成为未来能源产业的基本态势，但是鼓励竞争以提高生产效率更是未来能源产业的基本潮流，除了一些关键性行业和组织之外，能源产业内诸多行业将会呈垄断竞争和完全竞争的态势，能源产业竞争性组织也将充斥在诸多能源行业。

（三）能源产业竞争性组织

除了完全垄断型市场上，只有垄断性组织之外，无论是寡头垄断型，还是垄断竞争型和完全竞争型市场上，竞争不可避免，时刻存在，形成产业竞争性组织。

垄断竞争是指那种许多企业出售相近但非同质，而是具有差别的商品市场结构。这种市场组织既带有垄断的特征，又带有竞争的特征。垄断竞争是一种介于完全竞争和完全垄断之间的市场组织形式，在这种市场中，既存在着激烈的竞争，又具有垄断的因素。垄断竞争市场是指一种既有垄断又有竞争，既不是完全竞争又不是完全垄断的市场，是处于完全竞争和完全垄断之间的一种市场。从我国煤炭工业市场的集中度来看，我国煤炭市场基本就是一种垄断竞争市场。竞争性市场又称为完全竞争市场，在竞争性市场上，买者和卖者个人极少或不能影响价格，也就是说，他们都是竞争市场上的价格接受者，而非价格制定者。按照西方经济学理论，在市场经济条件下，竞争是经济资源优化配置的重要机制。竞争有利于提高经济资源配置的效率。所以，世界各国能源产业在垄断盛行的同时，鼓励竞争以提高资源配置等经济和产业效率也是一种世界潮流，几乎各国的能源法律和政策都有鼓励竞争的相应措施。如我国2005 年颁布的《可再生能源法》通过各种措施鼓励各种所有制经济主体参与可再生能源的开发利用，依法保护可再生能源开发利用者的合法权益。《可再生能源发展"十二五"规划》提出，要通过市场竞争的机制，完善可再生能源产品的政策补贴机制，鼓励可再生能源发电企业与用电户的直接交易，全面落实完善可再生能源发电补贴政策及可再生能源集中供热、供气和液体燃料的价格及服务收费标准。又如专家们纷纷表示：多元化、高效、开放、有竞争性的国内能源市场是国家能源安全体系不可或缺的一部分，与此同时，我国电力市场的私人和外商投资在逐年增加。

综上所述，垄断性是能源产业的一大特征，但是在不同的能源行业中，市场集中度差别很大，某些能源领域或某些地区能源市场甚至是完全竞争的市场态势，所以能源产业组织类型极其复杂，需要根据不同的能源领域和地区特征进行能源市场管理。

三、中国能源产业组织

(一) 产业组织状况

中国煤炭市场的竞争性较为充分，煤炭市场则有相对较多的供应商，产业组织状况是垄断竞争型组织和完全竞争型组织，而石油和天然气市场则垄断性的力量很强，主要由 2~3 家厂商垄断，产业组织状况是寡头垄断型组织。

目前，我国煤炭市场集中度较低，行业内无序竞争激烈。早在“十一五”期间，我国就提出煤炭工业发展以“整合为主、新建为辅”，形成 6~8 个亿吨级和 8~10 个 5000 万吨级大型煤炭企业集团，煤炭产量占全国的 50%以上。[①]目的是通过整合，使矿山企业“多、小、散”的局面得到明显改变，以大并小，以优并劣，以规模大和技术、管理、装备水平高的矿山作为主体，整合其他矿山。尽管这些年来我国煤炭行业的整合力度逐渐加大，但目前中国煤炭市场仍在很大程度上趋近于完全竞争型的市场结构。

中国具有石油开采权以及原油进出口权的企业，主要是中石油、中石化以及中海油这三家企业，尽管下游具有石油批发和零售经营权的企业逐渐增多，比如加油站对民资和外资已经放开，但总体而言，这三家企业仍然处于明显的垄断地位。

中国天然气市场介乎石油市场与煤炭市场之间，上游为天然气勘探与开采、中游是骨干管网建设运输，还包括 LNG（液化天然气）接收站、主干网的建设运输，下游是城市管网建设运输及销售。上游和中游因国家的准入政策及高资

---

① 林永生. 中国能源市场结构与能源价格 [N]. 中国经济时报，2008-07-10.

金技术壁垒，只有中石化、中石油、中海油三家经营，所以呈垄断的竞争格局（不包括 LNG 船舶运输）。对下游国家是允许更多投资方介入的，并鼓励民营、外资投资，所以竞争相对充分些。2002 年开始，我国政府在天然气下游市场不仅放开投资主体，而且还未成文地限制了上中游三大巨头对下游市场的进入，从而避免了一体化垄断经营模式的形成，在天然气终端，西气东输等骨干管道的建成解决了天然气行业发展的瓶颈问题。因此，天然气终端运营商一直在“跑马圈地”、竞争激烈。

（二）中国能源产业组织状况对能源市场的影响

在中国能源市场结构中，能源产品的价格演化路径如何呢？研究者测算的结果是：中国煤炭行业的价格走势相对稳定，缓慢增长；石油和天然气行业价格波动幅度较大。之所以有此区别，很多学者主要从能源产品对外依存度高低的角度寻求答案，认为由于中国煤炭行业的对外依存度较低，而石油和天然气对外依存度较高，因此，后者更容易受国际能源市场价格波动的影响。不可否认，这具有一定合理性，但是，还有一个很重要的原因，就是中国煤炭市场近乎完全竞争市场，价格相对稳定，而石油和天然气市场趋近于寡头垄断和完全垄断型的市场结构，后者本身就内生地决定了产品价格的多变性和复杂性。

中国能源价格完全市场化是个漫长的过程，未来相当长一段时间内，政府仍会加强对能源市场和价格的监控。政府在调控能源价格方面，必须充分考虑能源市场结构对于价格的影响因素，进而提高政府甄别和处理信息的能力。

第四节　能源产业政策与规制

一、实施能源产业政策与规制的必要性

产业政策是指国家根据国民经济发展的内在要求，调整产业结构和产业组织形式，从而提高供给总量的增长速度，并使供给结构能够有效地适应需求结构要求的政策措施。产业政策是国家对经济进行宏观调控的重要机制。产业规制是政府或社会为实现某些社会经济目标而对市场经济中的经济主体做出的各种直接和间接的具有法律约束力或准法律约束力的限制、约束、规范，以及由此引出的政府或社会为督促产业经济主体活动符合这些限制、约束、规范而采

取的行动和措施。简要地说，产业规制是政府或社会对产业经济主体及其行为的限制。它是对市场失败的治理，目的在于维持正当的市场经济秩序，限制市场势力，提高资源配置效率，保护大多数社会公众的利益，使之不受少数人的侵犯。可见，产业政策与规制是政府和社会为了促进产业良性发展，而从不同层面和角度对产业发展所实施的一系列引导、监督、激励与约束和管理措施与手段。能源产业的重要性决定了能源产业政策与规制的重要性。

能源是经济和社会发展的根本动力，煤炭和石油曾被比喻成工业的粮食和血液，能源系统好像经济和社会的血液循环系统，对经济和社会的发展具有十分重要的意义，能源产业的战略性特征也决定了能源在一国经济发展和国家安全方面的重要作用。正如前文所述，目前世界上的战争基本都是围绕能源争夺而展开的，所以各国必须不断地完善和实施合理的能源政策与规制，以保障和推动能源产业的健康发展。由此可见，能源产业的良性发展至关重要，健全的能源政策与规制是能源产业良性发展的基本保障。从各国现实情况来看，能源政策与规制的不完善带来诸多问题。以中国为例，诸多现象凸显了中国缺乏高效的能源政策与规制。如成品油供应短缺；石油出口和内需失衡；大量涌现的违规电力投资；鼓励使用天然气而非煤炭的有效政策工具长期缺位；能源领域的外国直接投资（FDI）少得可怜等。目前，在中国现行体制中，能源行业身处半计划半市场的尴尬中，市场机制已经介入，但国内能源市场缺乏清晰的长期发展战略规划。结果便是，行政和市场都不能发出有效信号。与此同时，中央政府对于能源部门的直接干预力度已经大幅降低，但一个严格高效运转的市场还未建立起来。发电站建设毫无计划性，煤矿事故频出，以及能源密集型行业的规模扩张，而这些行业的能源利用效率低下。可见，中国能源产业发展缺乏系统和高效的能源政策与规制体系。我国政府已经认识到了该方面的问题，近些年来，不断地通过制度创新来完善能源政策与规制体系，从 2005 年设立国务院能源领导小组，到 2013 年重新组建国家能源局，以机构和体制改革为先导，进而制定和实施科学合理的能源规制与政策。

二、能源产业政策体系

产业政策是政府为了实现一定的经济和社会目标而对产业的形成和发展进行干预的各种政策的总和。干预包括规划、引导、促进、调整、保护、扶持、限制等方面的含义。一般产业政策包括产业组织政策、产业结构政策、产业技术政策和产业布局政策，以及其他对产业发展有重大影响的政策和法规。各类产业政策之间相互联系、相互交叉，形成一个有机的政策体系。与之相对应，能源产业政策体系应该是由能源产业组织政策、产业结构政策、产业技术政策和产业布局政策相辅相成、有机构成的产业政策体系。

（一）能源产业组织政策

产业组织的一般目标是维护市场的有效竞争，以提高产业内部的资源培植效率。所谓产业组织政策，是指政府为实现这一目标而对某一产业或企业采取的鼓励或限制性的政策措施。同时，因一般认为良好产业组织的形成需以市场结构合理、竞争适度为条件，因而，产业组织政策也被称为“禁止垄断政策”或“促进竞争政策”。

各国针对能源产业发展无不制定和实施一定的产业组织政策，以促进能源产业的适度竞争与发展。如在我国煤炭产业整合发展的关键时期，2013 年 2 月，我国国家能源局发布了《煤炭产业政策》（修订稿），其中第四章是产业组织政策，第四章第二十一条如下：鼓励以现有大型煤炭企业为核心，打破地域、行业和所有制界限，以资源、资产为纽带，通过强强联合和兼并、重组中小型煤矿，发展大型煤炭企业集团。坚持专业化生产经营，鼓励发展煤炭、电力、铁路、港口等一体化经营的具有国际竞争力的大型企业集团。鼓励大型煤炭企业参与电力、冶金、化工、建材、交通运输企业联营。鼓励中小型煤矿整合资源、联合改造，对被兼并重组企业优先安排煤矿安全改造、产业升级等专项资金；第七章贸易、运输与国际合作中第三十四条如下：严格煤炭经营企业资格审查，促进煤炭经营企业结构优化，形成以煤炭生产企业和大型煤炭经营企业为主体、中小型煤炭经营企业为补充的协调发展格局；第三十五条如下：建立健全煤炭产运需衔接新机制，积极推进煤炭交易方式转变，构建以全国煤炭交易中心为主体，以区域煤炭市场为补充，与我国社会主义市场经济体制相适应的统一开放、竞争有序的煤炭交易市场体系。研究建立煤炭期货市场。通过交易信息平台，引导合理生产、有序运输和均衡消费。可见我国正在通过一系列产业组织政策整合煤炭资源，培育大型煤炭企业集团，规范煤炭市场的竞争。

（二）能源产业结构政策

产业结构政策一般是指一国政府依据本国在一定时期内产业结构的现状，遵循产业结构演进的一般规律和一定时期内的变化趋势，制定并实施的有关产业部门之间资源配置方式、产业间及产业部门间的比例关系，通过影响与推动产业结构的调整和优化，以促进产业结构向协调化和高度化方向发展的一系列政策措施的综合。

能源产业结构政策是指一国政府依据本国能源资源禀赋和能源产业发展现状，根据国民经济发展的需要，在环境约束下，制定并实施的有关煤炭、石油、天然气、可再生能源、电力等能源产业部门之间资源配置方式、产业间及产业部门间的比例关系，通过影响与推动能源产业结构的调整和优化，以促进能源产业结构向协调化和高度化方向发展的一系列政策措施的综合。如世界各国一系列促进新能源和可再生能源发展的政策措施，都是在力图优化能源结构，减少对煤炭和石油等化石能源的依赖，在能源供给和消费中尽可能增加太阳能等清洁能源的比重，所有鼓励能源供给与消费结构改变的政策都可以归为能源产业结构政策。如我国 2005 年颁布的《中华人民共和国可再生能源法》第二十五条和第二十六条明确规定：对列入国家可再生能源产业发展指导目录、符合信贷条件的可再生能源开发利用项目，金融机构可以提供有财政贴息的优惠贷款；对列入可再生能源产业发展指导目录的项目给予税收优惠。对可再生能源的鼓励和支持，势必促进可再生能源的供给，改变能源供给结构。

（三）能源产业技术政策

产业技术政策是指国家制定的用以引导、促进和干预产业技术进步的政策的总和。它以产业技术进步为直接的政策目标，是保障产业技术适度和有效发展的重要手段。一般包括产业技术进步的指导性政策、产业技术进步的组织政策和产业技术进步的奖惩政策。产业技术进步的指导性政策是指政府确定产业技术的发展目标、具体规划和指导各技术进步主体的行为的相关政策；产业技术进步的组织政策是指政府主持或参与旨在加速推进产业技术进步的各种组织制度与组织形式的安排；产业技术进步的奖惩政策是指为了建立起切实有效的技术进步激励机制，使企业成为技术创新主体，政府通过制定直接或间接的经济刺激和制裁政策，对民间科研机构、企业的研究开发以及技术引进、扩散工作进行劝诱和鼓励，对技术进步迟缓者或缺乏技术进步具体规划和措施者实施经济惩罚。

能源技术政策涵盖国家所有鼓励和支持能源产业发展的技术政策。鉴于科学技术对能源产业发展的重要性，能源产业技术政策可以说是能源产业政策的核心，也是所有能源产业政策中必不可少的内容。如我国 2013 年 2 月发布的《煤炭产业政策》中的第五章是产业技术政策，该章从第二十四条到二十八条，详细说明了对煤炭业技术的鼓励和激励措施。如第二十四条明确规定：鼓励发展和应用地球物理勘探、高精度三维地震勘探技术。加强煤矿瓦斯、冲击地压、自然发火、矿井建设及围岩支护等基础理论研究。开展煤炭资源高精度快速勘探、深井钻井、特厚冲积层钻井及井壁支护、煤层气储层压裂、煤层气(煤矿瓦斯)抽采利用、矿井水害防治、千米深井热害和地压防治等关键技术攻关；又如2005年颁布的《中华人民共和国可再生能源法》第三章是产业指导与技术支持，其中第十二条明确规定：国家将可再生能源开发利用的科学技术研究和产业化发展列为科技发展与高技术产业发展的优先领域，纳入国家科技发展规划和高技术产业发展规划，并安排资金支持可再生能源开发利用的科学技术研究、应用示范和产业化发展，促进可再生能源开发利用的技术进步，降低可再生能源产品的生产成本，提高产品质量。一系列能源产业技术政策势必提高能源产业效率，促进能源产业的发展。

（四）能源产业布局政策

产业布局是指产业空间配置格局的政策。这一政策主要解决如何利用生产的相对集中所引起的“积聚效益”，尽可能缩小由于各区域间经济活动的密度和产业结构不同所引起的各区域间经济发展水平的差距。

能源资源的地理分布和区域经济发展的不均衡要求必须实施相应的能源产业布局政策，以使能源产业能够更好地服务于经济建设。如我国2013年发布的《煤炭产业政策》（修订稿）中的第二章是产业布局政策，其中第十条明确规定：控制东部地区煤炭开发强度，稳定中部地区煤炭生产规模，加强西部地区煤炭资源勘查开发。建设大型煤炭基地，提高煤炭的持续、稳定供给能力。神东、陕北、黄陇（陇东）、宁东基地有序建设大型现代化煤矿，重点建设一批千万吨级矿井群；晋北、晋中、晋东基地加快整合煤矿升级改造，适度新建大型现代化煤矿；冀中、鲁西、河南、两淮基地做好深部资源勘查，建设接续煤矿，限制1000米以深新井建设；蒙东（东北）基地优先建设大型露天煤矿；云贵基地加快建设大中型煤矿，大力整合关闭小煤矿；新疆基地作为我国重要的能源战略后备基地，实行保护性开发；第十一条明确规定：按照经济社会发展需要，综合考虑主体功能区定位、资源禀赋、水资源、市场等条件和环境承载能力确定区域煤炭开发规模和开发时序，在大型整装煤田和资源富集地区优先建设大型和特大型现代化煤矿。在大型煤炭基地内，一个矿区原则上由一个主体开发，一个主体可以开发多个矿区。对已设置矿业权的矿区，鼓励优势企业整合分散的矿业权，提高资源勘查开发规模化、集约化程度。对煤炭产业布局的合理规划要求一系列煤炭产业布局政策支持和促进，同样道理，其他类型的能源产业同样需要能源布局政策的支持。

三、能源产业规制体系

产业规制是政府或社会为实现某些社会经济目标，而对市场经济中的经济主体做出的各种直接的和间接的具有法律约束力的限制、约束、规范，以及由此引出的政府或社会为督促产业经济主体活动符合这些限制、约束、规范而采取的行动和措施。规制可分为经济性规制与社会性规制。经济性规制主要关注政府在约束企业定价、进入与退出等方面的作用，重点针对具有自然垄断、信息不对称等特征的行业。经济性规制主要通过以下几种方式实施：一是对企业进入及退出某一产业或对产业内竞争者的数量进行规制，这一规制可以通过发放许可证，实行审批制，或是制定较高的进入标准来实现；二是对所规制企业的产品或服务定价进行规制，也称为费率规制，包括费率水平规制或费率结构规制；三是对企业产量进行规制，产量高低直接影响着产品价格，进而关系到生产者与消费者的利益，通过规制可限制或鼓励企业生产；四是对产品质量进行规制，相对于前几种方式，对产品质量进行规制的成本较高，主要包括监督成本、检查成本，由于规制者难以亲自监督产品生产，企业和规制者之间存在着信息不对称，规制者对产品质量很难把握，因此实践中这类规制方式较少采用。而社会性规制是以确保居民生命健康安全、防止公害和保护环境为目的所进行的规制，主要针对与对付经济活动中发生的与外部性有关的政策。主要通过设立相应标准、发放许可证、收取各种费用等方式进行。

（一）能源产业政府规制

政府规制是政府为实现某些社会经济目标而对经济主体做出的各种直接的法律约束力的限制、规范，以及由此引出的政府为督促经济主体行为符合这些限制、约束、规范而采取的行动和措施。能源产业的政府规制是指政府为实现某些能源产业目标而对各相关活动主体做出的各种直接的法律约束力的限制、规范，以及由此引出的政府为督促经济主体行为符合这些限制、约束、规范而采取的行动和措施，涵盖一切政府关于能源产业发展的法律法规与政策体系，政策体系前面已有分析，法律方面主要是指能源法，能源法是调整能源开发、利用、管理活动中的社会关系的法律规范的总和，广义的能源法包括能源基本法、《中华人民共和国节约能源法》《中华人民共和国石油法》《中华人民共和国煤炭法》《中华人民共和国电力法》《原子能法》《中华人民共和国可再生能源法》，以及有关具体能源行政法规、规章和地方法规。

世界各国都十分重视能源立法。20 世纪 70 年代发生了石油危机，世界能源供应形势紧张。有效合理地使用有限的能源，压缩石油消费，成为各国最紧迫的问题，促使各国加快了能源立法的进程。日本于 1979 年颁布《能源使用合理化法律》，1974 年法国制定《省能法》，1976 年英国颁布《能源法》，1978 年美国颁布了《国家能源政策法》。这些法规的颁布，对缓解能源危机、发展经济发挥了积极的作用。中华人民共和国成立后，十分重视能源管理工作，制定和颁发了一系列有关能源方面的单行法规。1950 年，燃料工业部发布了《公私合营煤矿暂行管理办法》；1951 年，政务院公布了《中华人民共和国矿业暂行条例》；1956 年，国务院批转地质部制定的《矿产资源保护试行条例》；并且发出了《关于节约汽油的指示》；1957 年，国务院发布《关于发展小煤窑的指示》；1959 年，煤炭工业部、铁道部、交通部联合制定《煤炭合理运输办法》；1963 年，国家经济委员会颁发《用电监察条例（草案)》和《单位产品电耗定额导则(修订)》；1978 年以来，中国的能源管理工作及能源立法得到了进一步加强。1979 年，国务院转发《关于提高我国能源利用效率的几个问题的通知》；财政部、国家劳动总局、国家物资总局联合发出《国营工业、交通企业试行特定燃料、原材料节约奖励办法（草案)》。1980 年，国务院批转国家经济委员会、国家计划委员会《关于加强节约能源工作的报告》和《关于逐步建立综合能耗考核制度的通知》；1981 年，国家计委、国家经委、国家能源委员会联合发布了《对工矿企业和城市节约能源的若干具体要求（试行)》；国家计委、国家经委、国家能源委、财政部、国家物资局颁发了《超定额耗用燃料加价收费实施办法》；1982 年，为了保证电力的合理分配使用，提高电能利用的经济效益，国务院批转水利电力部《关于按省、市、自治区实行计划用电包干的暂行管理办法》；同年，为加快海上油田的开发，国务院颁发了《中华人民共和国对外合作开采海洋石油资源条例》。由于国家一贯重视节能，颁发了一系列能源单行法规，为制定国家能源法奠定了基础。在上述各法的基础上，我国不断修订和完善能源法律体系，目前实施的《节约能源法》《煤炭法》《电力法》《可再生能源法》都是我国能源产业政府规制的核心内容。

（二）能源产业社会规制

社会规制是指与政府规制相对独立，对经济主体做出的各种直接和间接的准法律的限制、规范，以及由此引出的社会为促进经济主体行为符合这些限制、规范而采取的行动和措施。能源产业发展与经济发展和环境保护关系密切，是社会各界比较关心的问题，能源产业发展要受到社会的监督，对于能源领域的社会规制，一旦形成较强的民意，就有可能上升为政府规制，所有来自社会对能源产业发展的约束和监督都可归为广义的能源产业社会规制。政府规制并不能约束和监管能源产业发展的所有方面，能源产业社会规制是政府规制的有效补充。如有些学者认为我国能源监管，社会性监管不够，现行的政府能源管理侧重于投资、价格、生产规模等经济性管理，对于环境、安全、质量、资源保护等外部性问题的监管相对较弱。可以通过能源产业社会性规制加强对能源产业外部性的监管。

（三）能源产业（行业）自律规制

行业自律规制又可称为行业自我管理，它介于政府规制与社会规制之间，主要是指行业协会对本行业企业的规划、协调，因而是一种综合性的自组织规制。行业自律组织是指工商企业为了协调企业之间的经营活动，沟通信息，自发组织起来的一种社会中介机构。行业自律组织大体包括两种类型：一是行业协会，二是商会。行业协会又称工商业同业协会。它是按照工商企业的业务性质组建起来的一种社团组织。而商会则是由多个行业协会组成的范围更大的中介机构，代表更多的工商企业在更大的范围内发挥中介组织的作用。能源产业行业自律规制是指能源行业自律组织出于行业健康、稳定发展所制定和实施行业保护、协调、监督和管理制度。如为促进国民经济可持续发展、社会主义和谐社会建设，在华睿集团等新能源企业的倡议下，中国新能源行业协会于 2006 年 1 月 13 日在北京正式成立。中国新能源行业协会共有 100 多个会员，涉及行业涵盖风力发电、水力发电、生物质能源、太阳能、燃气、CDM 项目开发、燃料电池和能源信息咨询等领域，是一个由新能源产业及相关行业企业、团体和个人组成的非营利性会员组织。中国新能源行业协会的宗旨是：遵守我国宪法、法律、法规和政策，弘扬社会主义道德风尚；坚持会员办会、服务立会、诚信兴会，引导和教育会员爱国、敬业、诚信、守法、奉献，维护会员的合法权益，提高会员素质，为新能源产业的规范与发展、为人类社会的可持续进步做出贡献。其主要业务范围第一条就是规范企业行为、促进行业自律，积极参政议政。向会员宣传、贯彻国家的方针、政策，引导会员遵守国家法律法规，规范企业行为，促进行业自律；组织会员积极参政议政。可见，行业自律组织的相关规定将约束组织内企业合规经营，形成行业自律规制。总体来看，国内外诸多能源行业自律组织都在相关能源产业发展过程中发挥了行业自律规制的作用。

综上，本节从实施能源产业政策和规制的必要性出发，从总体上分析了能源产业发展所需要的政策和规制体系。能源产业发展需要能源产业组织政策、产业结构政策、产业技术政策和产业布局政策的支持；同时需要能源政府规制、社会规制和产业自律规制的约束、监督和管理。根据经济社会发展的需要，不断改革和完善能源产业政策和规制体系是世界各国的必然选择。

第五节　本章小结

能源是国民经济发展的根本动力，能源产业发展对国民经济健康发展至关重要。本章以产业经济学理论为指导，从能源产业发展的历程入手，分析了能源产业发展的模式、能源产业的内外关联、能源产业组织，以及能源产业政策与规制。我国能源产业发展面临诸多问题，急需在能源产业发展理论的指导下，结合现实问题实施一系列政策措施，以规范能源产业的发展。在研究能源产业发展模式、产业内外关联和产业组织的基础上，进一步改革和完善能源政策和规制体系是我国目前能源产业发展迫切需要解决的问题。

第八章　能源资源型经济

资源型经济又称资源依赖型经济，主要是指依靠区域资源特别是矿产资源的比较优势，通过对自然资源的开采、初级加工并形成初级产品的经济增长模式。资源型经济的典型特征是主导产业依赖相关资源而发展。由于资金投入集中于资源开采，造成其他产业因投资匮乏而发展缓慢。由于矿产资源的有限性和不可再生性，随着资源被不断开采利用，可开发利用的资源将逐渐减少并最终耗尽，依赖资源而形成的产业链条就会断裂。资源枯竭型地区如何实现经济转型和可持续发展是一个世界性难题。本章主要是从经济学的角度，探讨能源资源型经济的形成、能源资源型经济转型的模式、面临的问题，并总结发达国家能源资源型经济转型经验，提出相应的对策建议。

第一节　能源资源型经济的形成

一、能源资源的可枯竭性

矿产资源本身具有枯竭性特征，因为地球上任何一种资源（开发）都必须遵循一种基本规律，那就是必然经历一个生命周期：发现—利用—兴旺—高峰—平稳—衰退，这其实就是所谓的峰值理论，应该说没有人会否认这一基本规律，但关键是峰值来临的时间可能有不同的判断。悲观论者主要是预言化石能源产量高峰将很快来临，然后就是逐渐衰退，直到完全枯竭。而乐观论者也承认上述生命周期理论，但对化石能源产量高峰来临的预期时间判断非常遥远，枯竭是一个漫长的过程，尤其是随着技术进步和人类对地球上化石能源资源的认识加强，所谓的峰值理论还是一个长时期的过程，人类无须悲观地看待枯竭问题。

目前，世界能源结构中化石能源依然是主体，石油、煤炭和天然气等占据主导地位，这是一个无法回避的客观现实。从资源特点来看，这些传统化石能源属于地下矿产资源，具有不可再生性，终究要走向枯竭。丰富的能源资源储备是一个地区能源资源型经济形成的根本原因，而能源资源的可枯竭性要求能源型经济转型成为必然。从矿产资源最终注定要枯竭的角度分析，人类如果过分依赖化石能源必将引起能源危机，进而引发全球经济出现动荡，因此人类需要重新思考未来能源来源和如何利用问题，这又是必然需要抉择的大问题，不管是何时导致化石能源枯竭，这都是必须面对的人类生存和发展问题。人类发展和人性欲望是无限的，人类发展目标也是无限的，因此依赖有限的石油、煤炭和天然气等矿产资源，当然无法做到持续稳定和谐发展，如果未来没有找到新的能源来取代化石能源在经济发展中的核心地位，人类社会确实无法做到永续发展。

一般而言，资源丰裕国家或区域对资源部门进行选择和利用的结果无疑有两种：一是陷入资源优势陷阱，形成资源型经济；一是资源开发并未影响工业化进程，避免了资源优势陷阱与资源型经济的形成。陷入资源优势陷阱的国家或区域面临资源型经济的转型。能源资源的可枯竭性使得很多地区陷入资源优势陷阱。

二、能源资源型经济的形成

（一）资源型经济形成的理论阐述

一般而言，假定工业内部只有资源部门与制造业部门，在工业化初期，资源丰裕区域首先会在资源部门投入与发展。如果对这两个部门投入相同的劳动力与资本要素，则其投入产出率的变化如图 8-1 所示。

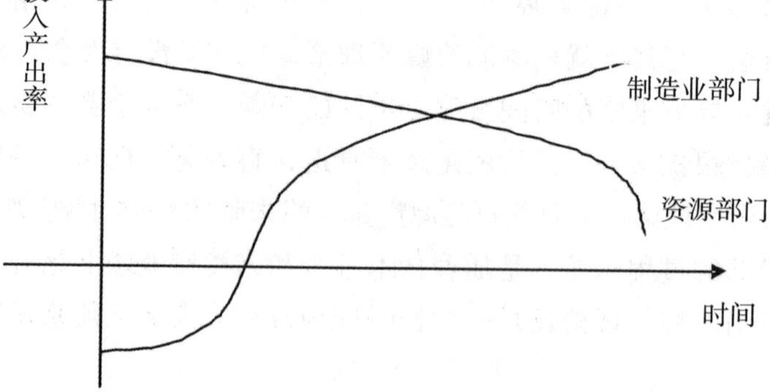

图 8-1　资源部门与制造业部门的投入产出率变化趋势

在经济发展初期，资源部门的投入产出率相对较高，制造业部门的投入产出率相对较低，甚至为负。投资会更多地集中在资源部门，较少地投入到具有溢出效应且技术进步较快的制造业部门。从中长期来看，资源部门迟早会面临资源枯竭，或者受到资源价格冲击的影响，导致资源部门的投入产出率下降，从资源繁荣走向经济衰退。随着技术进步与资本积累，制造业部门的投入产出率表现出长期增长趋势。

资源部门与制造业部门投入产出率的变化，与这两个部门的资本形成能力以及产业的成长性有很大关系。从资本形成能力来看，资源部门前后关联效应较差，在其扩张和膨胀过程中，除资源部门自身的投资之外，对其他产业部门的资本需求能力弱，难以形成新的产业资本积累。从资本的供给来看，资源部门的高收益对本地消费品需求的拉动力非常弱，而是更多地用于区外奢侈品的消费，造成资本的大量流失。相反，从制造业部门来看，产业的前后向关联效应比较强，一个部门的发展会带动相关部门的发展，产生规模较大的资本需求，吸收新资本进入，形成资本积累。制造业部门是技术进步比较快的部门，产品更新换代快，需要资本的进一步投入，技术进步提高了资本的产出效率，对投资的吸引力越来越大。从消费需求来看，制造业部门需求主要集中在本地，对当地经济的带动作用也比较强。从长期来看，制造业部门的资本形成能力较强，投资收益率处于上升趋势，产业成长性明显好于资源部门。

两个部门的关系昭示着产业结构的变动方向，其本质取决于两个部门内在发展机制的重大差异。正是资源部门自身独特的发展机制，支配着令人胆寒的“资源繁荣现象”，决定着经济发展路径，阻止了资源产业向制造业的转化与递进。资源部门发展的自强机制包括资源部门对经济要素特殊的吸纳效应、资源产业家族形成的黏滞效应，以及由沉淀成本与路径依赖形成的锁定效应。如图 8-2 所示。

1. 吸纳效应

吸纳效应是指资源部门对经济要素特殊的吸纳作用。资源繁荣的结果是通过吸纳效应，引导经济要素流入资源部门。对于制造业部门而言，本来就较为稀缺的经济要素更加稀缺，产业发展条件趋于恶化，生产要素的流出带来边际产量曲线向下移动，边际成本曲线上升。在边际收益不变的情况下，产品竞争力下降，产量下降，乃至发展停滞，如图 8-3 所示。

制造业部门物质资本的流出使得劳动的边际产量曲线从 MP1 向下移动到 MP2，由于 MC=W/MP（边际成本与边际产量呈对偶的关系），故边际成本曲线

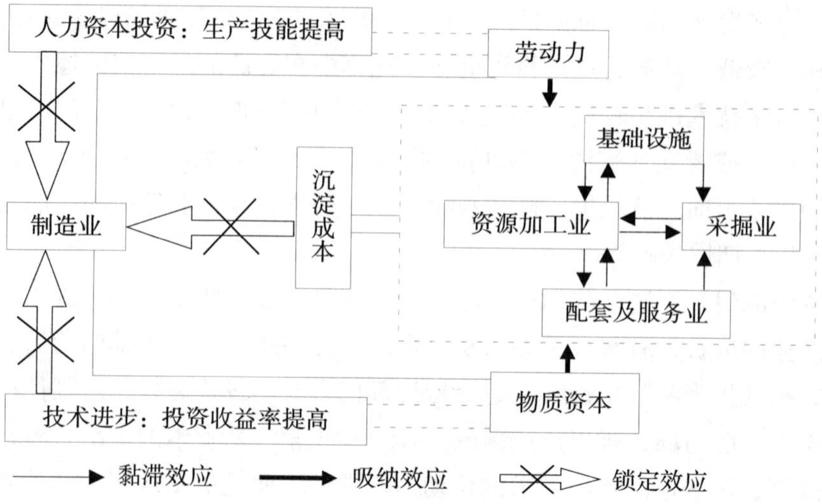

图 8-2 资源部门发展的自强机制

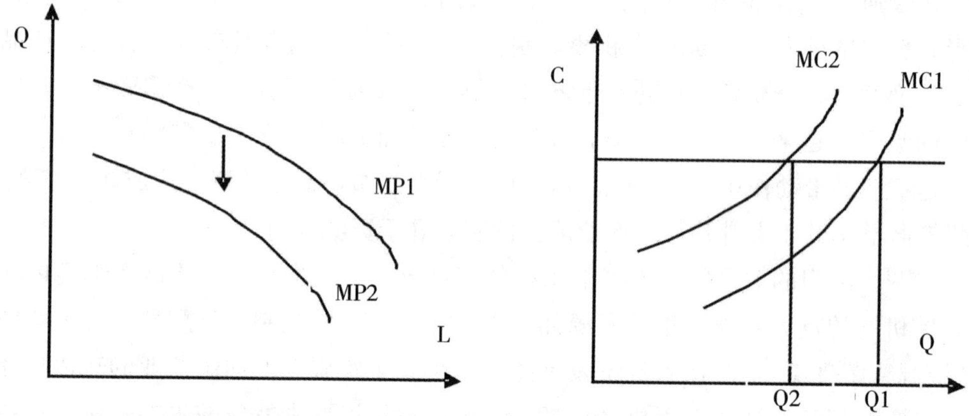

图 8-3 制造业部门要素流出与产品竞争力变化

向上方移动，从 MC1 移动到 MC2；成本上升引起产品竞争力下降，厂商为了获取最大超额利润，遵循 MR=MC，将产量从 Q1 减少到 Q2；产量减少，引起制造业部门对物质资本与劳动力等要素的需求进一步减少，导致边际成本曲线的进一步上升。相比之下，资源部门更具比较优势，要素报酬更高，形成了一个正反馈循环。

2. 黏滞效应

黏滞效应实质上是资源部门对经济要素的阻滞或黏连作用，它加剧了资源产业的正反馈循环发展过程。在资源部门快速扩张的过程中，采掘、初加工、配套、生产服务等资源家族产业相应得到发展，形成了由支柱产业及其附生产业、伴生产业等组成的产业体系。相对而言，制造业部门也会围绕某一产品加工形成支柱产业及其辅助产业，但一般而言，制造业部门具有较高的产业带动力和影响力，是能够不断进行产品更新与技术创新、推动产业结构升级的部门。

资源部门的影响力系数小，其产业家族是一种封闭式的围绕采矿业扩张、服务于自身循环的体系。按照制度经济学原理，资源型经济不具备竞争性经济所特有的良好适应性，不具备对价格变化的高度敏感性，不具备高度的要素流动性，因而是一种非竞争性经济。竞争性的、灵活的和增长的经济向资源所有者提供着新的机会。然而，资源部门似乎对要素的流动具有天然的阻滞作用，对特殊要素，特别是一般经济要素具有较强的黏滞性。资源产业的高黏度，导致经济要素过分集中、黏滞于资源产业。从表面上看，形成了资源产业的持续繁荣，但实际上，却妨碍了经济的转型发展。

3. 锁定效应

锁定效应是针对功能性锁定而言的，是指资源部门或资源繁荣对区域功能、产业功能及相关的核心企业的功能锁定，以及对供应关系、合作关系、专业化生产的路径限定。功能性锁定是指由于既已建立的长期稳定的供求关系、健全的供应链网络和良好的合作关系，产品的技术与功能由此被锁定。需要指出的是，资源部门的沉淀成本①很大，沉淀成本的存在常常会使人们不情愿付出改变发展路径所带来的短期损失，而倾向于维护既有的利益关系和合作关系，由此就形成了资源型经济的锁定效应。沉淀成本与信息不完全的结合会在很大程度上扭曲资源配置，导致产业结构刚性，降低经济效率和福利水平。一个行业中的沉淀成本越大，其进出壁垒越大，锁定效应越强。锁定效应涉及资本的有效需求。在资源型经济体中，其他产业，尤其是制造业发展不足，抑制了非资源产业的资本需求及需求能力，导致资本的使用长期锁定在资源产业以及资源加工产业、配套及服务产业、相关的基础设施等领域，明显降低了资本使用效率，无形中扩大了资本投入的风险。

---

① 沉淀成本包括经济性沉淀成本与社会性沉淀成本两类，前者是指承诺的投资成本无法通过转移价格或再出售价格得到完全补偿的那些成本，后者是指一旦终止契约安排下的权利承诺，而无法得到补偿的那些利益。资源部门的资产专用性属性，比如矿产资源勘查、开采、加工所投入的物质资本和人力资本，以及偏僻的开采区位所导致的附加投资等，是导致较大的沉淀成本的主要因素。交易成本的存在则是沉淀成本存在的重要前提。参见宋冬林，汤吉军. 沉淀成本与资源型城市转型分析. 中国工业经济，2004（6）。

综上所述，资源型经济的自强机制，是指在资源高收益的强力刺激下，生产要素不断向资源部门流入，推动资源部门持续扩张，促进资源加工产业及相关的服务产业、辅助产业快速发展，进而形成资源产业的主导性和依赖性同步增强的过程。资源部门的自我强化将资源型区域锁定在以资源部门为主体的资源产业体系中，制约了资源部门向以制造业为代表的报酬递增且生产率较高的部门的转化。

（二） 自强机制的数理表达①

资源型经济的自强机制，用基于两部门的数理模型推导如下：

1. 假定条件

（1）工业化与反工业化假设：将工业化进程简化为工业部门（I）内部结构的演变，即资源部门（R）与制造业部门（M）的此消彼长；工业化进程表现为资源部门所占比例（R/I）的下降；与制造业部门所占比例（M/I）的上升；反之，则认为是“反工业化”。

（2）资源部门与制造业部门假设：资源部门属于规模报酬不变或递减的部门，技术创新相对缺乏、对劳动力技能没有要求；制造业部门是规模报酬递增部门，对技术创新比较敏感、劳动力技能要求较高、具有“干中学”特征。

（3）常规性生产要素假设：制造业部门、资源部门均使用劳动力（L）与资本（K）。工业化进程中，工业部门的生产要素 L^I、K^I 处于上升趋势，这两类生产要素在资源部门、制造业部门的使用数量分别为 L^R、K^R、L^M、K^M，且 $L^R+L^M=L^I$， $K^R+K^M=K^I$。

（4）劳动力与人力资本的投入成本：资源部门对劳动力技能没有要求，可以理解为劳动力不需要接受教育就能从事资源开发工作，其教育的投入成本为零；制造业部门对劳动力技能有较高的要求，即必须接受适当的教育，方能从事制造业部门工作，教育的投入成本为 E，且 $E>0$。

此外，矿产资源作为特殊性要素，区域供给充裕。

根据上述假定条件，资源部门规模报酬不变或递减，则有生产要素增长率大于或等于产出增长率，即 gL^R，$gK^R \geq g^R$，其中：gL^R，gK^R，g^R 分别表示资源部门劳动力的增长率、资源部门资本的增长率、资源部门产出增长率；制造业

① 张复明，景普秋. 资源型经济的形成：自强机制与个案研究 [J] . 中国社会科学，2008 (5)：117~130.

部门规模报酬递增，则有生产要素增长率低于产出增长率，即 gL^M，$gK^M < g^M$，其中：gL^M，gK^M，g^M 分别表示制造业部门劳动力的增长率、制造业部门资本的增长率、制造业部门产出增长率;如果资源部门与制造业部门的生产要素同比例增加，即 $gL^R = gL^M = gL^I$，$gK^R = gK^M = gK^I$，则有：$g^M > g^I > g^R$，其中 gL^I，gK^I，g^I 分别表示工业部门劳动力的增长率、工业部门资本的增长率、工业部门产出增长率。

事实上，资源部门、制造业部门生产要素的实际增长率取决于这两个部门经济个体预算约束下的最优决策，或者说取决于这两个部门生产要素的净收入比较，其中资源部门劳动力的投入成本为零，则净收入就等于工资收入，即 $NR^R = w^R$，其中：NR^R，w^R 分别表示资源部门劳动力的净收入与工资收入；制造业部门劳动力的投入成本为 E，则净收入等于工资收入减去教育成本，即 $NR^M = w^M - E$，其中：NR^M，w^M 分别表示制造业部门的净收入与工资收入，如果说在经济发展的基期，资源部门的工资等于制造业部门的工资（$w^R = w^M$），则有：$NR^R > NR^M$，即资源部门的净收入高于制造业部门的净收入。

2. 变量关系

资源部门与制造业部门净收入的初始差别，引起资源丰裕地区劳动力流向资源部门。根据假设，制造业部门对技术创新、劳动力技能要求相对较高，在人力资本缺乏的情况下，其资本的收益水平也是非常低的。相对而言，资源部门对技术、劳动力技能要求不高，为资源部门的发展提供了可能性。因而，在工业化初期阶段，矿产资源的新发现都会带来资源部门的发展。

从国际市场来看，矿产资源的需求仍在不断扩张，而矿产资源本身是可耗竭的，发展中国家的粗放利用更加剧了资源的耗竭速度，供求矛盾导致价格整体处于上升趋势，但并不排除短期内资源价格下降的情况。也就是说，资源产品的价格是很不稳定的。那么，资源产品价格的波动起伏，比如持续上升或持续下降是如何影响资源部门，乃至资源型地区工业部门的发展呢？

首先对资源产品价格上升时期进行分析。资源产品价格上升必然引起资源部门工资的上涨与资本收益的上涨：

$$P^R \uparrow \rightarrow VMPL^R = P^R \cdot MPL^R = w^R \uparrow，VMPK^R = P^R \cdot MPK^R = r^R \uparrow$$

$$\rightarrow gL^R > gL^I > gL^M，gK^R > gK^I > gK^M \rightarrow g^R > g^I > g^M$$

其中，P^R 代表资源产品价格；$VMPL^R$，$VMPK^R$ 分别代表资源部门劳动力与资本的边际产品价值；MPL^R，MPK^R 分别代表资源部门劳动力与资本的边际产量；r^R 代表资源部门资本投入的收益。

上述关系表明，资源产品价格的上升，必然导致生产要素进一步向资源部门集中，引起资源部门的繁荣。

其次，当资源产品价格下降时，资源部门会如何变化，是否会导致资源部门的要素向制造业部门的流动，引起制造业部门的快速发展？如果资源产品价格下跌，必然导致资源部门生产要素价格下降：$P^R\downarrow\rightarrow w^R\downarrow$，$r^R\downarrow$。

根据前面的假设，如果资源部门工资下降的幅度 Δw 小于劳动者从事制造业部门工作所必需的教育投入 E，即存在：$\Delta w<E$，则有 $w^R-\Delta w\geqslant w^M-E$，那么资源部门的劳动者是不会向制造业部门转移的，新进入的劳动者还是有可能选择资源部门。①

对于资本而言，由于资源部门具有很强的资产专用性，存在巨大的沉淀成本，除非制造业部门的资本收益率非常高，足以补偿沉淀成本，否则很难实现向非资源部门的转型发展。即有：$r^M\geqslant r^R+C/K$，其中，r^M 代表制造业部门资本投入的收益，C/K 表示单位资本转型所付出的沉淀成本。因为沉淀成本巨大，也就是 C 值很高，所以 r^M 必须足够大，才可能刺激和引导资本向制造业部门转移。

正是资源部门发展的自强机制强化了资源型地区对资源部门的依赖，从而使其陷入资源型经济发展的陷阱。从长期来看，资源部门的自我强化对人力资本与创新具有明显的挤出效应；反过来，人力资本与创新的缺乏，制约了区域经济的长期增长，出现了资源型经济现象。

（三）能源资源型经济的形成

能源是一种重要的战略资源，而且可枯竭性十分明显，在能源资源储备丰富的地区，根据上述理论，能源资源型经济的自强机制往往使得该地区陷入能源资源优势陷阱。形成地区经济资源依赖型发展模式，资源依赖型发展模式主要是指依靠区域资源特别是矿产资源的比较优势，通过对自然资源的开采、初级加工并形成初级产品的经济增长模式。

能源资源型城市和地区的出现是工业化进程中一种普遍的现象，资源的自

---

① 对资源部门的劳动者而言，教育或培训的成本不仅包括劳动者接受教育与参加培训所支出的费用，还涉及放弃工作去接受教育或培训的机会成本，即 E=教育或培训费用+机会成本。如果说在短期内很快能够完成教育或培训，进入制造业部门工作，即可忽略机会成本，那么有可能出现 $\Delta w>E$ 的情况。考虑到在现实中，价格下降是短期现象，而接受教育或培训需要一段时期，即机会成本不为零，甚至相对是比较大的，那么一般情况下，更可能出现的情况是 $\Delta w<E$.

然禀赋是导致资源型城市和地区产生的初始动因，由于自然资源的不可再生性，决定了资源总会有枯竭的一天，所以资源型城市迟早总要面临转型的问题。工业化最先在英、法和德等国家开始，能源资源型经济最早也是在这些国家形成。如德国的鲁尔区是世界上最大的工业区之一，也是欧洲最大的工业区，它位于德国西北部，是一个以煤炭开采为基础的工业基地。鲁尔区煤田面积较大，煤炭地质储量达 652 亿 t，煤层厚、开采条件好、煤的品种多。20 世纪 50 ~ 60 年代，这一地区扮演着德国经济迅速恢复和高速增长的“发电机”角色，其钢铁产量占全国 70%，煤炭产量占全国比重高达 80%以上，经济总量曾占到德国国内生产总值的 1/3。20 世纪 50 年代后期，鲁尔老工业基地经济结构和传统产业受到严重挑战，过度开采造成资源趋于枯竭，生产成本直线上升，产品市场萎缩，工人大量失业，陷入资源型经济陷阱。

在自强机制的作用下，我国山东的枣庄市、东营市和山西的大同等很多城市和地区都形成了能源资源型经济，而随着能源资源的开发和日益枯竭，这些地区必然陷入能源资源优势陷阱，面临转型问题。

第二节　能源资源型经济转型面临的问题

一、问题的形成机制

陷入能源资源型经济的地区和城市往往具有以下特征：主导产业依赖某种化石能源资源而发展。由于资金投入集中于该能源资源开采，造成其他产业因投资匮乏而发展缓慢。由于化石能源资源的有限性和不可再生性，随着能源资源被不断开采利用，可开发利用的能源资源将逐渐减少并最终耗尽，依赖能源资源而形成的产业链条就会断裂。对环境生态破坏严重。各种矿床的开采，严重破坏了地下结构，造成大片沉陷区；而对地表资源的开采剥离了地表植被，使环境生态恶化并难以逆转。化石能源产品的初加工造成的大量粉尘和有害气体，更加剧了环境恶化。人们对原有模式的路径依赖，忽视了技术创新能力的培育，伴随着能源资源的开发殆尽，其发展模式的转型将更加困难。因此，能源资源型经济往往面临着产业转型与发展问题、生态环境问题，经济增长和规划管理等一系列问题。具体形成机制如图 8-4 所示：

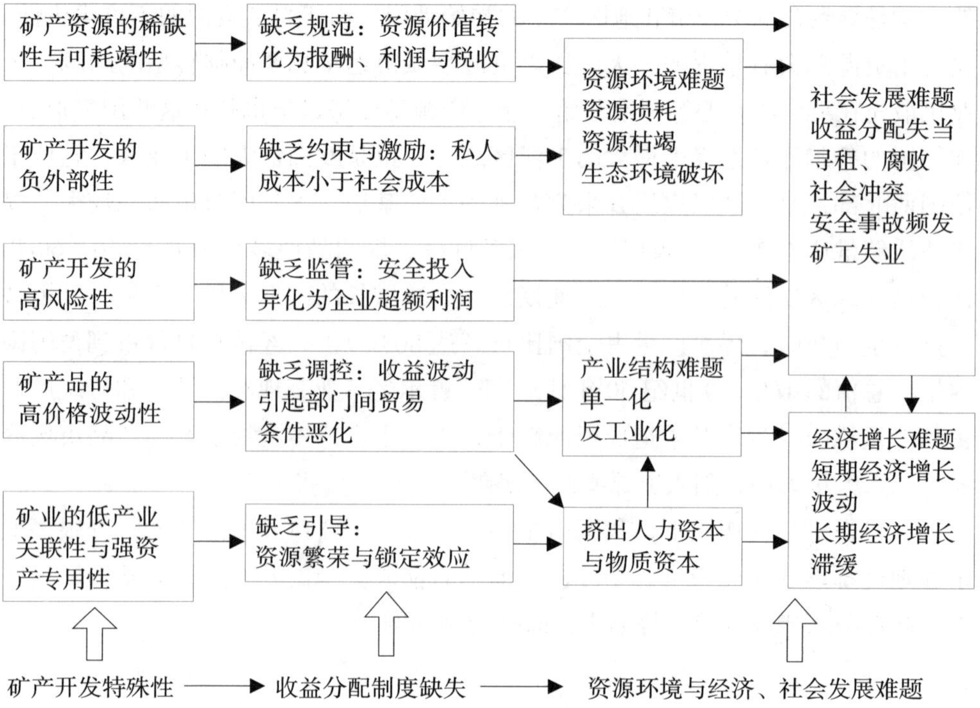

图 8-4　矿产开发特殊性与资源型区域难题

如图所示，不同于一般的产品生产，矿产开发表现出四个特殊性：矿产资源的稀缺性与可耗竭性，矿产开发的负外部性和高风险性，矿产品的高价格波动性；矿业的低产业关联性与强资产专用性。长期以来，对于这样一个具有特殊性的产品和产业，缺乏有效的制度规范、约束、调控，引发资源型区域诸多难题，即资源生态环境难题、产业结构难题、经济增长难题、社会发展难题。为此，需要制定专门的经济政策，以规制企业行为、管理资源财富，防范收益分配不公与使用失当。①

二、问题分析

（一）产业结构问题

能源产品的高价格波动性导致矿业收益的波动，引起要素在资源部门与非

① 张复明. 资源型区域面临的发展难题及其破解思路 [J]. 中国社会科学，2011（6）：1~9.

资源部门之间的流动；能源产业的高资产专用性与低产业关联性，导致高沉淀成本与资源部门对生产要素的锁定效应，造成资源型区域的反工业化与产业单一性等发展难题。

1. 矿产品的高价格波动性与“反工业化”

在能源市场与价格部分，我们曾经做过分析，能源产品价格波动性强，从石油、煤炭等产品的价格变化趋势可以得到证实。其原因有多个方面，既有供求不均衡等经济原因，也有国家关系等政治甚至军事原因，同时能源产业本身所具有的低供给弹性也是重要原因之一。能源产品价格波动带来生产要素收益在部门间的比价变动，容易引起要素在部门间的不正常流动。假设能源产品价格上升，在能源资源高收益的强力刺激下，劳动力、资本等生产要素源源不断地向能源资源部门流入，推动能源资源部门的持续扩张和迅速繁荣，促进能源资源加工产业及相关的服务产业、辅助产业的快速发展，而制造业部门的发展受到制约，出现“反工业化”现象。

2. 能源产业的强资产专用性、低产业关联性与产业结构单一性

能源产品的高价格波动性与低供给弹性，容易引起部门间贸易条件恶化与反工业化。而能源产业的强资产专用性又将要素牢牢锁定在资源部门，这一特性存在于企业、产业、区域三个层面。在企业层面，固定资产投入比重大，且一次性投入占比高、物质资产专用性强；在产业层面，人力资本专用性强，无论是技术人员还是矿工，大多专职于与能源资源相关的技术工作和开发活动，很难适应其他行业的工作；在区域层面，多数办公、生活设施专用性强，且随着资源的枯竭转为沉淀成本。此外，矿业部门的产业关联度低，对相关产业带动能力不强，形成资源型区域产业结构的单一性问题。

（二）资源生态环境难题

资源生态环境难题具体表现为能源开发带来的资源损耗和枯竭及生态环境破坏。前者源于能源资源价值未能得到合理估价，造成资源开发过度；后者源于能源资源开发的负外部性。

1. 能源资源的可耗竭性与资源损耗、资源枯竭

作为生产要素，与劳动力、资本等生产要素一样，能源资源（化石能源）具有稀缺性特征。但不同的是，能源资源还具有可耗竭性特征。随着能源资源的开发，能源资源的所有权逐步灭失。按照新古典要素收益分配理论，在能源资源开发中，工资、利息、正常利润分别是对矿工、资本投入、矿业开发经营者的补偿，构成能源产品的新增加价值。能源资源租金是使用稀缺的、可耗竭

的能源资源的代价，体现为能源资源的价值，包括补偿资源前期勘探的发现权权益价值与大自然所赋予的资源财富的所有权权益价值，如图 8–5 所示。

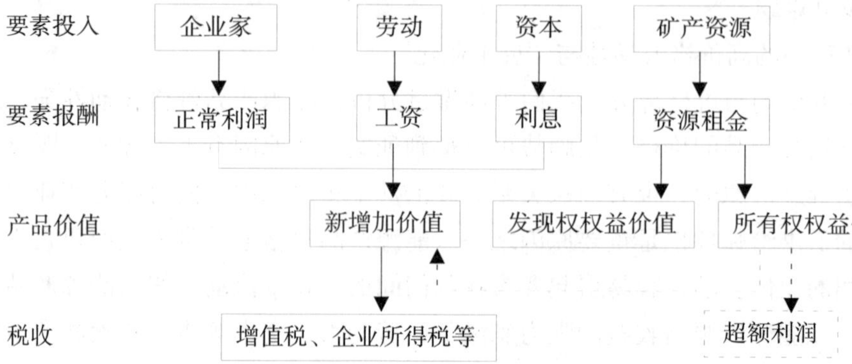

图 8–5　新古典能源产品收益分配结构

在能源资源开发中，资源租金反映着能源资源的价值，并与能源产品收益分配密切相关。能源资源价值包括发现权权益价值与所有权权益价值，前者是通过能源资源前期勘探而形成的能源资源资产价值，后者是大自然赋予的、属于当代人与后代人共同所有的资源财富价值。所有权权益价值或者说资源财富价值，是对资源稀缺性和可耗竭性的补偿，构成稀缺性租金和耗竭性租金。在实际生产中，耗竭性租金往往容易被忽略，表现为能源资源所有权人未能获得相应的报酬；而资源所有权权益价值，部分转化为能源产品的新增加价值，部分转化为能源开采企业的超额利润。将财富价值计入新增加价值，增加了国家的税收收入。在逐利动机下，为了获得更多的高额收益，政府、企业家、要素所有者等相关经济主体共同推动着资源部门的规模扩展，加速了能源资源的开采与耗损。

2. 能源开发中的负外部性与生态环境破坏

不同于一般产品生产过程，能源资源开发具有显著的负外部性，即能源资源开发带来土地资源占用、植被破坏、地面塌陷、地下水层破坏以及大气污染、水质污染等生态环境破坏。还可能导致对本体能源资源以及伴生矿产资源的损耗及破坏。

20 世纪上半叶，在资源无价或者低价背景下，处于工业化起飞期的世界主要工业化国家，对矿产资源进行了大规模开发，引起资源损耗与生态环境破坏这一生态难题，引发人们对资源价值的理论思考以及对解决外部性问题的实践探索。如今，澳大利亚、德国、加拿大等工业化国家，已经形成较为完善的资源生态环境补偿体系。改革开放以来，我国对环境污染问题以及矿产开发中的资源损耗、生态环境破坏问题日益重视，相应的制度体系也在探索与完善之中。

（三）经济增长问题

经济增长难题表现为短期经济增长波动与长期经济增长滞缓。资源型区域对资源产业高度依赖，形成脆弱的、单一的产业结构。矿产品价格波动，引起资源产业，乃至整个资源型区域的经济波动。从长期来看，对资源部门的高度依赖，会挤出制造业与人力资本，导致经济增长停滞。

1. 价格波动、产业单一与短期经济增长波动

资源型区域高度依赖资源产业开发。能源产品价格波动，造成能源资源产业波动，进而引致资源型区域的经济波动。当能源产品价格升高时，劳动力、资本等生产要素向资源部门流动，能源资源产业迅速繁荣，资源部门的高收益与资源产业规模的扩张，带动资源产业及资源型区域的高速增长。当能源产品价格下跌时，由于能源产业资产专用性强，沉淀成本高，退出壁垒高，抑制了要素从能源资源部门的流出。其结果，不仅造成能源资源产业的负增长和衰退。还严重拖累资源型区域的整体经济增长，往往形成剧烈的经济增长波动。

2. 人力资本、物质资本挤出与长期经济增长滞缓

根据内生增长理论，区域长期经济增长主要取决于资本积累，尤其是人力资本。① Matsuyama 等学者认为，制造业部门存在“干中学”特征，带来规模报酬递增。② 制造业部门的发展有利于人力资本的积累，制造业部门比重的上升，意味着整个社会人力资本数量的上升，将会持续促进区域经济增长。然而，能源资源部门存在自我强化的作用机制，特别是能源产品价格上升时，将会引致劳动力、资本等生产要素从制造业部门向资源部门集中，出现能源资源部门比重不断上升、制造业部门比重持续下降的现象，造成人力资本积累减少，进而降低所有部门的生产力，带来长期经济增长的滞缓和区域发展能力的受损。

（四）社会发展问题

社会发展难题主要包括：能源资源开发的高风险性及由此带来的矿难频发、安全事故问题，能源资源开发收益分配的不合理及由此带来的能源产业寻租现

---

① Romer P M.Increasing Returns and Long—17dn Growth [J] .Journal of Political Economy，1986，94（5）：1002–1037.

② Matsuyama k. Agricultural Productivity，Comparative Ad–vantage and Economic Growth [J] .Journal of Economic Theory，1992，58：317–334.

象和腐败问题、收入分配差距扩大问题，区域经济长期增长衰退及由此带来的矿工失业问题及其他相关社会问题等。

1. 能源资源开发的高风险性与矿难

能源矿产开发活动大多在地下或者水下进行，作业环境复杂多变，存在许多不可预料因素，安全隐患多，瓦斯爆炸、透水事故等意外事故时有发生。在矿井设计中采取更高水准的安全防范设施，建设矿工逃生渠道，增加安全投入，就能有效地降低事故发生概率，减少矿工伤亡。在利益最大化理念的支配下，如果没有相应的制度约束与强有力的政府监管，能源资源开采安全设备往往会大打折扣，能源矿山安全投入也难以足额到位，安全生产隐患就难以消除，矿难事故就不可避免。

2. 收益分配制度缺失与寻租、利益纷争

在能源资源开发所产生的资源收益中，有一部分是属于弥补资源稀缺性与可耗竭性、矿产品开发的负外部性以及转型成本的，还有一部分是应当用于安全生产投入的。如果缺乏相应的收益分配制度以及完全的成本核算和有力的财务约束，这些收益就有可能（在实际中常常发生这样的情况）转化为矿产开发的额外租金收益与超额利润。长此以往，必然会引起收入差距扩大，引发相关经济主体、社会团体的收益纷争，导致寻租、腐败、派系冲突等社会问题，增加社会发展的非持续性风险。此外，资源型区域或迟或早都会面临资源枯竭问题，矿工再就业问题也是资源型经济转型中面临的突出难题。

（五）规划与管理问题

能源资源储备丰富的地区发展面临着区域发展规划与管理问题。只有做好区域发展规划，才有可能避免陷入资源优势依赖陷阱，使得能源资源的开发与工业化进程同步进行，资源部门与制造业、服务业等部门协调发展，但是，在发展中国家，由于资源部门的自强机制，使得大多能源资源储量丰富的地区不可避免地陷入了能源资源优势陷阱，形成资源型经济，而随着能源资源的日益枯竭，转型就成为必然，此时，就面临转型中的规划和管理问题。

1. 缺乏长远发展规划，造成发展危机

从资源的开发到枯竭，往往是一个漫长的过程，很多资源储量丰富的地区或城市，资源依赖容易造成城市管理和发展的“惰性”，即由于城市或区域管理人员素质不高、任期短、流动性频繁等原因，造成城市发展和管理部门任期内更多的是追求短期利益或政绩，对城市的发展缺乏长远规划。由于缺乏长远发展规划，资源型经济就不可避免地形成了，而形成资源型经济后如何转型往往也会因为缺乏规划致使城市或区域发展陷入危机，无法走出资源优势陷阱。这是很多发展中国家的资源型城市基本都会面临的问题，所以必须学习发达国家的先进经验，未雨绸缪，做好资源型城市或地区的发展规划工作。

2. 区域发展管理能力弱化，转型困难

根据发展中国家的经验，资源型城市或地区政府官员往往由于资源优势而陷入资源依赖而无所作为，而且贪污腐败的机会也较多，易形成不良风气，很多政府官员同时又是矿山股东或业主，使得资源型城市或区域行政管理能力弱化，行政效能较低，不仅对城市发展缺乏长远规划，而且在城市或区域发展管理方面由于对资源的依赖，管理能力无法及时提升。不良的社会风气、较弱的区域发展管理能力和“资源性利益链”使得资源型城市或地区发展往往陷入“迷途”，无力进行制度创新等改革，促进资源型经济转型。

第三节 能源资源型经济转型的模式

资源型经济转型是一项复杂的工程，需要全面调查与规划，根据当地资源开发情况、产业发展情况、发展有利条件和不利因素等诸多方面的现状，实施资源型经济转型。所以，实现能源资源型经济转型，必须借鉴先进经验，遵循一定的客观规律，选择合适的模式进行。

一、资源型经济转型的模式

（一）优势延伸模式

所谓优势延伸是指在资源开发基础上形成的产业体系在区域甚至全国占有重要地位，不但是地区经济发展的支柱产业，而且还具有主导产业的性质。这类城市或地区的突出特点是资源量较丰富，开采成本低，经济效益好，转型面临的问题少。通过充分发挥现有优势，将资源优势转化为经济优势，使现有的产业优势转化为地区经济发展的优势。优势延伸模式适用于处于成熟期的资源型城市或地区，强调同一产业链中上游采掘业与下游加工业的协同关系，重点发展加工业主导产业。采取此种模式的资源型城市或地区又可分为以下类型：

第一，传统产业链向后延伸的高加工度型。由于历史原因，资源型城市的主导产业通常都是结构单一的原材料工业。根据工业化进程中的结构演变规律，沿着传统的原材料工业产业链条向后延伸，可形成加工、组装工业；初级加工业还可通过“技术集约化”过程向精密加工和深加工发展，最终形成以技术密集型加工业为重心的高加工度产业模式。随着产业链的纵向延伸，下游企业和配套企业数量不断增长，大量生产经营相关联产品的企业在一定空间的聚集形成专业化生产、低成本运输和低交易费用，最终形成一定范围的产业集群。对资源型城市转型后的主导产业选择可有两种安排：一是从资源采掘到轻工业的主导产业选择。特别是大型城市做强做大轻工业的有利因素很多，如，工业基础雄厚，拥有相对廉价的原材料和能源优势。同时，轻工业项目投资较少，产品品种多，既可以是大型的工厂化生产，也可以是小型的家庭化生产，便于城市富余人员的安置。二是从资源采掘到重化工业的主导产业选择。以我国为例，我国目前还处于工业化中期，发展重化工业仍是经济发展的重心和不可缺少的产业环节。从全国产业布局看，由于历史原因，许多重化工业仍布局在东部地区，西气东输、西煤东运不仅耗费大量的人力、物力和财力，也给铁路运输带来沉重压力。资源型城市主要聚集在中西部地区，可根据资源现状和产业优势，利用本地相对丰富、廉价的煤炭等资源建设坑口电站，直接对外输出电力；也可发展电解铝（铜、镍）、氯碱化工等高能耗产业。这种方式不但有利于实现资源型城市的经济转型，对全国产业布局的优化也十分有利。

第二，传统产业链向前延伸的“绿色农业”型。许多能源资源型城市（如煤炭城市）在完成矿物采掘后，遗留有大量土地资源。根据当地自然资源条件，发展高效绿色农业和种植、养殖业，既复垦利用这些土地资源，又起到经济转型早、投资少的效果。对林业城市，可在整个林区处于蓄养恢复阶段时，向生态型产业经济模式转换，发展林区养殖、药材种植、森林旅游等绿色产业。

（二）优势组合模式

优势组合是指资源型城市或地区除具备资源优势外，还具有适度的产业优势或区位优势。这类资源型城市交通便利、基础设施完善、综合实力强、接续产业已有一定基础。通过综合开发利用以上优势，可实现主导产业结构的多元化。优势组合模式适用于依托条件好的资源型城市，随着资源加工产业群的建立和发展，企业间的技术外溢和乘数效应日益加强，为发展其他产业创造了条件。优势组合模式强调不同产业群（包括主导产业间及主导产业与关联产业间）的协同关系。此种模式包括以下类型：

第一，高起点创新型。对地理位置和产业基础都较优越的资源型城市，经济转型要走资源产业与非资源产业并重的发展之路，在产业布局上注重转型与发展高新技术产业兼顾共进，坚持高起点转型。一方面坚持用高新技术对煤炭、石化等传统能源产业进行改造。另一方面大力扶持发展具有地方特色的高新技术产业，带动城市经济发展不断跃上新的台阶。通过充分发掘国内外重大技术创新所带来的投资机会，进行产业升级和产业替代。

第二，多增长点共荣型。多增长点是指资源型城市经济发展不再是单一或单线的，而是复线或混合的。就是在产业结构演化中，无论是三次产业增长对经济增长率的贡献率，还是产业内或部门间的发展，虽然在不同时期各有侧重，但绝不是单兵突进，而是并重或混合进行，从而彻底打破资源型城市单一的产业结构。如，在转型的某个阶段，确定重点发展资本密集型产业的同时，适度发展劳动密集型产业。因为随着中间产品和资本品的生产，传统服务业等第三产业的需求也扩大了，对吸纳就业和繁荣经济将起重要作用。如卡尔加里是北美地区转型成功的典范。卡尔加里是加拿大著名的石油城市，20 世纪 80 年代曾因国际油价下滑而使经济陷入低谷。经过 20 年的转型发展，卡尔加里如今已成为“全加拿大最佳工作地和生活地，全世界最佳投资地”，正以其经济优势和优越生活方式成为世界的领先者，并吸引了一百万居民和众多世界知名企业驻扎。经济多样化对卡尔加里经济的贡献率为 75%，多样化发展不但使卡尔加里摆脱了过度依赖石油的不利局面，而且对产业结构升级起到了加速推进的作用。卡尔加里产业多样化进程一部分属于城市产业发展的自然变革，同时也是城市管理者精心设计规划的结果。①

（三）优势互补模式

优势互补是指资源型城市自身条件虽不理想，但转型可纳入周边大中城市构成的城市圈中，通过区域经济合作与经济一体化发展配套产业，利用相对优越的外部环境，选择与周围城市和区域经济发展相适应并能产生经济互补优势的产业发展。这种模式的好处是较好地解决了区域分工与协作问题，最大限度地减少经济转型成本，避免出现区域产业趋同现象。优势互补模式适用于依托条件相对较差的资源型城市及处于成长期的资源型城市。该模式强调经济转型与区域经济之间的协同关系，有以下几种发展类型可供选择：

第一，点轴开发型。城市群往往是由若干大中小城市（镇）组成的点轴联

---

① 张峰. 国外资源型城市的转型轨迹——试论资源型城市的转型 [N] . 克拉玛依日报，2012-06-19.

合体，其中，点是增长极，是区域中心城市；轴是增长线，一般沿公路、铁路干线辐射。由于城市群内各城市之间一般具有较明显的职能分工，资源型城市应结合自身实际和城市群内职能分工情况，正确定位自身的城市职能，以便顺利、深入地融入城市群，获得转型的动力和持续发展的活力。如，对矿业城市来说，在开发初期，就应根据当地交通、信息、经贸等各方面信息，依托周边城市，宜城则城，宜镇则镇，将矿产资源的开采、分选、粗炼、精炼等生产环节适当予以分离，采用“长距离通勤”等方式开采自然资源，降低转型成本。又如，在沈阳、抚顺、本溪、辽阳、铁岭为主体的辽中城市群中，资源型城市比较集中，由于整个城市群中只有沈阳是中心城市，根据地区经济发展需要，抚顺原来以煤炭工业为主，但由于煤炭资源接近枯竭，而城市又具有一定的工业基础，是城市群点轴系统中发展潜力最大的增长带，可以定位为综合性工业城市；而铁岭的煤电工业发达，可以定位为辽中城市群的能源基地。

第二，城矿联动型。联动就是要充分调动矿山企业与资源型城市两方面的积极性，通过发挥各自比较优势，把转型工作启动起来。矿业城市大多地理位置偏僻，远离中心城市，经济总量小，产业发育程度低，人员安置能力有限，而这些城市中的矿山企业往往还有进一步发展的潜力，依靠矿山企业的联合、兼并等资本运作方式，地方政府再给予一定政策支持，通过外部扩张，使其通过转型解决人员分流问题。如休斯敦是世界石油城市成功转型的典范。20 世纪 80 年代中期，由于国际油价暴跌，世界经济受到沉重打击，休斯敦开始实施城市转型并取得成功。休斯敦转型的成功离不开当地政府全方位的支持，转型过程中休斯敦积极争取政府资助的大项目，以点带面发展高科技产业。休斯敦现在已成为美国国家航空航天局航天中心所在地和美国第一大医疗中心、美国太阳能城市等。

第三，整体迁移型。并不是所有资源型城市都宜于进行经济转型的尝试。如，日本学者通过对日本多个煤炭产区经济转型效果的观察后发现，只有两类煤炭产区的发展在日本政府煤炭产业政策的指导下有所成效。一是靠近东京产业带和濑户内海的矿区；二是与高速发展的新兴都市邻近的矿区，如札幌附近的石狩区和福冈附近的矿区。这些矿区经济转型的成功主要得益于新兴都市的城市化扩张。除此之外，那些远离经济发展中心的矿区，尽管也耗费了大量的资金投入，但收效甚微，很难成功。这种情况在我国也确实发生过，国家曾向不少衰退期资源型城市投入大量资金，搞了许多技术改造项目，但最终还是无济于事。因此，对少数不宜经济转型的资源型城市，特别是少数矿城及林业城市，应让市场机制来决断，与其投入大量资金搞经济转型，不如把钱用在人口迁移和社会保障上，将一些小城市和小城镇整体迁移。

（四）优势再造模式

在原有资源优势基础上建立起来的产业体系，由于结构比较单一，受资源供应的影响会表现出活力丧失甚至衰退的迹象。所以，这类地区必须通过走产业更新的道路来实现转型。所谓优势再造是指随着自身优势资源的衰退，在国家政策扶持下，从生态条件、区位条件、技术条件等各方面重新认识和确立新的优势。优势再造模式适用于资源面临枯竭的矿业城市，这些地区由于多年开发，后续资源接替不上，原有的优势正逐渐消失。而优势再造模式强调矿产资源要素之外的政策、生态、技术、人才等方面的协同关系。

对依托条件好，交通运输便利，生产要素流动能力强的矿业城市，可利用资源开发所积累的资金或通过招商引资，建立基本不依赖原有资源的全新产业群，把原来从事采掘业的人员转移到新兴的产业上来。此种转型模式国外已有可借鉴的成功案例，如，法国洛林地区，由于煤炭资源枯竭，开采难度大，开采成本高于进口煤炭到岸价格的三倍左右，造成洛林煤炭工业长期亏损，法国政府毅然放弃已经完全丧失竞争力的煤炭和铁矿开采业，根据国际市场需求发展计算机、激光、电子、生物制药和环保等新产业。

对依托条件较差的矿业城市，需要国家产业政策、税收政策和财政政策的大力支持，因地制宜地发展新产业。辽宁省阜新市作为资源枯竭型城市经济转型的试点，在政府资金和政策的大力支持下，转型工作已取得初步成功。

二、转型模式的选择

资源型经济所处的背景条件不同，在转型时必须考虑内外部环境因素，因地制宜地进行。以我国资源型城市转型为例，我国资源型城市数目众多，分布广泛，自然条件、资源条件、区位条件等方面情况各异。因此，不同资源型城市应采取不同的转型方式，不考虑具体情况、一刀切地采取同一种转型模式，必然使转型脱离实际，其结果可能会使资源型城市的发展陷入被动的局面。实践证明，处于相同或相近开采阶段的资源型城市，其发展前景也有显著差异，这主要是由城市的地理位置造成的。从区域经济学的角度看，一个城市的发展状况与其依托条件有很大关系，具有良好依托条件的资源型城市，大多交通条件便利，生产要素流动能力强，可资利用的公共条件好，接续产业的发展具备一定基础，这对经济转型大有裨益。反之，地理位置偏僻，依托条件差的资源型城市，投资环境不理想，可利用的基础设施少，生产要素流动比较困难，将导致经济转型的难度大。[①] 因地制宜原则要求不同类型的资源型经济要选择不同的转型模式。依据开采阶段和依托条件两个角度，资源型城市或地区转型模式选择如表 8–1 所示：

表 8–1　资源型城市转型模式选择

<table>
<tr><td colspan="2"></td><td colspan="3">发展阶段</td></tr>
<tr><td colspan="2" rowspan="2">依托条件</td><td>成长期</td><td>成熟期</td><td>衰退期</td></tr>
<tr><td>产量稳步增长，开采成本不断降低，现金流量尚不充裕；劳动力需求量大，环境污染和企业办社会问题尚不明显</td><td>产量基本稳定，现金流量比较充裕；矿山企业承担了许多社会职能，安置新增劳动力能力有限，环境污染值得关注</td><td>产量大幅下滑，开采成本不断攀升，现金流量匮乏，经济发展乏力；人员富余，以及环境污染问题严重，企业办社会问题突出</td></tr>
<tr><td>依托条件好</td><td>区域经济发达，交通便利，资金充裕；可利用的基础设施好，产业发展具有一定基础</td><td>优势组合模式
优势互补模式</td><td>优势延伸模式
优势组合模式</td><td>优势组合模式
优势再造模式</td></tr>
<tr><td>依托条件差</td><td>区域经济不发达，地理位置偏僻，投资环境不甚理想，类似于一个相对独立的封闭矿区</td><td>优势互补模式</td><td>优势延伸模式
优势互补模式</td><td>优势互补模式
优势再造模式</td></tr>
</table>

由表 8–1 可见，资源型经济转型需要根据不同的依托条件和发展阶段，以及其他条件选择合适的转型模式，只有选择了合适的转型模式，资源型经济城市或地区才能顺利转型。所以模式选择是成功转型的前提。

① 黄溶冰，王跃堂. 我国资源型城市经济转型模式的选择 [J] . 经济纵横，2008（2）：35~38.

第四节 能源资源型经济转型的对策

一、发达国家资源型经济转型经验

资源型城市或地区迟早总要面临转型的问题。工业化最先在英、法和德等国家开始，资源型城市在那里最先发展起来，也最先开始转型。在国外，资源型城市经济结构转型问题，一般叫衰退地区经济振兴或结构性问题地区的经济振兴。20 世纪 50 年代甚至更早，在这方面就有了不少研究成果，主要是针对特定地区而言的。如德国鲁尔区的振兴、日本九州地区的振兴等。[①] 分析研究发达国家资源型城市和地区转型的模式和经验，对目前面临转型城市和地区选择转型模式，做好资源型经济转型工作具有较强的借鉴意义。

（一）美国、加拿大、澳大利亚三国的转型经验

美国、加拿大、澳大利亚三国的特点是：幅员辽阔、矿藏丰富、人口稀少。三国的矿业城市主要是煤铁矿区和石油产区，一般规模较小，只有几千人到几万人的规模，转型难度较小。美、加、澳三国的资源型企业绝大多数是私人企业，政府主要通过财政和金融手段对经济进行控制，很少直接干预企业经营。因此在处理矿业城市产业转型的问题上，主要由企业自主决定何时进入，何时退出，如何退出。政府主要解决资源型企业迁移后留下的人员安置问题。由于美、加、澳都是移民国家，人们对于迁移习以为常，绝大部分的居民都能顺利迁移到适合发展的城市。因此美、加、澳的矿业城市就出现了两种截然相反的前途：一种是如美国西部由于资源开发殆尽、人去城空而形成的“鬼城”，另一种就是类似休斯敦和洛杉矶这样的综合型城市。这都是市场自由选择的结果。

三国矿业城市的转型，虽是市场选择的结果，但这些国家政府还是采取了一些政策，只是不起主导作用而已。三国在资源型经济转型方面的基本经验如下：[②]

---

① 陈学章. 国外资源型城市转型的经验与启示 [J]. 湖北师范学院学报（哲学社会科学版），2007（3）：47~49.

② 余际从，李凤. 国外矿产资源型城市转型过程中可以借鉴的做法经验和教训 [J]. 中国矿业，2004（2）：15~16.

一是建立预警系统。预警系统是指提前公布公司的计划，给公司、地方政府、工人及其家庭留出足够的时间来逐步有序地关闭工厂或是放弃一个矿区城市。加拿大法律规定的预警时间是 2~4 个月。这可以避免工人惊慌失措。

二是实施紧急经济援助、再培训、搬迁及工作分享策略。紧急救援可持续半年到一年，帮助工人渡过最初难关，直到找到工作为止；再培训可以提高工人在新兴产业中的就业机会；搬迁到其他地区以渡过暂时困难；工作分享可以降低不稳定性，减少社会不安定因素。

三是建立社区赔偿基金和专项保险机制。由政府、公司、工会组织注入社区基金，作为危机时期的补救来源。同时建立一个社区委员会负责审查并发放资助。

四是经济基础多样化和地方购买。要保障一个地区长期发展和繁荣，扩张经济基础、实现经济基础多样化是唯一的选择。地方购买可产生附带扩散效应，扩大地方就业和服务功能，将经济乘数留在当地。

五是实施区域规划，建立结构联系。在北美有中心城市资源区的概念。大型人口中心的外围依次是：无人居住带、移动性城镇地带、长期通勤地带。这三个地带构成中心城市资源区。在工地上有最必需的建筑，平房即可。中心城市是周末娱乐和购物的场所，集中力量建设好。这样中心城市资源区资源的枯竭只会导致就业结构的转移，而不是经济上的不稳定或城镇的消失。

（二）日本资源型经济转型经验

日本矿产资源缺乏，人均资源占有量低，这就决定了日本对资源型产业的重视。日本的资源型产业主要是煤炭产业。20 世纪 60 年代，由于廉价石油的冲击，煤炭产量大幅度下降，煤矿数目急剧减少，煤炭产业出现危机。为此 1961 年日本政府规划了产煤地域，并制定了煤炭政策和相关法律。到 1991 年，日本政府先后制定了 9 次煤炭政策。从第一次煤炭政策到第七次煤炭政策，日本政府一直认为，煤炭产业应该维持一定的生产规模。日本政府为之付出了总计达 2500 亿日元的国债，但结果却不尽如人意。到了 20 世纪 70 年代，日本煤炭产量由 5000 万吨水平下降到 1000 多万吨。因此在第八次和第九次煤炭政策中，日本政府开始注意煤炭产业的转型，决定在分阶段逐步减少国内煤炭产量的同时，寻求多元化及开拓新领域，逐步实现使用国内煤炭向进口煤炭转变，通过支持产煤地域基础设施建设，扶持大型项目建立，发展替代产业等措施，寻求煤炭产区经济结构多元化，实现产煤地域的振兴。在日本矿业城市转型过程中，政府的作用是非常重要的。除了专门制定了九次针对煤炭产业的对策，还制定了《特定萧条产业安定临时措施法》《特定产业结构改善临时措施法》等相关法律，以及财政补贴、税负减免、电力行业必须购买高价的国产煤炭等。[①] 日本模式的特点是政府制定政策和法规支持产业转型。

（三）欧盟资源型经济转型经验

欧盟国家资源型城市的特点是：由于工业化进程较早，自然资源大规模开发的历史长、程度深，生产成本高；城市历史较长，曾经为重工业中心，转型要求迫切，难度大。法国洛林地区和德国的鲁尔地区是典型的煤铁基地和重工业区，曾经是当地的骄傲，但原有的以煤炭、钢铁、煤化工、重型机械等为主的单一的重型工业经济结构日益显露弊端。联邦及当地成立了专门的委员会负责产业转型，制定了一系列的措施，并投入重资支持产业转型。诸如用高技术改造矿业产业，发展新兴的替代产业，大力扶持中小企业发展，通过职业培训和个人创业等方式帮助下岗人员再就业等。欧盟模式的特点是政府主导与市场调节相结合，推动资源型城市产业转型这种模式对我国资源型城市来说有更大的借鉴意义。下面以法国洛林地区和德国的鲁尔地区为例，介绍其经验与做法。

法国洛林地区的基本经验如下：一是彻底关闭煤矿、铁矿、炼钢厂等成本高、耗费大、污染重的企业；二是根据国际市场的需求，重点选择了核电、计算机、激光、电子、生物制药、环保机械和汽车制造等高新技术产业作为未来发展的方向；三是利用高新技术改造传统产业，大力提升钢铁、机械、化工等产业的技术含量和附加值；四是制定优惠政策，吸引外资，将转型与国际接轨；五是专门成立国土整治部门，负责处理和解决衰老矿区遗留下来的土地污染、闲置场地的重新有效利用问题；六是创立专项基金，用于对老矿区的重新包装，如建居民住宅、娱乐中心等；七是创建企业创业园，扶持失业职工创办小企业，由国家资助非营利的“孵化器”，为新创办的小企业无偿制订起步规划，在初期或成长期为之提供各种服务；八是把培训职工、提高技能作为重新就业的重要途径。

德国鲁尔地区的基本经验如下：一是成立劳动和经济促进机构。二是吸引外地企业前来投资。市政府对土地的使用进行规划，向投资企业提供价格优惠的土地。三是建立技术园区。从 1985 年起，分 5 个阶段投资 1.3 亿马克，建设了一个技术园。四是大力发展手工业和中小企业。五是大力发展生产性企业。

① 张米尔. 市场化进程中的资源型城市产业转型 [M] . 北京：机械工业出版社，2004.

六是大力发展服务业。七是实施一项 3 年期的特殊政策，如通过德国联邦协调银行提供 9 亿马克的低息贷款，每创造一个就业岗位，就给企业 5 万马克，工人转岗培训费完全由政府支付。在替代产业方面，以发展汽车、化工、电子以及消费品工业为接续产业，通过产业变革的力量改变了整个鲁尔地区的经济格局，在环境治理方面，对填充废井和环境整治提供资金，由联邦政府承担 2/3，地方政府负责 1/3，启动了煤炭补贴税。

总之，发达国家在资源型经济转型方面积累了丰富的经验，无论是美加澳的市场主导模式，还是日本的政府主导模式，抑或欧洲地区的市场与政府结合模式，都值得后来者学习和借鉴。发展中国家在资源型经济转型方面必须吸取发达国家的先进经验，做好资源型经济转型工作。

二、完善经济运行体制与机制，为转型创造条件

借鉴发达国家先进经验，考虑到能源资源型经济的诸多缺陷与问题，有必要从改革矿产开发的收益分配方式入手，建立一套与资源收益分配相关的经济运行机制，其基本思路在于：建立矿产资源产权与收益分配机制、生态环境补偿机制、矿产资源财富转化机制、绿色创新激励机制、产业结构优化升级机制，通过制度创新、产业规制与政府监督，实现资源绿色集约开采与高效利用、生态环境保护、产品链条延伸、再生资源开发、财富持续积累的目标。具体如图 8-6 所示。

（一）矿产资源产权与收益分配机制

完善矿产品完全成本与价格形成机制。完全成本是对私人成本和对矿产资源开发的负外部性、安全投入、沉淀成本的补偿，除合理的资源租金、生产成本外，还包括安全成本、转型成本、外部成本，这些统称为矿产开发中的社会成本。[①] 传统的矿产开发活动，不可避免地带来环境污染、生态破坏以及区域发展能力的下降，严重影响当地居民的生活与生产发展，造成典型的负外部性，对这类损失的补偿称为外部成本。在矿产开发中，由于资产专用性强、投资数额大，容易形成巨大的沉淀成本，进而导致严重的资源配置扭曲，对这一类损失的补偿称为转型成本。在矿产开发中，作业环境的不完全可知性和作业场所

---

① 景普秋. 基于矿产开发特殊性的收益分配机制研究 [J]. 中国工业经济，2010（9）：15~25.

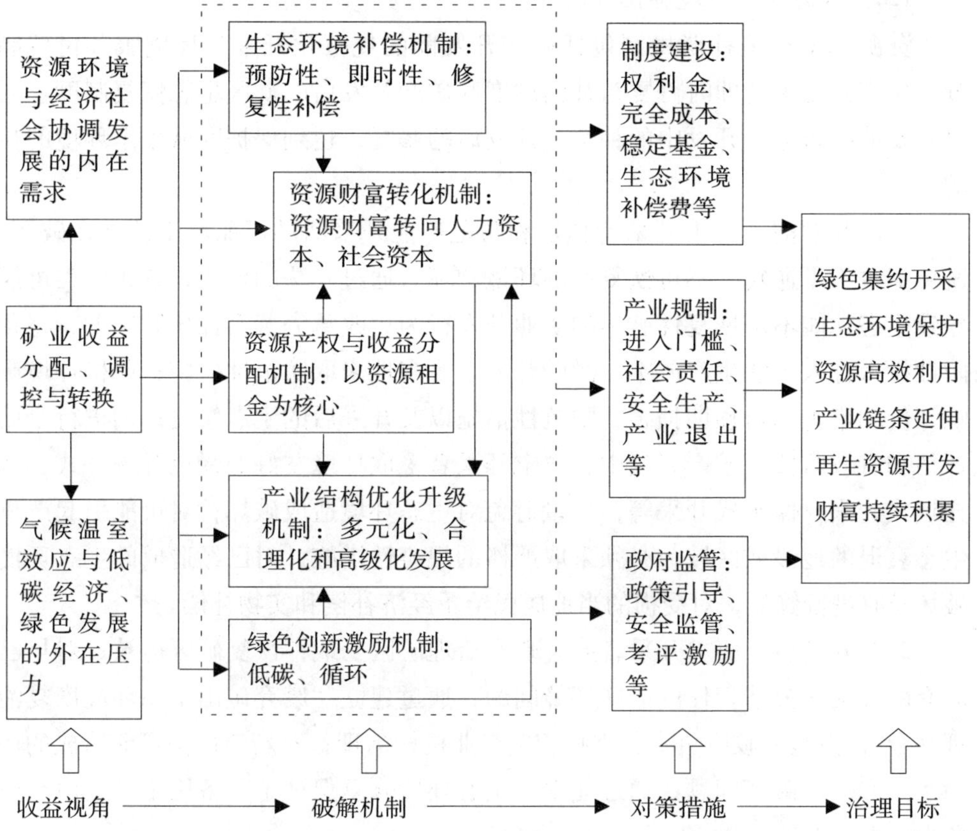

图 8-6 破解资源型区域发展难题的基本思路与机制

的经常流动性，必然在生产过程中伴随着这样或那样的安全隐患，并有可能引发安全生产事故，乃至付出矿工生产健康的代价，对这一类（潜在）损失的补偿称为安全成本。

资源租金包括两部分：一是获得采矿权所应支付的费用，是资源发现权益与所有权益的体现，为基本租金；二是开采矿产资源时依据市场价格向资源所有权人及国家缴纳的相应费用，是对资源所有权益的补偿，为浮动租金。基本租金采取从量原则，浮动租金采取从价原则。

考虑到矿产品价格波动性的深刻影响，应当建立稳定基金制度，用以调控矿产品市场的收益波动。在矿产品价格较高时收取超额利润部分，在价格低迷时对矿产资源开发企业进行适当补贴。稳定基金制度可以平抑市场资源价格异动，促进矿产品供求均衡，调节矿产品收益，维护矿业健康稳定发展，同时还能够实现代际补偿，将资源产品价格上升带来的额外收益以基金形式留给后代。

（二）资源生态环境补偿机制

资源生态环境补偿机制包括矿产开发前的规范化开采与环境服务付费制度、矿产开发中的即时修复与补偿制度和矿产开发后的矿区生态恢复制度。通过开发前的防范、开发中的补偿、开发后的修复，达到保护区域生态环境的目的。

矿产开发前，要求开采者预估和防范矿业开采活动可能产生的潜在破坏，避免那些不可逆转、不可恢复性的环境破坏。通过立法的形式，禁止各类可能导致生态功能不可恢复性破坏的矿业开发行为；改革完善会计核算制度，将预防性投入计入企业生产成本，激励开采者更多地采取防范性措施；严格环境影响评价和审查，对预期损害、防范性措施以及开采后的生态修复计划进行全面评估和有效监督。矿产开发中，要求开采者采取环境友好型绿色开采方式，如充填式开采、保水式开采等，尽量避免对生态环境造成破坏；对可能引起严重生态衰退的地段或区域，必须采取严格的规避性措施；对已经造成的生态环境破坏及时进行修复，对受损的当地居民给予经济补偿和实物补偿。

矿产开发后，要求开采者或者政府治理矿区土地，恢复矿区植被；对早已废弃的或无法分清责任的矿区环境问题，通过建立"废弃矿山生态环境恢复治理基金"，由地方政府负责，委托相关专业机构治理；对新建矿山可能造成的环境污染和生态破坏问题，通过建立"生态环境修复保证金（备用金）"，由企业负责恢复治理。

（三）资源财富转化机制

建立区域财富总量监控账户，加强自然资本财富向物质资本、人力资本、社会资本财富的转化力度，提高区域真实储蓄（率），增强区域可持续发展能力。矿产资源的开发导致区域自然资源财富的减少，只有当物质资本、人力资本、社会资本财富的增加量高于自然资源财富的减少量时，区域财富总量才可能增加，区域可持续发展能力才可能增强。增强资源型区域的资本积累能力，促进自然资本财富向其他资本财富形式的转化，形成一种内生化的物质资本、人力资本、社会资本的持续累积增殖机制，是实现经济持续增长的前提。财富转化与资源型区域的投资环境、政策导向以及资源收益管理密切相关。现有统计体系主要关注物质财富的增加，而很少考虑自然资本财富的减少，以及人力资本的流失、社会资本的下降。在资源开发区域，要针对性地建立区域财富监控账户，科学测度资源财富、人力资本财富、社会资本财富的动态变化，提升资源型区域的可持续发展能力。

（四）绿色创新激励机制

所谓绿色创新激励机制，就是通过观念创新、技术创新、金融创新、制度创新，建立以低碳、循环、绿色、集约为特征的发展促进机制，提高资源和能源利用效率，减少二氧化碳及其他废弃物排放，增强区域经济增长的动力，实现资源型区域人口、资源与环境的协调发展。提高资源利用率、减少温室气体排放主要有两种途径：一是开发利用各种可再生能源，大力发展新能源产业，如太阳能、核能、天然气、地热能、风能等，尽快在产业化关键技术环节取得重大突破，改变能源利用结构，提高能源清洁利用水平；二是在化石能源开发中，鼓励绿色洁净高效能源利用技术的研发和推广，不断提高资源回采率和转化率，增进能效和降低能耗，减少能源利用过程中的环境污染。

韩立岩等认为，绿色产业往往是知识密集型和资本密集型产业，具有投资起点高、短期见效慢等特点，没有完善的绿色金融体制就无法实现绿色产业的快速发展。因此，需要建立绿色金融激励机制和绿色评级体系，通过金融产品创新，拓宽绿色项目和绿色技术的融资渠道，优先满足符合环保、低碳、节能要求的市场行为人的融资需求。①

（五）产业结构优化升级机制

产业结构优化升级就是指产业结构多元化、合理化、高级化的发展过程。产业结构多元化是指根据要素供给结构与消费需求结构，形成以不同主导产业为核心的，具有带动性强、影响力大、成长性好的多元化产业体系，以增强抵御市场风险的能力。产业结构合理化，是根据消费需求与要素供给特点，对生产要素进行合理配置，协调产业之间、供给结构与需求结构之间的关系，提高要素的生产率与综合使用效率；还包括产业组织结构合理化，即在市场机制下形成的特定产业内不同规模水平企业之间比例关系及其竞争与垄断特征。产业结构高级化是指随着生产力的发展和社会的进步，国民经济部门结构的重心按照三次产业的序次不断递进和升级的过程，以及在各次产业及行业内部技术层次和价值链分工不断递进和升级的过程。

资源型区域的产业结构优化升级，重点是从单一的、低技术含量的、资源部门为主的产业结构，向多元的、具有高附加值价值、高技术含量的制造业部门，以及服务于资源部门、制造业部门的现代物流、科技研发、现代金融、信

---

① 韩立岩，尤苗，魏晓云. 政府引导下的绿色金融创新机制 [J]. 中国软科学，2010（11）：12~18.

息产业等生产性服务业转化升级的过程。

三、能源资源型经济转型具体对策

（一）改善宏观调控

能源资源型经济转型宏观调控包含以下三个方面：一是成立专司部门。资源型城市的经济结构调整，既是一个复杂的系统性问题，也是一个长期的战略性问题。德、法、日等发达国家在20世纪五六十年代推动资源枯竭型城市经济转型时尽管具体做法不一，但都成立了专门领导和协调转型的机构。我国可考虑由发展改革委等有关部委共同成立“国家资源型城市经济转型规划与政策办公室”等；二是制订和实施战略规划，并可考虑立法保障。由国家专司转型的权威机构来制定和实施经济转型规划和区域振兴规划。首先，这种高层次机构可以兼顾利益、协调各方采取行动；其次，可以避免地方政府制订转型规划所带来的主观随意性和任期制下出现的非连续性；最后，能突破地方政绩观和地方利益集团的束缚，及早进行科学规划，做到未雨绸缪。另外，鉴于资源型城市的经济转型在我国是一项具有全局性、战略性的重大举措，不只是资源型城市的局部问题，可借鉴国外经验，通过立法将转型纳入法制轨道，强化保障机制；三是在产业政策、财税金融、环境生态、科学技术、教育培训和基础设施等诸多方面对资源型城市的经济转型给予倾斜性支持。鉴于资源型城市转型的系统性与复杂性，要取得转型的真正成功，必须打政策组合拳和注意措施的综合配套。

（二）积极调整产业结构

积极调整产业结构一是要淘汰落后资源产业，即主动退出那些成本高、环境污染重且没有区域比较优势的产业；二是改造传统产业，即对仍具竞争优势的传统资源产业积极用先进技术进行改造升级。资源型城市经济转型并不意味着要全部放弃传统资源产业。对仍具竞争优势的传统资源产业要利用先进的科技对其改造，使其升级换代，提高市场竞争力；三是将有基础的非资源型产业做大做强成支柱产业，激活存量资产；四是在资源型产业基础上发展接续产业，拉长产业链条。当然，还可以考虑对伴生资源、共生资源和废弃物的综合利用，大力发展循环经济；五是在资源型产业之外发展既有国际市场前景又有本地比较优势的新兴产业，进行新产业植入。

（三）重塑城市形象与功能

重塑城市形象与功能要注意两个方面：一是资源枯竭型城市转型的过程一

般也是“现代城市化”与“城市现代化”协同推进的过程。要理解这一点，必须先弄清楚传统城市化与现代城市化、现代城市化与城市现代化两组概念。传统城市化与现代城市化的区别在于城市化的产业支撑不同：18 世纪六七十年代工业革命以后，世界城市化开始进入现代城市化阶段；即城市化传统与现代之分界点在于有没有社会化工业大生产的支撑。现代城市化与城市现代化的区别在于城市化量与质的区别：近年来，第三产业替代第二产业成为城市发展新动力源的趋势越来越明显，并且城市发展也由以“城市化”为主的量变阶段向以“城市现代化”为主的质变阶段过渡；二是资源枯竭型城市的经济转型必须高起点规划，强化环境整治、生态保护、基础设施建设和城市功能与形象的优化。没有城市形象的重塑，没有城市功能的再造，就不可能有成功的转型。

（四）优化产业组织

优化产业组织一是要促进大企业集团的建立，培育地方经济成长的火车头。竞争力强、发展迅速的大企业往往能成为带动一个地区经济成长的火车头；二是要促进中小企业的发展，打造有活力的产业组织结构。要在积极建立大企业集团和争取大型企业进驻的同时，大力发展中小企业，为大企业提供配套服务，形成产业聚集和企业网络，提高区域竞争优势。企业在初创阶段最需要政策、环境的呵护。因而，为推动和促进中小企业的更快发展，要综合运用诸如提供创业资助、支持技术进步和创建企业园圃等多种政策措施。

（五）深化对外开放

深化改革开放一是要优化投资环境，大力吸引外资和区外资本进入。为配合转型、吸引外部投资，其一可以考虑积极兴办各类工业园区，努力培育项目载体，实施筑巢引凤和项目招商；其二政府应该制定和给予一系列优惠政策。扩大开放，吸引外部资本进入不仅会促进产业转型和创造就业岗位，还将极大地推动经济在区域间的横向联系，甚至将推动和深化产业的国际化发展；二是要鼓励企业积极参与国内统一大市场的竞争，在条件成熟的时候更要走出去主动参与国际市场竞争。资源型城市在经济转型过程中，要创造条件，积极鼓励企业开拓外部市场甚至是国际市场，从而促进经济的外向型发展和对外贸易多元化。企业参与国内大市场和国际市场竞争程度加深的过程，也就是企业扩大产能、改善产品结构的过程，更是塑造企业竞争力和提升企业品牌影响力的过程。

（六）健全科教培训和社会保障

健全科教培训和社会保障一是要依靠科技教育来放大资源型城市经济转型

的物质技术动力。资源型城市的经济转型必须走新型工业化道路。按照这一要求，资源型城市的经济转型必须紧紧依靠科技进步，把科技创新与资本投入相结合，用科技力量放大经济转型的动力，推动经济转型的步伐。另外，科技创新和教育发展也是城市经济结构优化和升级的根本标志之一；二是要加强职业技术培训，促进再就业和再工业化。通过卓有成效的职业培训事业的发展，能提高大批传统产业工人的素质和技能，从而为产业结构调整和新兴产业的发展准备条件；三是完善社会保障制度，减轻经济转型带来的负面影响。资源型城市的经济转型，必然会造成大量的结构性失业，社会不稳定性因素增加，这就要求多渠道地分解经济转型压力，在加强职业培训的同时，抓紧完善社会保障制度，以减轻资源型城市经济转型的负面影响，为转型提供稳定的社会环境。

第五节　本章小结

综上所述，本章从能源资源型经济的形成入手，全面分析了能源资源型经济形成的机制、转型面临的诸多问题，并在分析问题的基础上，研究了能源资源型经济转型应该遵循的基本原则和可供选择的转型模式，能源资源型经济区应该根据自身特点，考虑内外环境因素，吸取先进经验，因地制宜，选择合理的转型模式，本章在研究发达国家转型经验和分析转型机制的基础上，从宏微观多个方面提出了能源资源型经济转型的具体对策。

第九章 能源与经济发展

能源资源是人类社会赖以生存和发展的物质基础，更是经济发展的动力之源和整个社会生产力的核心。反过来，经济增长又为能源系统的发展提供了必要的物质条件和经济基础。因此，能源与经济增长两者之间存在的是一种相互影响、相互制约、互相促进的辩证关系。但是能源在为经济发展提供动力的同时，又带来环境污染等外部性问题，近些年来，“能源—经济—环境（3E）”系统研究成为能源经济学领域的研究重点。本章主要是在研究能源与经济、能源与环境、经济与环境二元系统的基础上，重点分析“能源—经济—环境（3E）”系统关系模型。

第一节 能源和经济增长

一、能源在经济发展中的地位与作用

能源是社会赖以生存和发展的物质基础，在国民经济发展中具有特别重要的战略地位。一个国家或地区拥有能源的数量和分布以及开发利用能源的水平和程度都直接决定了这个国家或地区的国民经济发展水平及可持续发展的能力。历史证明：丰富的能源资源拥有量和较强综合开发的能力能够促成一些国家和地区经济的高速发展，亦由于“石油危机”而导致一些国家和地区经济危机。改革开放以来我国经济的持续稳定发展也得益于丰富稳定的能源保障。可见，能源在经济增长中发挥着基础和保障作用，它是经济增长的推动力量，影响着经济增长与发展的规模和速度。具体来说，能源在经济发展中的作用主要体现在以下五个方面：

首先，能源工业的发展推动了社会生产的发展和经济规模的不断扩大。物质资料的生产只能也必须依赖能源为其提供动力。从历史上看，煤炭取代木材，

石油取代煤炭以及电力的利用，都促使社会生产发展进入一个新的阶段，并使经济规模急剧扩大。

其次，能源工业的发展促进了新产业的诞生和发展。能源产品，尤其是矿物能源产品，同时也是重要的工业原料。以矿物能源为原料的煤化工、石油化工不仅本身崛起为举足轻重的产业部门，而且带动了一系列新产业的迅猛发展，同时为传统产业的改造创造了条件。

再次，能源工业的发展不断推动技术进步。迄今为止，三次科技革命都与能源技术革命紧密相关。蒸汽机的普遍利用是在煤炭大量供给的条件下实现的；电动机完全依赖电力的利用；交通运输的进步与煤炭、石油、电力的利用直接相关。农业现代化或现代农业的进步，包括机械化、水利化、化学化、电气化等同样依赖能源开发利用的推动。此外，能源的开发利用所产生的技术进步需求，也对整个社会技术进步起着促进作用。

第四，能源的利用促进了劳动生产率的不断提高。电力的使用提高了机械化程度，降低了劳动成本，使能源在一定程度上替代了劳动力，促进了劳动生产率的提高。电力设备的使用促进劳动生产率提高仅仅是能源促进劳动生产率提高的例证之一。可以说，能源促进劳动生产率的提高与能源促进技术进步几乎是同义语，或者说，前者是后者的必然结果。

最后，能源是提高人民生活水平的主要物质基础之一。生产离不开能源，生活同样离不开能源，而且生活水平越高，对能源的依赖就越大。这不仅表现在能源促进生产发展，为生活水平提高创造了丰富的物质产品，而且体现在生活水平的提高依赖于民用能源的数量增加和质量提高。民用能源既包括炊事、取暖、卫生等家庭用能，还包括交通、商业、饮食服务业等公共事业用能。所以，民用能源的数量与质量是影响生活水平提高的主要物质基础之一。

综上可见，能源在经济发展中的战略地位和核心作用是其他生产要素所无法替代的，可谓能源是国民经济的命脉，且与人民生活和人类的生存环境休戚相关，在社会可持续发展中具有举足轻重的地位。也可以说，能源是一国国民经济发展的基础和基本动力。作为国家重要的战略资源，能源在国民经济和社会发展中发挥着十分重要的促进和保障作用。

二、经济发展的能源资源约束

资源是经济社会可持续发展的基础性要件，实现经济社会可持续发展需要有充裕的资源作后盾。一国工业化进程中，如果规划管理不善，经济社会的发展往往要以付出大量消耗有限自然资源和破坏生态环境的沉重代价，如我国现阶段，资源短缺对可持续发展的约束日益凸显。所以，正确认识可持续发展面临的资源环境约束，全面分析产生资源约束的原因，科学探索缓解资源约束的对策，推动整个社会走上生产发展、生活富裕、生态良好的发展道路，是实现资源约束下经济社会可持续发展的首要问题。资源往往包括土地资源、水资源、能源资源和矿产资源等，此处以我国为例，主要分析经济发展过程中能源资源的约束问题。

能源是人类生存、经济发展、社会进步不可或缺的重要资源，是关系国家经济命脉和国防安全的重要战略物资。随着经济的快速发展，我国已成为世界第一大能源消费国，经济增长呈现依赖能源高投入、高消耗的特点，能源市场呈现需求远大于供给的基本格局。根据 2011 年《国务院关于加快转变经济发展方式工作进展情况的报告》，2010 年我国单位国内生产总值能耗是世界平均水平的 2.2 倍。能源生产增长赶不上消费增长，短缺问题日益凸显，“油荒”“电荒”“煤荒”已成为约束经济社会可持续发展的“瓶颈”。我国从 1996 年由石油净出口国转变为净进口国，于 2003 年超过日本成为仅次于美国的第二大石油消耗国，能源对外依存度日益攀升，华东、南方、华北等地夏季电力供需紧张几乎成为常态，季节性、时段性缺电比较明显。我国是世界上最大的煤炭生产和消费国，煤炭产量超过世界总产量的 1/3，但随着煤炭消费需求的大幅度上升，自 2003 年开始出现了“煤荒”，当年全国煤炭产量达到 17.22 亿吨，电煤缺口超过行业警戒线。石油、电力、煤炭供应全面紧张，对企业正常生产和人们日常生活产生了重大影响，造成了巨大的经济损失。特别是能源对外依存度越来越大，需要依靠进口满足国内需求，这不但涉及经济问题，而且也涉及政治与国家安全的问题。一方面国际市场能源价格飙升，局部地区能源供应不足和剧烈波动，给我国带来了额外的经济负担，降低了我国 GDP 的增长速度，使我国利用国际能源改善国内能源供应和消费结构变得更加困难；另一方面随着我国能源进口的增加，国际上出现了中国“能源威胁论”，使我国能源安全问题变得十分突出，面临着很多不可预见和不确定性因素。可见，我国经济发展面临严峻的能源资源约束。

与此同时，经济发展同样对能源系统有一定的促进作用，表现在：经济增长产生能源需求，为能源系统的发展提供市场；经济增长为能源系统的发展提供人力、物力、财力等物质基础；科学教育的发展为能源的开发利用提供认识工具；技术进步和社会生产发展为能源系统的发展提供物质手段。一般而言，经济增长与能源需求总量同方向变化，并且存在着一定的比例关系。

表 9-1 1990~2011 年中国能源生产和消费，以及经济增长情况

年份	能源消费量（万吨标准煤）	能源消费增速（%）	能源生产量（万吨标准煤）	能源生产增速（%）	GDP-当年价（亿元）	GDP 增速（%）
1990	98703		103922		18668	
1991	103783	5.15	104844	0.89	21781	16.68
1992	109170	5.19	107256	2.30	26923	23.61
1993	115993	6.25	111059	3.55	35334	31.24
1994	122737	5.81	118729	6.91	48198	36.41
1995	131176	6.88	129034	8.68	60794	26.13
1996	135192	3.06	133032	3.10	71177	17.08
1997	135909	0.53	133460	0.32	78973	10.95
1998	136184	0.20	129834	–2.72	84402	6.87
1999	140569	3.22	131935	1.62	89677	6.25
2000	145531	3.53	135048	2.36	99215	10.64
2001	150406	3.35	143875	6.54	109655	10.52
2002	159431	6.00	150656	4.71	120333	9.74
2003	183792	15.28	171906	14.10	135823	12.87
2004	213456	16.14	196648	14.39	159878	17.71
2005	235997	10.56	216219	9.95	184937	15.67
2006	258676	9.61	232167	7.38	216314	16.97
2007	280508	8.44	247279	6.51	265810	22.88
2008	291448	3.90	260552	5.37	314045	18.15
2009	306647	5.21	274619	5.40	340903	8.55
2010	324939	5.97	296916	8.12	401513	17.78
2011	348002	7.10	317987	7.10	472882	17.77
2012	361732	3.96	331848	4.36	518942	9.74

资料来源：中国统计年鉴（2012）.

三、能源与经济因素的关系

（一）能源与经济周期

能源作为人类社会赖以生存和发展的物质基础，可谓是经济发展的源泉和

社会生产力的核心。随着经济的不断发展，人们越来越清晰地感受到能源消费与经济周期之间存在着一种紧密的联系，历史表明，能源消费与经济周期之间存在着紧密的正相关关系，即经济增长与能源消费增长同方向变化，且存在着一定比例的关系；经济周期的起伏波动与能源消费品种、结构的扩大和更新正相关；由于经济周期波动，能源消费质量的需求也在相应地变化。

以我国为例，从我国 1990~2012 年能源生产和消费，以及经济增长速度的大致变动情况可以看出能源生产、消费与经济周期的关系。如表 9–1 和图 9–1、图 9–2 所示：

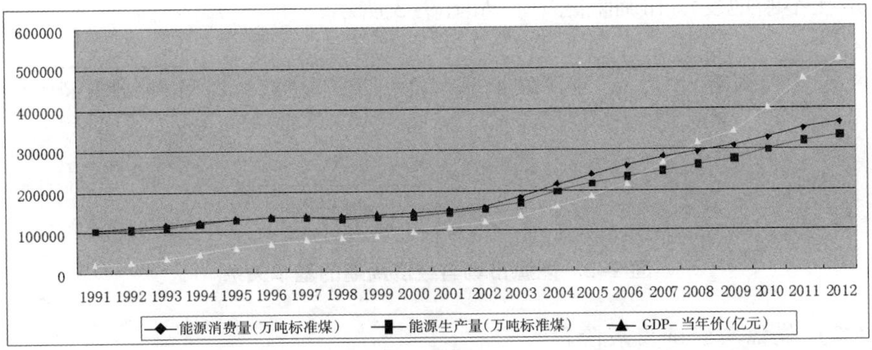

图 9–1 1990~2011 年中国能源生产和消费，以及经济增长情况

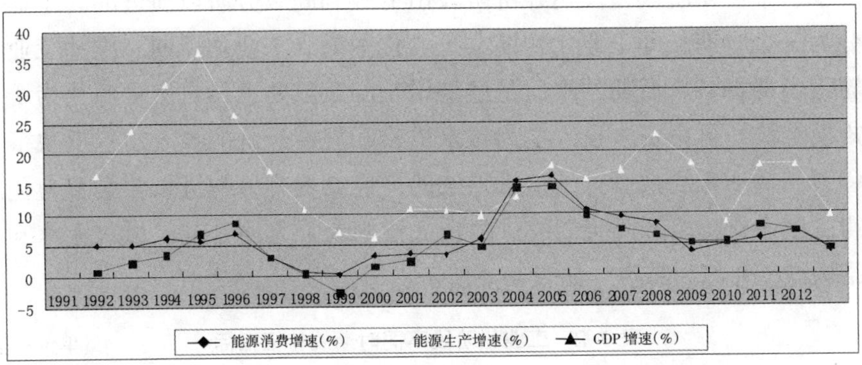

图 9–2 1990~2011 年中国能源生产和消费，以及经济增速情况

由图表可见，1990~2011 年，20 多年间，我国能源消费与生产和经济增长都呈快速增长的趋势，从增速来看，1996 年之前，能源生产与消费落后于经济增长而变动，可以说是晚于经济周期变动，而 1996 年之后，能源生产与消费却有领先于经济增长而变动的态势，可以说是先于经济周期变动，这是人们对经济的良好预期所造成的。1996 年后，随着我国各项改革事业的成功，社会各界普遍对我国经济增长与发展前景看好，经济增长将增加对能源的需求，引起能源消费与生产的增加，这种预期造成能源生产先于经济增长变动而变动。而2004年之后，经济增长速度明显快于能源生产与消费速度是由于能源效率的不断提高而造成的。

总体来看，能源与经济周期的基本关系如下：在其他条件不变的情况下，经济周期的变动引起能源需求的变动，而能源需求的变化使得原来的能源供求关系发生变化，进而使得能源价格发生变化，能源价格的变化将会引起能源供给的变化，进而形成新的能源供需平衡，由于经济在不断地波动，因而能源供求总是在不断地变动和调整之中。如图9-3所示：

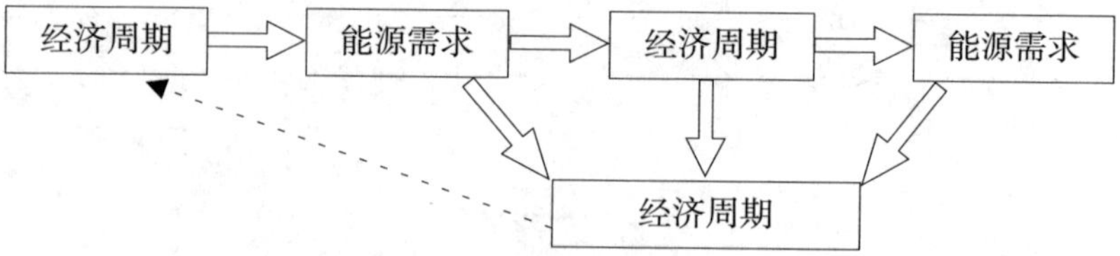

图9-3 能源市场与经济周期的基本关系

（二）能源与经济发展阶段

根据美国经济学家钱纳里等学者的研究，人类经济社会发展规律是按照不发达阶段、工业化阶段、发达经济阶段由低级到高级分阶段演进的。工业化阶段可分为三个时期，即工业化初期、工业化中期和工业化后期。推动工业化由初期转入中期再转入后期的本质是经济增长的贡献要素从自然资源变为资本投入和规模经济，再由资本投入变为技术进步和规模经济的投入。这反映了工业化过程对高效率和高效益持续追求导致的产业结构升级与投入要素智力化的发展规律。工业化阶段不同时期演进的特征指标为：人均GDP、城市化率和三次产业结构与工业部门特点。如表9-2所示：

表9-2 工业化阶段不同时期的特征指标 （单位：美元）

	人均GDP	城市化率(%)	三次产业结构	工业部门主要特点
工业化初期	<2500	30~50	第一产业比重最大	劳动密集型、轻工业
工业化中期	2500~5000	50~60	第二产业比重最大	资本密集型、重化工业
工业化后期	5000~10000	60~75	第三产业比重最大	技术密集型、高附加值

资料来源：盛晓萍等. 从经济发展阶段看能源企业发展道路[J]. 经济研究参考，2012（51）：49~55.

根据我国地质科学院王安建等学者对全球不同经济类型国家社会经济与能源关系的研究，不论各国国情如何，在人均能源消费与人均 GDP 的关系上表现基本一致，在农业社会，人均能源消费处于较低水平，进入工业化阶段，快速增长并达到高峰值，步入后工业化阶段，则趋于不再增长或缓慢下降趋势。这个全周期的增长模式构成了一个“S”形的曲线。对于那些率先实现工业化的发达国家来说，它们已经处于“S”形上部的平缓阶段，人均能源消费“零增长”时代已经到来。目前中国正处于“S”形曲线的中段部分，随着人均 GDP 的增长，人均能源消费呈现线性持续上升。需要强调的是，这种线性增长关系表明，在部门能源消费和经济增长方式没有发生重大变革之前，任何国家的工业化过程，能源消费都很难超越这一规则。①

人均能源消费还呈现出递进波次性规律。据统计，2007 年世界人均能源消费 1.88 吨油当量，发达国家人均 5.6 吨油当量，发展中国家人均仅为 1.2 吨油当量。其中美国人均能源消费则高达 8.4 吨油当量，而中国、巴西、印度人均能源消费则分别为 1.4 吨、1.2 吨和 522 千克油当量，各国人均能源消费极不平衡。而这种不平衡性，与不同国家或集团的经济发展水平、所处发展阶段和能源消费理念的不同密切相关。相关报告的统计数据显示，随着经济的发展，人均能源消费量呈递进式上升，由于不同国家和地区经济发展水平和所处经济发展阶段不同，其能源消费增长的起点、增长速率和峰值到来的时间各异，从而构成能源消费增长的波次性特征。英、美等先期工业化国家处于能源增长第一波次，日本等新兴快速工业化国家和地区处于第二波次，中国等新型工业化国家将形成第三波次。对这种波次性规律的探讨表明，中国在经济发展过程中能源需求快速增长是非常正常的现象，因为随着经济发展阶段的变化，不同国家能源消费的增长或下降有其必然性。

可见，能源消费和经济发展阶段密切相关，能源消费将引起能源价格、供给和市场等一系列变化，因此考察一个国家或地区的能源市场状况必须与一国的社会和经济发展阶段相联系。不同经济发展阶段的能源市场特征是有所不同的。

（三）能源与产业结构

一国经济社会发展过程中，既面临着产业结构调整与资源约束特别是能源

---

① 王安建，王高尚等：能源与国家经济发展 [M] . 北京：中国地质出版社，2008.

约束的问题，又面临着产业结构调整与能源消费约束的协调问题。不同的产业、行业和产品具有不同的能源强度、能源消费弹性和不同的节能潜力空间，因而不同产业结构下的能源消耗量和能源消费弹性是不同的。一般认为，产业结构具有高度化的地区和国家大都是能耗低、附加值高、经济效益好、人力资源要求高、技术密集型的产业和产品结构。具体而言，一般认为第二产业的能源强度在三次产业中是最高的，第一产业次之，第三产业最低；与此相对应的是，第二产业的能源消费弹性系数高，第三产业的能源消费弹性低，所以一般国家产业结构调整的方向应该是大力发展第三产业，调整与升级第二产业。

以我国为例，众多学者对能源与产业结构的关系进行过多方研究，得出如下结论：一是我国能源生产总量与产业结构之间没有长期均衡关系，能源消费总量与二、三产业及产业结构之间存在长期均衡关系。总体来看，相对于能源生产而言，能源消费与产业结构的关系更为密切一些；二是能源对产业结构的影响小于产业结构对能源发展的影响；三是能源消费总量与产业结构之间的关系从长期来看是比较稳定的，存在均衡关系；四是第三产业的发展引起能源生产结构负向的变化，主要是因为我国第三产业发展的起步阶段以服务业为主，对原煤的需求量相对于其他产业来说相对较低；五是我国当工业比重逐渐增加时对原煤的消费量逐渐增加，说明开始时重工业的比例是比较高且逐步增加，但随着科技水平的进步和能源利用效率的提高，最后逐渐稳定在一定的水平，说明长期来看两者存在稳定的均衡关系；六是能源消费结构与产业结构之间的相关系数要大于能源消费总量与产业结构的相关系数，说明产业结构的变动对能源消费结构的影响要比能源消费总量更大一些。这也从一个方面说明了我国产业结构与能源消费结构的密切性。因此，也就不难理解在我国 工业重型化趋势比较明显的情况下，我国原煤消费量占总消费量的比重在逐渐增加。①

综上所述，能源与经济发展之间存在着千丝万缕的联系，经济的发展与波动，产业结构的升级和优化等经济因素的变动将通过影响能源需求影响整个能源产业的变化，能源产业与结构的调整也将对经济发展形成制约，如何协调好能源产业与经济发展之间的关系是所有国家和地区面临的一个大课题。

① 周密，刘伟. 我国能源产业与产业结构相关性研究[J].江淮论坛，2009（3）：48~55.

四、能源约束下的经济增长模型

(一) 常用经济增长模型比较研究

传统的经济增长模型主要包括柯布—道格拉斯函数（C—D 函数）、固定替代弹性生产函数（CES 函数）、可变替代弹性生产函数（VES 函数）和超越对数生产函数。

柯布—道格拉斯函数，又称 C—D 函数，它是当代西方经济学中广泛应用的一种生产函数，是由美国数学家 Charles Cobb 和经济学家 Paul Douglas 于 1928 年在《The Theory of Wages》一书中提出的，并用 1899~1922 年美国的数据资料，对美国的生产状况进行了分析。此后，不断有新的研究成果出现，使生产函数的研究和应用呈现长盛不衰的局面。C—D 函数的一般形式为：

$$Y=f(L,K)=AL^{\alpha}K^{\beta} \tag{9-1}$$

其中：Y 代表产值，K、L 分别表示资本和劳动力的投入，A 为生产转换因子，α、β 分别代表资本和劳动力投入的弹性系数，各种要素投入弹性是指产出量相对变动与投入量相对变动之比，即各要素投入在经济增长中的贡献程度，反映了各要素与经济增长的关联关系。

固定替代弹性生产函数（Constant Elasticity of Substitution Production Function）是由 Arrow、Chenery、Mihas 和 Solow 四位学者于 1961 年提出的，其基本形式如下：

$$Y=A(\delta K^{-\rho}+\mu L^{-\rho})^{\frac{-1}{\rho}}=AL^{\alpha}K^{\beta} \tag{9-2}$$

其中：A 为效率系数；δ 为资本分配率，表示技术的资本集约程度；μ 为劳动分配率，表示技术的劳动集约程度。可变替代弹性生产函数（Variable Elasticity of Substitution Production Function）是由 Sato 和 Hoffman 于 1968 年提出的，该生产函数是在 CES 函数的基础上，考虑替代弹性随时间的变化而建立起来的。

以上函数模型虽然在研究领域得到了广泛的重视，但它们有一个共同的特点：都是在投入要素替代弹性的一定假设前提下建立起来的，因此在现实应用中受到很大限制。鉴于这一问题，1973 年 Christensen，Jorgenson 和 Laura 提出了一种更具一般性的变替代弹性生产函数—超越对数生产函数（Translog

Production Function)，其基本形式如下：

$$\ln Y=a_0+a_K\ln K+a_L\ln L+\frac{1}{2}a_{KK}(\ln K)^2+\frac{1}{2}a_{LL}(\ln L)^2+a_{KL}\ln K\cdot\ln L \quad (9\text{-}3)$$

与其他生产函数相比，超越对数生产函数具有以下优点。一是超越对数生产函数模型是一种易估计和包容性很强的变弹性生产函数模型，它在结构上属于平方反应面（Quadratic Response Surface）模型，可以较好地研究生产函数中投入的相互影响、各种投入技术进步的差异以及技术进步随时间的变化等。二是超越对数生产函数模型具有较灵活的函数形式，可以对任意二阶可微的真实函数提供二阶泰勒级数的近似表达式，此外该模型没有对技术进步附加任何限制条件，从而在一定程度上提高了模型的可靠性；三是从超越对数生产函数的形式上来看，它比 C—D 生产函数和 CES 生产函数具有更为丰富的内容，不但可以反映产出与各投入要素之间的关系，还可以反映出各投入要素之间的相互替代关系，从而有助于较为准确地揭示各投入要素对于产出的贡献率。

（二）考虑能源消费的生产函数模型研究①

1. 模型建立

鉴于超越对数生产函数的以上优点，本文拟采用超越对数生产函数模型研究能源消费与经济增长的相关性问题，分析资本、劳动力、能源消费对于经济增长的贡献率。具体模型如下：

$$\ln Y=a_0+a_K\ln K+a_L\ln L+a_E\ln E+\frac{1}{2}a_{EE}(\ln E)^2+\frac{1}{2}a_{KK}(\ln K)^2+\frac{1}{2}a_{LL}(\ln L)^2+$$
$$a_{KL}\ln K\cdot\ln L+a_{KE}\ln K\cdot\ln E+a_{LE}\ln L\cdot\ln E \quad (9\text{-}4)$$

式中：

Y 为经济系统的产出，一般用国内生产总值 GDP 表示；

K 为经济系统中的资本要素投入量，一般用资本存量表示；

L 为经济系统中的劳动力要素投入量；

E 为经济系统中的能源要素投入量，一般用能源消费总量表示；

a_i 和 a_{ij} 为待定模型参数。

由公式 9–4 可知三种投入要素资本、劳动力、能源的产出弹性如下：

$$\sigma_K=\frac{dY/Y}{dK/K}=\frac{d\ln Y}{d\ln K}=a_K+a_{KK}\ln K+a_{KL}\ln L+a_{KE}\ln E$$

① 赵涛，尹彦，李晅煜. 能源与经济增长的相关性研究 [J]. 西安电子科技大学学报（社会科学版），2009（1）：33~39.

$$\sigma_L=\frac{dY/Y}{dL/L}=\frac{d\ln Y}{d\ln L}=a_L+a_{LL}\ln L+a_{KL}\ln K+a_{LE}\ln E$$

$$\sigma_E=\frac{dY/Y}{dE/E}=\frac{d\ln Y}{d\ln E}=a_E+a_{EE}\ln E+a_{KE}\ln K+a_{LE}\ln L \tag{9-5}$$

式中 σ_K、σ_L、σ_E 分别表示资本、劳动力、能源消费的产出弹性。在以上分析的基础上，计算“索罗余值”。

$$\frac{\Delta A}{A}=\frac{\Delta Y}{Y}-\sigma_K\cdot\frac{\Delta K}{K}-\sigma_L\cdot\frac{\Delta L}{L}-\sigma_E\cdot\frac{\Delta E}{E} \tag{9-6}$$

式中：A 表示除要素投入以外其他影响经济增长的因素；

$\Delta A/A$ 则表示这些影响因素的综合增长率；

$\Delta Y/Y$ 表示经济产出增长率；

$\Delta K/K$ 表示资本投入增长率；

$\Delta L/L$ 表示劳动力投入增长率；

$\Delta E/E$ 表示能源投入增长率。

上式左右两边同时除以 $\Delta Y/Y$，移项整理后得出：

$$\frac{\Delta A/A}{\Delta Y/Y}+\sigma_K\frac{\Delta K/K}{\Delta Y/Y}+\sigma_L\frac{\Delta L/L}{\Delta Y/Y}+\sigma_E\frac{\Delta E/E}{\Delta Y/Y}=1 \tag{9-7}$$

则三种投入要素对于经济增长的贡献率如下：

$$\eta_K=\sigma_K\frac{\Delta K/K}{\Delta Y/Y}\times 100\%;\quad \eta_L=\sigma_L\frac{\Delta L/L}{\Delta Y/Y}\times 100\%;\quad \eta_E=\sigma_E\frac{\Delta E/E}{\Delta Y/Y}\times 100\% \tag{9-8}$$

通过以上分析可以看出求解各投入要素对于经济增长贡献率的关键是确定超越对数生产函数中的各模型参数，从而计算出各投入要素的产出弹性。从公式 9-4 的模型结构可以看出其本质上是一个多元线性回归模型，可以通过回归分析求解模型参数，但由于自变量间具有较强的相关性，一般的多元线性模型回归方法难以避免多重共线性的影响，可以采用岭回归（Ridge Regression）分析求解模型参数，减少自变量间多重共线性的影响以保证模型参数求解的准确性。

2. 岭回归（Ridge Regression）

岭回归本质上是一种改进了的最小二乘估计法，最早是由 A.E.Hoerl（霍尔）于 1962 年首先提出的。它主要是为了解决普通最小二乘估计法在求解过程中难以克服自变量间多重共线性影响，从而导致估计方差过大，影响模型精度而提出的。其基本思想如下：设多元线性回归方程为：

$$Y=X\beta+\varepsilon \tag{9-9}$$

式中：Y 为因变量矩阵，X 为自变量矩阵，β 为回归系数矩阵，ε 为参差矩阵，则其普通最小二乘估计为：

$$\hat{\beta}=(X'X)^{-1}X'Y \tag{9-10}$$

当自变量间具有较强的相关性，共线性严重时，自变量间的相关系数矩阵近似为 0，同时$|X'X|\approx 0$。这样在利用公式 9-11，求解模型参数时必然导致无法求解或估计方差过大。为了解决这一问题可以在 $X'X$ 加上一个正常数矩阵 KI，此时 $X'X+KI$ 的奇异程度就要比 $X'X$ 的奇异程度小得多，从而减少自变量间多重共线性的影响。则此时的参数最小二乘估计为：

$$\hat{\beta}(K)=(X'X+KI)^{-1}X'Y \tag{9-11}$$

式中：$\hat{\beta}(K)$ 称为回归系数的岭估计，K 称为岭参数，由公式 9-12 可以看出，回归系数的岭估计$\hat{\beta}(K)$ 比普通最小二乘估计$\hat{\beta}$稳定。当 K=0 时，$\hat{\beta}(K)=\hat{\beta}$，即岭估计退化为普通最小二乘估计；当 $K\to\infty$ 时，$\hat{\beta}(K)$ 趋于 0。由于随着 K 值取值的增大，回归方程的拟合优度下降，因此 K 的取值不宜过大，应该取满足研究要求的最小 K 值。

第二节　能源与环境保护

能源对人类社会经济发展的巨大贡献是显而易见的，但也带来了许多负面影响。这主要是由于能源（主要是占总量 80%的化石能源）的开发和利用所造成的生态破坏和日益严重的环境污染问题。在人类利用能源的初期，能源的使用量及范围有限，加上当时科学技术和经济不发达，对环境的损害较小。又由于环境的恶化是积累性的，只有较长时间的积累，才能察觉到它的明显变化。在这个过程中环境的改变并没有引起人类的特别注意，因此环境保护意识不强。然而，随着工业的迅猛发展和人民生活水平的提高，能源的消耗量越来越大。由于能源的不合理开发和利用，致使环境污染也日趋严重。因此需要认真研究能源开发和利用引起的环境污染问题，并通过节能减排，减少能源开发和利用对环境的破坏，加强环境保护，促进人类社会的可持续发展。

一、能源开发与环境保护

能源开发过程中的环境问题不是污染物的排放，而是过度开发而引起的环境破坏问题。环境破坏又称生态破坏，主要指人类的社会活动引起的生态退化及由此而衍生的有关环境效应，它们导致了环境结构与功能的变化，对人类的生存与发展产生了不利影响。此处我们主要讨论能源资源开发引发的环境保护问题。总体而言，所有能源，包括可再生能源的开发利用，都会对环境产生不同程度的不利影响。

就化石能源而言，煤炭在开采过程中会造成矿山生态环境的破坏，威胁生物栖息环境。主要包括对地表的破坏、引起岩层的移动、矿井酸性排水、煤矸石堆积。而煤层甲烷排放等的污染物，是造成大气污染和酸雨的主要原因。油田勘探开采过程中的井喷事故、采油废水等将对周围环境带来严重破坏。而海上采油会因为石油井喷、漏油、海上采油平台倾覆、油轮事故和战争破坏等原因使得石油开采对海洋生态系统产生严重影响；还有核能开发利用对环境造成的影响和防不胜防的核事故问题。

可再生能源开发利用整体上较传统化石能源来说，更加清洁安全，但是开发利用可再生能源仍然会带来一系列环境问题。如风能开发中，风机会产生噪声和电磁干扰，并对景观和鸟类产生负面影响。太阳能开发也会对环境产生不利影响，如制造光伏电池需要高纯度硅，属能源密集产品，本身需要消耗大量能源，含镉光伏电池的有毒物质排放虽然在安全范围之内，但也会危害环境。生物质能利用对环境的不利影响，主要是占用大量土地，可能导致土壤养分损失和侵蚀，生物多样性减少，以及用水量增加；地热资源开发利用的环境影响主要是地热水直接排放造成地表水热污染；含有害元素或盐分较高的地热水污染水源和土壤；地热水中的 CO_2 和 H_2S 等有害气体排放到大气中；地热水超采造成地面沉降等。水电的开发利用也对生态环境带来诸多不利影响，主要表现在：截流造成污染物质扩散能力减弱，水体自净能力受影响；淹没土地、地面设施和古迹，影响自然景观，尤其是风景区；泥沙淤积会使上游河道截面缩小，河床抬高，下游河岸被冲刷，引起河道变化；改变地下水的流量和方向，使下游地下水位升高，造成土壤盐碱化，甚至形成沼泽，导致环境卫生条件恶化而引起疾病流行；建设过程采挖石料和填土，破坏自然环境；泄洪道变流装置的安装造成对鱼类等水生生物的破坏，截流阻断鱼类洄游等；会改变河流水深、水温、流速及库区小气候，对库区水生和陆生生物产生不利影响；可能会诱发地震；小水电站还会向生物圈排放一些温室气体（特别是由于水库中生物质的腐烂而产生的甲烷）等等。甚至海洋能利用的潮汐电站也会对海岸线生态环境带来一定影响。

总之，各种能源的开发利用都将对生态环境带来一些不利影响。需要尽可能地提高能源开发技术，追求能源开发与环境保护的协调发展。以我国为例。著名能源专家周大地指出：一直以来，我国的经济发展以能源的过度消耗、环境的恶化为代价。目前我国需要做的，不但是要研究环境如何治理，更应该研究如何防止环境的进一步恶化。具体而言，目前，环境污染和生态破坏是中国所面临的最大挑战之一。经济发展再也不能以环境的继续恶化甚至是长期得不到治理为代价。中国的环境问题也不仅仅是污染物问题，更应该关注到能源的过度开发所带来的对人类生存环境的破坏。由于对能源的过度开发，所带来的生态、水资源的破坏已相当严重，很多地方已不适宜人类居住。中国还有很多地方连吃水都没有解决。如果继续保持这种经济发展方式，继续对能源过度开发，对环境进行破坏，中国人的生存条件将会越来越差。尤其是水资源的短缺已经成为中国经济发展最大的障碍，甚至造成了人类的生存危机。因此，必须积极关注能源开发过程中环境破坏问题，通过改进生产管理、提升能源开发技术等手段解决能源开发过程中的环境破坏问题。

二、能源加工利用与环境保护

能源加工利用过程中的环境问题主要是环境污染与干扰，环境污染指有害物质或因子进入环境，并在环境中扩散、迁移、转化，使环境系统的结构性与功能发生变化，对人类或其他生物的正常生存和发展产生不利影响的现象。主要是指人类活动导致环境质量下降。如大气污染、水污染、土壤污染、放射性污染等。这威胁着人类的健康。环境干扰指的是人类活动所排出的能量进入环境，达到一定程度产生对人类不良的影响。环境污染和干扰达到一定程度就形成了环境危机。环境危机之所以引起人们的普遍不安与广泛关注，是因为环境危机不仅影响了当代人的生活质量，也威胁后代人的生存。人类从自然地理环境中开采煤、石油、天然气等能源资源，从而产生一系列的经济活动，消纳和同化人类活动产生的产品，同时也会有一些一时未能被利用的副产品排入环境，成为废物。而人类新陈代谢和消费活动，也产生各种废弃物归还给周围自然环境。当废物排放量超过环境的自净能力时，环境质量会下降。能源资源加工与利用对环境的污染主要来自于污染物的排放，下面我们分不同类型的能源加以分析。

（一）煤炭资源加工利用对环境的影响

世界各国在利用煤炭资源的时候都引发了一系列环境问题。我国能源消费以煤为主，是典型的煤烟型大气污染国家。煤炭使用过程产生的污染是中国最大的大气环境污染问题。煤炭的利用使得我国很多工业和人口集中的城市产生了严重的大气污染，有些地区还产生了酸雨并呈发展趋势。而且酸雨污染可以发生在其排放地500~2000 km的范围内，酸雨的长距离传输会造成典型的越境污染问题。如欧洲是世界上一大酸雨区。主要的排放源来自西北欧和中欧的一些国家；美国和加拿大东部也是一大酸雨区。美国是世界上能源消费量最多的国家，消费了全世界近1/4的能源，美国每年燃烧矿物燃料排出的二氧化硫和氮氧化物也居各国首位。加拿大的一半酸雨来自美国。亚洲是二氧化硫排放量增长较快的地区，并集中在东亚，其中中国南方是酸雨最严重的地区，成为世界上又一大酸雨区。煤炭加工利用对环境的影响总结如表9–3所示：

表9–3 煤炭加工与利用对环境的影响

影响要素	洗 煤	消 费
大气		煤炭使用过程中产生大量SO_2、CO_2、NOx、CO、烟尘和汞等污染物，是造成大气污染和酸雨的主要原因，是温室气体的主要排放源，容易造成全球性环境问题
水	洗煤废水含硫较多，造成水体污染，水体pH值发生变化	酸雨、酸沉降造成水体污染和湖泊酸化
土壤	主要由洗煤废水、煤泥造成	煤渣等堆放造成土地占用与土壤污染，释放低辐射污染
生态	影响水生态系统	酸雨造成各种生态系统的破坏

（二）石油与天然气加工利用对环境的影响

石油与天然气加工与消费过程中产生大量有害于环境的污染物质，对大气、海洋、生态等都会造成破坏，因此也会直接或间接地影响人体健康。而石油的污染在汽车尾气方面尤为显著，汽车尾气排放将日益成为城市空气污染的重要问题；另一方面石油对海洋的污染也是相当大的。《纽约时报》曾经报道称，据海岸警卫队兰德里上将估计，钻井中每小时约有13000加仑原油溢出。而近来越来越多的石油泄漏事件的发生，给环境带来的污染是巨大的，石油所含的苯和甲苯等有毒化合物进入了食物链，从低等的藻类到高等哺乳动物，无一能幸免。如海鸟的羽毛，一旦沾上油污，就可能中毒或死亡。此外油污沾粘在其毛皮上，使其无法承受本身的重量，因而溺毙；又如已被油污污染的海豹皮毛无法存储氧气，就是去保暖作用，它们会一次次地跃出水面，试图把皮毛上的油污甩掉，直至最后终于精疲力竭，挣扎着沉入海底。此外潜在的损害进一步扩展到事件发生地的生态系统中，存活下来的生物在受到冲击后的数年中，受毒物的影响也将遗传至数种生物的后代。最后就是污染环境，尤其是海滩，石油染上后将极难去除。石油、天然气加工与利用对环境的影响总结如表9-4所示：

表9-4 石油、天然气加工与利用对环境的影响

影响要素	炼 油	消 费
大气	炼油过程产生大量的废气，造成大气污染	燃料燃烧、汽车尾气等造成大气污染，排放SO_2、NOx、CO_2、CO、VOC等污染物
水	含油污水污染环境，造成水体热污染等	污染物通过沉降等进入水体，影响水质
土壤	含油污水造成土壤污染	汞等重金属通过水体进入土壤，造成污染
生态	环境污染造成生态系统破坏	环境污染造成生态系统的破坏

（三）核能源

核电站对环境产生的影响有非放射性影响和放射性影响。非放射性影响主要是指化学物质的排放、热污染、噪声及土地和水资源的耗用等，类似火电站对环境的影响。核电站对环境的主要影响是产生放射性。电站核反应堆在运行过程中，由于核燃料裂变和结构材料、腐蚀产物及堆内冷却水中杂质吸收中子均会产生各种放射性核素。少量的裂变产物可通过核燃料元件包壳裂缝漏进冷却剂或慢化剂，排入环境。核电站反应堆发生事故时，大量放射性物质会通过各种途径排入环境。反应堆排出的废液和废气中的放射性核素，通过各种途径，经过一系列复杂的物理、化学和生物的变化过程到达人体。

核能源污染事件一旦爆发，后果往往很严重。1986年4月26日，世界上最严重的核事故在苏联切尔诺贝利核电站发生。乌克兰基辅市以北130公里的切尔诺贝利核电站的灾难性大火造成的放射性物质泄漏，污染了欧洲的大部分地区，国际社会广泛批评了苏联对核事故消息的封锁和应急反应的迟缓。在瑞典境内发现放射物质含量过高后，该事故才被曝光于天下。此次事件对环境以及人体的伤害是无法弥补的。2011 年 3 月 11 日，日本发生了里氏 9 级特大地震，并由此引发海啸与核电站爆炸。由于核电站爆炸导致的核泄漏，给大气与海洋环境造成了灾难性后果。而中国最近的能源方向就大力致力于核能源，因此核能源对人体的危害以及对环境的污染需提高警惕。

以上仅就化石能源和核能源加工和使用过程中污染问题进行了分析。必须指出，目前全球性的环境恶化，主要是发达国家在其实现工业化的道路上，利用当时世界上廉价的资源（包括能源），不顾后果地向环境疯狂索取，并排放大量污染物积累的结果。直到现在，发达国家仍然是世界上有限资源的主要消费者和 CO_2 等有害气体的主要排放者，其排放量占全球排放总量的 3/4，他们对世界环境的恶化应负主要责任。

能源是人类社会生存和发展的基础，能源的利用，使人类的物质生活不断得到改善，但却逐渐恶化了自己的生存环境。人类在谋求持续发展的过程中必须解决好这一矛盾。积极进行节能减排，减少排放与污染，做到经济、社会与环境协调发展应是世界各国共同努力的目标。

第三节 生态环境约束下的经济发展

经济发展与生态环境共处于经济发展与生态环境大系统中，两者相互作用、相互影响。人类的一切经济活动都是在经济发展与生态环境系统中进行的，经济发展对生态环境的巨大压力和环境问题对经济发展的严重制约是一国发展道路上的主要困难和突出矛盾。

一、经济发展与生态环境的辩证关系

（一）从生态环境来看

经济发展是在生态环境的基础上建立和发展起来的，社会生产归根到底是从环境中获取自然资源，加工成生产和生活资料。在生产过程中，一部分资源转化为产品，另一部分资源变成废弃物返回到环境中去。良好的生态环境能降低经济发展的成本，为经济持续发展提供动力支持。一旦生态环境遭到破坏，

生态环境恶化会通过经济发展情况反映出来，使经济发展受到影响，同时又通过经济发展对生态环境造成进一步的影响。保护生态环境可以促进生态系统良性循环，使资源再生能力提高，为经济发展提供良好的生态环境，促进经济的持续发展。

（二）从经济发展来看

经济发展对生态环境的促进作用主要表现在：一是经济发展是生态环境的物质基础。经济发展了，可以拿出更多的资金用于保护和改善生态环境，为保护生态环境创造物质条件，并运用科学技术和宏观经济手段去保护、改善生态环境，增强生态环境系统的稳定性和耐受力。没有经济的发展，人类的物质条件、生活条件和生态环境就无从改善。二是通过对自然环境的合理开发利用，将自然环境改变为人工环境，按照人类发展的要求，建设一个比较理想的生产环境和生态环境。

（三）从二者关系来看

经济发展与生态环境之间的矛盾是经常的，表现在经济增长对资源需求的无限性与资源供给能力的有限性之间的矛盾。经济发展与生态环境之间的矛盾就是环境问题的实质。离开了经济发展，解决不了环境问题；不解决环境和资源问题，又难以保持经济持续发展。随着经济社会的发展，生态环境的再生产能力与人类日益增长的物质文化需求能力之间的差距在拉大，一方面生态资源过度消耗，造成生态系统结构简化、功能下降；另一方面，经济发展过程中所排放的各种废弃物超过生态环境的自净能力，生态平衡被打破，生态环境恶化。这种两难选择要求全面客观地处理经济发展与生态环境的关系，不能因为保护生态环境就限制经济发展，而是要想方设法在生态环境的承受范围内来发展经济。

经济发展与生态环境之间又是不断运动变化的。在不同的发展阶段，经济发展与生态环境的关系不同。当经济发展较低时，发展经济为矛盾的主要方面；随着经济发展水平的提高，保护生态环境就上升为矛盾的主要方面，经济发展与生态环境之间逐渐由矛盾对立状态转化为协调统一状态。脱离具体的发展阶段、发展范围，无论是“发展第一的经济决定论”，还是“零增长的环境优先论”，都是把二者简单地对立起来、割裂开来，孤立静止地看待环境问题和经济问题。

经济发展与生态环境的辩证关系要求人们正确处理经济发展与生态环境的同一性和斗争性，使经济发展子系统与生态环境子系统保持一定的数量和结构比例，促使经济发展与生态环境的矛盾关系由制约性向促进性转化，最终实现矛盾的统一，达到经济发展与生态环境系统整体协调。

（四）经济发展与生态环境的库兹涅茨曲线

西蒙·库兹涅茨认为经济发展与生态环境之间存在倒 U 形的关系，如图 9–4 中实线部分 ABF 所示。

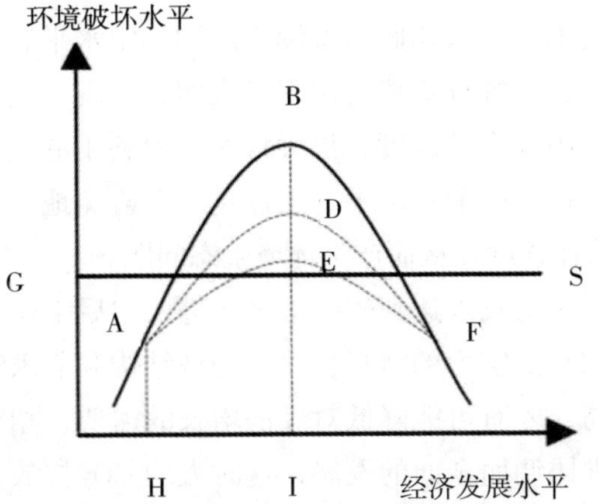

图 9–4　经济发展与生态环境的关系曲线

如图 9–4 所示，在早期的工业化或经济发展的较低阶段，由于经济发展水平较低，环境受影响的程度较小。到了工业化进程加快或经济起飞时期，自然资源的耗费及废物的排放超过了环境的自净能力，环境恶化严重。这时，经济增长与生态环境的矛盾较为突出，二者呈现负相关关系，即经济增长越快，生态环境的破坏程度越大。到后工业化社会或经济发展的更高阶段，由于生产技术水平的改进，产业的高级化及人们环保意识的不断增强，生态环境随经济发展而逐渐得以改善，经济发展与生态环境之间开始呈现正相关关系，经济发展与生态环境开始走向协调发展之路。

由图 9–4 可见，在环境库兹涅茨曲线中，环境与发展的“两难”区间和“双赢”区间有一个转折点，这个转折点大约在人均 8000 美元到 15000 美元之间。[①] 根据世界银行统计，美国是在人均 GDP 达到 1.1 万美元的时候，日本是在达到人均 8000 美元的时候，达到临界点的。经济发展与生态环境关系曲线的弯曲程度不同，表明经济发展对生态环境的破坏程度不同。比较平缓的 U 形曲线表明经济发展与生态环境的关系处理得较好；比较陡的 U 形曲线表明经济发

① 蔡平. 经济发展与生态环境的协调发展研究 [D]. 新疆大学，2004.

展与生态环境的关系处理得不好。经济发展与生态环境的关系曲线说明经济发展是改善生态环境的根本出路。

各国经济发展与环境质量的相互关系证明，环境质量与人均收入之间存在倒U形曲线关系，即库茨涅兹曲线。即人均收入从较低水平向较高水平增加时，污染指数也随之增加；当人均收入继续增加到一定水平后，污染指数才随人均收入增加而下降。这一统计规律的出现，表明在实现工业化的过程中，不可避免要加大对自然资源开发的深度，扩大自然资源利用的广度，以满足人们不断增长的需求和不断提高的消费水平。工业化不可避免地会加大对环境的压力，增大自然资源的消耗强度，从而产生环境生态问题。

当经济高度发展，人均收入达到较高水平，进入“后工业社会”后，随着资源利用水平的提高和经济实力的增强，以及经济结构和需求结构的变化，人们注重生活质量的提高，才有可能降低对经济增长的需要，相对减轻对资源和环境的压力，转而追求协调而全面的发展，这时人均 CO_2 排放量将会随收入和消费水平的提高而下降。根据美国麻省理工学院的一份研究，在人均年收入1000美元时，收入每增加1%，CO_2 排放量增加1.29%；在人均收入超过8000美元时，这种关系才有所缓和；在人均10000美元时，人均排放量则随收入增加而下降，这是发达国家经济发展过程的经验总结。发展中国家正进入发展阶段，情况正好相反。

由于发达国家和发展中国家发展阶段不同，经济发展与生态环境协调发展问题的差别依然很大。因此，探索经济发展与生态环境的协调发展，依然是发展中国家面临的一个重要课题。

（五）我国经济发展中的环境约束

随着经济的快速发展，生态环境对经济发展的阻碍作用日益明显，与经济发展密切相关的生态环境问题越来越引起人们的关注。在经济发展的过程中尽可能减少对生态环境的破坏，并改善生态环境，寻求经济发展与生态环境的协调发展，已成为当代人类关注的永恒主题。经济发展与生态环境协调发展的目的是在经济的适度发展中，尽可能采用污染少、对生态环境破坏较轻的生产和生活方式，使经济发展对生态环境的影响控制在生态环境的承载力之内，以使经济发展能够持续，同时又不能因保护生态环境而限制经济的发展。也就是说，经济发展面临着环境的约束，经济发展不能忽略环境保护，应该促进经济与环境协调发展。

人类生产活动的本质是人与自然界进行物质循环交流，社会生产过程伴生着以液体、气体、固体形式的废弃物排放。当经济总量快速增长、有害物质排放成倍增加、环境自净能力难以为继时，生态环境恶化就不可避免。以我国为例，受传统经济发展模式的影响，目前我国生态环境形势日益严峻，比如废水排放造成全国江河湖海普遍遭受污染，七大水系近一半河段被严重污染，近些年来，我国单位 GDP 排放的氮氧化物和二氧化硫是发达国家的 3~10 倍，经合组织国家的 7~8 倍左右。严重超过环境容量大量的废气和二氧化硫排放导致城市空气污染普遍较重，一些大城市的颗粒物和二氧化硫浓度已经超过世界卫生组织及国家标准的 2 ~ 5 倍，酸雨污染区面积已经占到国土面积的 1/3。城市烟尘、酸雨、可吸入颗粒物等，经过物理、化学、生物等作用和反应，形成复合型污染，严重污染了土地资源、空气资源和水资源，直接威胁到居民生存环境和身体健康；农村水土流失、地力衰减、草地退化、土地沙化，越来越多的河水变得不适合农业灌溉和生活饮用，直接影响到农产品质量和食品安全。这种以城市为中心的环境污染和以农村为中心的生态破坏相互交叉、影响，造成了我国环境问题的复杂性和严重性，导致全国生态系统整体功能下降，抵御各种自然灾害的能力减弱，带来严重的经济损失。根据国务院关于加快转变经济发展方式工作进展情况的报告，2010 年我国固体废物、危险废物、持久性有机物等持续增加，重大环境污染事件时有发生，农村和土壤环境问题日益凸显，水土流失、草原退化等生态问题十分突出，一些地区资源环境承载能力接近极限。生态环境日益恶化还给未来经济社会可持续发展构成严重阻碍，使经济安全风险增大。如何做到经济发展与环境保护的协调，是目前我国迫切需要解决的问题。

二、经济发展与生态环境协调发展的理论分析

当前人类在经济发展过程中正面临经济发展与生态环境日益恶化的尖锐矛盾，经济发展子系统与生态环境子系统正处于不协调状态。经济发展系统的不协调会造成生态环境系统的失调，使经济发展的基础受到威胁，同时又因生态环境系统的失调造成巨大的经济损失，进而使经济发展系统失调。中国每年因环境污染造成的经济损失，在一定程度上已使经济的持续发展受到影响。如何协调经济发展与生态环境之间的关系，保持适度的经济增长速度，使经济发展与生态环境处于良性循环，在现实中的确是一个较难解决的问题。因此，需要运用协同学的理论处理经济发展与生态环境的关系，实现经济发展与生态环境的协调发展。

经济发展与生态环境的协调理论认为，人类生存的地球及区域环境是由经济发展与生态环境等多因素组成的复合系统，经济发展、生态环境都是这个大系统中的子系统，这两个子系统相互联系又相互独立、相互支持又相互制约，每个子系统都有一种自组织能力。当组成经济发展与生态环境大系统中的任何一个子系统发生改变，都会引起其他子系统发生变化，对整个大系统的状态产生影响。在经济发展的过程中，要合理使用和配置资源，在经济发展水平提高的同时，经济发展对生态环境的影响控制在生态环境的承载力之内，使经济发展与生态环境能和谐一致，保持良性循环的状态。

只考虑经济发展系统的变化，或只考虑生态环境系统的变化，而忽视由其引起的相关系统的变化，必然导致经济发展与生态环境的失调。只有在经济发展过程中正确处理经济发展与生态环境的关系，弱化、消除经济发展与生态环境间的消极关系，充分利用和发展其积极关系，使微观层次上的两个子系统都处于协调状态，以及宏观层次上经济发展与生态环境组成的大系统都处于协调状态时，整个系统才能处于协调状态，二者之间才能实现良性循环。

一个持续发展的社会，有赖于资源持续供给的能力，有赖于其生产、生活和生态功能的协调，有赖于社会的宏观调控能力，部门之间的协调行为以及民众的监督与参与意识，其中任何一个方面功能的减弱或增强都会影响其他组分以及持续发展进程。经济发展与生态环境的协调发展，需要打破部门的分割、专业的条块分割，以及地区的界限，从全局着眼，从系统的角度进行综合分析和宏观调控。

协同理论提供了正确认识事物内在联系的系统方法，可持续发展理论提供了认识经济、社会与环境三者间关系的理论基础，而经济发展与生态环境协调发展理论则是在协同论和可持续发展理论的基础上，系统研究经济发展与生态环境关系的理论。通过经济发展与生态环境的矛盾关系研究，使二者间的关系由制约性向促进性转化，最终实现矛盾的统一，达到在经济发展对生态环境的影响不超过生态环境承载力的基础上，经济持续快速发展，人们对生活的满意度提高。

三、经济发展与生态环境协调发展的衡量

（一）经济发展与生态环境的协调度

经济发展与生态环境的协调度是指经济发展与生态环境之间保持协调状态

质的稳定性的数量范围，是经济发展与生态环境是否协调发展的衡量尺度。其含义是经济发展与生态环境的协调发展有一定的数量范围，主要表现在以下几个方面：一是在经济发展水平提高的同时，经济发展对生态环境的影响在生态环境承载力的范围内，经济发展与生态环境是协调发展的。在生态环境承载力的数量范围之内，离这个数量范围的最大值越近，资源的利用程度越高，经济发展与生态环境的协调发展状况越好；离这个数量范围的最大值越远，资源的利用程度越低，经济发展与生态环境的协调发展状况相对较差。二是在经济发展水平提高的同时，经济发展对生态环境的影响超过生态环境承载力的数量范围，经济发展与生态环境就处于不协调状态。在这个数量范围之外，离这个数量范围越远，经济发展与生态环境越不协调；三是只要经济发展水平下降，经济发展与生态环境就是不协调的。

经济发展与生态环境的协调度，不仅衡量经济发展与生态环境间的数量比例，还强调各要素间及各系统间的结构比例是否合理，即强调合理优化资源、有效调控经济增长方式，不断提高经济增长的数量和经济发展的质量，以达到经济发展与生态环境间的良性发展。

经济发展与生态环境的协调发展分为低度的协调发展和高度的协调发展。低度的协调发展是指经济发展对生态环境的破坏在生态环境的承载力之内，但经济发展较慢，这种协调发展虽然生态效益很好，但资源未得到合理利用，经济效益不高，原始社会所处的经济发展与生态环境的协调发展就是低度协调发展状态；高度的协调发展是指经济发展对生态环境的影响在生态环境的承载力之内，经济发展较快，这是一种较为完美的状态，现在所说的经济发展与生态环境的协调就是要达到这种状态。

（二）经济发展与生态环境协调发展的衡量

度是保持事物质的稳定性的数量范围，经济发展与生态环境的协调度是保持经济发展与生态环境协调状态稳定性的数量界限。下面用一个数学表达式来表示协调度。

1. 假设条件

（1）$\Delta V>0$。根据经济发展与生态环境协调发展的定义可知，协调发展是指经济发展水平提高，生态环境的质量保持不变或得到改善，人们对生活的满意度提高。

（2）假定其他条件不变的情况下，生态环境的评价只与经济发展水平有关。只要处于同一发展阶段，一般来讲，经济发展与生态环境的协调度应该差异不大。

2. 相关分析

根据经济发展与生态环境的定义及含义，协调度可表示为：

$$B=\Delta V\ (P-U),\ \Delta V>0 \tag{9-12}$$

其中，V 代表经济发展水平；U 代表经济发展对生态环境的影响；P 代表生态环境的最大承载力；B 是协调度；ΔV 是指经济发展水平的变化量。“$P-U$”表示生态环境的承载力与经济发展对生态环境的影响程度的差值，$P-U>0$，说明经济发展对生态环境的影响未超过生态环境的承载力；$P-U<0$，说明经济发展对生态环境的影响超过生态环境的承载力；$P-U=0$，说明经济发展对生态环境的影响等于生态环境的承载力。通过分析协调度 B 就可以大致分析经济发展与生态环境的协调情况。具体有以下三种情况：

（1）当 $B<0$ 时，表明 ΔV 与“$P-U$”是反向的，有两种情况，一种是 $\Delta V<0$，$P-U>0$，即经济发展水平下降，经济发展对生态环境的影响在生态环境的阈值之内；第二种是 $\Delta V>0$，$P-U<0$，即经济发展水平提高，但对生态环境的影响超过生态环境的承载力。第一种情况经济发展水平下降，没有任何现实意义。第二种情况虽然经济发展水平提高，但生态环境质量下降，人们对生活的满意度没有提高，这种情况表明经济发展与生态环境是不协调的。

（2）当 $B>0$ 时，说明 ΔV 与“$P-U$”是同向变化，也有两种情况。一种是 ΔV 与“$P-U$”都大于 0，另一种是 ΔV 与“$P-U$”都小于 0。第一种情况表明经济发展水平提高，而对生态环境的影响未超过生态环境的承载力，人们对生活的满意度提高，这是我们所希望的。第二种情况是不但经济发展对生态环境的影响超过生态环境的承载力，而且经济发展水平下降，人们对生活的满意度没有提高，因此，经济发展与生态环境是严重不协调的。

（3）当 $B=0$ 时，存在三种情况：一是 $\Delta V=0$，这说明经济发展停滞，这违背人们发展经济的意愿，经济发展与生态环境之间也是不协调的。二是 $P-U=0$，说明经济发展对生态环境的影响已达到生态环境承受力数量范围的极限，经济再发展，会超过生态环境的最大承载力，经济发展与生态环境会处于不协调状态。三是两者同时为 0，说明经济发展停滞，同时经济发展对生态环境的影响已达到生态环境承受力数量范围的极限，这种情况经济发展与生态环境也是不协调的。

由上面可知，当 $B>0$ 且 $\Delta V>0$ 时，经济发展与生态环境间是协调发展的，且 B 越大，经济发展与生态环境的协调发展状况越好。这种协调发展的状况又分为两种情况：一是当经济发展水平提高，生态环境质量的变化在生态环境的阈值之内时，且生态环境质量不变或生态环境质量有所下降，则发展是协调的。随经济发展水平的提高，改善生态环境的能力增强，协调程度提高；二是在经济发展水平提高的同时，生态环境质量得到改善，则发展也是协调的。随生态环境质量的改善，生态环境为经济发展提供的发展空间增大，协调程度提高。

综上所述，经济发展与环境保护存在相互矛盾，又相互一致的辩证关系，做好经济发展与环境保护的协调工作，破解经济发展和环境保护的矛盾，提升经济发展和环境保护的协调度，是所有国家和地区的发展目标。在经济发展和环境保护的辩证关系中，能源既是经济发展对环境产生影响的媒介，也是经济发展和环境保护的约束条件，在能源条件约束下，分析经济发展和环境保护的辩证关系，构成了“能源（Energy）—经济（Economy）—环境（Environment）”（3E）分析系统。

第四节 经济—能源—环境（3E）系统模型

一、能源—经济—环境（3E）系统

正如前文分析，“能源—经济—环境”三者之间有着千丝万缕的联系。能源是国民经济的基础，人类社会对能源的需求首先是经济发展对能源的需求，但能源的开发利用对自然界也会产生一定的破坏作用，其废弃物对环境会造成一定的污染。而环境是经济发展的基础，是经济、社会发展的物质条件，它既可以直接促进经济发展，也可以成为经济发展的阻力，环境污染和生态破坏会危害人类健康，制约经济和社会发展。能源的发展有力地支持了国民经济的发展，经济发展和人们生活水平提高又是能源发展一个必不可少的条件，目前世界能源生产满足不了能源需求，同时能源生产和消费引起了一系列环境问题，这又影响了经济的可持续发展。随着“能源—经济”“能源—环境”和“经济—环境”二元系统研究的不断深入，人们发现，如果不把环境作为一个重要因素引入“能源—经济”二元体系研究，不把经济引入“能源—环境”二元体系研究，不把能源作为一个重要因素引入“经济—环境”二元体系研究，都很

难开展更加全面、深入、系统的研究工作。[①] 因此，国内外诸多学者就从不同角度，采用不同研究方法，构建了“能源（Energy）—经济（Economy）—环境（Environment）”（3E）系统模型。三者之间的基本关系如图 9-5 所示：

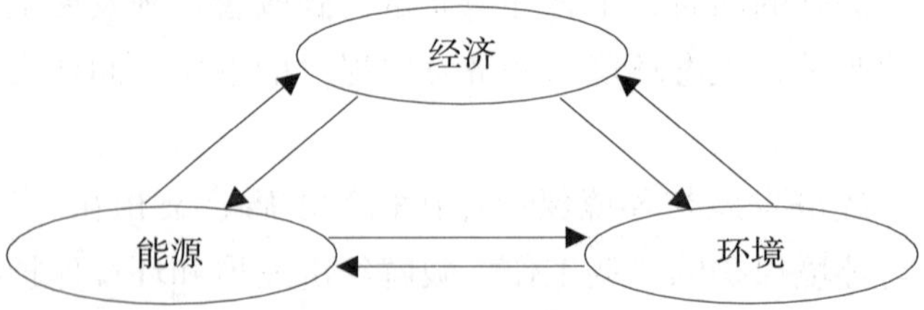

图 9-5 能源—经济—环境（3E）系统

二、经济—能源—环境模型研究现状

能源经济环境模拟始于 20 世纪 70 年代的石油危机时期，在大气污染、气候变暖、环境恶化的背景下，发展和形成了众多的实用模型，广泛地用于评估与研究能源消费、低碳发展、气候政策等问题。从建模方法学上看，这些模型主要包括自顶向下（top-down）模型、由底向上（bottom-up）模型以及由此发展而来的混合（hybrid）模型。自顶向下模型包括宏观计量模型、系统动力学模型、CGE 模型等。由底向上模型也可以称为技术模型（system engineering optimization model），包括工程经济计算模拟、能源技术核算模型以及动态能源优化模型等。[②] 这些模型从不同的建模角度进行模型构建，并且根据具体研究能的问题有选择地强化模型在某些方面的功能。一般而言，自顶向下模型擅长于行为机制与经济分析，由底向上模型擅长于技术的具体描述。

张阿玲（2003）、魏一鸣（2005）、邓玉勇（2006）、康旭东（2010）等对这些模型方法以及我国的模型开发与应用情况进行了比较完整的综述与评价。目前，模型模拟技术的发展与热点问题包括：低碳经济与污染物减排、责任分摊、灵活机制（包括排放贸易、联合履约、清洁发展机制）的紧密结合，是当前能源经济学与能源系统分析的主要内容。模型的编制、算法与政策模拟构成了模

① 崔和瑞，王娣. 基于 VAR 模型的我国能源—经济—环境（3E）系统研究 [J]. 北京理工大学学报（社会科学版），2010（2）：23~28.

② 张树伟. 能源经济环境模型研究现状与趋势评述 [J]. 能源技术经济，2010（2）：43~49.

型工作的主要部分。模型的数学表达式基本上是或者能够转化为等式或不等式方程组，其求解算法属于计算数学的专门领域，而非线性不等式方程组的求解问题，是目前研究的热点与难点。目前包括 Matlab、GAMs 在内的诸多软件包以“黑箱”的方式可基本实现一般性问题求解。

三、几种流行的经济—能源—环境模型分析

（一）CGE 模型

CGE 模型属于自顶向下经济模型。20 世纪 60 年代，Jorhansen 开发了应用于挪威的可计算一般均衡（CGE）模型，随后，各式各样的实用 CGE 模型广泛地应用到包括国际贸易、财政政策、税收政策、能源环境、农业等众多领域，成为政策影响与评价分析的工具。40 多年来，政策领域的 CGE 模型不计其数，规模、复杂性、应用领域也各不相同。

CGE 模型的优点是具有新古典经济学成熟的一般均衡理论，以价格、弹性变量为主要参数，描述了国民经济各部门的相互作用，以及资源和经济之间的关系，可以较好地分析政策的成本与各部门的响应与反馈。表 9–5 列出了部分现在处于前沿领域的几个大型 CGE 模型及其特点。

表 9–5　部分大型的实用 CGE 模型

模型名称	迭代周期	求解与生产函数	技术细节	技术变化处理	是否连接综合评价平台
SGM（PNNL）	5 年	动态推进、非嵌套 CES 函数与 Leontief 生产函数、分年代（vintage）的生产函数	电力部门细分	外生特定技术变化参数	与 Minicam 平台间接连接
EPPA（MIT）	5 年	动态推进、两种类型的资本、分年代生产函数	电力部门细分	逻辑 AEEI	IGSM 综合评价模型的一部分
IGEM (Harvard/Jorgenson–Wilconxen)	1 年	跨期优化、Translog 型生产函数，所有参数由计量方法得到	无	50 年历史数据回归的参数	无
Merge（Manne & Richels/EPRI）	10 年	具有前向优化增长模型、嵌套 CES 函数	能源部门细分	AEEI、外生劳动生产率	外生损失函数进行评估

资料来源：张树伟. 能源经济环境模型研究现状与趋势评述[J]. 能源技术经济，2010（2）：44.

CGE 模型的主要缺点体现在以下几个方面：一是模型中的替代弹性、价格弹性与收入弹性都是非常关键的参数，其取值是根据历史估计得到，在缺乏实证依据的情况下只能推测。而根据历史数据得到的弹性数据，是否在预测期内仍然有效，值得怀疑。事实上，由于技术成本的变化以及重大新技术的出现，弹性参数有可能发生很大的变化。这会导致高估各生产部门的消耗，比如能源消费，就减排而言可能高估减排的政策成本等；二是由于部门集合程度很高，无法对特定技术很好模拟，对新技术的引入缺乏合理的模拟方法，只是对生产函数的系数做一些调整，如自动效率改进系数（AEEI）体现的渐进技术进步缺乏对于重大技术进步的影响分析，其分析结果往往是过去趋势的平滑延续。因此，CGE 模型分析得到的未来趋势，基本是对现有发展趋势的外推，模型预测结果的可信度一般较差。

（二）技术模型

由底向上模型技术是研究底层单位的技术经济微观变化引起的综合效应及其对经济的影响。这类模型对各种技术、工艺流程有比较详细的描述，在评估资源生产技术的替代效应上有更高的可信度，清晰地说明了资源消耗、温室气体排放变化的机理，以及引进何种技术导致资源消耗、温室气体排放的变化和能源系统成本的变化等。通过参考能源系统（Reference Energy System，RES）进行设计规划，比较直观。

技术模型的最大缺点在于本质上属于部分均衡模型，不包含经济模块，所有的宏观经济与结构变量都必须外生确定，政策对宏观与结构变量的影响无法反映。这种经济变量的外生对政策研究有本质上的困难。因为政策的引入，通常对这些外生的变量会产生作用，而这种作用的大小无法在技术模型中内生体现，技术模型对政策效果的评价是不充分的。尽管在一些模型中通过引入需求弹性等因素改善了这一问题，但仍然没有得到彻底解决。

其他方面的缺点包括以下几个方面：一是技术模型中的成本概念仅仅是技术成本，缺少采用新技术过程中大量的非技术成本，如交易成本、制度成本、传统习惯、基础设施等，往往低估新技术采用的社会成本；二是存在跃变（flip- flop）现象。这一现象存在于具有优化功能的技术模型当中。由于优化模型基本是各种约束下的线性规划，不可避免地存在着跃变现象（这种跃变现象体现在模型中的一个例子是一旦先进技术的成本具有竞争性，在系统成本最小化的目标下，其产品将迅速地进入市场并取得很大的市场份额。这显然与现实情况不一致），必须添加一些额外的供给约束以及消费者行为约束，这在一定程度上影响了模型功能的发挥。为了克服这种现象，很多技术模型添加了供给约束，通过限制某些技术的最大份额来使输出的结果趋于合理。这方面比较成熟的模型有美国能源部（DOE）的 SAGE 模型、IEA 的 Markal 模型、日本 NIES 的 AIM/Enduse 模型、IIASA 的 Message-IV 模型与清华大学核能与新能源研究院郑淮开发的模型等。[①] 此外，Leap 模型也属于技术模型范畴，相对于上述模型并不带有优化功能，仅用于情景核算与结果分析，相当于“计算器”的作用。

（三）混合模型

随着由底向上模型、自顶向下模型的建立和应用，建模者逐渐认识到不同类型模型有各自的优缺点。人们开始考虑将多种建模思想融入一个模型中，实现不同类型模型之间的优势互补，建立起既可详细分析减排技术选择又能详细分析减排政策效果的混合模型。这种混合模型可以分为两类：一是通过引入技术细节扩展 CGE 模型对技术的模拟，使其更加符合实际的技术动力学；二是通过识别连接变量，将相对独立的模型进行连接，形成模型框架，用于情景分析。

1. CGE 模型中引入技术细节

技术模型与 CGE 模型都是以统一的投入产出框架为基础，在经济理论上是统一的。就技术模型中核心的能源流生产过程而言，Leontief 形式的生产函数包含了从原料到产品的足够信息。基于此，Bohringer Christoph（1998、2009）、Christoph W. Freia（2003）从理论上探讨了 CGE 模型中引入技术细节的表征与求解方法；McFarland J. R.（2004）、Wing Ian Sue（2007）将 CGE 模型的电力部门进行了进一步分解，分析了美国限排 CO_2 的成本以及煤电与碳封存组合的前景；Gurkan Kumbaroglu，Reinhard Madlener（2003）也采用类似的方法分析了瑞士的能源与气候变化政策。

这种方法本质上还属于 CGE 模型，只不过在部门的划分上更加细致并接近具体技术描述的层面。尽管它丰富了 CGE 模型对技术细节的表述，但也不可避免地带有很多技术模型固有的弊端，如算法与数据的复杂程度急剧增加。Ian Sue Wing 在对电力部门的研究中认为，对电力部门的进一步划分必然涉及分燃料品种的发电技术和经济参数，因此对数据（尤其是投资数据）的可得性要求提高。在算法上，如何表征不同技术的替代是个难点。由于电力是一种同质商品，理论上不同燃料发电是可以相互替代的，且替代弹性为无穷大，也就

① 郑淮. 3E 模型及其对减排 CO_2 的技术经济分析 [D] . 北京：清华大学，2003.

是说它们是线性替代的。这同样会引起技术模型存在的由于成本变化导致的跃变问题。

从时间上，发电类型的替代涉及投资的重新分配，这同样可能产生跃变现象。目前，这种混合模型仅限于模拟个别部门的技术细节，并且还附加了一些必要的强制性的假设或者约束条件。

2. 模型连接技术

这种模型连接的关键在于建立多种模型之间的“通话”机制与连接变量。根据模型在相同功能部门处理方式的不同，连接可分为软连接与硬连接两种。① 在硬连接中，所有模型间的信息处理和交互都通过程序自动完成，在模型重叠的部分，使用新的算法来确保一致的结果。而软连接中的信息传递与控制都通过模型使用者完成，模型使用者观察模型的结果，探讨如何改变模型的输入使得结果趋同。软连接是使用两个正式的模型并且进行相应的连接，连接过程通常包含主观性的判断。

上述两种连接方法各有优势。软连接的优势可以概括为操作性强、公开透明以及简便易学，硬连接运行效率高、结果统一且易于控制。具体比较而言：一是软连接的思路比较清楚，模型的使用者可以快速地得到结果进行评估与改进。但就效率而言，由于通常涉及迭代运算，效率较低。随着模型规模的扩大，越来越多的人参与同一个模型的设计与使用，软连接无疑需要更好的资源去保障工作的质量；二是硬连接可以产生一致的结果，而软连接由于模型的建立相对主观，不同结果间的调整往往并不独立，很难做到严格一致，这种不同使不确定性分析变得非常困难；三是软连接运作的任何结果都可以分析两个模型的趋势，收敛的过程非常透明，对于政策的影响分析比较清晰。而硬连接的输出结果一致，由于计算上的复杂性，基本上是以取消模型功能与各自的独立性为代价。

混合模型的例子可以追溯到 1977 年 Hoffman 与 Jorgesen 的关于能源系统优化模型 BESOM 与 CGE 以及投入产出模型的连接。这一模型框架属于软连接。Manne 与 Wene（1996）通过给 Markal 引入 Macro 模型第一次建立了硬连接，并

---

① Gurkan Kumbaroglu, Reinhard Madlener. Energy and climate policy analysis with the hybrid bottom-up computable general equilibrium model SCREEN: the case of the Swiss CO2 act [J]. Annals of Operations Research，2003，121（1-4）：181-203.

描述了软连接的程式化过程与具体应用；[①] Messner Sabine，Leo Schrattenholzer（2000）进一步改善了这一连接过程，并建立了 Message-Macro 的连接。[②] 相比软连接，采用硬连接的模型有 Markal-macro、Global（2001）等，但是其应用并不普遍。Drouet Laurent（2005）用 CGE 模型的 GEMINI-E3 与技术模型的 ETEM 采用硬连接耦合，分析了瑞士居民部门的温室气体减排情景。将 CGE 模型中的居民能源消费从居民的总消费中抽取出来，由技术模型计算，并输入 CGE 模型，利用居民能源消费建立了两个模型的连接，通过两个模型的循环迭代收敛求得最终解。[③] 这一处理方式实际上是取消了居民部门能源消费与其他部门的互动，而只是作为整体能源消费的一部分来对待。因为居民部门是最终消费部门，这种方式仅对居民部门有效，其采用的是对应于线性支出系统的 Stone-Geary 效用函数，这一变化只对效用函数的组成项有影响。这一点，对于具有复杂生产函数形式的部门则不适用。

四、经济—能源—环境模型研究趋势

（一）开发综合评价模型

以模型的连接技术为基础，通过不同领域模型的连接构成模型链，形成综合评价模型。如能源经济模型与地球气候系统的连接，能源经济环境模型与大气污染汇聚和空间分布模型的连接等。表 9-6 给出了应用于政府间气候变化组织（IPCC）关于减排情景研究的 5 个综合评价模型，包含了 CGE 与技术模型的模块。目前的定量模拟可以较好地评估经济、能源与环境领域，关于可持续发展的其他方面，如水资源影响、生物多样性及社会发展的模拟正在加强。[④]

---

① Wene C-O. Energy-economy analysis：linking the macroeconomic and systems engineering approaches [J]. Energy，1996，21：809-824.

② Messner Sabine，Leo Schrattenholzer. MESSAGE-MACRO：linking an energy supply model with a macroeconomic module and solving it iteratively [J]. Energy，2000，25：267-282.

③ Drouet Laurent. A coupled bottom-up / top-down model for GHG abatement scenarios in the Swiss housing sector [J]. Energy and Environment，2005：27-61.

④ Bohringer Christoph，Andreas Loschel. Computable general equilibrium models for sustainability impact assessment：status quo and prospects [J]. Ecological Economics，2006，60：49-64.

表 9-6　部分大型的实用 CGE 模型

名称	开发机构	包含模型与模块
AIM	日本国立环境研究所（NIES）	排放模型、气候变化模型、气候影响模型
ASF	美国 ICF 咨询机构	能源、农业和林业以及大气系统模型
IMAGE	荷兰公共健康与环境卫生研究所（RIVM）	能源工业系统、陆地环境系统、大气海洋系统
MESSAGE	国际应用系统分析研究所（IIASA）	SG、MESSAGE、Macro、MAGICC、GCM 和 Rain 六个模型的总称，涵盖能源、陆地、大气与海洋系统
MARIA	日本 Science University of Tokyo	碳排放系统、全球变暖子系统、食品与土地利用模块
MiniCAM	美国西北太平洋国家实验室（PNNL）	ERB 经济模型，农业、林业与土地利用模型，MAGICC 气候变化模型，损害函数表征气候影响

资料来源：张树伟. 能源经济环境模型研究现状与趋势评述[J]. 能源技术经济，2010（2）：47.

（二）细化重要部门的模型模拟

各部门的能源消费及其污染物的排放对环境的影响是不同的。电力部门是技术密集型行业，是温室气体排放大户，也是能源经济模型中需要细化分析的重要部门之一，在 CGE 模型中嵌入技术细节的工作应首先在电力部门开展。能源经济模型中的另一个重点部门是交通部门，交通部门中存在复杂的交通方式的选择问题，而且交通部门中各种技术提供的服务不像电力部门那样单一，对交通部门的模拟要做到符合历史的发展与演进的规律将会使模型变得更加复杂。目前，MIT 的 EPPA 全球模型根据美国的交通特点将交通进一步划分为购买交通（purchased transport）与自有交通（owned transport）进行能源经济分析，国际应用系统分析研究所（IIASA）、美国西北太平洋国家实验室（PNNL）都在开发与完善交通模拟模型，以反映交通部门的演进规律及对能源消费与污染物排放的影响。①

① 张树伟. 能源经济环境模型研究现状与趋势评述 [J] . 能源技术经济，2010（2）：46~47.

（三）深化对关键影响因素的理解与模拟

全球气候变化是目前能源经济学领域的研究热点。对于长期的能源与气候系统来讲，技术变化与人口发展的路径与模式具有决定性的作用。但是，从新古典经济理论中技术完全外生以及内生经济增长的理论还不成熟、统一可以看出，对于技术变化与人口发展两个因素的演进规律缺乏认识，这也直接决定了现存的大部分实用模型在这些问题的处理上还非常初级。

一是不确定性的处理与内生。不确定条件下的决策是经济学与决策理论长期的热点与主题，目前对于不确定性的研究也扩展到了能源经济模型中，越来越多的过去占主导优势的确定性模型改造为不确定性模型。模型模拟存在众多的不确定性，其研究方法存在多种选择，概括而言，不确定性广泛地存在于模型的结构、参数取值及本质的随机性（如自然过程变化）之中。传统的情景分析以及敏感性分析是处理不确定性的一种方式，通过随机规划与组合理论发展出的不确定性内生化正逐渐成为研究的热点。

二是技术变化的内生。现存的大部分 CGE 模型的技术变化都是外生的，其根源在于 CGE 模型的理论基础——新古典经济学。当前，就技术变化而言，能源经济模型越来越多地借鉴创新经济学与演化经济学的成果，对于技术变化的理解更加深入。Grubler A，Gritsevskyi A.（2002）从理论与应用可行性上探讨了技术的不确定性学习的模拟与算法的可能性，模拟了现实世界可能出现的不连续与突变现象。[①] Berglund Christer，Patrik Soderholm（2006）综述了由底向上模型中嵌入 learning by doing 模块而将技术变化内生的优点与问题。[②] Kypreos Socrates（2004）通过在 Markal 中内生技术进步来研究碳排放贸易与技术的采用。[③] Grubler A，Nakicenovic N，Victor D. G. 和 Azar C，Dowlatabadi H.（1999）综述了气候政策评价领域的技术变化的处理，介绍了将技术变化内生的若干模型。Wing Sue Ian（2006）通过排放限制政策对于知识积累的影响刻画技术变

① Grubler A，Gritsevskyi A. A model of endogenous technological change through uncertain returns on innovation [R]. Washington，DC，USA，2002：280–319.

② Berglund Christer，Patrik Soderholm. Modeling technical change in energy system analysis: analyzing the introduction of learning-by-doing in bottom-up energy models [J]. Energy Policy，2006，34（12）：1344–1356.

③ Kypreos Socrates. Emissions trading and technology deployment in an energy-systems bottom-up model [J]. European Journal of Operational Research，2004，158（1）：243–261.

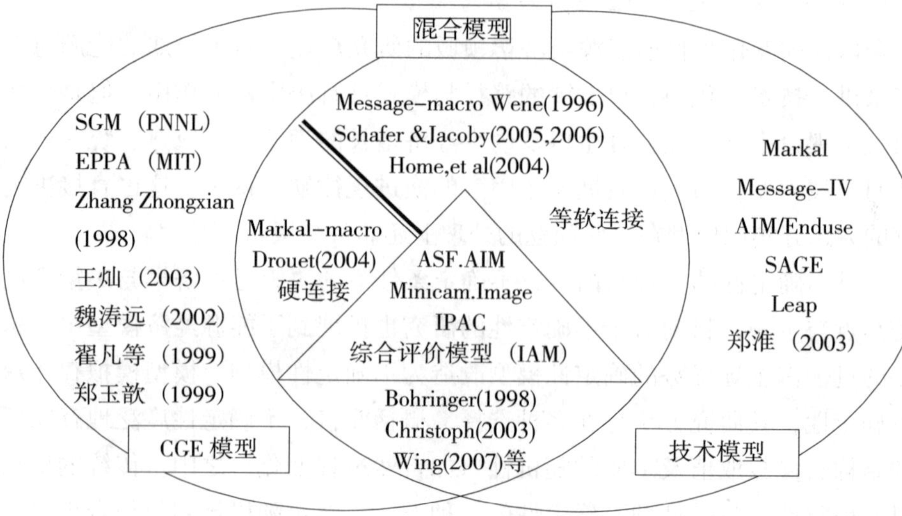

图 9-6　能源经济领域模型及其分类

化，从而进入生产函数将技术变化内生化。这些技术内生化的探讨，基本是小规模和个别部门，或者通过算例来验证模型与算法的可行性。由于缺乏成熟的理论指导，技术变化的内生方法还没有规律。

三是异质性（heterogeneity）的处理。异质性指的是所研究范围内对象内部的非均一化问题。由于这种非均一化，不同部分的发展驱动力、约束以及形态不同。过度的集中研究以及用平均值代替整体水平将产生明显的错误，这是模型模拟中必须考虑的问题。例如：考虑到不同年龄人群的能源消费有不同的倾向，Dalton M，O' Neill B. C.（2005）通过将居民部门进一步分解，分析了美国到 2030 年的碳排放情况。结果显示，不同人群的不同出行与居住行为对排放结果产生非常明显的影响。[①]在我国，众所周知城乡之间、东西部地区之间在经济和社会发展上都存在较大差异，因而国内越来越多的研究倾向于进行地区的进一步细分，异质性是一个重要的因素。

四是模型中投资的时代特性。投资一般是 CGE 模型分析中的重点，对于动态 CGE 模型，基本上是通过储蓄的投资来驱动的。CGE 模型中投资的处理随着模型的动态化而内生，而关于分时代投资的研究在经济理论中也逐步深化，并

① Dalton M，O'Neill B C，Prskawetz A，et al. Population aging and future carbon emissions in the United States [R]. IIASA Interim Report IR-05-025 Submitted to Energy Economics.

走向实用模型，开辟了应用领域。不同年代由于各项技术条件等不同，投资产出、价格弹性和产出效率也不同。LI Shan-tong，HE Jian-wu（2005）、ZOU Benteng（2006）在其经济模型中对投资进行了年代区分，不同年代的资本利用不同的参数表征。

综上所述，“能源—经济—环境”模型经过数十年的发展，在模型编制与应用方面取得了很大成绩（能源经济领域模型及其分类如图 9-6 所示），在模型建立与政策模拟分析方面积累了一些经验，能源经济模型的建模与应用存在一定的规律，需要通过实践来强化基本构模与模拟能力。我国人口多，经济总量增长迅速，国际地位日益重要，没有中国的世界模型研究是不全面的。我国应利用这一机会，加强国际合作研究与学习，提高模型编制与模拟的基本能力，特别是加强参数的透明性与模型结果的充分分析与解读。

第五节　本章小结

综上诉述，我们从能源与经济发展、能源与环境保护、经济发展与环境保护的相互关系出发，理论与实际相结合，全面分析了能源、经济和环境两两之间的辩证关系。

能源的发展有力地支持了国民经济的发展，同时能源生产和消费引起了一系列环境问题，这又影响了经济的可持续发展。通过辩证分析与评价“能源—经济—环境”（3E 系统）之间的关系，能够为世界和各地区的可持续协调发展奠定理论基础。

最近十几年来，“能源—经济—环境”系统模型（3E 系统模型）的研究越来越热门，从 CGE 模型、技术模型到混合模型，再到综合评价模型，研究“3E”模型，为能源—经济—环境的协调发展创造条件，是各国学术界研究的热点，这对诸如我国等快速发展的发展中国家，解决经济发展中面临的能源与环境约束具有十分深远的意义。

第十章 能源安全

传统上，能源安全是指以可支付得起的价格获得充足的能源供应。但是，随着世界政治、经济和社会形势的变化，能源安全的内涵不断发生着变化，即社会政治、经济形势的变化赋予能源安全越来越多的内涵。本章将对能源安全的内涵、特征、能源安全观、安全评价与安全战略展开研究。

第一节 能源安全的概念与特征

一、能源安全的含义

石油战略家丹尼尔·耶金指出，“能源安全的目标是指以不危及国家价值观和目标的方式，以合理的价格确保充足可靠的能源供应”。所以，简而言之，能源安全是指在任何时候都能获得价格合理的能源，其取决于生产国能否采取适当的措施来促使市场稳定。

考虑到能源安全形势的新变化，当今的能源安全包括以下六个方面。首先是物质安全。能源资产、基础设施、供应链和贸易路线的安全以及紧急情况下必要和迅速的能源资产、基础设施、供应链和贸易路线的替代；其次，能源获取是能源安全的关键，不论是物质上的，还是合同上的、抑或是商业上的开发和获取能源供应的能力；再次，能源安全是一种系统或体系——由国家政策和国际机制构成，旨在于对供应中断、油价暴涨等紧急情况，以合作和协调的方式迅速做出反应，以维持能源供应的稳定性；第四，能源安全与投资安全紧密相关，需要足够的政策支持和安全的商业环境，需要鼓励投资，确保充足和及时的能源供应；第五，能源安全与气候变化或环境安全问题密切联系。当今气候变化和环境安全在于能源的生产和消费方式，节能减排、低碳经济、清洁能源发展，已经成为能源技术革命和全球能源结构变化的主要变化趋势。最后，虽然石油资源在能源领域的地位十分突出，但能源安全不仅仅局限于石油供应和油价安全，而是一个系统化的概念。

二、能源安全的分类

在国家经济发展的一定时期内，应保障能源的持续、及时、足量地满足国民经济和社会发展的需要，并且保持价格的可接受性、发展的可持续性和国家政治的稳定性。因此，对能源安全进行分类是十分必要的，本书主要从以下几个角度进行分类，具体分类如下：

从时间上，能源安全可以分为短期能源安全、中期能源安全与长期能源安全三类；在空间上，能源安全可以分为区域安全、国家能源安全与全球能源安全三类；在类别上，能源安全分为能源供应安全和能源使用安全，前者包括能源的开发、运输与储备，后者包括能源的贸易、效率与环境。

三、能源安全的重要性

能源是人类活动的重要物质基础。社会越发展，人类对能源的依赖程度就越高。著名经济学家西奥多·W. 舒尔茨就指出："能源是无可替代的，现代生活完全是架构于能源之上，虽然能源可以像任何其他货物一样买卖，但它并不只是一种货物而已，而是一切货物的先决条件，是和空气、水、土同等重要的要素。"

自工业革命以来，能源安全问题就开始出现。1913 年，英国海军开始用石油取代煤炭作为动力时，时任海军上将的温斯敦·丘吉尔就提出了"绝不能仅仅依赖一种石油、一种工艺、一个国家和一个油田"这一迄今仍未过时的能源多样化原则。人类战争史在一定意义上就是能源资源的争夺史，战争是政治的继续，能源安全和国际政治密不可分。两次世界大战中，能源跃升为影响战争结局、决定国家命运的重要因素。法国总理乔治·克列孟梭曾说，"一滴石油相当于我们战士的一滴鲜血"。可见，能源安全的重要性在那时便已得到国际社会普遍认可。

科技进步并没有改变人类对传统能源的依赖，在全球化迅猛发展的新时代，人类社会面临着越来越严峻的能源安全问题。能源安全是能源供应安全和能源使用安全的有机统一。伴随着人类社会对能源需求的增加，能源安全与国际政治、经济安全的联系日益紧密。能源安全已经不是单纯的能源问题，也不是单纯的经济问题，而是涉及对外战略、国家安全、战略经济利益以及分配格局等多层次的战略性问题。“谁占有石油，谁就占有了世界，因为他可以用柴油统治海洋，用高度精炼的石油统治天空，用汽油和煤油来统治陆地。除此之外，他还能在经济上统治他的同胞，因为从石油中他可以取得意想不到的财富。”美国学者埃德温·奥康诺的这一论断尽管有夸大之嫌，但却代表了一种普遍的权力政治观。可见，能源不仅象征着财富，更象征着权力，它与政治紧密相连，具有强烈的国际政治特征。能源安全不仅与国内供求矛盾及对外依存度相联系，还与一国对世界资源丰富地区的外交、军事影响力和控制力等相联系。

目前，能源不仅日益成为国际政治竞争的焦点，而且成为国际政治竞争的重要手段。当然，强调能源安全问题的政治性质，并不等于在这一问题上只有零和博弈。在全球化时代条件下，各国的能源安全日益成为一个相互依存、相互促进的互保体系，任何一个国家都不能脱离其他国家和地区的能源安全而保证自身安全。“世界的能源安全是一个整体，只有当各国政府意识到它们不但应该采取措施改善自己的能源安全状况，同时也必须为其他所有国家的能源安全贡献力量的时候，国家和国际在能源方面才能真正安全。”西方能源学者梅森·威尔里奇的这一观点的合理性被无数历史事实证明。

随着能源安全问题的不断演化，能源安全概念也在不断扩充和完善。能源安全不仅是一个简单的原子型国家关系，还是一个深化的，事关国家稳定、地区协调、经济结构和个人发展的战略性问题。当今世界，能源已经成为政治和经济力量的通货，是国家之间力量等级体系的决定因素，甚至是成功和物质进步的一个新的筹码。世界所面临的能源安全问题呈现出与历次石油危机明显不同的新特点和新变化：不仅仅是能源供应安全问题，而是包括能源供应、能源需求、能源价格、能源运输、能源使用等安全问题在内的综合性风险与威胁；不仅是涉及国家安全、国家利益和对外战略等多层面的国家战略问题，更是一个关乎国际能源供求和能源地缘政治的国际战略问题。随着能源安全问题日益成为世界各国普遍关注的焦点，能源安全战略作为国家经济安全战略的核心，已成为世界各国国家安全战略的一个重要组成部分。无论是发达国家，还是发展中国家都将保障能源安全作为国家能源战略的首要目标，充分体现出了能源安全的重要性。

四、能源安全的基本特性

能源安全的丰富内涵决定了能源安全理解的多面性，因此，理清能源安全的基本特性是制定能源安全战略和政策的逻辑起点。

（一）能源的经济安全属性

经济利益是国家利益中最基本、最核心的利益，经济安全是对国家、民族的经济利益的维护和拓展。在国家层面上，经济安全是指一个国家经济体系抵御各种干扰、威胁、侵袭的能力，优化一个国家经济体系得以持续、安全发展的国内、国际环境。能源是推动经济增长的基本要素，能源的经济安全属性集中表现在三个方面：首先，提高能源效率，以较低的能源消费支持快速的经济增长。能源效率分为能源经济效率和能源技术效率，前者表现为以单位GDP能耗为指标的能源强度，后者表现为单位产品能耗。其次，随着石油进口依存度的提高和国际石油价格的暴涨，每年用上百亿美元的外汇进口石油可能对国际收支平衡产生严重影响。最后，油价上升带来生产成本的提高，以石油为能源、原材料的相关行业成本也会上升，形成较为强烈的通货膨胀预期，造成更大范围的企业成本增加，从而降低了企业的国际竞争力。

（二）能源的环境安全属性

在能源消费过程中，煤炭的使用产生了严重的环境污染问题。环境问题或者说环境安全在国际能源安全中的地位日益凸显，环境问题对国际能源工业、市场需求和价格走势的影响越来越大，任何能源政策和能源安全战略的制定都不得不考虑到环境保护或环境安全的因素。从世界各国发展的趋势看，工业化国家都采用了以油气燃料为主的能源路线，逐步减少固体燃料的比例是世界各国促进能源结构优化，提高能源效率，降低能源系统成本，提供优质能源服务的必然选择。在环境保护浪潮的影响下，控制、稳定，甚至减少温室气体的排放量已经成为环境安全的首要目标，也是国际社会的当务之急和共同责任。就能源的生产和消费来讲，就是要放缓、节制矿物燃料的生产和消费增长速度，使空气中的二氧化碳含量得以控制、稳定甚至减少。

（三）能源的治理安全属性

能源安全是市场和政府资源配置的混合领域，对能源市场的有效治理是政府确保能源安全的基础性工作。各国能源体制改革的基本趋势是放松管制，重视市场机制的作用，建立政府引导，市场机制推动，行政主导，经济激励，有限竞争的能源市场。以市场机制，如竞争机制和价格信号等，为能源资源流动和优化配置的基础调节杠杆，即只要市场自身的力量能够消化和解决的就用市场化的手段和方式调节处理；同时辅以政府主管部门或监管机构有力的监管。对于市场失灵或者市场忽视的领域，如能源生产、销售的市场准入、能源安全生产隐患和事故的防范与消除、能源开发利用中环境污染事故的治理、新能源新技术的普及和推广等，都需要政府的介入和干预。政府对能源领域的介入一方面表现为政府的调控和管制，甚至包括行政处罚等强制手段，另一方面也表现为政府的鼓励、引导和扶持措施，如通过给予政策性贷款和税收优惠等方式实现，从而最终达到用最小的政府干预解决能源问题的外部性问题，实现“有形之手”和“无形之手”的协同并用和优化配合。

（四）能源的国家安全属性

市场的逻辑是将经济活动集中在便于发展生产并获得高额利润的地方，而国家的逻辑则是获取并控制经济增长及资本积累的进程，经济上的相互依存产生了一种可供利用和操纵的脆弱性，导致了国家权力与市场财富的持久冲突。能源安全是国家安全的基石，国家安全是能源安全的价值归属。能源既是各国政治与外交政策的主要目标，也是各国政治与外交政策的主要手段。冷战结束以来，能源出口国也加重了能源输出在其对外政策和外交手段上的分量，对主要能源进口国而言，能源因素已经成为它们对外政策的决定因素。石油资源主导权的争夺更趋复杂难料，成为21世纪国际冲突与战争的根源。能源是一项重要的战略资源，能源安全涉及国内与国际、供给与需求、经济与环境、法律与科技等多个方面，非单一手段所能解决。为此，国家维护能源安全需要结合全球化背景下的能源地缘政治格局和国际利益分配，从相互统一的整体来看待，注重政治、经济、军事、外交等多种手段的综合运用与协调。

（五）能源的合作安全属性

能源赋存的地域性和结构性不平衡，决定了能源的跨国流动性和能源贸易的国际性。随着全球化的不断发展，在相互依存的世界体系日益发展的今天，能源安全问题的跨国性和综合性日益突出。能源安全问题实质上并不是总量严重不足的问题，而是世界能源资源如何合理有效配置的问题。保证本国的能源安全供给和世界能源资源的配置都是通过能源贸易途径解决的。一国能源安全问题不可能游离于世界经济全球化的大势之外而单独成为一个封闭的市场，它只能通过双边或多边的合作或竞争下的合作，在彼此相容、交融和整体平衡的利益中实现。各能源进口国应摒弃以恶性竞争谋求安全优势的旧式思维，通过加强能源领域合作扩大共同利益，提高应对威胁和挑战的能力与效率。事实证明，能源安全只能建立在互利、共赢的安全利益之上，单方面的、“零和”的安全诉求不能保障真正和持久的能源安全。各国在实现自身能源安全的同时，必须尊重别国利益和关切，为对方的能源安全创造条件。

第二节 能源安全观的演变

能源安全观作为一种基本理念，对于它的理解不能仅局限于其字面含义，实际上其是以能源对国家安全的决定性作用为前提的，本质上是一种国家主义观念，以国家能源安全为核心利益，具有很强的国家功利主义的价值指向。能源安全观主要有两层含义：一是当代人的能源安全，指能源在当代人的利用中得到保证并得到优化配置，个体和群体的能源权益均不受威胁或危害；二是后代人的能源安全，当代人对能源的利用不会危及后代人利用能源的能力，这就对能源的利用效率和循环利用提出了要求。

能源安全观并不是对可持续发展观的否定。从上文对能源安全观的界定可以看出，能源安全观的第二层含义的实质就是能源的可持续利用，两者是一种相互对应、相互补充的关系，前者并不是对后者的否定。在环境问题日益恶化的背景下，可持续发展思想深入人心，已经成为贯穿整个环境法的基本理念。但可持续发展思想源起于国际组织，并通过国际社会的推动成为各个国家、各个地区共识的事实表明，可持续发展观实质上是一种全球主义观念。在价值指向方面，可持续发展观包含了全球共同能源安全、人类共同利益、代际公平等一些价值观念，具有很强的伦理道德指向，具有理想主义倾向。在能源法领域，对可持续发展观的过分推崇，必然会使全球共同能源安全、人类共同利益的道德呼声淹没在各个主体博弈的利益旋涡之中，使与之配套的原则和制度设计失灵。而能源安全观则弥补了可持续发展观在这方面的不足，回归到现实，切实保护我国的能源利益。①

回顾人类社会发展历程，能源安全问题由来已久。自19世纪末以电力、化学革命和内燃机为特征的产业革命以来，全球能源需求持续增加，能源安全问题逐步显现。迄今为止，世界各国致力解决能源安全问题的观念发生了3次重大变革：一是与战争相关的能源安全观，二是冷战时期的能源安全观，三是新形势下的新能源安全观。与战争时期的能源安全观和冷战时期的能源安全观相

---

① 林安薇. 能源安全观与《能源法》的理性建构 [C]. 2006年全国环境资源法学研讨会, 2006（8）.

比，新形势下的新能源安全观的理念更丰富，突出体现在5个方面，如图10-1所示：

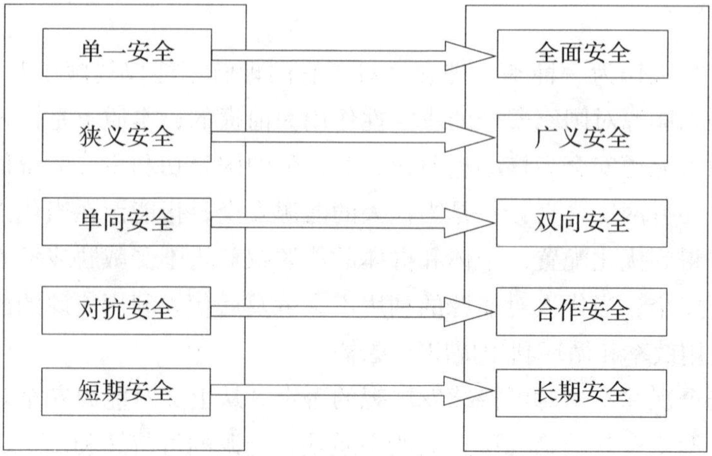

图10-1　能源安全观的新变化

一、单一安全转向全面安全

当今世界，能源多元化已经成为各国能源战略的必然选择。传统能源安全以单一的石油安全为核心，新能源安全观在关注石油安全的同时，开始关注天然气、电力、煤炭、核能等主要能源的全面安全，也就是说，在能源品种上，由过去的以煤炭、石油为主，转换成由煤炭、石油、天然气、水电、核电及新能源多元品种构成的消费结构。今后，随着科技的进步及环保的要求，新能源、可再生能源和天然气的比例必将提升，这样就构成了多元支撑的能源系统。

同时，能源安全与经济安全、环境安全息息相关。在世界各国的经济社会发展过程中，由于工业能源生产及持续增长的化石能源消费，给人类带来了日渐严重的环境污染和生态破坏，出现了诸如全球气候变暖、酸雨、臭氧层破坏等全球性环境问题。反过来，环境问题也成为未来国际能源供应的重要制约因素。随着生产技术、基础设施和能源市场全球化的发展，国际能源供应保障的安全较以往有了很大程度的改善，但国际能源安全面临的环境约束与挑战将越来越严峻。因此，形成先进能源技术的研发推广体系，节约能源，促进能源多元发展，是实现全球能源安全的长远大计。为此，中国新能源安全观倡导：国际社会应该加强节能技术的研发与推广，支持和促进各国提高能效，节约能源，减少单位国内生产总值的能耗；在清洁煤技术等高效利用化石燃料方面，国际社会应该积极开展合作，推动加强可再生能源和氢能、核能等重大能源技术研发等方面的合作，努力建立清洁、安全、经济、可靠的世界未来能源供应体系；另外，我们还要从人类社会可持续发展的高度来看待上述众领域的合作，处理好资金投入、知识产权保护、先进技术推广等问题，力争使所有国家都从中受益。

总之，能源安全已经不是单纯的能源问题，需要树立全面安全和系统安全的能源观，追求能源、经济和环境等各方面的协调发展。

二、从狭义安全转向广义安全

从狭义上讲，能源安全是油气安全，即保证油气长期、稳定、安全供应。

从广义上讲，能源安全包括两个方面，一是能源供应的持续性，二是能源价格的合理稳定性。①

传统能源安全以防御中东石油供应中断为重心，而新能源安全观则认为，恐怖活动的全球化与常态化，需要将能源安全扩展至各个国家和能源供应链的各个环节，维护能源来源稳定、基础设施安全和运输通道安全均是能源安全的重要内容。新形势下，能够引发能源安全的因素有很多，包含许多不确定性的因素，要对能源安全进行全面的定义，那么就必须结合形势的发展，将能源安全的范围扩大，而不仅仅局限于石油安全问题。

众所周知，能源是实现可持续发展的物质基础，经济增长和社会进步必须有充足的能源保证；能源利用不当会产生不利于可持续发展的环境问题；由于能源对经济社会发展具有如此重要的地位，能源已经成为各国所争夺的战略物资，能源供应事关国家安全。

随着能源品种的日益增多，能源产业的快速发展，能源安全不仅仅是油气安全问题，而是以合理的能源价格确保能源供应的问题。

三、从单向安全转向双向安全

传统能源安全主要关注供应安全，新能源安全观认为，能源安全的主体包

---

① 冯飞. 国务院高层批示研究能源安全的问题 [N]. 21 世纪经济报道,2012-02-09.

括消费者、转运者和生产者，能源安全对消费方和生产方是一致的，在关注消费方供应安全同时，也应关注生产方的需求安全和转运方的运输安全。也就是说，能源安全问题对多方都能够产生影响，而且这种影响是双向的，不仅是对某一方有影响，它对所有的相关者都能够产生相应的影响。

维护世界和平和地区稳定，是实现全球能源安全的前提条件。和平、发展、合作虽已成为时代的主流，然而当今世界的和平与稳定并未得到有效维护，国际安全形势仍不乐观，尤其是能源地缘政治形势复杂多变。众所周知，中东、中亚及里海地区等作为世界油气资源的重要储藏地和生产国，一直以来都处于各大国竞相争夺能源资源的前沿。能源资源的争夺与博弈导致了相关能源生产国之间、消费国之间及生产国与消费国之间的关系紧张，引发了地区战争与局部冲突。而能源产地的动荡不安又会直接威胁到全球能源的持续稳定供应，进而危及世界的和平稳定与各国的共同发展大业。为维护能源安全稳定的良好政治环境，实现全球能源安全、稳定、可持续发展，中国政府呼吁：我们应该携手努力，共同维护能源生产国特别是中东等产油地区的稳定，确保国际能源通道安全，避免地缘政治纷争干扰全球能源供应。为此，各国应抛弃以传统现实主义的旧的思维方式来看待能源问题的观念，不着眼于对现有能源市场的分割和对既得利益的维护上，不把能源问题政治化，更不能动辄诉诸武力，而是要树立新的能源安全观念，通过对话和协商的方式解决彼此的分歧与矛盾，加强合作、协同保障以有效维护能源产地和能源通道的安全。

四、从对抗安全转向合作安全

传统能源安全将消费国与生产国的利益对立起来，强调“同盟安全”或“结盟安全”。新能源安全观认为，任何一个国家或地区的能源安全都依赖于全球能源安全，保障能源安全的唯一出路是“合作安全”和“共赢安全”，即从民族国家的安全拓宽至全球安全。具体地说，能源安全不是某一个国家自己的事情，而是全球都要面临的问题，仅仅靠一国或者几国的力量是不足以维护能源安全的，需要我们全世界的国家联合起来共同去应对能源安全，不是相互之间对抗，而是要联合起来才能够很好地解决能源安全问题，让能源为我们人类造福。

随着全球化趋势的快速推进、各国能源相互依赖程度的日益加深，能源安全的内涵与外延也在不断地深化和拓展，呈现出能源安全威胁多元化、安全领域扩大化、安全范围延展化的趋势。能源安全威胁除了需求剧增、供应紧张外，还面临油价飙升、环境污染、地缘政治形势不稳等挑战；安全领域不仅限于石油，还包括天然气、煤炭、核能等领域的安全；安全范围不只涉及能源的供应、运输，还延伸至全球能源从生产到消费的各个环节，如开采、通道、炼油厂等。可见，能源安全越来越复杂化、综合化和全球化。在此背景下，能源生产国与能源消费国的利益已被捆绑，一国的能源安全与他国的能源安全以及全球能源的系统安全紧密相连，任何国家都不可能、也没有能力依靠自身的力量来确保本国的能源安全，更不用说全球能源安全了。中国新能源安全观要求我们必须摒弃某些大国所采取的以垄断和霸权为核心、以维护本国能源安全为目的的旧能源安全观念，而是要在从能源开发到利用的各个环节中加强能源出口国、中转国和消费国之间、能源消费大国之间的对话与合作，以实现互利共赢，确保全球能源安全。具体地说就是: 国际社会应该加强政策协调，完善国际能源市场监测和应急机制，促进油气资源开发以增加供给，实现能源供应的全球化和多元化，在能源需求和供给基本平衡的基础上确保稳定的可持续的国际能源供应及合理的国际能源价格，确保各国能源需求得到满足。

五、从短期安全转向长期安全

传统能源安全主要应对市场短期供应中断，新能源安全观在强调应对市场短期供应中断的同时，更加注重能源供应的可持续性，同时更加注重生态与环境安全，新能源、新技术、气候变化等成为新能源安全观的重要内容。

未来 10 年，中国将进入中等收入国家。工业化将进入后期阶段，城市化进入中期加速阶段，但与此同时，能源资源环境约束强化，经济发展受到更多制约，中国必须把能源安全作为战略的重中之重。由于短期内，经济增长还会依赖资源能源投入，因此，未来资源环境消耗程度还将保持较高的水平，在全球资源能源供给偏紧和环境约束强化的背景下，保持国内经济较快发展面临着诸多困难和挑战。

能源短缺、能源依赖是中国未来面临的最大风险之一。当前，主要发达国家通过控制能源的开采权、能源定价权，以及运输通道等方式依然对全球能源供应产生重大的影响。以石油为例，目前，中国进口石油最多的三个国家为沙特、安哥拉和伊朗。2010 年前 3 位进口国进口量占总量的四成。按地区分布，中东地区占中国石油进口总量比例为 50.1%，居第一；非洲为 30.2%，居第二位，以下依次为拉美、独联体和东南亚。2011 年以后，尽管非洲国家出口比率已明显上升，但进口风险依然过于集中。

未来 10 年，国家间的竞争可能演变为能源竞争。经济性短缺、区域性短缺、地缘政治导致的供给中断或短缺以及需求型短缺将会不同程度地存在。由于主要发达国家通过控制能源的开采权、能源定价权，以及运输通道等方式依然对全球能源供应产生重大的影响，面对日益突出的能源供需矛盾和国际能源格局变化，未来中国必须要统筹国内、国际两大能源发展大局，立足当前、着眼长远，按照互利合作、多元发展、协同保障的新能源安全观，充分利用全球能源资源，这是中国能源安全必须坚持的长期战略，不但要“走出去”，也要“拿回来”，也就是要通过能源资源勘探开发、贸易和科技合作，以及运输管道建设、能力建设，建设完善的能源资源贸易基础设施，真正把能源“拿回来”，增强对国际大宗能源资源市场的影响力和定价权。

当前，世界能源版图正在发生板块裂变。近些年，随着美国“能源独立”战略的有效推进以及“页岩气革命”溢出效应的重大影响，美国出现了一些标志性的变化：美国石油需求从升转降，已经彻底扭转了能源自给率下滑的态势。过去的 6 年里，美国能源自给率逐渐提高，在 2011 年达到 81.4%，美国能源信息署（EIA）预计在 2035 年将达到 87%，基本实现“能源独立”。

美国“能源独立”的经验表明，国内能源开发是保持能源安全相对独立的重要基础。再以石油为例，目前，尽管石油资源难度越来越大，但仍具有保持石油产量持续增长的基础。中国东部石油仍有增长空间，估计待发现资源量为 180 亿吨，待探明石油资源潜力为 68 亿吨左右；西部地区处于勘探中早期，待发现石油资源量超过 114 亿吨；中国近海待探明石油资源量为 86.31 亿吨，石油探明程度仅 29%，尚处在储量发现的高峰期。加快海上和西部石油勘探开发将是中国石油产量增长的主战场。①

能源安全的可持续发展问题是当今世界性的问题，能源安全不是说现在存在了，将来就不会再有了，能源安全要保持其可持续性，不能断了子孙的后路，不仅仅要考虑当前所面临的能源安全问题，还要想想现在能源安全的处理对将来可能带来的不确定性的问题，对待能源安全的问题，也是需要三思而后行，不可盲目决断，要为子孙后代谋福着想，考虑能源安全的长期性，不能目光短

---

① 张茉楠. 中国必须坚持长期的能源安全战略 [N]. 中国能源报，2013-01-30.

浅只顾眼前。

第三节 能源安全评价

一、能源安全的影响因素[①]

影响能源安全的因素很多，归纳起来主要有以下六个方面: 能源因素、政治因素、运输因素、经济因素、军事因素以及可持续发展因素，具体分析如下：

能源因素是影响能源安全的最直接、最重要的因素之一。一般来说，一个国家自身的能源资源越丰富，对经济发展的保障程度越高，能源供应的安全性就越高。如果不考虑其他因素，本国能源受外界不安全因素影响的可能性就小，相对安全。但并不是说能源贫乏国家的能源安全问题就严重。例如，日本经历了第一次石油危机的沉重打击后，通过建立庞大的战略石油储备系统和其他一系列风险防范机制，其能源供应的风险得到了有效的控制。

政治因素对能源安全的影响主要有两个方面，一是能源进口国与出口国之间政治关系恶化而造成的对能源安全供应的影响，如第一次石油危机就是因为阿拉伯国家与西方国家政治关系紧张所致；二是由于能源生产国国内的政治因素对能源安全供应的影响，如第二次石油危机是由于伊朗国内政治和宗教因素造成的。

运输因素对能源安全也产生一定的影响，能源供应链的安全与控制资源、建立储备同等重要，供应链的安全是能源安全的前提和保障。以 2002 年中国石油运输为例，在中东东行的航线上，中国船东所承运的石油进口量为 130 万吨，占该航线石油进口量的 3.78%。在西非东行的航线上，中国船东所承运的石油进口为零。在东南亚航线上，中国船东所承运的石油进口为 550 万吨，约占该航线石油进口的 52.43%。显然，中国船东在中东东行和西非东行的航线上所占的份额很少，而这两条航线恰恰是中国原油进口的主要航线，从供应链的角度

---

① 迟春洁，黎永亮. 能源安全影响因素及测度指标体系的初步研究 [J] . 哈尔滨工业大学(社会科学版)，2004 (4) .

而言，也是风险最大的航线。

经济因素对能源安全的影响是一种间接的影响。对能源进口国来讲，最主要的影响就是经济能否支持进口能源所需要的外汇，经济因素还涉及价格变动问题。对进口国来说，主要是价格上涨对进口能力和进出口平衡的影响。在和平时期，价格的剧烈波动是能源安全的最主要问题之一。

军事因素对能源安全的作用是多方面的。对运输方面来说，拥有强大、反应快速的海上军事力量，能源海上运输线就会受到很好的保护。对关键海峡的控制能力也是保障能源运输安全的重要方面。军事因素对能源安全的影响还表现在对主要能源生产地的军事干预能力上。海湾战争就是美国等国以强大的军事干预能力，避免石油供应受制于伊拉克，有效地保障了美国及其盟国石油的安全供应。

可持续发展因素及其他因素也至关重要，能源安全重视资源的开发效率，强调资源的可持续利用。能源持续利用的实质是要努力做到经济发展与能源利用的协调，最终使经济发展与人口、资源、环境达到整体协调。可持续发展因素还应该考虑技术进步和能源替代方面的影响。对中国来说，如果洁净煤技术能有重大突破，中国能源安全形势就会明显好转。此外，太阳能等可再生能源技术的进步也会改变各国能源安全的态势。

二、能源安全评价方法①

要想对能源安全做到很好的控制与防范，就必须要有准确有效的评价方法，做好前序工作。能源安全评价是指以整个能源系统为评价对象，分析影响能源安全的主要因素，构建一套可量化的评价指标，采用一定的理论与方法，对能源安全状况、面临的风险及未来变化趋势进行评估。具体能源安全评价方法如下：

（一）采用指标加权构建标准化指数的评价方法

采用指标加权构建标准化指数的方法广泛应用于许多事物的评价研究，一些学者也采用该方法来评价能源安全，代表性的有国土资源部咨询研究中心（2007）和 Badea（2011）等。国土资源部咨询研究中心（2007）首先将能源安

① 苏铭，张有生. 能源安全评价研究述评[J]. 浙江社会科学，2012（4）.

全状况设定为一个 0~1 的无量纲数值，先验性地将[0，1]等分成 5 个子区间来代表 5 个能源安全状态，以此作为能源安全程度的评价标准。其次，将影响能源安全因素分为国内资源保障能力、国内生产供应能力、国际市场获取能力、国家调控和应急保障能力和环境安全控制能力五大类，每一类选取若干评价指标，如国际市场获取能力因素选取了国际能源价格、能源进口量占世界总贸易量比例、国际合作水平以及能源对外依存度 4 个指标，一共选取了 19 个评价指标，区分正向、反向关系，并给每个指标分别设定安全阈值，从而将各指标得分标准化。最后，采用德尔菲法（专家打分法）设定指标权重，能源安全状况即为各指标加权之和；该值落在不同的子区间，反映不同的能源安全状况。但是，该方法权重选取任意性大，缺乏经济含义。一些学者对指标权重设定进行了更深入的讨论，如 Badea（2011）基于集体决策理论（Group Decision Theory）研究了能源安全各指标的加总规则。首先，选取反映欧盟国家长期能源供给安全的主要指标：能源强度、碳排放强度、各能源品种进口依存度、一次能源多样化程度、发电燃料多样化程度以及交通运输能源需求量，并将这些指标按国家（或时间）排序和标准化处理；其次，利用集体决策理论构建能够反映决策者风险厌恶程度的非线性权重，如风险中性者对所有指标给予相同的权重、风险偏好者只看排序最好的指标（其权重为 1，其余为 0）、风险厌恶者只关注排序最差的指标（其权重为 1，其余为 0），从而对各指标进行加权求和；最后，将加权求和得到的标准化指数作为能源安全评价标准，其数值大小反映不同时间、不同国家的能源安全形势的相对大小。尽管如此，仍可看出其指标权重选取有很强的主观性，哈耶克曾评论此类方法为“似乎有知识（pretence of knowledge）”。

总体上看，该方法由于权重选取和标准化处理的主观任意性，而且许多指标进行独立加权，指标间的相关性、内生性及一致性等问题均无法讨论，更重要的是，仅仅通过简单加权方式建立能源安全与影响因素之间的关系，缺乏对内在传导机制的分析，因此，一些学者认为该方法解释力较为欠缺，结论难以真实反映能源安全状况，质疑其适用性。

（二）采用中断概率直接刻画风险的评价方法

供应连续性是能源安全的核心，相应地，能源安全的最大风险是供应中断，描述供应中断的最直观、规范的方法就是概率分析。基于此论述，一些研究人员从能源供给可靠性角度出发，采用中断概率直接刻画能源安全风险。

例如，Billinton&Allan（1996）基于概率模型计算了未能供应的能源；

Huntington，Weyant&Beccue（1997）采用影响图刻画了供给中断的政治风险因素；Makarov，Member&Moharari（1999）根据历史上中断事件发生的频率估算了能源安全可靠性系数。

此外，Winzer（2011）综合考虑自然风险、技术风险、人为风险因素，选取了供应/需求、环境、技术、人为因素等层面的一系列指标来描述三类风险的不同状态和相应概率。接着，利用条件概率模型，计算了能源供应中断的概率。最后，将能源供应中断概率定义为预期未供应的能源，以此作为能源安全评价标准，讨论了不同供应来源和方式下能源安全风险的大小。该方法对能源安全风险来源直接进行刻画，清晰规范，能够准确、系统地分析某一种供应模式下的各类风险，适用于做事前风险评估。然而，对于多个能源品种、多种供应来源、多种供应方式下的能源安全风险，该方法难以有效进行集成评估；更不用说能源安全问题还涉及消费、价格、环境等方面，其中一些风险因素难以用概率形式准确描述，进一步限制了该方法的应用。

（三）基于构造多样化指数间接刻画风险大小的评价方法

许多研究和政策实践（Stirling，1998；European Commission，2001；IEA，2007；Intharaketal，2007）认为能源品种、供应来源、供应方式的多样性是保障能源安全的重要手段，这同时表明刻画多样性对于准确评价能源安全尤为重要。不少学者尝试引入资产组合理论中的多样化指数方法。Stirling（1998）论述了能源供应多样性的经济含义，认为能源组合中品种和来源越多、越分散，不同品种和来源的差异越大，多样化程度就越高，意味着风险越小、能源越安全。他还提出一个理想的多样化指数应体现种类多样（Variety）、种类的平衡程度（Balance）和种类间的差异（Disparity）三个特征。常用的多样化指数有Herfindha—Hirschman Index（HHI）和Shannon—Wiener Index（SWI）等。Grubb，Butler&Twomey（2006）分别采用HHI和SWI对英国长期电力安全进行量化分析，得到的结论基本一致；Kruyt（2009）综合比较了HHI和SWI，认为二者在评价能源安全时有很强的相似性。

IEA（2007）基于HHI来构建能源安全评价指数。首先，以各能源品种f的不同出口国i在国际能源市场的份额sif作为评价指标，利用HHI定义了能源安全市场集中度 $ESMC_f = \sum_i Sif^2$；该值刻画了能源供应集中度对能源价格进而对能源安全的影响，取值越小，市场集中度越小，能源越安全。接着，能源品种f的供应集中度风险对一国能源安全的影响还取决于该能源品种在一国能源总供

应中的比重 $C_f/TPES$，从而能源安全指数表征为 $ESI_{price}=\sum_f ESMC_f \cdot C_f/TPES$。最后，该指数适用于竞争性的自由市场环境，供应短缺直接导致价格上涨，价格机制将最小化能源不可计算的风险。此外，我们还对出口国政治稳定性的影响加以考察，将其作为风险因子 r 来修正能源安全市场集中度 $ESMC_{f\cdot pol}=\sum_i r_i \cdot \mathrm{Sif}^2$，进而得到修正后的能源安全指数。Frondel&Schmidt（2008）进一步考虑了出口国的供应相关性，将能源安全市场集中度修正 $ESMC_f=\sum_i \mathrm{Sif}^2+\sum_i \sum_j \frac{1}{2}\rho_{ij}s_{if}s_{if}$，其中 ρ_{ij} 为相关系数；该修正的一个现实案例就是具有卡特尔特征的石油输出国组织（OPEC），其成员国的石油供应有很强的相关性。Jasen，Arkel&Boots（2004）基于 SWI 评估了长期能源安全风险。首先，分析影响长期能源安全的风险因素，主要包括能源供应品种多样化、对外依存情况、进口多样化、进口可靠性以及资源枯竭程度，从而选取了各能源品种的供应占比、进口依存度、进口来源国进口量占比、进口来源国的长期社会政治稳定性、资源储采比等指标。接着，从能源供应品种多样化出发，利用 SWI 构造能源安全指数 $I=-\sum_i c_i x_i \ln x_i$，其中 x_i 为品种 i 占能源总供应的比重，c 为风险调整因子。其他风险因素都通过对 c 调整来实现，例如，考虑各品种的进口依存度 m，c 调整为 $c_i=1-m_i$；再考虑进口来源多样化和进口来源国的长期社会政治稳定性，c 调整为 $c_i=1-m_i$（$1-\sum_j -r_j s_{ij} s_{jj}/(\sum_j -r_j s_{ij} s_{jj})_{\max}$），其中 s_{ij} 为从国家 j 进口占能源 i 总进口量的比重，r_j 为进口来源国 j 的长期政治稳定性指标，max 表示进口来源多样化指数的最大值。最后，通过该方法诠释各影响因素得到能源安全指数 I，该结果是一个无量纲值，可以进行不同时间和不同国家间的对比分析，从而评价一个国家长期能源安全风险的相对大小和变化态势。

该方法通过构建多样化指数刻画出多个能源品种、多种供应来源、多种供应方式下的安全风险，还可通过设定风险因子将其他风险因素纳入到该框架内，能对能源安全风险进行全面评价，而且有明确的经济含义，也不过于复杂，目前广泛应用于能源安全的事前评价。

（四）衡量（期望）福利损失的评价方法

由能源安全定义和传导机制可知，能源安全的风险来源及影响均是多层面的，也是不断变化的，不同时期、不同国家间的差异也很大，通过衡量（期望）福利损失能够将这些影响在统一标准下讨论，从而可对能源安全进行整体评价（Bohi，Toman&Walls，1996；Yergins，2006）。其中，衡量（期望）福利损失适用于事前评价，既分析风险来源，又分析其影响；衡量福利损失适用于事后评价，主要讨论能源系统出现问题造成的影响。

Winzer（2011）尝试从社会福利角度对奥地利、意大利和英国的能源安全状况进行全面评价和对比。为此，基于能源资源稀缺性、供应风险、能源环境、能源市场等因素，他选取了年度电力供应中断时间、热力系统中断时间、人均二氧化碳排放、太阳能和风能资源情况、电力价格变化趋势和波动性等历史数据作为评价指标，采用成本—收益方法，考察了电力供应中断导致的 GDP 损失、热力系统中断对居民生活影响，而且还分析了碳排放对环境的影响以及电力价格变化趋势和波动带来的影响。但由于我们主要从概念上理清不同层面问题对能源安全的影响，未深入讨论碳排放及价格变动导致的福利损失，因此缺乏一个关于能源安全事后评价的总体结果。针对这些问题的专门分析可以见诸其他文献，如 IEA（2004d）评估了石油价格波动对世界各国 GDP、通货膨胀以及就业的影响；邹艳芬（2008）利用 CGE 模型和生态足迹分析法对能源使用带来的环境问题进行考察，分析了中国的能源生态承载力和能源生态赤字。该方法理论基础完备，逻辑清晰，但较为复杂，目前主要在能源安全事后评价中有所涉及，尚未有研究通过计算期望福利损失来对能源安全进行事前评价。

在对四类能源安全评价方法综述的基础上，现从覆盖能源安全问题的完备性、理论基础、难易程度等方面进行述评，以讨论其适用性。采用指标加权构建标准化指数方法能够灵活考虑能源安全各层面的影响因素，简单易行，但经济含义不足，主观性较强，结果可信度难以保障，适用性较差。采用中断概率方法能够直观地刻画供应风险，清晰规范，但难以覆盖所有能源安全问题，且概率估计难度较大，主要适用于能源供应安全事 前评价。基于构造多样化指数间接刻画风险的方法可覆盖不同层面能源安全问题，理论基础较完备，经济含义明确，相对简单，适用于能源安全事前评价。衡量（期望）福利损失方法可将不同层面能源安全问题在统一标准下讨论，理论基础完备，但较为复杂，难以分析风险导致的期望福利损失，主要适用于能源安全事后评价。因此，要根据评价的需要和出发点来选取合适的评价方法。

三、能源安全的监测和预警①

中国的能源消费在过去几年间迅速增长，各主要能源品种都出现了一定程度的供不应求，这不仅给国内的能源供应安全保障体系带来了沉重的压力，而且已经引起国际社会的普遍关注。能源是保障中国经济的原动力，能源系统出现微小的波动都有可能对经济系统产生重要的影响，因此，我国有必要建立一个能源安全监测和预警系统，为实现稳定、可靠、安全、清洁、经济的能源供应提供保障。

新时代的能源安全具有许多新特点，能源安全问题已经成为一个极其复杂、涉及领域极广的系统问题，因此，为了能够较全面地掌握各方面信息，控制各领域的发展态势，以便能够有效及时地对能源危机做出反应，应该建立基于多因素的能源安全监测预警系统。

(一) 能源“约束”的环保安全监测预警

环境保护对能源的发展提出挑战，环保与能源最理想的结合是改变传统化石能源占主体地位的状态，取而代之的是应用水能、太阳能、地热能、海洋能等新能源及可再生能源。但是，就目前而言，化石能源的地位在短期内是不可替代的。因此，环保成为能源使用的“约束”，同时，若乐观些认为，环保也是促使能源更新换代的“推动力”。考虑到能源使用一方面会造成城市空气质量的变差而影响空气质量指数，另一方面会产生大量酸性排放物而形成酸雨，因此，建立能源约束的环保安全就是监测城市空气质量（在地图中标志城市的指示灯根据不同的空气质量变化颜色）及全国酸雨分布（对全国进行网格剖分，通过离散而得到全国的酸雨分布情况，不同颜色代表不同的酸雨程度）。

(二) 能源“来源”的灾变安全监测预警

能源已经成为国际化物资，单独依靠本土能源发展经济对我国来说已经不实际，因此，大量进口能源（尤其是石油）成为未来的发展趋势，然而，随之而来的世界政治、军事、经济的巨大变化将影响着这一来源的不确定变化。同时，国内能源生产及运输造成的许多伤亡灾害也对能源来源构成了不同程度的威胁。在此，灾变安全监测预警系统将实现两部分内容，一是国际事故监测，

① 郭小哲，段兆芳. 我国能源安全多目标多因素监测预警系统 [J]. 中国国土资源经济，2004 (2).

一是国内事故监测。在对国际事故进行评估中，标记在世界地图中以预警对能源构成的威胁，对国内能源生产和运输进行事故统计，可直接看出哪个行业的安全措施有待改进。

（三）能源“稳定”的供需安全监测预测

本部分监测四个方面：能源对外依赖度、能源结构、人均能源和石油战略储备，其中，能源对外依赖度及石油战略储备预警界限如表 10–1 所示：

表 10–1　对外依赖度及石油战略储备预警界限

指标	很安全	安全	警戒	不安全
依赖度（%）	[–，20]	[20，35]	[35，50]	[50，–]
储备数（天）	[90，–]	[60，90]	[30，60]	[30，–]

（四）能源“企业”的效益安全监测预警

该部分监测预警包括总体能源拉动国民经济监测和能源各行业的投入产出比监测两部分内容。前者由能源弹性系数指标实现，后者由通过分析投入产出比指标来实现。其中，能源弹性系数是能源消费增长率与同时期国民经济增长率之比，能源弹性系数与经济产业结构、行业节能效率等有极密切的关系，很难给出其预警界限，各行业的投入产出比监测标准也比较难以设定，一般要在考虑国情的前提下，参照发达国家标准进行安全预警管理。

（五）能源“节能”的效率安全监测预警

能源“节能”的效率安全监测预警，其主要监测两个指标，其一是能源利用效率，即消耗单位能源产出的值，一般用年变化图表示。其二是节能率，即一定时间内的节能量与用能量之比。节能率与经济结构、产品方向、价格、成本、工资等纯经济因素有关，因此可以借助它来分析经济节能的潜力，以便采取各种经济措施来提高经济节能的数量，其分析方法也是观察其走势。

通过对能源新特点、能源安全新构成以及监测预警系统分析可以发现，进行监测预警不仅需要庞大的数据支持，而且数据来源极广。因此，为了便于数据存放和收集，实行网络化支持无疑是最有效的办法，更重要的是，监测预警系统的反馈信息可以立即引起相关部门重视。由此，带动全国总动员来加强能源建设，预防能源危机，这是监测预警的主要目的。

因此，为了能源安全，有必要建立各个层面的能源安全监测预警研究中心，继续研究并逐步完善能源发展战略监测预警系统，能够为能源发展战略提供及时的、准确的、全面的信息，并以此作为能源企业或者国家能源决策部门的参考依据。

第四节 能源安全战略

一、战略依据

制定能源安全战略，必须立足于全球能源需求持续较快增长的大背景，依据我国能源安全具备的基础与条件以及面临的主要挑战。研究认为，制定我国能源安全战略，必须把握两条原则：一是立足于全球能源，保障我国能源安全，统筹好国内、国际两个大局是确保能源安全的重要任务；二是能源安全要为经济社会发展服务，不能一味追求绝对的能源安全而制约经济社会发展，因此能源安全战略的重点应集中在提升与经济社会发展需要相适应的能源安全保障能力上。保障能源安全，重点应提高以下 6 种能力：一是国内能源供应能力；二是国内能源需求调控能力；三是能源安全风险的应急能力；四是国际能源市场

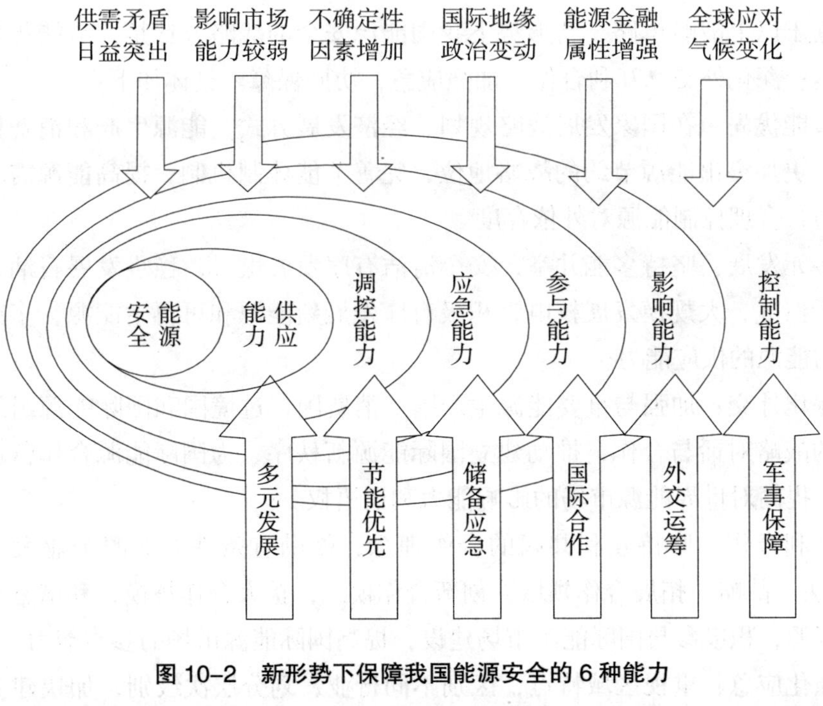

图 10-2 新形势下保障我国能源安全的 6 种能力

的参与能力；五是国际能源市场的影响能力；六是国际能源市场的控制能力。前 3 种能力聚焦在国内，是保障能源安全的"内环"，作用方式直接，是保障能源安全的基础。后 3 种能力聚焦在国际，是保障能源安全的"外环"，一般情况下间接发挥作用，但在经济全球化、能源全球化的新时期，这 3 种能力越来越重要，如图 10–2 所示。

二、战略思路

基于以上认识，新形势下我国能源安全战略的思路是：深入贯彻落实科学发展观，统筹国内、国际两个大局，在强化国内能源勘探与开发、能源节约与科学替代、科技创新与制度创新的基础上，通过加强国际能源多元互利合作、积极开展能源外交、提升军事保障能力、加快能源储备与预警应急体系建设等战略举措，不断提高能源供应能力、需求调控能力、风险应对能力和国际能源市场的参与能力、影响能力、控制能力，以能源安全保障经济和国家安全。

三、战略方针

基于以上战略思路，新形势下我国能源安全的战略方针是：节能优先，多元发展；深化外交，互利合作；加强应急，协同保障。具体如下：

节能优先：在国家发展战略规划、经济发展方式、能源生产和消费模式等方面，更加突出能源节约的战略地位，完善节能体制机制，提高能源需求的调控能力，合理控制能源对外依存度。

多元发展：坚持多能并举，安全清洁有序发展煤炭，稳步发展石油，加快发展天然气，大规模发展核电，积极有序发展新能源和可再生能源，多渠道提高国内能源的供应能力。

深化外交：加强与重要能源生产国、消费国、过境国和国际能源组织的全方位的战略对话与合作，推动建立国际能源新秩序，为国际能源合作营造良好环境，提高对世界能源市场的影响能力和话语权。

互利合作：坚持互利共赢的合作理念，鼓励有条件的能源企业大力实施"走出去"战略，拓展合作领域，创新合作模式，扩大合作规模，和谐分享全球能源资源，积极参与国际能源市场建设，提高国际能源市场的参与能力。

强化应急：重视区域特点，区别不同行业，划分层次级别，加快建立国家和企业两级能源储备体系，建立健全国家和地方两级能源安全预警应急机制，提高应对自然灾害、设施故障、季节变化等突发性和阶段性安全风险的能力。

协同保障：维护世界主要能源生产地区的稳定和国际能源运输通道安全，支持通过对话和协商解决能源领域的分歧和矛盾，维护国际能源市场秩序，支持能源新技术的推广应用，协同保障全球能源安全。①

四、新形势下保障我国能源安全的战略

能源安全是一个系统工程，涉及政治、经济、能源、环境、外交、军事等多个方面，必须既综合采取各种有效措施，又要突出重点，才能以尽可能小的代价，保障我国能源安全。

（一）强化面向全球的能源供应能力建设

这是确保我国能源安全的重要基础。面向未来，我国能源供应主要依靠国内，同时也将越来越多地依靠国外资源，统筹国内、国际两个大局，加强国内国际两个供应能力建设至关重要。应统筹规划、适度超前、优化布局、多能并举，科学发展现代化煤炭工业，努力推进石油持续稳定小幅增产，加快提高天然气产量规模，积极促进可再生能源有序发展，加快实现核能规模化发展，有序开发水力资源，努力提高国内能源的多元供应能力。同时，应从全球视野出发，着力增强能源公司国际竞争力，提高资源勘探开发技术和装备水平，强化面向全球的供应能力建设，深度参与全球能源开发，增强对国际能源市场的影响力。

（二）强化能源节约和科学替代

这是解决我国现实和长远能源安全问题的现实手段。把能源节约摆在突出位置，通过转变经济发展方式、大力发展服务业、淘汰高耗能行业落后生产能力、实施循环经济、提高全民族节能意识等措施，降低不合理能源消费，提高能源效率。同时，积极发展核能、太阳能、风能等新能源，有序发展煤基替代燃料、生物质液体燃料，加快发展油页岩、油砂、煤层气、天然气水合物等非常规能源，超前谋划化石能源替代问题，不断提高我国能源的可持续供应能力。

（三）强化科技创新和机制创新

① 江冰. 新形势下保障我国能源安全的战略选择 [J]．中国科学院院刊，2010（02）.

这是促进能源发展和能源安全的根本途径。世界能源科技蓬勃发展，特别是一些战略性能源高科技将成为促进国家能源发展的决定性力量，也直接关乎国家能源安全。为此，需要在能源基础科学研究、前沿能源技术研究、先进关键技术、重大能源装备开发制造等方面加大创新力度，依靠能源新技术促进能源安全。同时，建议在能源委员会框架下建立能源安全协调决策机制，制定能源安全战略和应急预案，提出政策建议；建立由国务院有关部门工作层面参加的定期会商、协调的工作制度，为保障国家石油安全提供集中决策平台；探索建立外汇储备与能源资源相互转换的渠道和机制，把外汇储备优势转化为能源话语权。

（四）加强国际能源多元互利合作

这是经济和能源全球化背景下确保我国能源安全的必然选择。应制定具有适应性和实用性的境外油气资源利用规划，明确不同阶段的方向、目标、重点，完善海外油气利用的政策体系和保障措施；综合采取自主开发、参股经营、战略联盟、公司并购等灵活多样的合作方式，不断加强面向全球的能源资源勘探开发、贸易和科技合作；加快推进中哈、中土、中俄、中缅等跨境油气运输管道建设，加强远洋石油、液化天然气运输能力建设，建设完善的能源贸易基础设施。此外，应加快实施石油深海开发战略，将其作为下一步“走出去”的战略重点（目前，深海储量占世界总储量的44%，而产量仅占6%，可开发潜力很大），为开发深海地区（包括北极地区）油气资源奠定基础。

（五）积极开展能源外交

这是促进国际能源合作顺利开展、防范能源安全国际风险的重要保障。应继续深化与国际主要能源组织的交流和合作，有选择地加入部分国际能源组织，倡导成立协同保障能源安全的区域性能源组织；强化与主要能源消费大国的战略对话与合作，牢固树立负责任大国的国际形象；继续巩固和发展与主要资源国之间建立的互惠互利、长期友好的外交关系，利用高层互访、优惠贷款、援外工程、减免债务、人员培训和技术援助等机会，为争取能源合作项目创造条件；充分发挥驻外使馆的领事保护和为企业服务的作用，建立健全应对重大突发事件的快速反应机制，确保境外资产和人身安全；加快与有关国家签订投资保护、避免双重征税、司法协助等政府间双边协定，保障海外能源企业的合法权益。

（六）加快能源储备体系建设

这是应对能源供应短期中断的必备条件。今后较长时期内，能源供需将继续保持脆弱平衡态势，恐怖袭击、生产事故、自然灾害等因素造成的能源供应中断难以避免。一旦危机发生，将会对经济发展、居民生活造成严重影响。应抓紧制定《石油储备法》，建立政府储备与企业义务储备相结合、中央储备与地方储备相结合、商品储备与资源储备相结合、实物储备与期货储备相结合、外汇储备与石油储备可转换、国内储备与国外储备相关联的石油储备体系；研究将石油替代作为石油储备的方式之一，由国家投资或规定企业将一部分（如20%）煤制油、煤化工装置的产能作为石油储备能力，必要时由国家指令动用；探索建立以中、日、韩为主体的东亚国家石油储备共同体（联盟）。

（七）建立能源安全信息情报和预警应急系统

这是积极预防和有效化解能源安全风险的重要措施。要逐步建立和完善包括能源预警应急法律法规体系、组织机构和决策机制、信息采集分析发布系统、不同品种不同级别的应急预案和国际互助合作协议在内的能源预警应急体系，准确判断能源安全运行状况，采取与之相配套的应急措施，发挥其防范和应对能源安全风险的功能。特别是要建立全球能源资源信息服务平台，系统收集掌握主要资源国资源基础、开发状况、投资环境、法律政策信息，适时跟踪分析我国及主要能源消费国和国际能源、金融市场动态。

第五节 本章小结

综上所述，本章分析了能源安全的定义、分类、重要性及其基本属性，并对能源安全观的演变进行了研究。同时，从评价视角，梳理了能源安全评价的方法，并对能源安全评价方法进行了述评，此外，进行了能源安全的监测与预警分析，据此，对在新形势下保障我国能源安全提出了战略依据、思路、方针及策略，以确保我国采取的能源安全保障手段的有效性和能源安全的可持续性，实现国家政治、经济等各方面的利益，达到国家和国际在能源方面的真正安全。

参考文献

［1］林伯强. 现代能源经济学［M］. 北京：中国财政经济出版社，2008.

［2］林伯强. 高级能源经济学［M］. 北京：中国财政经济出版社，2009-06.

［3］史丹. 能源经济学理论与政策研究评述［M］. 北京：经济管理出版社，2013-05.

［4］魏一鸣，焦建玲等. 能源经济学［M］. 第 1 版. 北京：科学出版社，2011.

［5］林伯强. 2011 中国能源发展报告［M］. 北京：清华大学出版社，2011.

［6］魏一鸣，范英. 中国能源报告［M］. 北京：科学出版社，2006.

［7］史丹. 能源经济学学科前沿研究报告［M］. 北京：经济管理出版社，2013.

［8］吴德春等. 能源经济学［M］. 中国工人出版社，1991.

［9］林伯强. 应该大力推广能源经济学的研究［EB/OL］. 新浪财经：http：//finance.sina.com.cn 2006-06-28.

［10］林伯强. 能源经济学的探索之路［EB/OL］. 新浪财经：http：//www.sina.com.cn，2007-11-16.

［11］张雷，蔡国田. 中国人口发展与能源供应保障探讨［J］. 中国软科学，2005（11）：11—17.

［12］齐志新，陈文颖，吴宗鑫. 工业轻重结构变化对能源消费的影响［J］. 中国工业经济，2007（2）：37—44.

［13］〔美〕曼昆. 经济学原理［M］. 第 1 版. 北京大学出版社，2012.

［14］BP 世界能源统计年鉴. 2001—2013.

［15］2020 年中国能源需求曲线会非常陡峭［EB/OL］. 新浪财经，http：//www.sina.com.cn 2011-03-22.

［16］国际统计年鉴. 1995—2011.

［17］石良平，杨继波，蔡庆. 微观经济学［M］. 北京：高等教育出版社，2008.

［18］ John C B Cooper. Price elasticity of demand for crude oil： estimates for 23 countries. OPEC Review，2003. 27 （1）：1—8.

［19］ 王家诚，阎修桐. 用部门分析法预测能源需求量 ［J］. 中国能源，1983（1）.

［20］ 佟阿思根，侯俊芝. 中国能源消费现状及能源需求预测 ［J］. 内蒙古民族大学学报，2008（3）：83—85.

［21］ 钱永坤，王艳丽. 20 世纪 90 年代中国能源需求影响因素实证分析 ［J］. 中国矿业大学学报，2003（5）.

［22］ 沈建中. 天津市能源需求预测——能源动态投入产出模型的应用 ［J］. 能源，1982（5）.

［23］ 张炎治，聂锐，吕涛. 九块式能源投入产出模型与能源需求量预测 ［J］. 科技导报，2007（5）：25—29.

［24］ 王会娟，陈锡康，杨翠红. 三种能源投入产出模型的分析与比较 ［J］. 系统工程理论与实践，2010（6）：987—992.

［25］ 张婷. 基于灰色神经网络组合模型的能源需求预测 ［D］. 天津大学，2007.

［26］ 王珏，鲍勤. 基于小波神经网络的中国能源需求预测模型 ［J］. 系统科学与数学，2009（11）：1541—1551.

［27］ 罗文柯，施式亮，李润求，唐如龙. 灰色预测模型在能源消费需求预测中的应用 ［J］. 中国安全科学学报，2010（4）：32—37.

［28］ 索瑞霞，王福林. 组合预测模型在能源需求预测中的应用 ［J］. 数学的实践与认识，2010（9）：80—85.

［29］ 肖仁俊，李秀婷，吴迪等. 新疆能源需求总量预测——基于 TEI@I 方法论 ［J］. 新疆财经大学学报，2012（4）：19—24.

［30］ 吴英涛，王克强. 上海市能源需求预测研究 ［J］. 上海经济研究，2011（1）：95—103.

［31］ Jonathan E. Hughes，Christopher R. Knittel，and Daniel Sperling. Evidence of a Shift in the Short-Run Price Elasticity of Gasoline Demand，NBER Working Paper No. 12530，2006. http：//www.nber.org/papers/w12530.

［32］ 丛威，张志鹏. 2015 年我国煤炭需求量预测实证研究 ［J］. 中国矿业，2012（6）：12—15.

［33］ 陈正. 中国能源需求结构预测分析 ［J］. 统计应用与研究，2010（11）：

81~85.

[34] 周健奇，刘伟，郑毅. 煤炭供应链管理是国有煤炭企业物流公司的发展方向 [J]. 北京：中国煤炭，2010（5）：34—36.

[35]张华明，焦斌龙. 煤炭物流体系现代化再造对策研究 [J]. 北京：中国市场，2010（49）：169—172.

[36]于妍. 关于现代物流若干问题的探讨与研究——以煤炭物流为例 [J]. 哈尔滨：黑龙江社会科学，2010（3）：62—63.

[37] 艾德春. 我国煤炭供需平衡的预测预警研究 [D]. 中国矿业大学，2008.

[38] 刘增洁，梁伟. 最新世界能源供需预测 [J]. 国土资源情报. 2009（10）.

[39] 孙梅，田立新. 一个新的四维能源供需系统及其混沌控制 [J]. 能源技术与管理. 2007（5）.

[40] 于渤，黎永亮，迟春洁. 考虑能源耗竭、污染治理的经济持续增长内生模型 [J]. 管理科学学报，2006（4）.

[41] 李亮，孙廷容，黄强，张双虎，肖志娟. 灰色 GM（1，1）和神经网络组合的能源预测模型 [J]. 能源研究与利用，2005（1）.

[42] 梁巧梅，Norio Okada，魏一鸣. 能源需求与二氧化碳排放分析决策支持系统 [J]. 中国能源，2005（1）.

[43] 郑照宁，刘德顺. 中国能源资本替代的不确定性 [J]. 运筹与管理，2004（2）.

[44] 杨宏林，田立新，丁占文. 能源约束下的经济可持续增长 [J]. 系统工程，2004（3）.

[45] 周海林. 经济增长理论与自然资源的可持续利用 [J]. 经济评论，2001（2）.

[46] 王海建. 资源约束、环境污染与内生经济增长 [J]. 复旦学报（社会科学版），2000（1）.

[47] 史丹. 我国能源供需矛盾转化分析 [J]. 管理世界，1999（6）.

[48] 武英涛，王克强. 上海市能源需求预测研究 [J]. 上海经济研究，2011（1）.

[49] 曾胜. 中国能源消费、经济增长与能源需求预测的研究 [J]. 管理评论，2011（2）

［50］张林，张传平. 基于时间序列视角的 2020 年中国能源需求预测 ［J］. 价值工程，2011（15）.

［51］孙涵，成金华. 中国工业化、城市化进程中的能源需求预测与分析 ［J］. 中国人口·资源与环境，2011（7）.

［52］邓志茹，范德成. 中国能源需求影响因素的研究 ［J］. 统计与信息论坛，2010（2）.

［53］程静，郑定成，吴继权. 基于时间序列 ARMA 模型的广东省能源需求预测 ［J］. 能源工程，2010（1）.

［54］周扬，吴文祥，胡莹，刘秀香. 基于组合模型的能源需求预测 ［J］. 中国人口·资源与环境，2010（4）.

［55］周扬，吴文祥，胡莹，章予舒. 中国能源供给与消费预测分析 ［J］. 能源与环境，2010（3）.

［56］董锋，谭清美，周德群，龙如银. 中国能源强度的影响因素分析——基于协整检验和因素分解 ［J］. 系统工程，2010（10）.

［57］刘增洁，梁伟. 最新世界能源供需预测 ［J］. 国土资源情报，2009（10）.

［58］万吉业. 石油天然气“资源量—储量—产量”的控制预测与评价系统 ［J］. 石油学报，1994（3）：51—60.

［59］金微. IEA 预测美将于 5 年后成头号能源生产国 ［EB/OL］. http：//www.nbd.com.cn，2012-11-16.

［60］杜元伟，段万春，李亚群. 能源需求与供给的预测思路 ［J］. 现代管理科学，2011（3）：33—35.

［61］谢青洋，应黎明，祝勇刚. 基于经济机制设计理论的电力市场竞争机制设计 ［J］. 中国电机工程学报，2014，34（10）.

［62］夏清. 深化电力体制改革，建立科学的三级电力市场体系 ［EB/OL］. http：//finance.sina.com.cn，2006-05-11.

［63］王俊豪. 中国垄断性产业结构重组分类管制与协调政策 ［M］. 北京：商务印书馆，2006.

［64］孟宪玲等. 全球碳排放权交易市场概述 ［J］. 当代石油石化，2009（12）：20—24.

［65］方虹，罗炜，刘春平. 中国碳排放权交易市场建设的现状、问题与趋势 ［J］. 中国科技投资，2010（8）：41—43.

[66] WEC. Energy Efficiencies Policies and Indicators [R]. London: World Energy Council, 2001.

[67] 廖华. 能源效率的计量经济模型及其应用研究 [D]. 北京：中国科学院科技政策与管理科学研究所，2008.

[68] Diewert WE. Exact and Superlative Index Numbers [J]. Journal of Econometrics, 1976, 4 (2) 115—145.

[69] 范瑛，焦建玲. 石油价格：理论与实证 [M]. 北京：科学出版社，2008.

[70] 刘岩，于渤，洪富艳. 可再生能源价值构成与定价模型研究 [J]. 预测，2011 (5)：61—65.

[71] 魏一鸣，廖华. 能源效率的七类测度指标及其测度方法 [J]. 中国软科学，2010 (1)：128—137.

[72] 王庆一. 中国的能源效率及国际比较（上） [J]. 节能与环保，2003 (8)：5—7.

[73] Nordhaus W. Alternative Measures of Output in Global Economic-EnvironmentalModels: Purchasing Power Parityor Market Exchange Rates [J]. Energy Economics, 2007, 29 (3): 349 — 372.

[74] 干春晖. 产业经济学教程与案例 [M]. 北京：机械工业出版社，2010.

[75] 〔爱尔兰〕安德鲁索，〔爱尔兰〕雅各布森. 产业经济学与组织 [M]. 王立平等译. 北京：经济科学出版社，2009.

[76] 中国投入产出学会课题组. 我国能源部门产业关联分析 [J]. 统计研究，2007 (5)：3—6.

[77] 潘国刚，贾江涛. 能源效率影响因素分析 [J]. 节能技术，2012 (1)：76~78.

[78] 王俊豪. 产业经济学 [M]. 北京：高等教育出版社，2011-12.

[79] 史丹. 我国入世与能源工业的深层次变革 [J]. 管理世界，2002 (8)：64.

[80] 史丹. 产业关联与能源工业市场化改革 [J]. 中国工业经济，2005 (11)：14—21.

[81] 林永生. 中国能源市场结构与能源价格 [N]. 中国经济时报，2008-07-10.

[82] 周敏. 可持续发展的协调性特征及其描述 [J]. 科学管理研究，

2000，18（1）：59—61.

［83］张复明，景普秋. 资源型经济的形成：自强机制与个案研究［J］. 中国社会科学，2008（5）：117—130.

［84］Romer P M．Increasing Returns and Long—17dn Growth［J］． Journal of Political Economy，1986，94（5）：1002—1037.

［85］Matsuyama k．Agricultural Productivity，Comparative Ad-vantage and Economic Growth［J］．Journal of Economic Theory，1992，58：317—334.

［86］张复明. 资源型区域面临的发展难题及其破解思路［J］. 中国社会科学，2011（6）：1—9.

［87］韩立岩，尤苗，魏晓云．政府引导下的绿色金融创新机制［J］．中国软科学，2010（11）：12—18.

［88］景普秋．基于矿产开发特殊性的收益分配机制研究［J］．中国工业经济，2010（9）：15—25.

［89］张米尔. 市场化进程中的资源型城市产业转型［M］. 北京：机械工业出版社，2004.

［90］余际从，李凤. 国外矿产资源型城市转型过程中可以借鉴的做法经验和教训［J］. 中国矿业，2004（2）：15—16.

［91］陈学章. 国外资源型城市转型的经验与启示［J］. 湖北师范学院学报（哲学社会科学版），2007（3）47—49.

［93］张峰. 国外资源型城市的转型轨迹——试论资源型城市的转型［N］. 克拉玛依日报，2012-06-19.

［94］张复明. 资源型经济与转型发展研究［M］. 北京：经济科学出版社，2011.

［95］张树伟. 能源经济环境模型研究现状与趋势评述［J］. 能源技术经济，2010（2）：43—49.

［96］崔和瑞，王娣. 基于 VAR 模型的我国能源—经济—环境（3E）系统研究［J］. 北京理工大学学报（社会科学版），2010（2）：23—28.

［97］蔡平. 经济发展与生态环境的协调发展研究［D］. 新疆大学，2004.

［98］周密，刘伟. 我国能源产业与产业结构相关性研究［J］. 江淮论坛，2009（3）：48—55.

［99］王安建，王高尚等：能源与国家经济发展［M］. 北京：中国地质出版社，2008.

［100］郑淮. 3E 模型及其对减排 CO_2 的技术经济分析［D］. 北京：清华大学，2003.

［101］Gurkan Kumbaroglu，Reinhard Madlener. Energy and climate policy analysis with the hybrid bottom–up computable general equilibrium model SCREEN：the case of the Swiss CO_2 act ［J］. Annals of Operations Research，2003，121（1–4）：181–203.

［102］Wene C–O. Energy–economy analysis：linking the macroeconomic and systems engineering approaches［J］. Energy，1996，21：809–824.

［103］Messner Sabine，Leo Schrattenholzer. MESSAGE–MACRO：linking an energy supply model with a macroeconomic module and solving it iteratively ［J］. Energy，2000.

［104］Grubler A，Gritsevskyi A.A model of endogenous technological change through uncertain returns on innovation ［R］. Washington，DC，USA，2002：280–319.

［105］Berglund Christer，Patrik Soderholm. Modeling technical change in energy system analysis：analyzing the introduction of learning–by–doing in bottom–up energy models ［J］. Energy Policy，2006，34（12）：1344–1356.

［106］Kypreos Socrates. Emissions trading and technology deployment in an energy–systems bottom–up model ［J］. European Journal of Operational Research，2004，158（1）：243–261.

［107］Dalton M，O'Neill B C，Prskawetz A，et al. Population aging and future carbon emissions in the United States ［R］. IIASA Interim Report IR–05–025 Submitted to Energy Economics.

［108］Drouet Laurent. A coupled bottom–up / top–down model for GHG abatement scenarios in the Swiss housing sector ［J］. Energy and Environment，2005：27–61.

［109］Bohringer Christoph，Andreas Loschel. Computable general equilibrium models for sustainability impact assessment：status quo and prospects ［J］. Ecological Economics，2006，60：49–64.

［110］江冰. 新形势下保障我国能源安全的战略选择［J］. 中国科学院院刊，2010（2）.

［111］郭小哲，段兆芳. 我国能源安全多目标多因素监测预警系统［J］. 中

国国土资源经济，2004（2）.

［112］苏铭，张有生. 能源安全评价研究述评［J]. 浙江社会科学，2012（4）.

［113］迟春洁，黎永亮. 能源安全影响因素及测度指标体系的初步研究［J]. 哈尔滨工业大学（社会科学版）2004（4）.

［114］张茉楠. 中国必须坚持长期的能源安全战略［N]. 中国能源报，2013-01-30.

［115］冯飞. 国务院高层批示研究能源安全的问题［N]. 21 世纪经济报道，2012-02-09.

［116］林安薇. 能源安全观与《能源法》的理性建构［C]. 2006 年全国环境资源法学研讨会，2006（8）.

［117］Nordhaus W. Alternative Measures of Output in Global Economic-Environmental Models：Purchasing Power Parityor Market Exchange Rates［J]. Energy Economics，2007，29（3）：349—372.

［118］World Bank. The 2005 International Comparison Program：Preliminary Results［R]. ashingtonDC：WorldBank，2007.

[119]余芳东.关于世界银行 2005 年 ICP 结果、问题及应用的研究［J].统计研究，2008，25（6）：3—7.

[120]中国钢铁工业协会.中国钢铁工业节能目标及完善能源指标体系的建议［J]. 冶金管理，2007，（7）：17—23.

［121］王庆一.中国可持续能源项目参考资料：2008 能源数据［R].北京：中国可持续能源项目，2008.

［122］Farrell MJ. The Measurement of Productive Efficiency［J]. Journal of the Royal Statistical Society，1957，120（3）：253—290.

［123］邱德华，沈菊琴.水资源资产价值评估的收益现值法研究［J].河海大学学报，2001（3）：26—27.

［124］中国环境与发展国际合作委员会编.中国自然资源定价研究［M].北京：中国环境科学出社，1997：20—32.

［125］张阿玲，李继峰.构建中国的能源—经济—环境系统评价模型［J].清华大学学报：自然科学版，2007，47（9）：1537—1540；

［126］李爱军.关于控制我国二氧化硫排放的政策分析和技术选择［J］.数量经济技术经济研究，2007，24（6）：129—136.

[127] 穆海林，宁亚东，近藤康彦，等.中国各地域能源消费及 SO_2、NOx、CO_2 排放量估计与预测 [J].大连理工大学学报，2002，42（6）：674—679.

[128] 姜克隽，胡秀莲.中国清洁发展机制（CDM）的行业潜力分析 [J]. 能源研究讯，2004，16（5）：12—14.

[129] Ryuji Matsuhashi，Sei Fujisawa，Wataru Mitamura，et al. Clean development mechanism projects and portfolio risks [J].Energy，2004，29（9-10），1579-1588.

[130] Murata A，Hailin M，Kondou Y. Evaluation of CDM activities by using bilevel optimization method [C]. Paris：IEW，2004.

[131] Kraft J and Kraft A. On the relationship between energy and GNP [J]. The Journal of Energy and Development，1978，13：401-403.

[132] The Energy Data and Modeling Center. Handbook of energy and economic statistics in Japan [R]. Japan：Energy Saving Center，2006.

[133] 于渤，黎永亮，迟春洁. 考虑能源耗竭、污染治理的经济持续增长内生模型 [J]. 管理科学学报，2006，9（4）：12—17.

[134] Hartwick J M. Intergenerational equity and the investing of rents from exhaustible resources [J]. American Economic Review，1977，67（5）：972—974.

[135] 张彬，左晖. 能源持续利用、环境治理和内生经济增长 [J]. 中国人口·资源与环境，2007，17（5）：27—32.

[136] 赵涛，李晅煜. 能源—经济—环境（3E）系统协调度评价模型研究 [J]. 北京理工大学学报：社会科学版，2008，10（2）：11—16.

[137] 魏一鸣，吴刚，刘兰翠. 能源—经济—环境复杂系统建模与应用进展 [J]. 管理学报，2005，2（2）：159—170.

[138] 赵芳. 能源－经济－环境非协调发展原因的经济学解释 [J]. 中国人口·资源与环境，2008，18（4）：67—72.

[139] 李子奈，叶阿忠. 高等计量经济学 [M]. 北京：清华大学出版社，2000.

[140] 谢识予，朱弘鑫. 高级计量经济学 [M]. 上海：复旦大学出版社，2005.

[141] 古扎拉蒂. 计量经济学 [M]. 北京：中国人民大学出版社，2003.

[142] Harvey A C. Economic analysis of time series [M]. Wiley，New York，1981.

[143] Engle R F, Granger C W J.Cointegration and error correction: representation, estimation and testing [J]. Econometrica, 1987, 55 (2): 251—276.

[144] 张晓峒.计量经济学分析 [M].天津：经济科学出版社，2000.

[145] 高铁梅.计量经济分析方法与建模：Eviews应用及实例 [M].北京：清华大学出版社，2006.

[146] IPCC. Climate change 2001, mitigation, contribution of working group III to the third assessment report of the intergovernmental panel on climate change [R]. Cambridge University Press, UK, 2001.

[147] 张阿玲，梁优彩.研究中国能源发展和能源安全战略选择 [R].清华大学3E研究院，2003.

[148] 李继锋.构建能源—经济—环境评价模型及分析我国节能战略选择 [D].北京：清华大学，2006.

[149] Shantayanan Devarajan, Sherman Robinson. The impact of computable general equilibrium models on policy [C]. Conference on Frontiers in Applied General Equilibrium Modeling, Yale University, New Haven, CT, April 5-6, 2002.

[150] Bhattacharyya Subhes C. Applied general equilibrium models for energy studies: a urvey [J]. Energy Economics, 1996, 18: 145-164.

[151] Rivers Nic, Mark Jaccard. Useful models for simulating policies to induce technological change [J].Energy Policy, 2006, 34 (15): 2038-2047.

[152] Personal communication with Grubler Arnulf [R]. IIASA, Austria, 2006.

[153] Edmonds J A, Pitcher H M, Barns D, et al. Modeling future greenhouse gas emissions: the second generation model description [R]. New York: United Nations University Press, 1993.

[154] LI Shan-tong, HE Jian-wu. A three-regional computable general equilibrium (CGE) model for China [C]. The 15th International Input-Output Conference Beijing, 2005.

[155] Weyant John. Integrated environmental assessment: an overview and assessment [R]. 2003.

[156] Sonja Peterson. Uncertainty and economic analysis of climate change: a survey of approaches and findings [R]. Kiel Institute for World Economics, 2008.

[157] Kann A, Weyant J P. Approaches for performing uncertainty analysis in large-scale energy/economic policy models [J]. Environmental Modeling and Assessment, 2000, 5: 29-44.

[158] Webster M D. Incorporating path-dependency into decision analytic methods: an application to global climate change policy [J]. Decision Analysis, 2008, 5 (2): 60-75.

[159] Grubler A, Gritsevskyi A. A model of endogenous technological change through uncertain returns on innovation [R]. Washington, DC, USA, 2002: 280-319.

[160] Berglund Christer, Patrik Soderholm. Modeling technical change in energy system analysis: analyzing the introduction of learning-by-doing in bottom-up energy models [J]. Energy Policy, 2006, 34 (12): 1344-1356.

[161] Kypreos Socrates. Emissions trading and technology deployment in an energy-systems bottom-up model [J].European Journal of Operational Research, 2004, 158 (1): 243-261.

[162] Grubler A, Nakicenovic N, Victor D G.Dynamics of energy technologies and global change [J]. Energy Policy, 1999, 27 (5): 247-280.

[163] Azar C, Dowlatabadi H. A review of technical change in assessment of climate policy [J]. Annu. Rev. Energy Environ, 1999, 24: 513-544.

[164] Wing Sue Ian. Representing induced technological change in models for climate policy analysis [J]. Energy Economics, 2006, 28 (5-6): 539-562.

[165] Grubler A. Transitions in energy use [J]. Encyclopedia of Energy, 2004, 6: 163-177.

[166] Dalton M, O' Neill B C, Prskawetz A, et al. Population aging and future carbon emissions in the United States [R]. IIASA Interim Report IR-05-025 Submitted to Energy Economics.

[167] Personal communication with Riahi, Keywan [R]. IIASA, Austria, 2005.

[168] 赵涛，尹彦，李晅煜. 能源与经济增长的相关性研究 [J]. 西安电子科技大学学报（社会科学版），2009（1）：33~39.

后 记

能源经济学包含着极其丰富的内容，而且随着社会经济的发展和日益严重的能源紧缺性，能源经济学的研究范围与对象将不断扩大。中国能源经济学的研究具有其重要性与紧迫性。根据《能源科学与管理论丛》的编写计划，作者接受了《能源经济学》一书的编著任务。

本书写作耗时两年，经编写组数次讨论，几易其稿，终于完成。从编写提纲到完成初稿，都得到了雷仲敏教授的热情指导；在撰写过程中，参考并引用了许多专家学者的观点和资料；在审稿和出版过程中，得到了《能源科学与管理论丛》编委会和山西经济出版社的帮助和支持。可以说，没有这些专家学者的支持，要完成本书是不可能的。在此，谨向为本书做出贡献的各位专家学者表示诚挚的谢意。

本书写作过程，颇有“十年磨一剑”的艰辛，限于作者水平，从资料的查找到文献的阅读，从逻辑框架的确立到章节的编排，都十分小心谨慎。多少次挑灯夜战，在晨钟暮鼓中一字一句打磨，一次一次修订，终于完成。其间艰辛，不忍回顾。

青岛科技大学　张同功

2014 年 8 月

图书在版编目（CIP）数据

能源经济学／张同功编著．—太原：山西经济出版社，2016.1
（能源科学与管理论丛／雷仲敏主编）
ISBN 978-7-80767-934-9

Ⅰ．①能…　Ⅱ．①张…　Ⅲ．①能源经济学—研究　Ⅳ．①F407.2

中国版本图书馆 CIP 数据核字（2015）第 202159 号

能源经济学

编　　著：张同功
出 版 人：孙志勇
责任编辑：李慧平
特约编辑：李　敏
装帧设计：赵　娜

出 版 者：山西出版传媒集团·山西经济出版社
地　　址：太原市建设南路 21 号
邮　　编：030012
电　　话：0351-4922133（发行中心）
0351-4922085（综合办）
E-mail：scb@sxjjcb.com（市场部）
zbs@sxjjcb.com（总编室）
网　　址：www.sxjjcb.com

经 销 者：山西出版传媒集团·山西经济出版社
承 印 者：山西人民印刷有限责任公司

开　　本：787mm×1092mm　1/16
印　　张：21.75
字　　数：379 千字
印　　数：1—1000 册
版　　次：2016 年 1 月　第 1 版
印　　次：2016 年 1 月　第 1 次印刷
书　　号：ISBN 978-7-80767-934-9
定　　价：56.00 元